集成电路布图设计专有权保护

主　编◎马　昊

知识产权出版社
全国百佳图书出版单位
—北京—

图书在版编目（CIP）数据

集成电路布图设计专有权保护 / 马昊主编. -- 北京：知识产权出版社，2025. 7. -- ISBN 978-7-5245-0015-5

Ⅰ. D913.404

中国国家版本馆 CIP 数据核字第 20257U0C73 号

内容提要

本书从理论和实务两个方面聚焦集成电路布图设计专有权的保护。理论部分共分四章，第一章概述了专有权保护制度的建立、发展和主要内容，第二章到第四章分别阐述了专有权的取得、撤销和侵权救济。实务部分共分三章，分别对专有权撤销程序审查、侵权纠纷行政裁决和侵权纠纷司法裁判的典型案例进行评析。希望借助此书的出版，推动业界了解、熟悉专有权保护的全过程，为集成电路布图设计专有权的保护提供有力支撑。

责任编辑：张利萍　　**责任校对**：潘凤越

封面设计：杨杨工作室·张冀　　**责任印制**：刘译文

集成电路布图设计专有权保护

马　昊　主编

出版发行：知识产权出版社有限责任公司　　网　址：http://www.ipph.cn

社　址：北京市海淀区气象路 50 号院　　邮　编：100081

责编电话：010－82000860 转 8387　　责编邮箱：65109211@qq.com

发行电话：010－82000860 转 8101/8102　　发行传真：010－82000893/82005070/82000270

印　刷：北京中献拓方科技发展有限公司　　经　销：新华书店、各大网上书店及相关专业书店

开　本：787mm×1092mm　1/16　　印　张：23.25

版　次：2025 年 7 月第 1 版　　印　次：2025 年 7 月第 1 次印刷

字　数：500 千字　　定　价：118.00 元

ISBN 978-7-5245-0015-5

编 写 组

主　编：马　昊

第一部分撰稿人：

第一章：孙学锋　刘利芳　马姗姗

第二章：沈　丽　熊　洁　倪光勇

第三章：罗崇举　周亚娜　项晓娟　林　静

第四章：樊晓东　孙学锋　王伟艳

第二部分撰稿人：

第五章：樊晓东　朱芳芳　陶应磊　沈　丽
罗崇举　林　静　刘利芳　孙学锋
周亚娜　马姗姗　熊　洁

第六章：孙学锋

第七章：樊晓东　王伟艳

前　言

从20世纪80年代开始，世界主要国家和地区陆续创设专门的知识产权——集成电路布图设计专有权，对集成电路布图设计进行保护，并通过《关于集成电路知识产权的华盛顿条约》（以下简称《华盛顿条约》）和《与贸易有关的知识产权协定》（以下简称《TRIPs协定》）形成了国际的协调。2001年10月，我国颁布并实施了《集成电路布图设计保护条例》（以下简称《条例》）和《集成电路布图设计保护条例实施细则》（以下简称《实施细则》），标志着我国集成电路布图设计专有权保护制度的正式建立。该制度受到了我国创新主体的积极欢迎，每年的登记量持续增加，侵权、撤销等标志着制度活力的案件不断出现，表明该制度在我国知识产权保护体系中不断发挥其独特作用。

到目前为止，国内还缺乏对布图设计专有权保护的理论和实务进行系统性总结的专著。基于此，出版一部这方面的书籍，既是业界的普遍需要，也是制度发展的必然要求。

本书编写人员都是我国知识产权领域特别是集成电路布图设计专有权保护领域的资深从业者，也是该制度运行的见证者和实践者，在布图设计专有权保护的实务和管理领域深耕多年，参与了布图设计专有权保护制度从建立到发展的全过程，审理了我国第一件布图设计专有权撤销案和侵权纠纷行政裁决案，并在布图设计确权审查和侵权纠纷行政裁决一线发挥了骨干作用。本书编写人员在二十多年来形成的理论和实务成果的基础上，历经数年斟酌、打磨，完成了本书的编著。本书填补了业界空白，为集成电路布图设计专有权保护制度的完善和发展作出了力所能及的贡献。

本书共分两大部分。第一部分为理论部分，共分四章。第一章是概述，对集成电路、布图设计以及专有权的基本概念进行了阐述，并对我国和世界主要国家布图设计专有权保护制度进行了概括。第二章是专有权的取得，主要对布图设计专有权取得的方式、取得的程序和程序的具体要求进行了分析和说明。第三章是专有权的撤销，对撤销程序的启动、撤销案件的审查、撤销的理由等进行了详细、深入的论述。第四章是专有权的侵权救济，对侵犯专有权的相关概念以及司法保护和行政保护两种途径分别进行重点阐释。第二部分为实务部分，通过案例评析的方式，由亲历案件审理的合议组成员对国家知识产权局作出的撤销决定和侵权纠纷行政裁决进行了逐一评析，并对侵权纠纷的典型司法裁判做了评析。

本书是首部系统阐述集成电路布图设计专有权保护的专著，内容翔实，逻辑清晰，理论和实务并重。读者通过阅读本书，既能对布图设计专有权保护制度的建立、发展有全面的了解，又能较为深入地理解专有权的取得、撤销、侵权救济等理论和实务，从而提高对布图设计专有权保护的认识水平和实践能力。

鉴于编写人员自身水平所限，书中难免存在疏漏甚至欠妥之处，恳请读者予以谅解并批评指正。

目 录

| 第一部分 | 专有权保护理论

| 第二部分 | 专有权保护实务

第二部分 | 专有权保护实务

| 第一部分 |

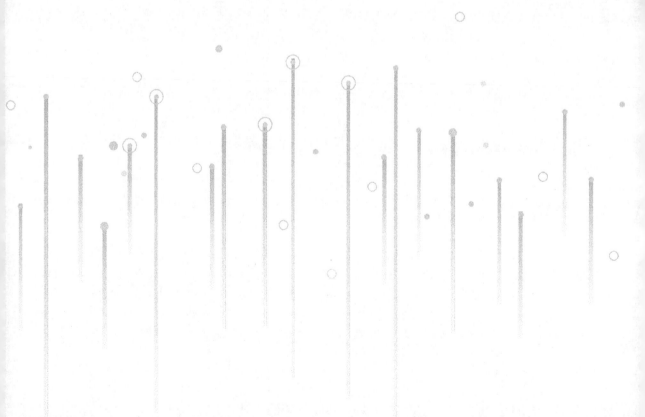

专有权保护理论

第一章　集成电路布图设计保护概述

集成电路布图设计专有权[1]是一种单独的知识产权，它与专利权、商标权等都属于工业产权，主要对半导体集成电路的布图设计进行保护。在数字信息、互联网和人工智能等技术快速发展的今天，集成电路布图设计专有权是一项相关人士需要了解、使用的知识产权。本章主要阐述了集成电路和集成电路布图设计的基本概念和特征，集成电路布图设计的知识产权保护路径及其比较，我国和世界主要国家专有权保护制度的内容和发展历程等。通过本章的内容，读者能够对专有权的来源、发展和制度等方面有整体了解，为更好地阅读后续各章节内容奠定基础。

第一节　集成电路和集成电路布图设计

一、技术范畴的集成电路和集成电路布图设计

（一）集成电路及其发展历程

集成电路（Integrated Circuit，IC）是一种通过集成大量微型电子元件于单一半导体基片上，实现特定电子功能，并通过封装提供外部接口的微型化电子器件，其核心特征是将多个电子元件，如晶体管、二极管、电阻、电容、电感等以及它们之间的互连布线通过特定的制造工艺集成在一个小型的半导体晶片（通常是硅片）上，形成一个完整的、具备特定功能的电子电路。这些元件在结构上组成一个整体，实现了电路的高度集成化。

集成电路是现代电子技术的核心组成部分。从 1958 年第一块集成电路诞生至今，集成电路一直朝着元件数量更多、尺寸更微细、集成度更高的方向发展。1958 年由美国德州仪器公司的杰克·基尔比制造的第一块集成电路（见图 1-1）仅包括 5 个电子

[1] 本书中，描述的对象重点在于集成电路布图设计时，简称为“布图设计”，重点在于集成电路布图设计专有权的权利时，简称为“专有权”。

元件和几根电线，1960 年出现了在一块硅片上包含 10 ~ 100 个元件的小规模集成电路，到了 1978 年超大规模集成电路面世，在不足 0.5cm² 的硅片上已经可以集成 14 万只晶体管。现在，1mm² 的芯片上可以集成 1 亿只以上的晶体管，单个芯片上的晶体管数量已经达到百亿量级。集成度不断提高的同时，工艺特征尺寸不断缩小，从 20 世纪 80 年代的微米级，到如今普遍量产的 7nm，而最先进的制造工艺已经达到 3nm。

图 1-1 杰克·基尔比制造的第一块集成电路❶

（二）集成电路的设计制造流程

集成电路的设计制造流程大致可以分为三个主要阶段：IC 设计、IC 制造和 IC 封测。

其中 IC 设计阶段主要包括以下步骤：

（1）系统设计：根据工艺需求、性能指标和技术规范等进行系统级设计，包括电路结构的选择、功能模块的划分等。

（2）电路设计：在系统级设计的基础上进行电路级的设计，选择合适的电子元件或现有功能模块，根据功能和性能需求设计电路的拓扑结构。对电路进行仿真、验证、优化。

（3）布图设计：根据生产厂家提供的设计规则，同时考虑电路的性能优化、结构紧凑等原则，对电路进行布图设计，得到电路的物理版图。对版图执行规则检查以及与电路设计的符合性检查，确保版图设计与电路设计一致且符合工艺要求。还要进行参数提取、仿真验证、后端设计等步骤。

（4）签核：所有设计验证通过后，生成最终的制造数据，以提交给生产厂家。

生产厂家按照收到的制造数据进行 IC 制造和 IC 封测，即完成了集成电路的制造。

随着集成电路的规模增大，集成度增高，设计人员需考虑的问题也越来越多，例

❶ EEWorld 电子工程世界．60 年前，世界上第一块集成电路诞生［EB/OL］．（2018-09-13）［2024-09-27］．https：//news. eeworld. com. cn/mp/EEWorld/a51246. jspx.

如，高度集成带来的功耗、散热、干扰问题，微细尺寸带来的工艺偏差、设计规则问题等，在系统设计、电路设计以及布图设计过程中，都对设计人员提出了更高的要求，设计过程中需要付出的智力劳动也越来越多。

集成电路的制造实质上就是在特定薄膜上制造特定图形的过程，通过氧化、外延、掺杂、沉积等工艺制造薄膜，通过光刻（曝光和刻蚀）进行图案化，而布图设计实质上就是设计光刻的掩膜版。布图设计所得物理版图通常由十几层到几十层图案组成，这些图案对应各层掩膜版图案，集成电路制造最关键的工序就是将每层掩膜版上的图案通过光刻工艺精准地转移到晶圆上。集成电路制造的简要流程如图 1－2 所示❶。

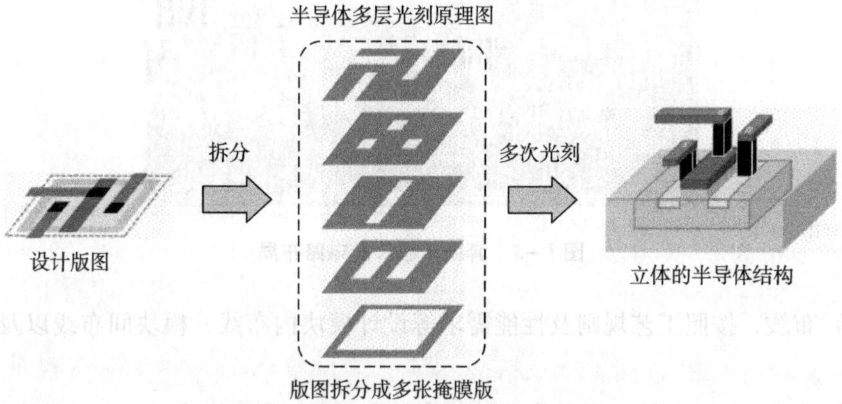

图 1－2　集成电路制造的简要流程

（三）集成电路的布图设计

根据上述第（3）步可知，集成电路的布图设计（Layout Design），是将集成电路的设计理念与电路功能转化为实际可制造的物理结构的过程。它是将电路图以精确的几何图形布局方式描绘在硅片上的多层结构，确保最终制造出的芯片能够按照预期进行工作。英特尔公司 2000 年推出的奔腾 4 芯片的电路布局如图 1－3 所示❷，该芯片采用 130nm 工艺，在 131mm^2 的硅片上集成了 5500 万个晶体管。

从电路图到物理版图，设计人员需进行以下主要步骤：

（1）理解设计规范，包括电路的功能要求、性能指标、工艺规则等；

（2）进行模块划分，主要是按照执行功能分成多个功能模块；

（3）布局，包括设计模块布局、设计模块内部的元件布局等，布局时要考虑到电路特性、面积优化、信号走向、后续布线需求等多种因素；

---

❶　电子发烧友．什么是掩膜版？掩膜版（光罩 MASK）——半导体芯片的母板设计［EB/OL］．（2023－12－25）［2024－09－27］．https：//www.elecfans.com/d/2348146.html.

❷　CPUMUSEUM. INTEL PENTIUM 4 SOCKET 775［EB/OL］．［2024－09－27］．https：//cpumuseum.jimdofree.com/museum/intel/pentium－4－775/.

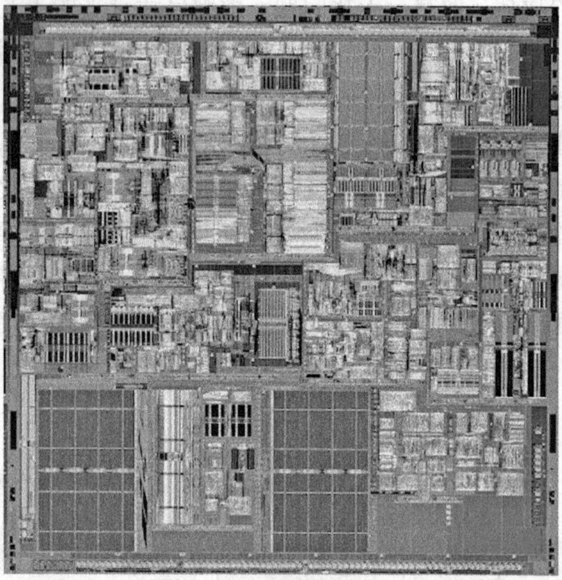

图 1-3 奔腾 4 芯片的电路布局

(4) 布线，按照工艺规则及性能需求等设计模块内布线、模块间布线以及总线布线等。

在集成电路设计领域，通常将布图设计之前的流程称为前端（逻辑设计），从布图设计开始的流程称为后端（物理设计）。布图设计作为前端和后端的分界点，是集成电路物理实现的起点，是集成电路设计流程中的关键环节，直接决定了芯片的性能、功耗、面积、良率以及成本等重要参数。

布图设计的复杂程度也随着集成电路的发展而水涨船高。在小规模集成电路的年代，还可用手工方式来进行布图设计，如手工画图、人工刻制掩膜版等。但随着集成电路的发展，用手工方式已经不可能进行布图设计。20 世纪 70 年代，集成电路计算机辅助设计（IC CAD）系统问世，初始只能简单处理版图级设计问题。随着需求的提高和技术的发展，陆续出现了仿真和自动布局布线工具，增加了子逻辑级设计功能，用硬件描述语言进行行为级自动化设计等。如今，虽然布图设计通常都要依靠计算机辅助来完成，但一份布图设计不仅要求设计人员具有相当的专业知识和技能，同时也耗费了设计人员的大量脑力劳动，是设计人员智力创造的成果，理应给予相应的知识产权保护。

二、知识产权范畴的集成电路和集成电路布图设计

针对布图设计进行专门立法保护开始于 20 世纪 80 年代，并随着集成电路产业的快速蓬勃发展先后进入各集成电路产业发达国家的议程。最先是美国于 1984 年通过并实

施《半导体芯片保护法》（以下简称《芯片保护法》），随后日本于1985年、欧洲共同体于1986年发布各自的专门保护法，其后各国也陆续加入其中。我国于2001年通过并实施《集成电路布图设计保护条例》（以下简称《条例》），对布图设计专有权进行专门保护。

（一）我国专有权保护制度中的相关定义

我国于2001年10月1日起正式施行《条例》，对集成电路布图设计的知识产权进行保护，对提出登记申请且满足各项规定的集成电路布图设计予以登记，布图设计专有权因登记而取得。

《条例》第2条第（一）项和第（二）项对“集成电路”以及“集成电路布图设计”在知识产权范畴内进行了定义：

“（一）集成电路，是指半导体集成电路，即以半导体材料为基片，将至少有一个是有源元件的两个以上元件和部分或者全部互连线路集成在基片之中或者基片之上，以执行某种电子功能的中间产品或者最终产品；

（二）集成电路布图设计（以下简称布图设计），是指集成电路中至少有一个是有源元件的两个以上元件和部分或者全部互连线路的三维配置，或者为制造集成电路而准备的上述三维配置。”

从《条例》对集成电路的定义可见，其主要包括以下几个要素：基片为半导体材料，至少包括一个有源元件，需执行某种电子功能。从《条例》对集成电路布图设计的定义可见，其保护的是元件、互连的三维配置，即元件、互连在空间中的具体分布，而非仅仅是电路连接关系或设计思想等。

我国台湾地区所谓的“积体电路❶电路布局保护法”（以下简称“电路布局保护法”）第2条规定，专有权的保护客体是“电路布局”，指“在积体电路上之电子元件及接续此元件之导线的平面或立体设计”。

其中的“积体电路”是“将晶体管、电容器、电阻器或其它电子组件及其间之连接线路，集积在半导体材料上或材料中，而具有电子电路功能之成品或半成品”。

由此可见，我国台湾地区明确限定了其积体电路的基片为半导体材料；明确限定了需具有电子电路功能；但未对是否包括有源元件做要求。对于所保护的“电路布局”，限定了其为平面或立体设计，即二维或三维均可。

（二）主要国家或国际组织相关法规中的定义

1. 美国

美国的《芯片保护法》第901条规定，专有权的保护客体是某种“掩膜作品”，指

❶ 我国台湾地区称“集成电路”为“积体电路”，下文在谈及我国台湾地区的相关规定时，沿用其术语原文。

“以某种方式固定或编码而成的一系列相关图层——（A）具有或体现出存在于某一半导体芯片产品各层之中或由其刻蚀而成的金属、绝缘体或半导体材料的预置的三维模式；并且（B）在该系列图层中，各图层之间相互关系是，每层图形都是具有一种形式的该半导体芯片产品表面的模式”。

其中的“半导体芯片产品”，定义为“指下述任何产品的最终或中间形式——（A）具有两层或两层以上金属、绝缘体或半导体材料，按照某一预置模式沉积于或置放于某块半导体材料之上或由其腐蚀或刻蚀而成；而且（B）旨在履行电子线路的功能”。

由此可见，美国法律明确限定了其芯片产品为“半导体”芯片产品，必须制作于半导体材料的基片之上；明确限定了其旨在履行电子线路的功能；但未要求是否包括有源元件。对于所保护的“掩膜作品”，明确限定了其为具有“三维模式”的图层。

2. 日本

日本的《半导体集成电路的电路布局法》（以下简称《电路布局法》）第2条中规定，专有权的保护客体是“电路布局”，指“在半导体集成电路中的电子元件及连接这些元件的导线的布局”。

其中的“半导体集成电路”，是指“将晶体管或其他电路元件做在半导体材料或绝缘材料之表面或做在半导体材料的内部形成不可分割的具有某电路功能的产品”。

由此可见，日本法律限定其集成电路的基片材料可为半导体材料或绝缘材料；明确限定了其应具有某电路功能；但未要求是否包括有源元件。对于所保护的“电路布局”，仅限定其为一种“布局”，未做其他维度上的限定。

3. 韩国

韩国的《半导体集成电路布图设计法》（以下简称《布图设计法》）第2条规定，专有权的保护客体是“布图设计”，是指“各种电路元件的布图设计在二维或三维中把这些元件用导线连接起来的半导体集成电路”。

其中的“半导体集成电路”，是指“已通过以下过程制造成电子电路集成电路元件的半成品或成品，包括一个或多个有源元件，以及以不可分割的形式连接这些元素到任何半导体或绝缘材料的表面，或进入半导体材料”。

由此可见，韩国法律限定其集成电路的基片材料可为半导体材料或绝缘材料；明确限定了其至少包括一个有源元件；但未明确限定其应执行电子功能。对于所保护的“布图设计”，限定了其应为二维或三维配置。

4. 世界知识产权组织（WIPO）和世界贸易组织（WTO）

在世界知识产权组织的《华盛顿条约》和世界贸易组织的《TRIPs协定》中，专有权的保护客体是“布图设计（拓扑图）”，指“集成电路中多个元件，其中至少有一个是有源元件，和其部分或全部集成电路互连的三维配置，或者是指为集成电路的制造而准备的这样的三维配置”。

其中的“集成电路”，是“一种产品，在它的最终形态或中间形态，是将多个元件，其中至少有一个是有源元件，和部分或全部互连集成在一块材料之中和/或之上，以执行某种电子功能”。

由此可见，相关国际组织的条约中未限定集成电路的基片材料具体为何材料，而是笼统地称为“一块材料”；明确限定了其至少包括一个有源元件；明确限定了需执行某种电子功能。对于“布图设计”，明确限定了其为一种三维配置。

（三）相关定义中的若干要素

从上述各国、地区或国际组织的法规中的相关定义可见，其中对于集成电路的定义都是围绕几个要素进行：基片材料、有源元件、执行电子功能；对于布图设计的定义，则限定其表达的形式。

我国《条例》对于集成电路和布图设计的定义是趋于更加严谨的方向。对于集成电路，明确限定需包含三个要素：基片为半导体材料、至少包括一个有源元件、需执行某种电子功能；对于布图设计，明确限定保护的是表达出的三维配置。而其他国家、地区或国际组织的法规中对于其中某些要素是并未明确限定的。

关于集成电路的基片材料，各国、地区或国际组织的法规中，对基片材料的限定分为三派：①明确限定其为半导体材料；②明确限定其为半导体材料或绝缘材料；③不限定具体材料而是以“一块材料”或“一片材料”代之。集成电路从20世纪50年代最初产生就是基于半导体材料的发现，直至目前半导体材料一直都是占绝对主导地位的基片材料，尤其是进入商业利用的芯片基本上都是基于半导体材料基片而制作。当然，目前也有一些非半导体材料的新材料也在进入研究人员的视野，例如，基于二维材料（例如石墨烯、碳纳米管等）的新器件、新工艺已经取得相当的研究进展，但这样的集成电路离实用尚有相当距离。因此，我国《条例》在定义中明确限定集成电路的基片为半导体材料，这是与集成电路领域的技术发展以及该领域的通常认知相适配的；但若参考其他国家、地区或国际组织的规定，不明确限定基片材料，则可给未来新出现的技术或产品留出适应的空间。

关于限定集成电路至少包括一个有源元件、需执行某种电子功能，这类似于对要求保护的布图设计所对应的集成电路提出的一个“功能性”门槛，即该集成电路不能是随便几个元件和布线排布在一起就行，而是需要具有一定的复杂度以及可以实用的功能。

关于所保护的布图设计，我国以及《华盛顿条约》和《TRIPs协定》限定其为三维配置，我国台湾地区限定其为平面或立体的电路布局，美国保护制度限定其为三维模式的图层，韩国限定其为二维或三维的布图设计，日本限定其为一种电路布局但未做维度上的限定。虽然各个规定有所不同，但都体现出对于布图设计的知识产权保护，其保护的是一种“表达”，而不是“思想”，这也体现出与著作权保护的类似的特点。

第二节　布图设计的知识产权保护路径

正如第一节所述，布图设计作为人类智力活动的成果，理应受到知识产权保护。本节从现有知识产权类型出发，比较各类知识产权类型对布图设计中的相关知识产权进行保护的合理性和不足之处，探讨建立布图设计专有权这一特殊知识产权类型的必要性，并对它的突出特点进行简要分析，以帮助读者理解布图设计专有权的基本性质。

一、通过著作权进行保护

《中华人民共和国著作权法》（以下简称《著作权法》）第 3 条规定：“本法所称的作品，是指文学、艺术和科学领域内具有独创性并能以一定形式表现的智力成果，包括：……（七）工程设计图、产品设计图、地图、示意图等图形作品和模型作品；（八）计算机软件；（九）符合作品特征的其他智力成果。”在著作权法的意义上，作品一般是指用可复制的手段加以表现的文学、艺术、科学技术等领域内的智力劳动成果。❶

由此可见，以掩膜版或图形为载体的布图设计属于著作权法意义上的作品，在这个意义上布图设计可以享有著作权。事实上，美国 1984 年通过的《芯片保护法》开始对体现在半导体芯片产品中的“掩膜作品”（mask work）或集成电路布图提供保护。这是当时世界上唯一对掩膜作品或集成电路布图提供保护的法律。这里使用的就是“work”，即“作品”一词，与著作权法中的作品的用语是一致的。

然而，单纯通过著作权保护并不能完全体现布图设计的自身特点，不能更好地促进布图设计的创新。一方面，布图设计具有工业实用性，其主要价值在于可以在产业中通过使用布图设计而获益❷，其属于工业产权的范畴；而著作权强调的是作品本身，不属于工业产权，其是否具有工业实用性不在考虑之列。另一方面，著作权不保护思想，其强调的是“表达”上的不同，只要在表达上具有“独创性”，就可以拥有著作权；而布图设计还具有技术性，因此除了在三维配置的“表达”上应具有独创性，还应当具有一定的技术创新，这两方面结合才能使得布图设计具有专有权意义上的“独创性”。因此，仅通过著作权保护并不能完全体现布图设计本身的特点。

---

❶ 江建名. 著作权法导论［M］. 合肥：中国科学技术大学出版社，1994：11.

❷ 郭禾. 半导体集成电路知识产权的法律保护［J］. 中国人民大学学报，2004（1）：102－110.

二、通过专利权进行保护

《中华人民共和国专利法》（以下简称《专利法》）第2条规定，发明，是指对产品、方法或者其改进所提出的新的技术方案。实用新型，是指对产品的形状、构造或者其结合所提出的适于实用的新的技术方案。集成电路通过大量的电路连接关系和元件设置以实现其电子功能。这些连接关系和元件的设置，其显然可以构成技术方案，解决技术问题，并实现技术效果。因此，布图设计中涉及技术方案的内容，如果具备专利法规定的各项要件，其可以得到专利法的保护。

但是，发明或实用新型专利权保护的是以权利要求的技术方案所限定的范围，其本质上不是表达而是一个技术方案，是一种思想。一种思想可以有多种表达方式，正如为了实现一个集成电路的功能，理论上可以有多种电路设计的方式。也就是说，专利可以保护实现某个集成电路功能的技术方案，但实现技术方案的不同方式的电路布图，专利权是无法区分出来逐一进行保护的。随着集成电路集成度越来越高，实现一个新的电路布局所付出的智力劳动也越来越高。而随着技术的进步，对集成电路的反向工程和简单模仿的成本却在降低。对于外观设计专利权，其保护的是对产品的整体或者局部的形状、图案或者其结合以及色彩与形状、图案的结合所作出的富有美感并适于工业应用的新设计。而集成电路布图处于芯片之中，在外观上并无体现。即使将布图设计的图形放大到可以肉眼观察的程度，由于其遵循固定的设计规则，也可能不具备上述“美感”，不能成为外观设计专利的保护对象。因此，需要有一种不同于专利的新的知识产权路径，来保护这些新的布图设计，以便更好促进半导体集成电路的技术创新。

三、通过商业秘密进行保护

《中华人民共和国反不正当竞争法》（以下简称《反不正当竞争法》）第9条第4款规定，本法所称的商业秘密，是指不为公众所知悉、具有商业价值并经权利人采取相应保密措施的技术信息、经营信息等商业信息。通过对集成电路芯片进行反向工程，一般可以获知其布图设计，因此，投入商业利用的集成电路芯片在布图设计上通常不构成商业秘密。但是，如果集成电路芯片设置了防反向工程的设计，那么其全部或者部分布图设计是不能或者很难通过反向工程获得的，此时该部分布图设计就有可能成为商业秘密。

上述情况下，布图设计申请获得登记后，社会公众可以通过查阅布图设计的复制件或图样从而获知布图设计的内容，因此容易造成对其中有可能构成商业秘密的设计内容的泄露。

四、通过专有权进行保护

由上述分析可见，布图设计具有多重知识产权属性。为了更有效地保护该类知识产权，世界主要国家和地区都创设了“集成电路布图设计专有权”这一单独的知识产权类别，以特别法的方式对半导体集成电路中元件的空间配置进行保护。布图设计专有权主要融合了著作权、专利权的特点，并兼顾了商业秘密的保护，是一种独特知识产权门类。

我国于2001年颁布《条例》和《实施细则》，正式实现了对集成电路布图设计专有权单独立法的保护。《条例》和《实施细则》吸纳了著作权、专利权和商业秘密等知识产权门类各自的优点，对我国布图设计专有权保护的各个方面进行了全面的规定：（1）布图设计专有权保护半导体集成电路中的布图设计，不属于半导体集成电路的版图设计不能通过布图设计专有权进行保护。（2）布图设计专有权保护包括有源元件的三维配置，不保护思想、处理过程、操作方法或者数学概念等。（3）受保护的布图设计应当具备独创性，即应当是创作者自己的劳动成果，并且不属于公认的常规设计。（4）复制受保护的布图设计，进口、销售或者提供受保护的布图设计、含有该布图设计的集成电路或者含有该集成电路的物品的，均属于侵权行为。

五、专有权与著作权、专利权和商业秘密的关系

以下通过对《条例》和《实施细则》部分条文的简单解读来说明专有权与著作权、专利权和商业秘密之间的关系。

《条例》第2条第（二）项规定，集成电路布图设计，是指集成电路中至少有一个是有源元件的两个以上元件和部分或者全部互连线路的三维配置，或者为制造集成电路而准备的上述三维配置。由此可见，集成电路布图设计本质上是“三维配置”，是一种表达方式。这凸显了布图设计具备著作权的特征。

《条例》第5条规定，本条例对布图设计的保护，不延及思想、处理过程、操作方法或者数学概念等。这条规定也具有典型的著作权法的色彩，指明了布图设计主要保护的是“表达”而不是“思想”，从这个意义上也说明布图设计专有权具备浓厚的著作权特征。

《条例》第4条第1款规定，受保护的布图设计应当具有独创性，即该布图设计是创作者自己的智力劳动成果，并且在其创作时该布图设计在布图设计创作者和集成电路制造者中不是公认的常规设计。这条规定即是对布图设计最重要的特点之一“独创性”的规定。布图设计独创性的规定融合了著作权和专利权的特点。一方面，它直接借鉴了我国著作权法中作品定义中的“独创性”这一用语，并明确要求布图设计应当是创作者自己的智力劳动成果。另一方面，布图设计的独创性在此基础上又提出了进

一步的要求，即“不是公认的常规设计”。这一规定与专利法中对“创造性”的要求有类似之处。从这个意义上说，该条规定集中体现了布图设计的技术性，它具有专利权的特征。

《条例》第8条规定，布图设计专有权经国务院知识产权行政部门登记产生。未经登记的布图设计不受本条例保护。由此可见，布图设计需要审查登记后方能取得相应的权利，这与著作权的一经创作完成自然产生不同，更类似于专利制度中的审查制。

根据《条例》第30条、第31条的规定，布图设计专有权包括两个主要方面：复制权和商业实施权。[1] 复制权属于著作权的权能，而商业实施权属于专利权的权能。由此更可以看出，布图设计专有权兼著作权和专利权的特点，是处于二者之间的一类专门知识产权。

《实施细则》第15条规定了布图设计登记可以设置保密信息，保密信息部分单独存放，除侵权诉讼或者行政处理程序需要外，任何人不得查阅或者复制该保密信息。这条规定体现了布图设计虽然需要登记，并且公众可以查阅，但依然可以设置保密信息部分，这部分信息依然可以通过商业秘密进行保护。

第三节　专有权保护制度及其发展

本节内容详细解读该制度的建立和基本框架，主要国家、地区和国际组织保护制度的基本情况和运行情况，并重点介绍我国布图设计专有权保护制度的建立和发展。

一、专有权保护制度

自美国1984年通过《芯片保护法》后，日本在1985年公布《电路布局法》，欧洲共同体于1986年公布《关于半导体产品拓扑图的法律保护的理事会指令》（以下简称《拓扑图保护指令》），德国于1987年公布《微电子半导体产品拓扑保护法案》（以下简称《拓扑保护法案》）。1989年，世界知识产权组织通过的《华盛顿条约》以国际公约的形式，全面、系统地规定了集成电路知识产权的保护，这些内容主要涉及集成电路的含义、集成电路布图设计的概念、权利范围及相关限制、保护期限等问题。韩国于1992年颁布并实施了相关规定，1994年世界贸易组织通过的《TRIPs协定》整体涵盖了《华盛顿条约》中的集成电路布图设计的核心内容，并对保护期限、保护范围以及善意侵权等问题进行了调整。[2]

下文将从权利的取得、权利的内容以及权利的限制等方面阐述专有权保护制度的基本理念和整体框架。

---

[1] 郭禾．集成电路布图设计权的发展与保护［N］．中国知识产权报，2009－04－10．

[2] 马骏．中外集成电路知识产权制度比较研究［J］．科技与法律，2017（5）：58－76．

（一）权利的取得

在全球大部分国家、地区的专有权保护制度中，专有权的取得都是以登记为前提条件的。美国、日本、韩国、德国都坚持这一原则，我国对集成电路布图设计专有权同样遵循登记取得原则。

在美国，即使作者没有对其作品进行登记，也不影响作者拥有该作品的著作权，同时也不影响权利人提起侵权诉讼以保护其著作权。而对于布图设计专有权而言，第一，如果布图设计在世界上任何地方首次商业利用之日起两年内未提出登记申请，美国则不会再对该布图设计提供专有权保护，导致其权利丧失；第二，美国《芯片保护法》第910条第（b）款第（2）项规定❶，“在任何情况下，保护掩膜作品登记申请、所需鉴别资料以及费用均已以适当形式提交版权局，而该掩膜作品的登记仍被拒绝，则申请人有权对本条规定的侵害掩膜作品的行为提起民事诉讼，如果诉讼通知及诉状复本依照《联邦民事诉讼法》的规定送达版权局局长，版权局局长在收到通知书后60天内可自行决定是否作为就有关保护请求是否符合登记的问题引起之诉的一方当事人参与诉讼，但版权局局长不作为一方当事人不得剥夺法院对本案的管辖权”。可见，由美国版权局颁发的登记证书或者拒绝登记的文件都可以成为法院判决的依据，前提是提起请求。即使登记被拒绝，也并不妨碍提起侵权诉讼。❷

英国、比利时以及我国香港地区则坚持与著作权相类似的原则。❸ 例如，我国香港地区规定❹，“在布图设计（拓扑图）以书面形式记录前或在它被结合于集成电路前，须被视为未被创作”，这种表述方式应理解为在布图设计创作完成时即对应取得其所有权。英国、比利时等也有类似规定。

（二）权利的内容

美国《芯片保护法》❺ 第905条对掩膜作品的专有权作了规定。

“第905条　掩膜作品的专有权

受本章保护的掩膜作品的所有人有实施或允许他人实施下述行为的专有权：（1）以光、电子或其他方法复制该掩膜作品；（2）进口或出售含有该掩膜作品的半导体芯片产品；以及（3）指使或故意使他人实施第（1）项或第（2）项所述之任何行为。”

另外，美国的《芯片保护法》第901条第（a）款第（9）项和第（b）款还有进

---

❶ 孙新强．美国1984年半导体芯片保护法［J］．科技与法律，1998（2）：71－77.

❷ 李明德．美国《半导体芯片保护法》研究［J］．科技与法律，2004（3）：28－43.

❸ 乔德喜．试论集成电路的知识产权保护［M］//中国专利局条法司．集成电路与植物品种知识产权保护专辑．北京：专利文献出版社，1996：3－26.

❹ 中国香港地区《集成电路的布图设计（拓扑图）条例》［EB/OL］．（1997－07－01）［2022－06－24］．www.pkulaw.com.

❺ 孙新强．美国1984年半导体芯片保护法［J］．科技与法律，1998（2）：71－77.

一步解释，对于“侵权的半导体芯片产品”，指侵犯本法规定的掩膜作品所有人专有权利制作、进口或销售的半导体芯片产品。且还规定，凡含有某半导体芯片产品作为组成部分的产品的销售或进口，即为该半导体芯片产品的销售或进口。可见，掩膜作品所有人的专有权利，实际上不仅适用于受保护的该掩膜作品，还延及包含该作品的半导体芯片产品，甚至还延及包含该芯片产品的电子产品。

也就是说，上述权利内容包含三个层次：复制该布图设计作品，进口、销售包含该布图设计的半导体产品，以及进口、销售包含该半导体产品的产品。美国的《芯片保护法》、日本的《电路布局法》、世界贸易组织的《TRIPs 协定》基本都是沿袭这个标准。但是，德国等欧洲国家采用如下的表述方式：禁止第三方将该拓扑或包含该拓扑的半导体产品提供至市场。也就是说仅延伸至第二层次，并未延及包含该半导体产品的物品。[1] 严格来讲，既然 1994 年《TRIPs 协定》中已经明确将专有权扩展到包括拓扑、半导体产品以及包含该产品的物品，原则上欧盟和欧盟国家应对法律条款进行适应性修改，或者在实践应用中做到统一。

（三）权利的限制

美国《芯片保护法》第 906 条“专有权的限制：反向工程、首次销售”以及第 907 条“非故意侵权”[2] 限定了权利的例外。具体内容如下：（1）非营利目的的反向工程；（2）权利用尽，即经掩膜作品所有人或其授权的人制作的特定半导体芯片产品的所有人，可无须授权进口、销售或处理、使用该芯片；（3）侵权半导体芯片的善意购买者在支付适当费用后。上述原则也被后续其他国家和地区所采纳。这些限制原则在主要国家或地区也基本得到了沿用，如日本、德国、韩国等均沿用了上述原则。另外，《华盛顿条约》中明确了与著作权相同的独立创作的保护，即便第三人创作了相同的布图设计，只要其可以证明是独立创作，就不属于侵权的范围。在这之后，制定相关法律条款的国家或地区也体现了该原则。

二、主要国家专有权保护制度发展

（一）美国

1. 制度建立与发展

美国的《芯片保护法》于 1984 年 10 月在众议院和参议院通过，11 月总统签署后正式生效。

---

[1] 乔德喜. 试论集成电路的知识产权保护［M］//中国专利局条法司. 集成电路与植物品种知识产权保护专辑. 北京：专利文献出版社，1996：3 – 26.

[2] 孙新强. 美国 1984 年半导体芯片保护法［J］. 科技与法律，1998（2）：71 – 77.

《芯片保护法》虽然作为美国《著作权法》的第九章“Protection of Semiconductor Chip Products”，但实际上是一部独立而完整的法律。1987 年、1988 年、1990 年和 1997 年，美国对该法案进行了若干细微修改[1]，1990 年还依据《版权救济澄清法》（The Copyright Remedy Clarification Act，CRCA）进行了适应性修改。[2]

2. 登记程序及登记数据

如前所述，美国的布图设计专有权的取得采用登记制。美国《芯片保护法》第 908 条规定，布图设计所有人可以向版权局申请注册以取得保护，也可以在商业性使用掩膜作品之后的两年内向版权局申请注册。如果集成电路布图设计所有人在世界任何地方首次商业性使用有关掩膜作品之后，没有在两年之内申请注册，则会终止权利。也就是说，对于商业利用的掩膜作品，如果没有经过登记，则超过首次商业利用日两年后不再进行保护。

根据美国版权局 1993—2023 年的年报[3]，美国布图设计的年度登记量在 1997 年达到最高值 1076 件，次年为 984 件，之后在 1999—2002 年一直在 500 件以上。之后逐年递减，其间即使有小幅回升也是逐渐下滑的趋势，自 2014 年后登记量已跌至 100 件以下。

3. 复审程序

美国《芯片保护法》第 908 条第（f）款明确规定了复审程序，即对美国版权局拒绝登记的掩膜作品的申请人可以要求司法复审，同时也提及对于侵权诉讼程序中专有权人需要提供初步证据证明其专有权的有效性。本书未查询到美国布图设计登记申请的复审案件相关数据或案例，仅查询到美国版权局 2001 年的年报[4]中记录有一个异议程序的案例。

在该案中，2001 年美国版权局拒绝了一位我国台湾地区掩膜作品创作者的登记申请，其理由是该创作者的住所地为我国台湾地区，而我国台湾地区不属于美国相关条约的缔约方，因此不具备相应的登记申请资格。该申请人根据美国与我国台湾地区曾经签订了所谓的“互惠条约”以及我国台湾地区也施行了相关的掩膜作品保护制度，向美国版权局提出上诉。美国版权局最后确认拒绝该申请人的登记申请。从该案例可

---

[1] 1987 年，美国《芯片保护法》第 902 条第（a）款第（2）项增加了最后一句“总统可以修订、终止或撤销此类声明或对依此类声明扩大的保护施加任何条件或限制”，第 914 条第（f）款第（2）项增加了最后一句“1994 年 7 月 1 日前，商务部部长经与版权局局长协商后，应向参议院和众议院司法委员会报告，更新依前句提交之报告所含内容”。

[2] chapter9. pdf（copyright. gov）［EB/OL］．［2024 - 06 - 10］．https：//www.copyright.gov/title17/chapter9.pdf.

[3] 美国版权局 1993—2023 年年报［EB/OL］．［2024 - 06 - 10］．https：//www.copyright.gov/history/annual_reports.html.

[4] 美国版权局 2001 年年报［EB/OL］．［2024 - 06 - 10］．https：//www.copyright.gov/history/annual_reports.html.

以看出，美国《芯片保护法》中设置了登记被拒绝后的相关异议程序。

4. 侵权和撤销程序

美国没有对布图设计设置撤销程序，掩膜作品的有效性的质疑只能在侵权抗辩中引入。对于如何判定布图设计侵权，美国在《芯片保护法》颁布后出现了两件司法案例，具体如下。

（1）侵权案例1[1]（Brooktree Corp. v. Advanced Micro Devices, Inc.）

Brooktree公司于1987年登记取得了其芯片BT451和BT458对应掩膜作品的专有权MW2873/MW3838，该芯片的一个关键组件是，一个SRAM核心单元在一个覆盖芯片面积80%的阵列中重复超过6000次。每一个核心单元由十个晶体管和金属导体连接晶体管组成贯穿三维的多层单元。Brooktree公司认为这个核心单元是被AMD公司复制，侵犯了Brooktree的掩膜作品的专有权，并提供了反向工程的证据予以证明。AMD公司对Brooktree掩膜作品专有权的有效性并未质疑，其辩称的观点主要是以下两个方面：

其一，由于法律条文对“基本一致”并未规定具体的比例，而Brooktree公司提供的反向工程已明确仅复制了80%，这种情况不能认定为抄袭。其二，即使AMD公司的设计与其一致，由于AMD公司在创作过程中也投入了大量的资金，其掩膜作品也是原创的。

对于第一个问题，法院认为，考虑到集成电路布图的布局可能被盗用，掩膜作品有时包含大量的区域（所谓的“单元格”），其布局涉及创造力和商业价值，对这样一个单元也可以成为一个侵权的对象。没有硬性的百分比来规定什么是“实质性的”复制，因为在复制掩膜作品的重要部分时，尽管被复制的比例可能相对较小，也会存在实质性的相同。也就是说，掩膜作品的拥有者不仅应被保护防止大规模复制，还应当被保护防止大量或零碎地复制一个或多个掩膜作品的特定部分。

对于第二个问题，在庭审过程中，AMD公司作为证人出庭的设计者并未提出有力的证据证明在创作过程中没有借鉴别人的布图设计。而且，Brooktree公司还提供了利用十个晶体管组成多层单元的其他不同的实施方式，以此来证明采用十个晶体管组成多层单元有很多其他的实现方式。

因此，法院裁定AMD公司对Brooktree公司侵权行为成立，随后的二审也支持了一审的判决。

（2）侵权案例2[2]（Altera Corp. v. Clear Logic）

Altera公司生产可编程逻辑器件（PLD），是一种可编程执行各种功能的芯片。Clear Logic公司生产另一种类型的芯片，是一种特定应用程序的集成电路（ASIC）。这

---

[1] Legal Research - US Federal State Case Law | AnyLaw [EB/OL]. [2022-06-10]. https://www.anylaw.com/.

[2] Legal Research - US Federal State Case Law | AnyLaw [EB/OL]. [2022-06-10]. https://www.anylaw.com/.

些芯片被设计来执行一个特定的功能，不能被客户编程。

在针对侵权的诉讼中，Altera公司主张Clear Logic公司复制了芯片上晶体管分组的布局，而这些分组中的晶体管布局并不相同。Clear Logic公司认为体系结构本质上是一个显示芯片基本结构的框图，分组放置是一种制度或一种思想，不受《芯片保护法》的保护。法院认为各组件的布局也是掩膜作品的一部分，掩膜作品是根据Altera公司的各功能模块的框架图进行组织的，而且地方法院允许陪审团决定这些相似之处是否构成对法令的侵犯。不同于一篇文章的大纲或一本书的章节，这些分组在物理上指示特定功能将在芯片上发生的位置，并描述各部分之间的相互作用。分组在掩膜作品中的位置不是一个抽象的概念，它能够体现并影响芯片的性能和效率以及芯片的时序。

上述两个侵权案例中的争议焦点都涉及掩膜作品专有权的实质性条件的判断。例如，侵权判定的对象是仅针对掩膜作品的整体还是可以延展到掩膜作品的一部分，掩膜作品的布局是否也属于掩膜作品的一部分；又如，如何理解独创性（original），在实践中如何来判断，判断的标准又是什么。上述法律问题在两个案例中得以体现，同时上述案例也涉及《芯片保护法》的基本保护理念。

（二）日本

1. 制度建立与发展

日本于1986年1月1日开始实施《电路布局法》，并在2003年、2022年基于其他法律进行了适应性修改。❶

日本集成电路布图设计由经济产业省管理，其授权财团法人工业所有权合作中心（IPCC）负责注册事务。截至2024年底，日本集成电路布图设计申请总量约9000件。在2009年前，每年申请量有几百件，但后续持续下跌，2014年后，IPCC没有官方的申请数据。

日本的《电路布局法》相较于美国的《芯片保护法》做了部分改动，有自身的特色。

在保护客体方面，日本《电路布局法》对于“半导体集成电路”的定义是比较宽泛的，“将晶体管或其他电路元件做在半导体材料或绝缘材料之表面或做在半导体材料的内部形成不可分割的具有某电路功能的产品”。从这个定义看，应是将印刷电路板的电路布局也涵盖在内。

在登记专有权的要件方面，日本的《电路布局法》是通过第8条来进行规制的。但没有涉及美国《芯片保护法》第902条第（b）款第（2）项内容，即在进行独创性判断时没有涉及是否属于半导体领域常规设计手段的判断。

---

❶ 半導体集積回路の回路配置に関する法律（昭和六十年法律第四十三号）［EB/OL］.［2024-06-10］. https：//elaws. e-gov. go. jp/document？ lawid=360AC0000000043.

对于日本《电路布局法》中所涉及的登记制度相关的进一步要求，在《关于电路布局使用权等的登记的政令》❶、《与基于半导体集成电路的电路布局相关的法律的登记机构相关的省令》❷ 中作出了规定。

2. 登记程序及登记数据

日本《电路布局法》明确规定了登记原则，“电路布局使用权应根据建立登录而产生”。“如果首次商业使用满两年仍然没有在‘通商产业省’注册登记的创作人将失去取得专有权的资格”，即针对商业利用的情形提供了两年的登记期限。

根据日本布图设计官方网站的数据❸，2004—2008 年，日本布图设计的年度登记量也由最初的 94 件逐年下降，2009—2013 年登记量均只有个位数，2014 年后日本布图设计登记的官方网站再无登记。

3. 复审程序

日本《电路布局法》第 8 条第 2 款❹对于申请的驳回规定中，没有类似美国《芯片保护法》第 908 条第（f）款所明确规定的复审程序以及该程序如何启动。

4. 撤销程序

日本《电路布局法》关于集成电路布图设计专有权撤销的启动，主要规定在第 9 条第 1 款之中。根据该条款的规定，撤销程序的启动为通商产业省依职权启动。日本关于集成电路布图设计专有权撤销的审查程序的设置，主要规定在第 9 条第 2 款、第 3 款之中。由该款可知，日本通商产业大臣在注销设定登记时，应将注销理由书面通知电路布局利用权的登记名义人，并在合理期间举行听证。并且，登记名义人依法提出出席听证会的申请时，应准予其参加。同时在 1999 年第 9 条新增加的第 3 款中还规定，若需要进入听证程序，则依权利人的请求启动。

5. 侵权程序

依据日本《电路布局法》的规定，在被侵权情况下专有权人可以提出两种请求，其一为停止侵害请求权，其二是赔偿损害请求权。❺ 日本《电路布局法》在侵权赔偿上面设置赔偿上限，还增加了第六章“罚则”，其在第六章第 51 条第 1 款规定，“侵犯电路布局使用权或专用权应被处以三年以下的劳役或 100 万日元以下的罚款”。可见，日

❶ 半導体集積回路の回路配置に関する法律に基づく登録機関に関する省令 昭和六十年通商産業省令第七十号［EB/OL］.［2024-06-10］. https://elaws.e-gov.go.jp/document?lawid=360M50000400070.

❷ 半導体集積回路の回路配置に関する法律に基づく登録機関に関する省令［EB/OL］.［2022-09-04］. https://www.westlawjapan.com/.

❸ 半導体集積回路 回路配置利用権登録［EB/OL］.［2024-06-10］. https://www.softic.or.jp/ic/ic-layout/index.html.

❹ 参见日本《电路布局法》第 8 条第 2 款：“当根据前款之规定驳回申请时，通商产业大臣应该不拖延地给申请人一个表明驳回的通知，并陈述驳回的理由。”

❺ 高桥雄一郎. 回路配置利用权登录制度的现状和课题“第 6 回：回路配置利用権登録制度の現状と課題”［J］. 情报管理，46（8）：509-517.

本的专有权保护制度中对侵权行为的打击力度较大。但是，在其官网中没有查询到侵权诉讼中使用该法律条款的案例。

（三）德国

1. 制度建立与发展

德国于1987年颁布了《拓扑保护法案》，其后多次进行了修订。官网显示，其最近一次修订是在2021年8月10日。[1] 德国于2004年11月制定了《半导体保护条例》，并于2018年12月12日进行了最近的一次修订。[2]

德国布图设计专有权的登记是在德国专利商标局的实用新型部门，这与美国和日本都不相同，美国是在版权局，而日本则是由经济产业省指定的登录机构。

对于保护客体，德国的《拓扑保护法案》针对的是微电子半导体产品的三维结构，这与美国是一致的，而且在权利授予的实质性条件上也与美国基本一致。对于侵权责任，德国的半导体法案采用较为严厉的手段，侵权责任人可能面临3年或5年以下的监禁或者罚款。

2. 登记程序及登记数据

对于专有权的取得，德国《拓扑保护法案》规定，寻求保护的拓扑应当在专利商标局登记，一项申请对应一件拓扑。对于商业利用的情形，其中规定，不能迟于首次商业利用日两年后登记。

根据德国专利商标局2000—2023年的年报[3]，德国布图设计的年度登记量由2000年的62件、2001年的59件逐年递减，至2018—2020年德国并无布图设计登记。2021年申请3件，登记1件，当前处于有效状态的有20件。2022年申请2件，登记1件，当前处于有效状态的有19件。

3. 撤销程序

德国设置了专有权的撤销制度，并且该撤销制度是由德国专利商标局内设的相关机构执行。撤销程序的启动是依请求启动，对于请求人的资格未作限定，可以是任何人。该程序仅针对一种情况，即未经他人许可进行抄袭的情况，该情况下只能是被抄袭人提出撤销请求。另外，德国还规定在专利商标局内设立拓扑分部，该分部由两名技术人员和一名法律人员来处理撤销程序案件。

---

[1] Gesetz über den Schutz der Topographien von mikroelektronischen Halbleitererzeugnissen（Halbleiterschutzgesetz - HalblSchG）[EB/OL].［2024 - 06 - 10］. https：//www. gesetze - im - internet. de/halblschg/HalblSchG. pdf.

[2] Ordinance Implementing the Semiconductor Protection Act［EB/OL］.［2024 - 06 - 10］. https：//www. dpma. de/docs/english/formulare/topographie_eng/t6601_1. pdf.

[3] 德国专利商标局2000—2023年年报［EB/OL］.［2024 - 06 - 10］. https：//www. dpma. de/english/our_office/publications/annual_reports/index. html.

（四）韩国

1. 制度建立与发展

1992 年，韩国颁布《布图设计法》❶，后续十几年间持续不断对该法律条款进行修改。所作修改分两种类型，一种是基于其他法案的适应性修改（Amendment by other Act），另一种是实质内容的修改（Partial Amendment）。2008 年对该法案进行了较多修订，几乎涉及所有条款。其中，加大了对虚假标志、欺诈和泄密的惩罚力度，其罚款金额由 1000 万韩元上升至 3000 万韩元。另外，1995—2005 年，韩国也对《半导体集成电路布图设计法实施细则》进行了多次修改。❷

韩国的《布图设计法》与日本的《电路布局法》在框架结构和制度设计上非常相似，包括保护客体、侵权赔偿判定和惩罚性规则等方面的规则设立都基本一致。例如，在保护客体方面，韩国的《布图设计法》也是涵盖了印刷电路板的布图设计；在侵权赔偿判定上也是没有设置赔偿的上限，而且也具有罚则这一章，同样规定了侵权处罚。但是，韩国的《布图设计法》仍然有许多自身的特点。

首先，韩国《布图设计法》设置了非排他性许可的裁决，类似于我国《条例》第 25 条中的非自愿许可。但并不完全相同，比我国的非自愿许可的适用范围更大一些，扩展到了连续两年以上未在韩国境内使用的布图设计专有权。

其次，韩国《布图设计法》相较于其他国家而言，独特之处是第四章的设立，涉及布图设计复审和调解委员会的相关内容。根据韩国《布图设计法》第 26 条的规定，布图设计登记人不服布图设计专有权撤销决定的，可以阐明自己的要求和理由，可以向布图设计复审和调解委员会申请进行复核或调解。

韩国设置了布图设计复审和调解委员会，对撤销决定进行复核，并可以对非独占许可的裁定进行复核。它的运行制度也在法案中有较为详细的规定。

此外，对于取得布图设计专有权的实质性条件，与日本较为类似，并未引入半导体领域熟知的设计。但引入了“创作”（Creation）一词，并进行了解释，“创作，是指制作独特的布图设计作品的智力活动成果。在这种情况下，制作版图的活动设计被认为是创作，如果布图设计作为一个整体是独特（Unique）的，尽管它是由多个元素组合而成的普通布图设计”。

2. 登记程序及登记数据

韩国《布图设计法》第 6 条明确了“布局设计权通过登记而存在”，第 19 条明确

---

❶ ACT ON THE LAYOUT - DESIGNS OF SEMICONDUCTOR INTEGRATED CIRCUITS [EB/OL]. [2024 - 06 - 28]. https://elaw.klri.re.kr/eng_service/lawView.do?hseq=33695&lang=ENG.

❷ ENFORCEMENT DECREE OF THE ACT ON THE LAYOUT - DESIGNS OF SEMICONDUCTOR INTEGRATED CIRCUITS [EB/OL]. [2024 - 06 - 28]. https://elaw.klri.re.kr/eng_service/lawView.do?hseq=35789&lang=ENG.

了“布图设计的所有人（创作人或其继承人）可以自其首次商业利用之日起2年内进行登记申请”。

根据韩国知识产权局的统计数据[1]，2005—2022年，韩国布图设计的年度申请量在大多数年份持平稳态势，基本维持在40～60件。仅在2005年、2012年、2013年有较大的增幅，分别具有139件、119件、175件的登记量，且这些年份中95%以上的申请人都是韩国国内的申请人。2014年后没有国外的登记量，全部是韩国国内企业登记注册。

3. 撤销程序

根据韩国《布图设计法》第24条规定，韩国集成电路布图设计专有权撤销制度的启动主体是知识产权局局长，启动方式是依职权启动，但韩国在撤销创作登记时区分了必须撤销和非必要撤销的情况。[2] 关于“必须撤销”的规定，是强制性的法律规范。该法规定，在向韩国知识产权局登记过程中存在欺骗或其他欺诈行为，或者是符合韩国《布图设计法》第20条第1～3款所规定的驳回条件的，韩国知识产权局局长发现时必须予以撤销。而可以撤销的情形包括：①对外国人给予的布图设计权登记违反了韩国加入的国际条约的规定的；②登记的布图设计不具有原创性的；③登记违反法律、命令或者其他规定的。区分必须撤销和非必要撤销的关键在于布图设计登记申请人在登记时是否采取了欺诈等非法手段，或者可以理解为，登记申请人自身有无过错。如果登记申请人存在过错，则是必须予以撤销的情况；如果没有过错，则可以由知识产权局局长裁量，属于非必要撤销的情况。

（五）小结

综合全球主要国家的情况看，目前半导体产业比较发达的国家的布图设计的登记量以及相关的保护均处于不活跃的状态，美国、日本、德国的登记量都处于急剧下滑后停滞的状态。反观半导体产业自身的发展，近年数字经济的兴起掀起了新一轮的半导体发展热潮，各国争相将半导体产业发展作为国家发展的重要方向。而当前国外布图设计的申请现状其实与行业的发展是不匹配的。

究其原因，可能有以下几个方面：首先，源于技术的进步。在立法之初的时代，抄袭者有足够的技术支持和时间来复制布图设计并制造芯片，可以利用较低的成本来抢占市场。然而，随着半导体产业的快速发展，芯片更新换代的速度越来越快，且芯片集成度不断提高，低成本抄袭并获利的难度增加。其次，各个国家对于侵权行为实施较为严厉的打击手段。美国针对涉及掩膜作品的侵权诉讼中的赔偿额超过了法律设置的上限。最后，半导体产业内部逐渐形成比较规范的行业竞争规则。半导体厂商之

---

[1] Korean Intellectual Property Office Resources > Statistics（kipo. go. kr）[EB/OL]. [2024-06-10]. https://www. kipo. go. kr/en/HtmlApp? c=97000&catmenu=ek07_03_01.

[2] 赵礼杰. 中国集成电路布图设计专有权撤销制度研究［D］. 北京：中国政法大学，2010.

间会签订互相授权的协议来避免侵权或恶意竞争。

从上述主要国家的制度建设来看，主要国家近年来对布图设计专有权制度均作过修订或修改，但核心内容未作改动。主要国家在制度建设的内容上基本一致，但相互间存在一定的差异。

对于保护客体而言，日本和韩国都涵盖了印刷电路板，并没有仅限于半导体芯片；而对于独创性定义而言，日本和韩国并没有引入非常规设计手段的判断。

在权利救济方面，美国和日本在立法时对权利救济渠道的设置以司法途径为主，对于侵权纠纷都是由司法机构来审理。韩国通过设立"布图设计复审和调解委员会"来对撤销决定以及非独占许可的裁定进行复核。

美国在建立布图设计保护制度时并未单独设置撤销程序，而日本设置了撤销程序，随后德国和韩国都明确了专有权的撤销可以通过知识产权相关部门来进行。

主要国家专有权保护制度的基本情况对比见表 1－1。

表 1－1　主要国家专有权保护制度的基本情况对比

	美国	日本	韩国	德国
保护客体	半导体芯片	半导体芯片 + 印刷电路板	半导体芯片 + 印刷电路板	半导体芯片
登记形式要件	表格（含独创性贡献文字表述）+4 件样品 + 图片（81/2 × 11 英寸的格式存储 + 20 倍以上放大）❶	申请书中，应该附有描述提出申请的电路布局的附图，体现该电路布局的照片，解释申请人是创作人等的说明书	可以体现每层结构的平面图或立体图的电子文件；必要的文字说明❷	为识别或说明拓扑，须将下列资料存档： 1. 半导体产品制造布局图或照片； 2. 用于制造半导体产品的掩膜或掩膜部件的图纸或照片； 3. 半导体产品单层图或照片。 以及必要的解释性说明
独创性判断	独立创作 + 非常规设计组合	独立创作	独立创作	独立创作 + 非常规设计组合

❶ Code of federal regulations § 211. 5 Deposit of identifying material [EB/OL]. [2024 - 06 - 28]. https: //www. copyright. gov/title37/211/37cfr211 - 5. html.

❷ ENFORCEMENT DECREE OF THE ACT ON THE LAYOUT - DESIGNS OF SEMICONDUCTOR INTEGRATED CIRCUITS [EB/OL]. [2024 - 06 - 28]. https: //elaw. klri. re. kr/eng_service/lawView. do? hseq = 35789&lang = ENG.

续表

	美国	日本	韩国	德国
权利救济渠道	对于著作权局驳回的注册申请，60天内向联邦法院提起诉讼，要求司法复审。 在发生侵权的时候，掩膜作品的所有人可以向联邦地方法院提起侵权诉讼。如果当事人不服地方法院的判决，可以向该地方法院所在地的巡回上诉法院，如第二巡回上诉法院或第九巡回上诉法院提起上诉。如果仍然不服上诉法院的判决，还可以向最高法院提起上诉。这种诉讼管辖与著作权侵权的诉讼管辖相同	专有权人可向法院要求中止侵权和赔偿	对于专有权被撤销的异议可以向韩国布图设计复审和调解委员会提出； 向法院提出请求停止侵权并请求赔偿，以及请求善意使用人支付使用费	专有权人可向法院要求禁止侵权和赔偿；如果侵权人被指控的罪名很轻，法院可以在本法规定的范围内确定赔偿代替赔偿受害方的损害和侵权人应得的利益。赔偿规定适用于实用新型法。刑事检控只可应请求而定，除非检控当局认为是依职权而定鉴于刑事检控的特殊公众利益，需要进行干预。 准用实用新型法对撤销程序的规定（第17条）和撤销程序对诉讼的影响（第19条）
（行政＋司法）途径	司法为主	司法为主	行政＋司法	司法为主
侵权责任	损害赔偿可以是权利人因为侵权而遭受的损失，也可以是侵权人因为侵权而获得的利润。在计算侵权者的利润所得时，权利人只要证明侵权人的总收入，就完成了举证的任务。侵权人则要举证说明应当从总收入中扣除的成本，以及因为其他原因而获得的利润。 赔偿上限25万美元	侵权一方收益的总额应被推断电路布局使用权人或专用权人所遭受损失的总额。 三年以下的劳役或100万日元以下的罚款	侵权人的获利额推定为权利人的损失额； 3年以下的监禁，或处以3000万元以下的罚款，或者是劳动监禁和罚款并罚	面临3年或5年的监禁或者罚款
（民事＋刑事）责任	民事	民事＋刑事	民事＋刑事	民事＋刑事
撤销制度的启动方式	无	依职权启动	依职权启动	依请求启动

续表

	美国	日本	韩国	德国
撤销制度的启动主体	无	经济产业省	韩国知识产权局局长	任何人（未经他人许可进行抄袭的情况，该情况下只能是被抄袭人提出撤销请求）
查询和复制要求	体现有该掩膜作品的芯片产品，将由美国版权局作为档案资料存储，并开放供社会公众查阅	任何人可以向通商产业大臣请求提供电路布局注册簿的副本或抄录，或提供记载了电路布局注册簿中已整理并制成磁带那部分事项的文件；或者请求阅读或抄写电路布局注册簿，或阅读或抄写申请书或附属的图面及其他资料	任何平面设计的检查或复制登记证书、设立登记申请书及其附件文件等，须向处长提出书面申请，以供查阅（复制或签发）按本协议所附表格	除向专利商标局提起的撤销诉讼或有关诉讼外，对于拓扑保护的有效性或侵权性，检验材料只能是允许以直接检查的形式进行

三、我国专有权保护制度发展

（一）发展过程

20 世纪末，根据知识产权保护形势需要，我国开始起草《集成电路布图设计保护条例（草案）》。[1] 2001 年 3 月 28 日，国务院第 36 次常务会议审议并通过了该草案。同年 4 月 2 日，时任国务院总理朱镕基签署第 300 号国务院令，公布《条例》并自 2001 年 10 月 1 日起施行。2001 年 9 月 18 日，国家知识产权局第 11 号局长令发布《实施细则》，与《条例》同时施行。《集成电路布图设计行政执法办法》（以下简称《行政执法办法》）则于 2001 年 11 月 28 日由国家知识产权局第 17 号局长令颁布实施。2019 年 4 月，国家知识产权局印发规范性文件《集成电路布图设计审查与执法指南（试行）》（以下简称《审查与执法指南》）。

（二）制度简介

《条例》包括 36 条，共六个章节。

第一章“总则”部分主要给出了集成电路布图设计的定义（第 2 条）：“是指集成

[1] 张耀明. 中国知识产权保护的新视点：《集成电路布图设计保护条例》立法简介［J］. 科技与法律，2001（02）：104－108.

电路中至少有一个是有源元件的两个以上元件和部分或者全部互连线路的三维配置，或者为制造集成电路而准备的上述三维配置”，以及取得专有权的布图设计的实体性条件（第4条）：“受保护的布图设计应当具有独创性”，并且强调了“对布图设计的保护，不延及思想、处理过程、操作方法或者数学概念等”（第5条）。

第二章“布图设计专有权”主要明确了布图设计权利人所享有的基本权利：复制权和商业利用权（第7条），以及布图设计专有权的保护期限为“10年”（第12条）。

第三章“布图设计的登记”主要规定了申请布图设计登记时应提交的材料（第16条），以及首次商业利用日对专有权登记的限制为“首次商业利用之日起2年内”（第17条），并且规定了被驳回后可请求复审（第19条）的救济程序和获准登记后可撤销的确权程序（第20条）。

第四章“布图设计专有权的行使”主要明确了布图设计权利人所享有的另一重要权利：转让许可权（第22条），以及规定了对专有权的权利限制：合理使用（教学研究、反向工程再创作、独立创作）（第23条）、权利用尽（第24条）。

第五章“法律责任”主要规定了对专有权的侵权行为和法律责任（第30条），以及善意侵权的合理利用（第33条）。

第六章为“附则”。

我国的布图设计登记、复审、撤销程序均由国家知识产权局负责。同时，根据《行政执法办法》第2条的规定，国家知识产权局成立集成电路布图设计行政执法委员会，负责处理侵犯布图设计专有权的纠纷，调解侵犯布图设计专有权的赔偿数额。

我国台湾地区于1995年8月通过并实施其所谓的“电路布局保护法”[1]，并于2002年进行过一次修订。1996年颁布并实施其所谓的“积体电路电路布局保护法实施细则”。[2]

对于保护客体，我国台湾地区所谓的“电路布局保护法”同日本、韩国一致，涵盖了印刷电路板的布图设计。

我国台湾地区的布图设计登记在其知识产权管理部门，并设置了“台湾积体电路鉴定暨调解委员会”，这与德国、韩国单独设置相关部门审理案件相同，主要审理法院嘱托之鉴定、争端之调解、特许实施以及其他有关事项。

1. 登记程序

《条例》第16条规定：“申请布图设计登记，应当提交：（一）布图设计登记申请表；（二）布图设计的复制件或者图样；（三）布图设计已投入商业利用的，提交含有该布图设计的集成电路样品；（四）国务院知识产权行政部门规定的其他材料。”

---

[1] 积体电路电路布局保护法［EB/OL］．［2024-06-28］．https：//law. moj. gov. tw/LawClass/LawAll. aspx? PCode = J0070027.

[2] 积体电路电路布局保护法实施细则［EB/OL］．［2024-06-28］．https：//law. moj. gov. tw/LawClass/LawAll. aspx? pcode = J0070028.

《实施细则》第 14 条规定："按照条例第十六条规定提交的布图设计的复制件或者图样应当符合下列要求：（一）复制件或者图样的纸件应当至少放大到用该布图设计生产的集成电路的 20 倍以上；申请人可以同时提供该复制件或者图样的电子版本；提交电子版本的复制件或者图样的，应当包含该布图设计的全部信息，并注明文件的数据格式；（二）复制件或者图样有多张纸件的，应当顺序编号并附具目录；（三）复制件或者图样的纸件应当使用 A4 纸格式；如果大于 A4 纸的，应当折叠成 A4 纸格式；（四）复制件或者图样可以附具简单的文字说明，说明该集成电路布图设计的结构、技术、功能和其他需要说明的事项。"

在申请文件中，登记申请表是法律手续文件，复制件或者图样是布图设计的纸件载体，集成电路样品是布图设计的实例产品，图样目录起着指示图样编排方便查看的作用，复制件或者图样附具的简单文字说明作为可选文件则起着附加说明的作用。

我国的布图设计保护制度自建立以来就受到了创新主体的重视。根据国家知识产权局官网报道的相关数据，2001—2010 年，我国布图设计发证数量约为 4000 件。此后几年基本保持每年发证 1000 多件的规模。自 2018 年起，我国布图设计申请量快速增加，从 2018 年的 3800 多件增加到 2023 年的 11000 多件。截至 2024 年 7 月，累计发证数量为 78000 多件，不仅远多于域外主要国家和地区，而且近年来一直保持上升势头。

我国台湾地区所谓的"电路布局保护法"第 15 条规定，电路布局非经登记，不得主张保护。第 13 条规定，电路布局首次商业利用后逾二年者，不得申请登记。

根据我国台湾地区知识产权主管部门的统计数据[1]，2013—2022 年，台湾布图设计的年度申请量在 2013 年最多，达到 146 件，之后 2015 年、2016 年、2019 年均达到 100 件以上，其他年份平均在 80 ~ 90 件的水平。

2. 复审程序

布图设计登记申请的复审程序是指布图设计登记申请经审查认为不符合《条例》规定的登记条件而作出驳回决定后，申请人不服而向国务院知识产权行政部门提起申诉的救济程序，也是布图设计审查程序的延续。对此，《条例》第 24 条至第 27 条对布图设计复审的请求、复审程序中文件的修改、复审决定、复审请求的撤回作了明确的规定。

将布图设计复审程序与专利复审程序相比较，可以看出二者的相同之处在于，均是因申请人对驳回决定不服而启动的救济程序。布图设计登记申请复审和专利申请复审的主体资格都应当是被驳回申请的申请人，提起复审的期限都是在收到驳回决定之日起 3 个月内。提交复审请求时，应当提交复审请求书，说明理由，必要时还应当附有证据。

---

[1] 参见我国台湾地区知识产权主管部门官方网页，https：//www. tipo. gov. tw/tw/cp－170－286197－23ac9－1. html，访问时间为 2022 年 9 月 4 日。

布图设计复审程序与专利复审程序不同之处主要有：布图设计复审程序没有专利复审程序中的前置审查，而是直接由复审和无效审理部进行复审审查。布图设计复审程序中撤销驳回决定时，直接通知原审查部门对该申请予以登记和公告；而专利复审程序中若撤销驳回决定时，复审和无效审理部应当将有关的案卷返回原审查部门，由原审查部门继续审批程序。

截至目前，国家知识产权局未收到布图设计登记申请驳回后的复审请求。

3. 撤销程序

布图设计专有权撤销程序是指，国务院知识产权行政部门对已经登记公告但不符合《条例》有关规定的布图设计，依法撤销其专有权并进行公告的程序。对此，《条例》第 20 条中有明确规定：布图设计获准登记后，国务院知识产权行政部门发现该登记不符合本条例规定的，应当予以撤销，通知布图设计专有权人，并予以公告。《实施细则》第 29 条对“撤销程序”作了进一步解释，布图设计登记公告后，发现登记的布图设计专有权不符合《条例》第 2 条第（一）、（二）项，第 3 条，第 4 条，第 5 条，第 12 条或者第 17 条规定的，由原专利复审委员会撤销该布图设计专有权。根据上述规定，撤销程序审查的内容应当包括：登记的集成电路布图设计是否符合“集成电路”的定义、是否符合“布图设计”的定义，布图设计登记的主体审查，独创性的审查，保护客体的审查，保护期限以及申请登记期限的审查。

国家知识产权局自 2009 年由原专利复审委员会作出第一份审查决定以来，持续不断在启动撤销程序并作出审查决定。这些决定涵盖了针对布图设计专有权的所有可撤销条款，涉及集成电路以及集成电路布图设计的定义、独创性的判断、公认的常规设计的认定、保护客体、申请登记期限等核心法律问题。通过审查决定传达了布图设计撤销案件审查的核心审查思路和基本判断理念。

我国台湾地区对于撤销启动的方式与全球主要国家、地区相对不同，包括依请求启动和依职权启动两种方式。

4. 侵权程序

《条例》第 31 条规定了布图设计权利人面对侵权行为时可以寻求的保护途径有两种：一是行政途径，即请求国务院知识产权行政部门处理；二是司法途径，即向人民法院起诉。

2018 年，国家知识产权局办结首起布图设计侵权纠纷行政裁决案件，认定被请求人侵犯专有权成立，并作出责令停止侵权，没收、销毁相关专用设备及产品的处理决定。2019 年，办结两起布图设计侵权纠纷行政裁决案件，一案认定被请求人生产、销售的芯片不侵犯请求人所拥有的专有权，另一案根据请求人撤回行政处理的请求，作出撤销相关案件的处理决定。

我国台湾地区对于侵权责任的规定与美国的基本一致。另外，其在侵权责任中设置有新台币 500 万元的赔偿上限，没有引入刑事责任。

目前，各级人民法院办结的专有权侵权纠纷案件已有数十起，其中较为典型的案件将在本书第二部分第七章中进行详细评析。

本节对专有权涉及的基本概念进行了简要阐述，对有关国家的专有权保护制度的建立过程和主要内容进行了概括和分析，并对我国专有权保护制度的基本情况进行了梳理。从本节内容可见，虽然专有权保护制度在我国建立的时间不长，但相对于其他国家、地区而言，该制度在我国相对比较活跃，从登记、撤销、侵权救济等程序的相关案件数据看，该制度在我国被创新主体重视和认可，在鼓励布图设计技术创新和促进创新保护方面发挥了重要作用。

第二章　专有权的取得

《条例》第 8 条规定了布图设计专有权经国务院知识产权行政部门登记产生，未经登记的布图设计不受本条例保护。可见，我国在专有权保护的取得环节中采取的基本制度为登记制。《条例》第 16 条规定了在申请专有权登记时应当提交的材料，包括复制件或图样、芯片样品等。《实施细则》通过多个条款针对登记程序中应当办理的手续和提交的材料进行了详细规定。

本章将首先从相关国际条约看相关国际组织对于专有权取得方式的规定，然后对主要国家、地区专有权取得方式进行研究，分析登记制和非登记制两种取得方式的优劣。在此基础上阐述我国布图设计专有权的取得方式和取得程序，并深入阐述取得程序的若干要点。

第一节　专有权的取得方式

目前全球主要国家、地区取得专有权的方式主要包括登记制和非登记制两种方式。以下将先对相关国际条约的规定予以分析，并对采用两种不同取得方式的主要国家、地区的制度特点进行分析，在此基础上对两种制度优劣进行比较分析。

一、相关国际条约的规定

（一）《华盛顿条约》

世界知识产权组织于 1989 年 5 月 8 日至 26 日在华盛顿召开了缔结集成电路知识产权保护条约外交会议，通过了《华盛顿条约》。在专有权的取得上，《华盛顿条约》对集成电路布图设计与登记相关的规定是第 7 条第 2 款：

“2. 要求登记的权能：公开

（一）布图设计（拓扑图）成为以正当方式向主管机关提出登记申请的内容或者登记的内容以前，任何缔约方均有不保护该布图设计（拓扑图）的自由，对于登记申请，可以要求其附具该布图设计（拓扑图）的副本或图样，当该集成电路已商业实施时，可以要求其提交该集成电路的样品并附具确定该集成电路旨在执行的电子功能的定义材料；但是，申请人在其提交的材料足以确认该布图设计（拓扑图）时，可免交副本或图样中与该集成电路的制造方式有关的部分。

（二）需按本款（一）项提交申请的，任何缔约方均可要求该申请在自权利持有人在世界任何地方首次商业实施集成电路的布图设计（拓扑图）之日起一定期限内提出。此期限不应少于自该日期起两年。

（三）可以规定按本款（一）项进行登记应支付费用。"

可见，作为国际条约，在《华盛顿条约》中，对于专用权的取得，并未要求一定要以登记为前提，也可以以进入普通商业实施为前提。

（二）《TRIPs 协定》

《TRIPs 协定》第 38 条对集成电路布图设计登记的相关内容进行了规定：

"1. 在要求将注册作为保护条件的成员中，布图设计的保护期限不得在自提交注册申请之日起或自世界任何地方首次进行商业利用之日起计算十年期限期满前终止。

2. 在不要求将注册作为保护条件的成员中，布图设计的保护期限不得少于自世界任何地方首次进行商业利用之日起计算的十年。

3. 尽管有第一款和第二款的规定，任何一成员仍可规定保护应在布图设计创作十五年后终止。"

可见，作为国际条约，在《TRIPs 协定》中，对于专用权的取得，同样并未要求一定要以登记为前提，也可以以进入普通商业实施为前提。

在《华盛顿条约》和《TRIPs 协定》的约束下，全球不同国家的布图设计保护制度有很多共同点。而在专有权的取得方式上，基于是否以申请登记为前提，可以分为登记制和非登记制。

二、采用登记制和非登记制取得专有权

（一）实施登记制的主要国家

在全球主要国家、地区中，采用登记制为专有权取得方式的主要有美国、日本和韩国等。下文将阐述并分析其具体情况。

1. 美国

美国作为世界上第一个设置集成电路布图设计专门保护制度的国家，其《芯片保护法》构建了专有权保护制度的基本理念和制度框架，随后各个国家都是在这个基本理念和制度框架上制定本国的专有权保护制度。世界知识产权组织的《华盛顿条约》

和世界贸易组织的《TRIPs 协定》也在很大程度上受到美国《芯片保护法》的影响。

美国在专有权取得方式方面规定比较宽松。根据《芯片保护法》第 902 条的规定，掩膜作品有三种方式有资格取得本法的保护：①登记之日，或者美国国民或条约缔约国国民或无国籍人在世界任何地方首次投入商业利用之日，以较前日期开始；②在美国首次投入商业利用；③基于总统令。

对于上述情形①，《芯片保护法》第 908 条进一步规定了布图设计所有人可以向版权局申请注册以取得保护，也可以在商业性使用掩膜作品之后的两年内向版权局申请注册；如果所有人在世界任何地方首次商业性使用有关掩膜作品之后，没有在两年之内申请注册，则会终止权利。

由此可见，美国对于专有权的取得并不要求必须进行登记注册，在美国首次投入商业利用的布图设计也可以自动获得专有权。但是，在世界任何地方首次商业性使用有关掩膜作品之后，如果没有在两年之内申请注册，则会终止权利。也就是说，没有申请注册专有权的布图设计，一旦进行了商业性使用，只有两年的保护期，两年之后权利终止将不会再受到保护。因此，布图设计所有人为了保障自己的掩膜作品能够受到法律保护，则应在规定期限内按照法律规定申请注册。

此外，申请注册对掩膜作品受到保护的影响还体现在侵权诉讼方面。根据《芯片保护法》第 908 条“在本法规定的任何侵权诉讼中，注册证书应构成初步证据”以及第 910 条“受本法保护的布图设计所有人在取得注册证书后，有权就布图设计的任何侵权行为提起民事诉讼”，如果掩膜作品的所有人不能提供注册证书，就不能向法院提起侵权诉讼。因此，为了有资格启动侵权救济程序，有效地保护自己的权利，掩膜作品的所有人也应通过申请注册的方式取得专有权。

2. 日本

日本是全球继美国之后第二个颁布相关保护法案的国家。日本的《电路布局法》作为独立立法，与美国作为版权法中的一章不同，其相较于美国的《芯片保护法》有自身的制度特点。

在专有权取得的条件方面，日本《电路布局法》明确规定了电路布局权因登记确认而产生。根据该法，电路布局的创作人可以基于其电路布局获得电路布局使用权的建立登录（参见“第三条　电路布局使用权的建立登录”）；电路布局使用权应根据建立登录而产生（参见“第十条　电路布局使用权的建立登录”）；电路布局使用权人可以基于电路布局使用权设立专用权（参见“第十六条　专用权”）。可见，在日本，布图设计只有注册登记才能取得权利。

至于首次商业利用，该法规定，自申请日回溯两年或两年以上，当创作人等或从创作人等得到（使用权）许可的人为商业目的施行了第 2 条第 3 款第（二）项提及的属于申请的电路布局的行为时，不能获得建立登录（参见“第六条　申请前的电路布局的使用”）。可见，在日本，布图设计的注册登记给出了在登记前两年的宽限期，如果首次商业使用满两年仍然没有在“通商产业省”注册登记的创作人将失去取得专有权的资格。

3. 韩国

韩国于1992年12月8日通过第4526号法案颁布《布图设计法》，对集成电路布图设计进行专门立法保护。

在专有权的取得上，根据该法，布图设计权通过登记而存在（参见第6条）。布图设计的所有人（创作人或其继承人）可以自其首次商业利用之日起2年内进行登记申请（参见第19条）。

可见，在韩国，专有权的取得必须进行登记，未登记的不能受到该国法规保护。韩国也规定了一定的申请登记期限，如果首次商业利用之日起2年后，不进行登记申请，将无法得到保护。

（二）实施非登记制的主要国家和地区

1. 英国

在脱欧之前，英国作为欧盟国家之一，其布图设计的保护遵循欧盟的法律法规，通过实施欧盟指令的国内规定，将半导体拓扑图作为一种未注册的设计权形式进行保护。脱欧之后，2018年7月18日英国颁布了2018年《设计权（半导体拓扑）（修订）（脱欧后）条例》[The Design Right (Semiconductor Topographies) (Amendment) (EUExit) Regulations 2018]。该条例的目的是在退出日撤销英国脱欧之前遵循的欧盟所有相关指定令。事实上，该条例主要从形式上进行了法律颁布，其实质条款仍然延续了欧盟法的主要条款。该条例规定，集成电路设计权（半导体拓扑）是非注册的设计[1]，即专有权的取得不需要登记注册，权利自其创作完成时产生。

2. 欧洲共同体（欧盟）

欧洲共同体1986年12月16日通过了《拓扑图保护指令》，要求各成员国采取适当的立法形式加强对集成电路布图设计的法律保护。并且，该指令对成员国制定各自布图设计中关于保护主体、保护对象、权利的内容及限制、权利的产生与期限等方面进行了具体的规定。自欧洲共同体被欧盟取代后，如今在欧盟内部，瑞典、荷兰、德国、法国、丹麦、西班牙、奥地利、卢森堡、意大利、葡萄牙、比利时等国都分别制订了专门的法律对集成电路布图设计进行保护。[2]

---

[1] 参见英国政府官方网站的相关介绍，https://www.gov.uk/eu-withdrawal-act-2018-statutory-instruments/the-design-right-semiconductor-topographies-amendment-eu-exit-regulations-2018，访问时间为2024年9月5日。

[2] 靳晓东. 论我国集成电路布图设计保护法的制定［J］. 中国信息界，2011（05）：30-32.

在《拓扑图保护指令》的影响下，欧盟多数国家对集成电路布图设计进行保护的规定有很多相同之处，例如在取得该国法律保护（即获得专有权）的条件方面，瑞典对集成电路布图设计的保护采取类似一般国家版权法对待文艺作品的方法，不需要任何登记手续。❶

三、登记制和非登记制的特点分析

如上文所述，在全球主要国家、地区中，对于专有权的取得方式，部分国家、地区采用登记制，部分国家、地区采用非登记制，不同取得方式会对制度产生不同的影响。

对于通过登记取得专有权的方式，相对而言，其具有如下特点：

（1）保护范围明确。登记时一般都要求申请人提交布图设计的图样或芯片样品等，这些材料均可用来确定专有权的保护范围。

（2）促进技术公开。登记后对著录项目等信息进行公告，有助于社会公众了解相关信息。

（3）利于权利保护。登记的布图设计其保护范围相对明确，在后续侵权救济等程序中有利于确定保护范围，进而有利于专有权保护。

（4）便于权利运营。登记的布图设计专有权会得到相应的证书等官方认证材料，在权利转让或许可等商业化运营中可以提供辅助支持。

（5）利于统筹管理。登记的相关领域数据经分析后，有助于主管机构对产业发展提供宏观引导和统筹管理。

与此相比，不通过登记即可取得专有权的非登记制取得方式，其相对而言具有如下特点：

（1）简化程序。非登记制不需要申请人提交复杂的登记材料和手续，减少取得专有权的程序和成本。

（2）保密性高。非登记制可以让竞争对手减少获知其布图设计的渠道，可以进一步提高保密性。

第二节　我国专有权的取得方式

《条例》第 8 条规定，布图设计专有权经国务院知识产权行政部门登记产生，未经

❶ 高卢麟．论集成电路布图设计知识产权保护的国际立法［J］．知识产权，1989（03）：1－6．

登记的布图设计不受本条例保护。同时，《条例》第 17 条规定了布图设计自其在世界任何地方首次商业利用之日起 2 年内，未向国务院知识产权行政部门提出登记申请的，国务院知识产权行政部门不再予以登记。可见，在我国，专有权的取得必须进行登记，并且规定了商业利用之后的申请登记期限，即在布图设计首次商业利用之日起 2 年内，未向国务院知识产权行政部门提出登记申请的，将不能得到保护。

在我国 2001 年制定专有权保护制度之初，由于要遵循国际条约的相关规定，同时参考其他国家、地区的立法情况，在此基础上制定出符合我国经济和社会发展特点的专有权保护制度。针对集成电路布图设计专门立法，其中一个重要原因就是适应我国加入世界贸易组织进程的需要，这要求我们在起草《条例》时，需要充分考虑世界贸易组织有关规则，尤其是《TRIPs 协定》的相关规定，满足《TRIPs 协定》的最低要求。[1] 同时，我国也是《华盛顿条约》的签约国之一。因此，我国在《华盛顿条约》和《TRIPs 协定》的基本框架下制定了具有中国特色的专有权保护制度。

虽然《华盛顿条约》和《TRIPs 协定》对专有权的取得方式并未进行要求，但鉴于我国集成电路产业的发展起步于 20 世纪 60 年代，经过四十多年的发展到 21 世纪初，经历了从无到有、从小到大的过程，在集成电路的基础研究、技术开发、产品应用等方面都取得了很大的成绩，我国集成电路进入了全面、快速发展的高速路。相较于美国、日本、韩国等半导体产业发达国家，我国的集成电路产业发展在当时而言相对落后。集成电路布图设计的保护是采用登记制，对专有权取得过程进行适当的限制，还是采用非登记制，自创作完成之日起便自动享有专有权，对我国集成电路发展会带来重大影响。

采用登记制对取得专有权进行相对严格的限制符合我国的具体国情和经济和技术发展现状。截至目前，我国的专有权保护制度已平稳运行二十多年，对保护我国的集成电路产业和促进创新方面都发挥了重要作用。随着集成电路技术的不断发展，专有权登记量逐年升高，创新主体的创新动力和保护需求不断增强，相信该制度可以继续发挥其应有作用。

我国台湾地区于 1995 年 8 月颁布了所谓“电路布局保护法”，对集成电路布图设计保护进行规范。在专有权的取得上，根据该规定，电路布局之创作人或其继受人，除另有规定外，就其电路布局须申请登记（参见第 6 条）。并且，电路布局非经登记，不得主张保护（参见第 15 条）。电路布局首次商业利用后逾二年者，不得申请登记（参见第 13 条）。可见，在我国台湾地区，专有权必须通过登记才可以取得，未登记的布图设计不能受到专有权保护。针对登记申请的时间同样规定了期限，即在首次商业

[1] 张耀明. 中国知识产权保护的新视点：《集成电路布图设计保护条例》立法简介 [J]. 科技与法律，2001 (02)：104－108.

利用之日起2年后将不能进行登记申请并受到保护。

我国香港地区1994年3月31日颁布了《集成电路的布图设计（拓扑图）条例》（以下简称《布图设计条例》）。《布图设计条例》对香港地区集成电路布图设计的保护作了相关规定，其中并未明确出现“登记”或“不需要登记”等要求。但是，其中关于保护期限作了规定，任何布图设计（拓扑图）在获得符合资格拥有人的同意下，于世界上任何地方首次商业开发的年度终结10年后，即不再是受保护的布图设计（拓扑图）（参见第6条）。可见，在我国香港地区获得布图设计专有权不需要进行登记，自创作完成即可受到相应保护，其保护期限自布图设计创作完成之日起计算。但是，不保护在本条例生效日期之前创作的布图设计（参见第3条）。

第三节　我国专有权的取得程序

《条例》第14条规定，国务院知识产权行政部门负责布图设计登记工作，受理布图设计登记申请。《条例》的其他条款对布图设计的登记规则和程序作了具体的规定和要求，以指导申请人的申请和规范行政机关的审批。本节将详细阐述具体的专有权取得程序设置。

一、概　　述

我国专有权取得程序为登记制度，经审查合格的登记申请将予以登记，不合格的将不予受理或驳回申请。具体流程如图2－1所示。

二、受理程序

国家知识产权局专利局初审及流程管理部具体承担布图设计登记审查及相关事务处理的工作。布图设计的申请文件可以通过面交、邮寄、快递等方式向国家知识产权局提交书面申请文件，也可以登录“集成电路布图设计电子申请平台”通过电子方式提交申请文件。

对于书面申请文件，面交申请文件的地址为：北京市海淀区蓟门桥西土城路6号国家知识产权局受理服务大厅受理窗口。邮寄、快递申请文件的地址为：北京市海淀区蓟门桥西土城路6号国家知识产权局受理处。

对于电子申请文件，申请人可以用电子方式将申请文件通过“集成电路布图设计电子申请平台”（http：//vlsi. cnipa. gov. cn）进行提交。

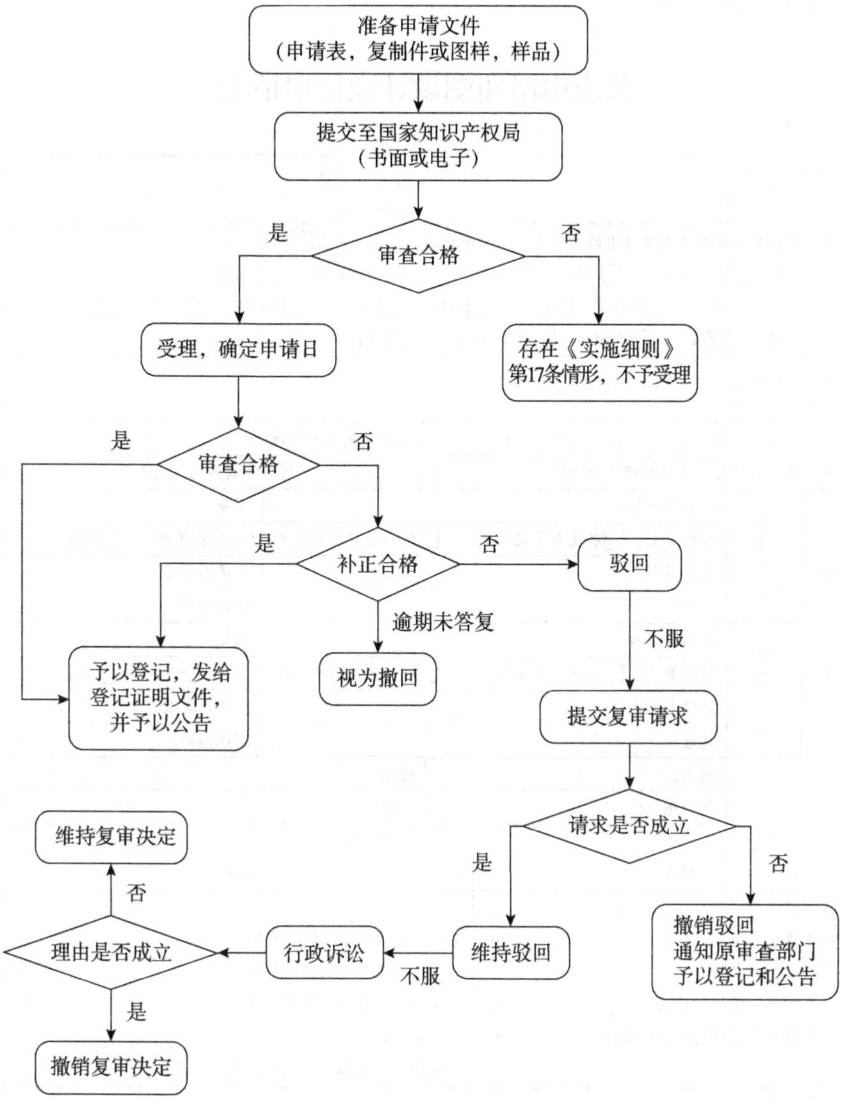

图 2－1　我国专有权取得程序流程

电子申请文件提交成功的，电子申请系统将自动生成请求号。需要注意的是，该请求号不是申请号。电子申请文件和相关文件未能被“集成电路布图设计电子申请平台”正常接收的，视为未提交电子申请文件。电子申请的集成电路样品应于提出申请当日寄出或者面交至国家知识产权局受理处。

通过电子方式提交布图设计电子申请和相关文件的，应遵守规定的文件格式、数据标准、操作规范和传输方式。

根据《条例》第 16 条规定，申请布图设计登记，应提交下列材料：①布图设计登记申请表；②布图设计的复制件或者图样；③布图设计已投入商业利用的，提交含有该布图设计的集成电路样品；④国家知识产权局规定的其他材料。其中，布图设计登记申请表样表如图 2－2 所示。

集成电路布图设计登记申请表

③布图设计名称		①申请号: ②申请日:	
④该布图设计所用于的集成电路的分类　：（由申请人确定，并在□内打×） （1）结构：□Bipolar　□MOS　□Bi-MOS　□Optical-IC　□其他 （2）技术：□TTL　□DTL　□ECL　□IIL　□CMOS　□NMOS　□PMOS　□其他 （3）功能：□逻辑　□存储　□微型计算机　□线性　□其他			
⑤布图设计创作人			
⑥创作完成日期：＿＿＿年＿＿月＿＿日		⑦首次商业利用时间：＿＿＿年＿＿月＿＿日	
⑧代表人为非第一署名申请人时声明：　　特声明第＿＿＿署名申请人为代表人			
⑨申请人	申请人（1）	姓名或名称：	国籍：
		证件类型：□居民身份证号码　□统一社会信用代码/组织机构代码　□其他	
		证件号码：	申请人类型：
		地址：	邮政编码：
	申请人（2）	姓名或名称：	国籍：
		证件类型：□居民身份证号码　□统一社会信用代码/组织机构代码　□其他	
		证件号码：	申请人类型：
		地址：	邮政编码：
⑩联系人	姓名：	电话：	
	邮政编码：	地址：	
⑪代理机构	名称：	机构代码：	
	代理人姓名：	执业证号：	电话：
⑫申请文件清单： 1. 申请表　份 2. 代理委托书　页 3. 复制件或图样的目录　页 4. 复制件或图样的纸件的页数　页		5. 包含有保密信息图层页码 　含有保密信息的图纸页数　页 6. 装有复制件或者图样数据盘　张 7. 样品个数　个 8. 布图设计结构、技术、功能简要说明　页	
⑬申请人或代理机构签章：			

图 2－2　集成电路布图设计登记纸件申请表样表

国家知识产权局根据《实施细则》第 17 条的规定对收到的布图设计申请文件进行审查，对不属于《实施细则》第 17 条所规定的不予受理情形的，应发出受理通知书，确定该申请的申请日，给予申请号。其中，确定申请日的规则为，对于书面申请，通过面交方式提交的申请，以面交日为申请日。通过邮局邮寄方式提交的申请，以信封上寄出的邮戳日为申请日；邮戳不清无法辨认的，以国家知识产权局受理处收到日为申请日。通过快递方式提交的申请，以国家知识产权局受理处收到日为申请日。

对于电子申请，以完整收到符合受理条件的申请文件之日为申请日。

三、申请文件的审查

针对布图设计申请材料的审查具体包括：布图设计登记申请表、布图设计复制件或者图样及其目录、集成电路样品、代理事项及其他文件。对于不符合要求的，应发出补正通知书，指出存在的缺陷及答复期限。

针对登记申请表，一般审查布图设计名称、创作者、申请人、创作完成日期、首次商业利用日期、分类、联系人、签章、保密请求等是否符合要求。例如，登记申请表中必须填写布图设计名称，且不能超过40个字；必须填写创作者的姓名或名称，其可以是自然人，也可以是法人或者其他组织；必须填写创作完成日期，且该日期必须在申请日之前；提出保密请求的，应填写含有保密信息的图纸的页码编号等。

针对复制件或图样，要求图样中的线条可以清晰识别，每张图样顺序编号，目录中注明图样页码和图层名称；提交复制件或图样电子版的，应注明文件的数据格式等。

针对样品，要求在盛装样品的器皿表面写明申请人以及集成电路名称，样品或样品包装表面应写明布图设计或产品名称等。

四、登记与公告

《条例》第18条规定，布图设计登记申请经初步审查，未发现驳回理由的，由国务院知识产权行政部门予以登记，发给登记证明文件，并予以公告。

对于准予登记且按期足额缴费的布图设计登记申请，应向申请人颁发登记证书。登记证书包括下列著录事项：布图设计权利人姓名或者名称及地址、布图设计名称、首次商业利用的时间、布图设计申请日及创作完成日、布图设计颁证日期、布图设计登记号、国家知识产权局印章及负责人签字。发现登记证书有误的，应及时更正，收回错误的原始登记证书并重新发送正确的登记证书。已经公告的，还应对所作的更正予以公告。

颁发布图设计登记证书后（样图如图2-3所示），应在国家知识产权局官方网站和《中国知识产权报》上予以公告。公告的内容包括：布图设计登记号、申请日、公告日期、公告号、布图设计名称、权利人、权利人国籍/省市、权利人地址、共同权利人、共同权利人国籍/省市、共同权利人地址、创作人、创作完成日、首次商业利用时间、布图设计类别（结构、技术、功能）等。

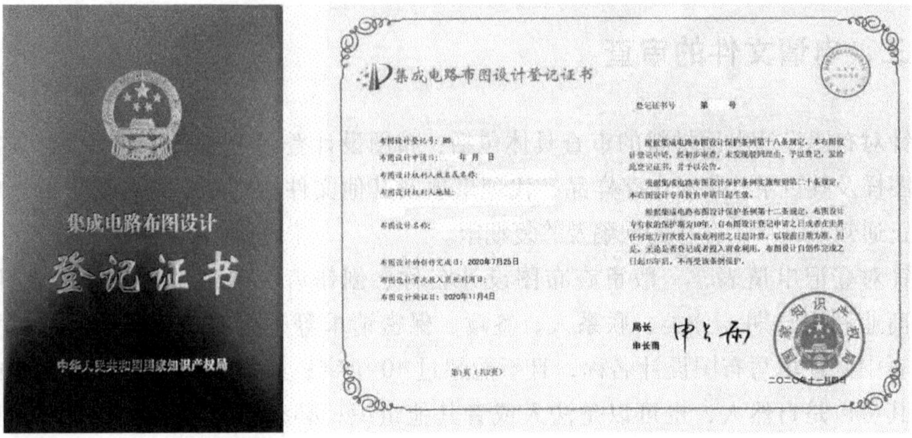

图 2－3　集成电路布图设计登记证书封面及内页样图

五、登记申请的救济

国家知识产权局在作出不予受理、视为未提出、视为撤回、驳回等处分决定的同时，应告知申请人救济程序。

根据《条例》第 19 条和第 20 条、《实施细则》第 2 条的规定，国家知识产权局负责对驳回布图设计登记申请决定不服提出的复审请求进行审查。国家知识产权局专利局复审和无效审理部具体承担上述工作。在复审审查程序中，遵循依法原则、公正执法原则、请求原则、依职权原则、听证原则。在复审审查程序中，复审和无效审理部对复审案件成立合议组进行合议审查。

经过合议组合议审查之后，可依法作出复审决定，复审决定分为下列两种类型。

（1）复审请求不成立，维持驳回决定。经过陈述意见或者进行修改后，复审和无效审理部认为申请文件仍不符合《条例》和《实施细则》有关规定的，应作出维持驳回决定的复审决定。

（2）复审请求成立，撤销驳回决定。复审和无效审理部认为驳回决定不符合《条例》和《实施细则》有关规定的，或者消除了驳回决定指出的缺陷的，应撤销驳回决定，通知原审查部门对该申请予以登记和公告。

复审程序因期满未答复而被视为撤回的，复审程序终止。在作出复审决定前，复审请求人撤回其复审请求的，复审程序终止。已受理的复审请求因不符合受理条件而被驳回的，复审程序终止。复审请求人对复审决定仍不服的，可以自收到通知之日起 3 个月内向人民法院起诉。在规定的期限内未起诉或者人民法院的生效判决维持该复审决定的，复审程序终止。可见，复审决定作出后，复审请求人对复审决定仍不服的，应当自收到通知之日起 3 个月内向人民法院起诉。否则，复审决定生效，复审程序终止。

第四节　我国专有权取得程序中的具体要求

专有权申请登记时提交的材料是后续程序中最重要的证据。国务院知识产权行政部门作为保存布图设计登记材料的机构，只要申请时提交的文件符合法定的形式要求就予以登记保存，这些原始证据将作为侵权纠纷判定时的证据。将来法院或者行政机关处理布图设计专有权侵权纠纷时，判定一个布图设计是否属于侵权以及判断布图设计专有权的独创性等都要依据申请登记时所提交的登记文件的记载。在这些申请文件中，登记申请表是法律手续文件，复制件或者图样是布图设计的纸件载体，集成电路样品是布图设计的实物载体，图样目录起着指示图样编排方便查看的作用，复制件或者图样附具的简单文字说明作为可选文件，起着附加说明的作用。本节将据此对专有权取得程序中与权利保护范围密切相关的若干要求进行详细阐述，包括文件完整性、文件清晰度、布图设计的载体以及保密信息层等。

一、文件完整性

（一）现行规则

《实施细则》第 5 条规定，向国家知识产权局申请布图设计登记的，应当提交布图设计登记申请表和该布图设计的复制件或者图样。布图设计通常包括很多层，布图设计的复制件或者图样同样会有很多层，现行《实施细则》未就分层图作出进一步的规范性要求。在审查实践中，个别申请人提交的申请文件不规范，有的仅提交总图，有的仅提交分层图，有的仅提交总图和部分分层图，给确定专有权保护范围带来一定困难。

通常，集成电路芯片的研发需要经过系统分析、功能设计、逻辑设计、电路设计、布图设计、制作掩膜版、芯片制造、检测和封装等步骤。其中，芯片的布图设计都包括多层设计图。《条例》第 2 条第（二）项给出了集成电路布图设计的定义：集成电路中至少有一个是有源元件的两个以上元件和部分或者全部互连线路的三维配置，或者为制造集成电路而准备的上述三维配置。从技术的角度看，一个芯片的布图设计也不止一层。例如，仅仅 NMOS 晶体管的布图设计就包括多晶硅层、N + 注入层、金属层和接触孔层等，缺少其中任何一层，该器件的布图设计则不完整，根据该布图设计制造的芯片不能正常工作。在集成电路芯片研发过程中，各分层的布图设计完成后，通过分层图的叠加可以得到总图。

（二）实践中存在的问题

一般来说，在布图设计的各层会用不同颜色绘制，以便于在总图中进行区分和识别。尽管如此，除极简单的情形外，由总图难以拆分为唯一、确定的分层图。因为，层次的叠放次序可能有多种组合，某两层的布图可能一致，这些可能性的存在使得对总图的拆分难以做到完全的逐层还原。布图设计申请的登记的主要作用是证据的保存。总图和分层图在侵权纠纷和撤销程序中起着直接且非常重要的作用，并且是相互关联且不可或缺的。因此，布图设计登记时，应当同时提交总图和分层图。

对于布图设计的图样，《实施细则》第5条规定了"向国家知识产权局申请布图设计登记的，应当提交布图设计登记申请表和该布图设计的复制件或者图样"，但未就分层图作出进一步的规范性要求。在审查实践中，目前主要存在以下两种情形。

1. 缺少总图

如果布图设计的申请文件中只有分层图而缺少总图，一般应当通知申请人补交总图。但是，由于总图可以由分层图叠加得出，不会扩大权利的范围，所以仍应以提交各分层图纸的日期为申请日，并不需要重新确定申请日。如果申请人以主动补正的方式补交总图，并不会产生任何法律后果。除非总图与分层图不能完全对应，将会影响其登记后的法律稳定性。

2. 缺少分层图

如果申请人提交了总图，但没有提交分层图，则情形会截然不同。分层图的补充极易改变总图表达的设计范围。实际上，各层完整的图纸才能构成完整的布图设计。《实施细则》第5条规定："向国家知识产权局申请布图设计登记的，应当提交布图设计登记申请表和该布图设计的复制件或者图样……国家知识产权局收到前款所述布图设计申请文件之日为申请日……"这里的"收到"，应理解为"完整收到"，但利用该条款重新确定申请日似乎还不够充分。有两种模式可以选择：一是原始图样仍可享受原申请日，补交的图样以实际递交日为申请日；二是统一以补齐图样的日期为申请日。

（三）发展方向

鉴于布图设计的不可分割性与登记程序的简洁性，不宜在同一样布图设计申请中确定两个或两个以上的申请日，推荐以下处理方式：针对布图设计的复制件或者图样不完整的情形，规定申请人应当在国家知识产权局指定的期限内补交完整。申请人补交布图设计的复制件或者图样的，以补交完整之日为申请日；期满未答复的，其申请依《实施细则》第18条第1款的规定视为撤回。对于上述情形，应以补齐分层图的日期作为申请日。如果确定申请日后发现缺少部分或全部分层图的，则重新确定申请日。

二、文件清晰度

（一）现行规则

《实施细则》第 14 条规定，复制件或者图样的纸件应当至少放大到用该布图设计生产的集成电路的 20 倍以上。

现行《实施细则》于 2001 年施行，当时集成电路制造工艺大约处于 0.5μm、0.35μm 或者 0.18μm 的线宽的水平。在当时的情况下，集成电路布图设计登记过程中图样的纸件放大 20 倍基本可以清晰地查看和识别图样的细节，从而确定一个比较清晰的专有权权利范围。

（二）实践中存在的问题

随着集成电路制造技术的发展，尤其是工艺尺寸的不断缩小，要求布图设计登记时提交图样放大 20 倍已经与技术发展不相匹配，存在图样细节难以清晰辨认、难以展示设计细节的问题。对于纸件申请，如果通过将图样放大，以达到可以看清设计细节的目的，图样纸件将会非常大。如果说对于中小规模芯片还有一定实践意义的话，对于超大规模集成电路芯片而言，实践中将很难实现，而电子版本的图样相对来说比纸件的操作性更强。

（三）发展方向

基于现状，若要使专有权具有清晰的权利边界，可以考虑对于申请人提交的登记备案的复制件或图样不再限定放大倍数，而是要求可以清楚展示布图设计的所有信息。例如，申请人以电子形式提交复制件或者图样的，应当足以清楚展示该布图设计的独创性部分；以纸件形式提交复制件或者图样的，应当至少放大到能够识别该布图设计的独创性部分；其中，对于是否可以清楚展示或识别布图设计，以布图设计创作者和集成电路制造者的判断为准。如果复制件或图样仍存在不清晰的细节，再以登记提交的集成电路样品作为补充。

三、布图设计的载体

（一）现行规则

目前，对于登记时提交图样或复制件的格式有一定要求，对于图样，要求图样应包括集成电路布图设计的总图和分层图，打印在 A4 纸上；当图纸有多张时，应按顺序进行编号。图样的目录应写明每页图纸的图层名称。对于电子文件，则要求申请人可以提交包含集成电路布图设计图样电子件的光盘；光盘内存有该集成电路布图设计图样的电子文件，光盘表面应写明申请人的姓名和集成电路布图设计名称。

对于提交集成电路样品，《实施细则》第16条规定了布图设计在申请日之前已投入商业利用的，申请登记时应当提交4件含有该布图设计的集成电路样品，并应当符合下列要求：①所提交的4件集成电路样品应当置于能保证其不受损坏的专用器具中，并附具填写好的国家知识产权局统一编制的表格；②器具表面应当写明申请人的姓名、申请号和集成电路名称；③器具中的集成电路样品应当采用适当的方式固定，不得有损坏，并能够在干燥器中至少存放十年。随着技术的发展，芯片的集成化程度越来越高，很多布图设计申请，即便放大到20倍以上，仍然无法清晰地展示出布图设计保护的范围。目前所有的纸件申请均需要完成扫描这一环节，对于部分申请，申请人提交的图样相对能够清晰体现布图设计保护范围，但由于图样面积较大，是标准A4纸面积的数倍，不便于进行扫描归档，也不符合审批电子化的趋势。

目前对电子申请的图样的提交有如下规定：一份申请文件或中间文件应当以一个压缩包的形式上传。在当前的电子申请提交的要求下，相比较于纸件申请，一定程度上可以解决清晰度的问题，同时在电子申请的环境下，有更多的申请人会上传彩色图样，这样能更清楚地展示布图设计的保护范围。❶

在撤销案件的审查、侵权纠纷的行政执法和司法审判实践中，布图设计样品发挥着重要作用。如果现有涉案布图设计的复制件或图样纸件放大的倍数尚不足以完整、清晰地反映布图设计的内容，也可以对集成电路样品进行司法鉴定，通过专业机构对登记时提交的含有该布图设计的集成电路样品进行反向剖析，提取其中的三维配置信息，在确认样品与复制件或图样中的布图设计一致的情况下，辅助确定布图设计的保护内容。因此，如果基于客观原因，复制件或图样中的确存在某些无法识别的布图设计细节，可以参考芯片样品进行确定。然而，现行《实施细则》仅要求提交4件芯片样品，如果针对一件集成电路布图设计专有权存在多个侵权案件，由于每次司法鉴定需要对至少1~2个集成电路样品进行反向工程，进行多次司法鉴定则需要更多的集成电路样品，或者布图设计样品在解剖的过程中被损坏时，很容易出现芯片样品不够用的情况，因此仅提交4件集成电路样品已不能满足要求。

（二）载体的法律地位

如上所述，布图设计的载体包括纸件、电子件以及芯片样品，上述载体是确定专有权保护范围的依据。当然，在确定专有权保护范围时，上述载体具有不同的法律地位。下面进行详细阐述。

❶ 陈仰平，王倩．从司法判例看集成电路布图设计图样的形式规范［J］．中国发明与专利，2016（02）：80-83．

1. 纸件的法律地位

布图设计登记文件中的纸件具有重要的法律地位。根据《条例》及其《实施细则》的规定，图样或复制件纸件是申请布图设计登记时必须提交的文件之一，并且可以附具目录和简单的文字说明来阐述布图设计的结构、技术、功能等关键信息。

纸件在确定布图设计的保护范围时发挥着核心作用。一般情况下，布图设计的保护范围应根据复制件或图样的纸件来确定。即便申请人提交了电子版本的复制件或图样，纸件仍然具有法律效力。此外，如果布图设计已经投入商业利用，申请人还需要提交集成电路样品。但样品与纸件具有一致性时，可以采用样品剖片来辅助证明，用以确定布图设计的内容。

在侵权纠纷的行政及司法实践中，国务院知识产权行政部门和最高人民法院均明确了纸件在集成电路布图设计专有权纠纷案件中的重要性。在案件审理中，如果涉及布图设计的独创性判断，纸件可以作为关键证据来展示布图设计的独创性部分，以证明其是否具备法律所要求的独创性要求。

纸件在登记备案后，公众可以请求查阅。但对于含有保密信息的纸件，除非是侵权诉讼或行政处理程序的需要，否则不允许查阅或复制。

2. 电子件的法律地位

电子件的提交为申请人提供了便利性和更高的清晰度，尤其对于大规模集成电路的布图设计，电子件相对而言能够展示更多的设计细节。如果纸件图样因放大倍数不足或其他原因导致细节不清晰，电子件可以作为补充材料，辅助确定布图设计的保护范围。

在侵权纠纷的行政和司法实践中，国务院知识产权行政部门和最高人民法院均确认了电子件在确定集成电路布图设计内容时的辅助作用。如果样品与复制件或图样的纸件具有一致性，通过技术手段还原出芯片样品包含的布图设计的详细信息时，电子件也可以作为重要的参考。

随着科技的发展和电子申请方式的普及，电子件在布图设计登记中的作用日益凸显。有观点认为，应在《实施细则》中明确，登记申请时提交清晰的电子版本的布图设计复制件或图样，而纸质的复制件或图样可以选择提交，以适应电子化申请的趋势并解决纸件图样中布图设计不清晰的问题。

3. 样品的法律地位

《实施细则》第 16 条规定，如果布图设计在申请日之前已经投入商业利用，申请人在申请登记时应当提交含有该布图设计的集成电路样品。样品的提交是为了证明布图设计已经实际应用于集成电路产品，并且可以作为在法律程序中展示或比对的物理证据。样品的提交确保了布图设计登记的完整性和可靠性，有助于在侵权诉讼或行政处理程序中提供必要的证明。此外，样品的提交也有助于国家知识产权局在审查过程中核实布图设计的商业利用情况。在某些情况下，如果布图设计的纸件图样放大倍数不足以清晰反映设计细节，通过对样品剖片可以技术手段还原出芯片样品包含的布图设计的详细信息，辅助确定布图设计的内容。

在集侵字〔2017〕001 号案件中，关于图样和样品的法律地位，国家知识产权局集成电路布图设计行政执法委员会认为登记时提交的布图设计的复制件或者图样（纸件或者电子版）是布图设计专有权的当然载体。对于登记时提交了集成电路样品的布图设计，样品也应当是该布图设计专有权的载体，应当依据以下原则确定请求保护的布图设计：首先，复制件或图样作为每一个获得登记的布图设计必须提交的文件，其法律地位显然高于样品，没有在复制件或图样中体现的图样或者图层等布图设计信息，不应作为布图设计请求保护的内容。其次，样品作为包含布图设计的集成电路样品，可以通过技术手段精确还原出其所包含的布图设计的详细信息。因此，如果基于客观原因，复制件或图样中的确存在某些无法识别的布图设计细节，可以参考样品进行确定。上述两个原则，体现了以复制件和图样为基础，以集成电路样品为补充的思想，其源于《条例》的相关规定，也是尊重当前布图设计专有权的登记和保护现状的结果，具备合法性和合理性，兼顾了法规的规定和行政、司法实践的成果。但是，如果复制件或图样与样品所包含的布图设计不一致时，样品则不能作为补充确定布图设计内容的依据，此时专有权的保护范围仅以复制件或图样显示的内容为准。

（三）发展方向

对于纸件申请，为了登记更清晰的保护范围，可以在提交图样纸件的基础上，要求申请人提交包含复制件或者图样电子件的存储设备，如 U 盘或光盘等。

对于电子申请，可以放开对上传文件大小的限制，同时对系统进行适应性升级，应增加对常用制图软件格式的支持，更有利于申请人提交原始的图形文件。对于登记审查系统，同样做适应性的升级，无论是申请人通过纸件或电子形式提交的多种格式的图样，均应能展示出来，而且对于不同格式的图样的支持，应作为一项长期的计划，不断地加入新的支持格式。GDS 文件可以清楚完整地呈现集成电路内部的层次、布局布线等具体信息，是目前比较理想的确定专有权权利基础的电子文件，推荐申请人提交 GDS 文件的电子版本。

对于提交的样品数量，考虑到现有集成电路芯片的制造成本以及成品数量，应该给出足够数量的芯片供司法鉴定机构进行反向工程，推荐将提交集成电路样品的数量由“4 件”修改为提交“至少 10 件”以上。

四、保密信息层

（一）现行规则

在集成电路布图设计登记中设置保密信息层的原因主要是为了保护设计中的商

业秘密和核心技术，避免在公开过程中泄露给竞争对手或第三方，从而损害创作者或权利人的合法权益。由于布图设计的保护不以公开换保护为前提条件，登记申请时提交的文件主要作为备案文件，不要求公开其全部信息，特别是那些涉及商业秘密的部分。

根据《实施细则》第 15 条的规定，布图设计在申请日之前没有投入商业利用的，该布图设计登记申请可以有保密信息，其比例最多不得超过该集成电路布图设计总面积的 50%。含有保密信息的图层的复制件或者图样页码编号及总页数应当与布图设计登记申请表中所填写的一致。布图设计登记申请有保密信息的，含有该保密信息的图层的复制件或者图样纸件应当置于另一个保密文档袋中提交。除侵权诉讼或者行政处理程序需要外，任何人不得查阅或者复制该保密信息。

在集成电路布图设计登记时，允许提交保密信息层，可以防止重要技术信息泄露，保障设计者的合法权益。

（二）实践中存在的问题

《实施细则》第 15 条规定了布图设计在申请日之前没有投入商业利用的登记申请可以有保密信息，允许申请日对于未投入商业利用的布图设计在申请时可以保留部分信息不公开。对于保密信息所占的比例，各个国家和地区规则不同，例如日本和韩国要求保密比例不得超过 50%，德国则要求不得超过 90%，我国的规则是比例不得超过布图设计面积的 50%。

实践中，申请人要求保密的部分，往往是不愿意被他人特别是竞争对手得知，属于技术秘密，更广义地说属于商业秘密。

根据《实施细则》第 15 条第 2 款规定，一般情况下任何人不得查阅或者复制布图设计申请中的保密信息。在涉及保密信息的侵权纠纷中，被告可以以独立创作或反向工程加独创点作为被诉侵权行为不存在的抗辩理由。在涉及商业秘密的司法实践中，原告只需要证明被告的商业秘密与其商业秘密相同或具有一致性，且被告具有获取其商业秘密的条件，此时举证责任就发生转移，由被告来证明其没有侵权。[1] 倘若被告不能证明其商业秘密的合法来源，就可以推定其侵权成立。但是，如果不允许被告查阅权利人申请文件中的保密信息，就无法得知相关专有权的保护范围，无法进行有效的抗辩。在侵权纠纷中，侵权的一方有权了解布图设计申请文件中的保密信息。但是，在撤销程序中，为了防止撤销意见提出人通过恶意提出撤销意见而得到专有权人的保密信息，不宜允许与侵权纠纷无关的撤销意见提出人查阅和复制保密信息。

---

[1] 于海燕. 商业秘密侵权诉讼举证问题探析［J］. 法律适用，2007（08）：71－74.

第三章 专有权的撤销

《条例》第20条规定了布图设计获准登记后，发现该登记不符合条例规定的，应当予以撤销。可见，在布图设计保护制度中，通过启动撤销程序，可以将虽经登记取得专有权但发现存在不符合条例规定的布图设计专有权予以撤销，以避免专有权人不当得利，平衡专有权人和社会公众的利益。

《实施细则》第23条规定了负责审理撤销程序的行政部门，为原专利复审委员会，因机构改革，该部门现为国家知识产权局专利局复审和无效审理部。

《实施细则》第29条规定了撤销程序的审查流程和审查决定的基本要求，同时规定了具体的撤销理由包括六个条款：条例第2条第（一）、（二）项，第3条，第4条，第5条，第12条和第17条。《实施细则》第30条规定了审查结论为撤销专有权的撤销程序的后续流程和结果，一方面该撤销决定应当予以公告，另一方面被撤销的专有权视为自始即不存在。

下文将对撤销程序的启动、案件审查、撤销理由予以详细阐述，以期阐述相关立法本意并释明若干重点难点法律问题。

第一节 程序启动

《条例》第20条规定，布图设计获准登记后，国务院知识产权行政部门发现该登记不符合本条例规定的，应当予以撤销，通知布图设计权利人，并予以公告。

一、现行启动方式及审查实践

（一）启动方式

根据《条例》第20条的规定，启动布图设计专有权撤销程序的主体是国务院知识产权行政部门，即国家知识产权局，具体由国家知识产权局专利局复审和无效审理部（原国家知识产权局专利复审委员会）负责。对已登记公告的布图设计，当发现其存在不符合条例有关规定的情形时，应对该布图设计专有权予以撤销，这属于国家知识产权局的工作职责。因此，布图设计专有权撤销程序启动的依据是国家知识产权局发现该布图设计可能存在不符合《条例》有关规定的情形，启动布图设计专有权的撤销程序是国家知识产权局依职权行使的行政行为。

依职权发现可能存在不符合《条例》有关规定的布图设计专有权，进而启动对其的撤销审查，体现了知识产权行政部门对给予登记的专有权应具有一定有效性和稳定性进行监督管理的职责，有利于维护法律的严肃性，也有利于明确《条例》保护的对象和客体，给予布图设计更准确和有力的保护。同时，也有助于保护创作者自己的智力劳动成果，鼓励技术创新，鼓励将新技术及时投入产业应用，促进集成电路产业和技术的发展。撤销经审查不符合《条例》有关规定的布图设计专有权，对不应给予登记的布图设计及时进行纠正，也有利于维护社会公众的利益。

集成电路布图设计具有高度的技术密集性特点，且技术更新换代速度很快，如果要对电路中主要元件或功能单元的位置、主要线路走向的设计进行分析，除了要对集成电路布图设计的图样进行数量级倍数的放大，可能还需要借助精密的设备和专业的技术对样品通过反向工程来完成，而这对于国家知识产权局具体承担案件审理的合议组而言并不现实。而且近年来，集成电路布图设计专有权申请量增长较快，相应专有权证书的发放量逐年上升，自 2020 年起每年都超过 1 万件，2023 年为 1.1 万件，截至 2024 年 9 月底累计申请量超过 99000 件，发证量超过 78000 件。面对逐年增大的集成电路布图设计登记申请量，要求国家知识产权局自行、主动地对每一项已登记的集成电路布图设计进行再调查以发现并确认是否符合《条例》的规定，以现有的审查人力难以实现。

根据我国台湾地区所谓的“电路布局保护法”第 27 条的规定，撤销程序的启动主体为“电路布局负责机关”和利害关系人，对于利害关系人没有进一步定义。启动方式是“电路布局负责机关依职权或据利害关系人申请”，即包括依职权启动和依请求启动两种方式。可见我国台湾地区除了行政机关依职权启动，其还给予了社会第三人提出撤销请求的机会，即依利害关系人的请求而启动撤销程序。这种依请求的原则与我国专利法中的无效程序相类似。我国台湾地区为依职权和依请求两种启动方式并行，赋予了专有权人及权利相对人对等的保护自身合法权益的权利、机会和救济。

（二）审查实践

自《条例》颁布以来，进入布图设计撤销程序的案件均为他人（在审查实践中，称上述主体为“撤销意见提出人”）提出撤销意见，国家知识产权局依职权启动，尚无国家知识产权局主动发现缺陷而启动的案件。其中，除编号为 JC0003 及 JC0026 的两案中撤销意见提出人为自然人，其他案件均为法人，而所有案件的专有权人均为法人。《条例》没有规定依职权之外的其他启动方式，在实践中，撤销意见提出人提出撤销意见后，国家知识产权局视撤销意见具体情况决定是否予以受理。通过对现有撤销案件进行梳理，当前进入撤销程序的案件大部分是由布图设计侵权纠纷案件中的被控侵权人提供具体理由和证据，然后由国家知识产权局依职权启动撤销程序，基于上述理由和证据进行审查，事实上，撤销意见提出人及其提出的理由和证据对案件事实的调查起到了重要的作用。

在首件专有权撤销案件即JC0001号撤销案件中，针对名称为“FS9932”的布图设计，深圳市富某某公司作为撤销意见提出人，向国家知识产权局提出撤销意见。专有权人富某科技（深圳）有限公司则认为根据《条例》规定，国家知识产权局发现登记的布图设计不符合规定是启动撤销程序的唯一途径，其他任何单位或个人均无撤销请求权。在该案中，国家知识产权局原专利复审委员会根据撤销意见提出人的理由和证据依职权启动了撤销程序，理由为：尽管《条例》和《实施细则》没有规定撤销程序可以依他人的请求而启动，但也没有排斥他人可以对已授权的布图设计专有权提出撤销意见。布图设计撤销程序启动的主体是国家知识产权局，其“发现”不符合《条例》规定的布图设计，这个“发现”的过程既可以是自行、主动发现，也可是经他人提出撤销意见后发现。

国家知识产权局在首件专有权撤销案件中解决社会公众对于撤销程序中关于“发现”方式的相关困惑后，后续的撤销案件在启动环节均运行平稳，未出现专有权人就此问题提出异议的情况。

二、其他知识产权中相关程序的启动方式

（一）专利无效宣告程序

关于专利权的无效宣告程序，根据《专利法》第45条的规定，自国务院专利行政部门公告授予专利权之日起，任何单位或者个人认为该专利权的授予不符合本法有关规定的，可以请求国务院专利行政部门宣告该专利权无效。可见，请求宣告专利权无效的主体可以是任何单位或个人，专利无效宣告程序依据上述主体的请求而启动，请求原则是专利无效宣告审查的原则之一。法律还规定了请求人和专利权人在无效宣告审查程序中具有平等的法律地位，对双方当事人的权利和义务亦有明确的规定。

专利权无效宣告程序与布图设计专有权的撤销程序的共性在于二者都是授权或登记后的后续程序，将不符合有关规定但已被授权的专利权宣告无效或登记的布图设计专有权撤销，以维护法律的严肃性。二者的主要区别在于：

首先，布图设计专有权的撤销是国家知识产权局的依职权主动行为；而专利无效是依请求人的请求而启动，因请求人的撤回或视为撤回而终止。专利权无效宣告程序不具备专有权撤销程序中的行政机关依职权启动的制度设计。因此，相比较于布图设

计专有权的撤销程序，专利无效的依请求原则一方面保障了具有对世权性质的专利权的权利相对人保障自身权益的机会，另一方面由于请求人通常是一项专利权的利害关系人，因此，只是在一项专利权与其他权益发生冲突时才启动该项专利的无效程序，这是对社会和政府资源的一个更经济、更合理的利用和分配。

其次，在专利权无效宣告程序的审理中，双方当事人对无效的理由和证据举证、质证和陈述意见，负有责任并承担相应的后果，由合议组进行居中审理。由于专利权人及其利害关系人对该专利权的技术方案、相关商业活动等更熟悉、更清楚，他们更具有获得相关证据的便利条件，因此，由双方当事人，尤其是提出主张的一方进行举证并说明理由，而不是由合议组主动调查去发现理由和证据，相比而言更合理。

综上，依请求的无效宣告审查程序相比较于依职权的布图设计专有权撤销程序，更利于保障专利权人和权利相对人的权益对等、利益平衡，更有效地执行相关法律规定。因此，在探讨现行《条例》规定的撤销程序的具体实践和今后的完善方向时，借鉴专利的无效宣告程序是有益的。❶

（二）商标无效宣告或撤销程序

关于注册商标的无效宣告程序，根据《中华人民共和国商标法》（以下简称《商标法》）第 44 条的规定，已经注册的商标，违反该法第 4 条、第 10 条、第 11 条、第 12 条以及第 19 条第 4 款规定的，或者是以欺骗手段或者其他不正当手段取得注册的，由商标局宣告该注册商标无效；其他单位或者个人可以请求商标评审委员会宣告该注册商标无效。

关于注册商标的撤销程序，根据《商标法》第 49 条的规定，商标注册人在使用注册商标的过程中，自行改变注册商标、注册人名义、地址或者其他注册事项的，由地方工商行政管理部门责令限期改正；期满不改正的，由商标局撤销其注册商标。注册商标成为其核定使用的商品的通用名称或者没有正当理由连续三年不使用的，任何单位或者个人可以向商标局申请撤销该注册商标。

可见，上述程序其中既包括商标局对不属于商标法的保护客体、涉及欺骗等不正当手段的破坏社会公众利益的注册商标的依职权撤销，也包括由商标评审部门依请求裁定撤销注册商标的程序。其中依请求的程序又分为公众对不属于《商标法》的保护客体、涉及欺骗等不正当手段的破坏社会公众利益的注册商标的撤销裁定程序，商标所有人或利害关系人对与其合法权益相冲突的注册商标请求撤销裁定的程序，以及其他情形的、相关人对注册商标有争议而请求撤销裁定的程序。《商标法》对撤销裁定的启动的规定既考虑了没有直接相对人的公众利益的情形，又考虑了有直接相对人的合法权益的情形，区分了撤销裁定的主体以及撤销申请的主体，并考虑了撤销的时间期

---

❶ 郑胜利. 集成电路布图设计保护法比较研究 [G] //郑胜利. 北大知识产权评论. 北京：法律出版社，2002：245－262.

限，因此，《商标法》关于撤销的规定相对更为完善，有利于维护《商标法》的严肃性，维护社会公众利益，维护商标所有人的利益，以及维护商标所有人及其直接相对人的合法权益的对等。

与布图设计专有权的撤销相同的是，《商标法》中也规定了商标局的依职权撤销注册商标的程序，但是，自《商标法》颁布以来，由商标局依职权撤销一项注册商标的案例并未发生过。与布图设计专有权的撤销不同的是，《商标法》中还规定了任何单位或个人，或者商标所有人或利害关系人，可以向商标评审部门请求撤销一项注册商标。《商标法》中的依请求撤销程序是对商标局依职权撤销的补充，但实践中的撤销程序都是依据当事人的请求而启动的。

《商标法》关于撤销裁定的规定，相比较于依职权的布图设计专有权撤销程序，赋予了商标所有人和权利相对人对等的权益，对商标评审部门的责权规定明晰，并规定了裁定程序中双方向人民法院起诉的权利，更利于保障商标所有人和权利相对人的权益对等和利益平衡。

三、主要国家相关程序的启动方式

（一）美国

美国《芯片保护法》虽然没有明确规定掩膜作品专有权的撤销程序，但在第 911 条“民事诉讼”中，对保护的掩膜作品的纠纷问题分 7 款、共 9 项做了详细的规定。对于他人撤销登记保护的掩膜作品专有权的请求，也由民事诉讼来解决。在掩膜作品专有权的相关侵权诉讼中，被诉侵权方通常会提出专有权的效力抗辩，请求撤销专有权。

由此可以看出，美国有关掩膜作品专有权的撤销程序是依据当事人的请求原则来启动、通过民事诉讼由司法部门来执行的司法程序。美国《芯片保护法》的这种民事诉讼体系是与该法列入版权法的体系，具体执行掩膜作品登记保护的行政机关是版权局以及美国的民事诉讼体系相对较成熟等各种因素相联系的。

与此相比，在我国，根据我国《条例》第 20 条的规定，撤销布图设计专有权在我国属于国务院知识产权行政机关的依职权行为，人民法院没有受理撤销布图设计专有权诉讼请求的职责。

（二）日本

根据日本《电路布局法》第 9 条第 1 款、第 2 款的规定，撤销程序的启动由通商产业省依职权启动，日本通商产业大臣在注销设定登记时，应将注销理由书面通知电路布局利用权的登记名义人，并在合理期间内举行听证。日本的规定与我国《条例》

规定的国务院知识产权行政部门依职权撤销程序的性质相同。

（三）韩国

根据韩国《布图设计法》第24条的规定，撤销制度的启动方式是知识产权局依职权启动。[1] 但是韩国在撤销创作登记时区分了必须撤销和非必要撤销的情况。关于“必须撤销”的规定，是强制性的法律规范。该法规定，在向韩国知识产权局登记过程中存在欺骗或其他欺诈行为，或者是符合《布图设计法》第20条第1~3款所规定的驳回条件的，韩国知识产权局局长发现时必须予以撤销。

（四）德国

根据德国《拓扑保护法案》的相关规定，由德国专利商标局内设立的相关机构执行撤销程序，撤销程序的启动是依请求启动，对于请求人并未作限定，可以是任何人。仅针对一种情况，即未经他人许可进行抄袭的情况，该情况下只能是被抄袭人提出撤销请求。由此可以看出，德国的布图设计撤销程序由专利局执行，其依请求而启动，其性质类似于我国专利的无效程序，而与我国的布图设计撤销程序的依职权性质大相径庭。

通过上述比较分析，对于布图设计专有权撤销程序，日本、韩国均为依职权启动，启动主体为通商产业省或知识产权局，其撤销程序性质和执行方式与我国的撤销程序接近，也同样存在缺少依请求启动程序的潜在问题。美国、德国均为依请求启动，但美国的启动主体为民事诉讼中的当事人；而德国为任何人，在某些情况下仅能是被抄袭人。其中，美国将权利的纠纷问题完全由民事诉讼来解决，由法院而不是专有权授权机构解决权利的有效性问题。在我国，权利的有效性由知识产权行政部门审查决定，人民法院不受理第三人请求撤销布图设计专有权的诉讼请求。

四、发展方向

在专利、商标等知识产权的相关制度中，或其他国家、地区类似布图设计撤销的相关程序中，存在依职权启动、依请求启动，或二者并行的多种模式。

如前分析，根据我国《条例》第20条的相关规定，布图设计撤销程序的启动是一种依职权行政行为，对于这种依职权的行政行为，他人是否可以请求行政机关实施，即请求行政机关撤销已授权的布图设计专有权，尽管《条例》和《实施细则》没有规定撤销程序可以依当事人请求而启动，但也没有排斥当事人对已登记的布图设计专有权提出撤销意见。布图设计撤销程序启动的主体是行政机关，但发现的过程既可以是

---

[1] SEMICONDUCTOR INTEGRATED CIRCUITS LAYOUT DESIGN ACT [EB/OL]. [2024-06-26]. https://www.law.go.kr/LSW/eng/engLsSc.do?menuId=2&section=lawNm&query=layout&x=21&y=35.

行政机关自行发现，也可以是他人向行政机关提出撤销意见后帮助行政机关发现。但是，撤销意见提出人提出的撤销意见要满足一定的条件，如有具体陈述理由和完成初步举证，行政机关才有可能启动撤销程序，否则行政机关有权不予启动。

在现有的布图设计撤销程序依职权启动方式稳定运行的基础上，为进一步完善制度，回应社会关切，增加依请求启动撤销程序的方式，使两种启动方式相互配合，符合利益平衡原则，也有利于撤销权的行使。

对于依职权启动的案件，由国家知识产权局依职权发现集成电路布图设计专有权存在明显不符合条例有关规定，对该集成电路布图设计专有权的撤销审查立案，并向集成电路布图设计专有权人发出集成电路布图设计进入撤销程序通知书，将撤销程序所审查的撤销理由和所依据的证据转送给专有权人，要求其在收到该通知书之日起一个月内答复，即依职权启动撤销程序。

对于依请求启动的案件，由撤销意见请求人请求启动撤销程序，主张布图设计专有权存在明显不符合条例有关规定，提交撤销请求书，必要时附具证据，并结合证据具体说明撤销理由，说明证据的证明事项和使用方式。国家知识产权局是否依请求启动撤销程序，应综合考虑撤销意见请求人是否具备主体资格、所针对的布图设计专有权的法律状态、撤销材料是否齐备、撤销理由是否足够详细、使用证据是否明显适格等因素，进而向集成电路布图设计专有权人和撤销意见请求人发出布图设计专有权进入撤销程序通知书，将撤销程序所审查的撤销理由和所依据的证据转送给专有权人，要求其在收到该通知书之日起一个月内答复，即依请求启动撤销程序。

第二节　撤销案件审查

撤销程序启动后，进入撤销案件审查。本节将首先阐述撤销案件在审查中应遵循的审查原则，对审查流程进行概括，随后重点阐述形式审查和合议审查，最后详细阐释撤销案件审查中与证据相关的若干重点问题。

一、审查原则

对于集成电路布图设计专有权撤销案件的审查应遵循依法原则、公正执法原则、保密原则和听证原则。除了上述审查原则，撤销案件的审查还应遵循公开原则和依职权审查原则。

对于公开原则，根据《条例》第 18 条的规定，布图设计登记申请经审查未发现驳回理由的由国务院知识产权行政部门予以公告，专有权人依法取得布图设计专有权。布图设计专有权登记公告后，社会公众可以查询布图设计的相关图样，获知布图设计的版图布局等技术内容，社会公众由此可知悉专有权的保护内容。而且，在撤销程序中，口头审理应公开举行，审查决定应予以公告，但根据国家法规等规定需要保密的除外。

在上述审查原则中，最为特殊的是依职权原则。依职权原则是指国务院知识产权行政部门依职权对撤销案件进行立案和审查，并且对于撤销案件的审查范围不受当事人所提出的理由和证据的限制。因此，对于依职权原则，其一，不论是否存在撤销意见提出人，国务院知识产权行政部门均是启动撤销程序的唯一主体，撤销程序是国务院知识产权行政部门依职权启动的程序，而非依利害关系人或其他社会公众的请求而启动的程序；其二，在撤销程序中，国务院知识产权行政部门合议组可以依职权引入撤销理由和证据，不受撤销意见提出人所提出的撤销理由和证据的限制；其三，即使撤销意见提出人撤回其请求，国务院知识产权行政部门仍可以继续进行审查，不予终止审查。

二、审查流程

撤销案件审查流程如图 3－1 所示。

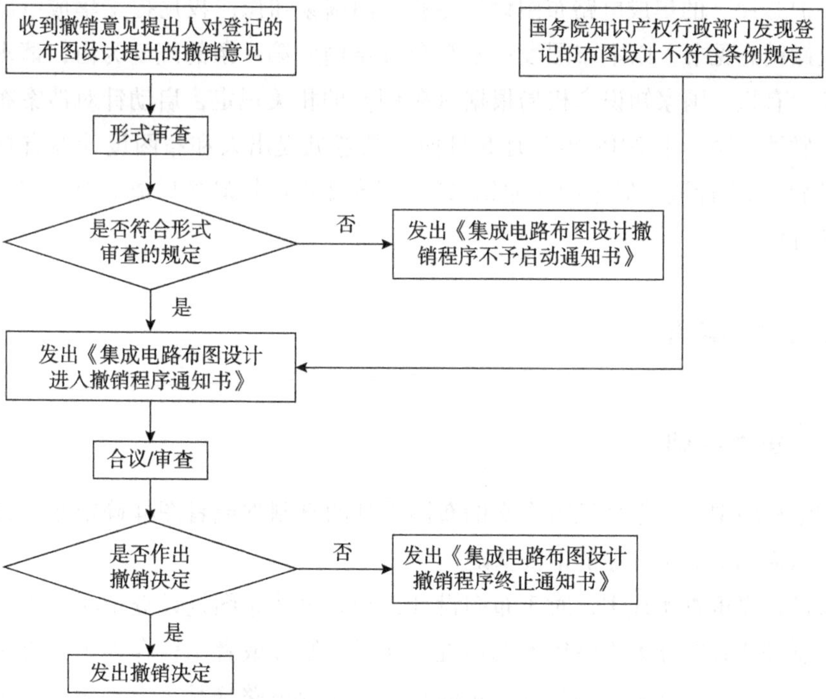

图 3－1　撤销案件审查流程

下面分别对撤销意见提出人提出的撤销意见的形式审查、合议审查和证据规定进行详细阐述。

三、形式审查

国家知识产权局收到撤销意见人针对登记的布图设计提出的撤销意见之后，需要对撤销意见进行形式审查。

形式审查的内容主要涉及：首先，撤销意见应限于《实施细则》第 29 条第 1 款规定的内容；其次，撤销意见应具体说明理由，提交有证据的，应当结合证据进行具体说明。此外，还会对撤销意见针对的客体是否为登记的布图设计、撤销意见的文件形式是否符合相关规定以及撤销意见提出人的委托手续是否符合相关规定进行形式审查。

经过形式审查，如果撤销意见符合《条例》《实施细则》的相关规定，向撤销意见提出人和布图设计专有权人发出《集成电路布图设计进入撤销程序通知书》；如果撤销意见不符合《条例》《实施细则》的相关规定，直接向撤销意见提出人发出《集成电路布图设计撤销程序不予启动通知书》，不予启动撤销程序。

在 JC0015 号布图设计专有权撤销案件[1]中，撤销意见提出人于 2019 年 6 月 4 日对登记号为 BS. 12500520. 2、布图设计名称为“集成控制器与开关管的单芯片负极保护的锂电池保护芯片”的集成电路布图设计专有权向国家知识产权局提交集成电路布图设计专有权撤销意见书，以本布图设计不符合《条例》第 4 条的规定为由，请求撤销该布图设计专有权。国家知识产权局根据《条例》的相关规定，启动针对涉案布图设计专有权的撤销程序，于 2019 年 8 月 5 日向撤销意见提出人和布图设计专有权人发出《集成电路布图设计进入撤销程序通知书》。国家知识产权局随后成立合议组，对本布图设计进行审查。

四、合议审查

（一）审查基础

在撤销程序中，依据登记时提交的布图设计的复制件或者图样确定布图设计保护的内容，从而确定撤销程序的审查基础。

在撤销程序审查实践中，对于布图设计权利人申请布图设计登记时所提交的布图设计的复制件或者图样为纸件版本的情况，如果复制件或者图样存在个别无法识别的布图设计细节，可以参考布图设计登记时提交的集成电路样品进行确定。鉴于承载布图设计的复制件或者图样的纸件、集成电路样品因其本身物理性质的差异有可能导致它们所呈现出来的信息内容有所不同，具体如何处理需要分情况而定。

---

[1] 国家知识产权局第 8 号集成电路布图设计撤销程序审查决定。

第一种情况，对于除个别无法识别的布图设计细节部分以外的布图设计的其他部分，如果集成电路样品公开的布图设计与布图设计登记时所提交的复制件或者图样的纸件所公开的布图设计相同，则对于个别无法识别的布图设计细节部分可以借鉴集成电路样品公开的信息，即撤销案件的审查基础以纸件为准，同时集成电路样品可以作为其补充。

第二种情况，对于除个别无法识别的布图设计细节部分以外的布图设计的其他部分，如果集成电路样品公开的布图设计与布图设计登记时所提交的复制件或图样的纸件所公开的布图设计不相同或不完全相同，则撤销案件的审查基础应仅以纸件为准，集成电路样品不再作为其补充，而复制件或者图样存在个别无法识别的布图设计细节就不再予以保护。

对于布图设计专有权人申请布图设计登记时所提交的布图设计的复制件或者图样存在电子件可以识别其设计信息的情况，通常以布图设计的复制件或者图样的电子件作为撤销案件的审查基础从而确定保护内容。

（二）审查通知书

在撤销程序中，如果存在下列情况之一的，向撤销意见提出人或者布图设计专有权人发出《集成电路布图设计撤销案件审查通知书》。

（1）撤销意见提出人或者布图设计专有权人主张的事实或者提交的证据不清楚或者有疑问，需要撤销意见提出人或者布图设计专有权人予以说明。

（2）合议组依职权引入撤销意见提出人未提及的撤销理由或者证据的，需要告知撤销意见提出人或者专有权人。

对于审查通知书，如果撤销意见提出人或者专有权人在指定期限内未答复，不影响撤销案件的审理。

（三）审查决定

撤销程序的审查决定分为两种类型：一是维持布图设计专有权有效，即合议组经审查后认为不应撤销布图设计专有权的，作出维持布图设计专有权有效的审查决定；二是撤销集成电路布图设计专有权，即合议组经审查后，发现登记的集成电路布图设计专有权不符合《条例》第2条第（一）项、第（二）项，第3条，第4条，第5条，第12条或者第17条的规定，作出撤销集成电路布图设计专有权的审查决定。在上述审查决定作出后，通知布图设计专有权人，有撤销意见提出人的，同时通知撤销意见提出人，并予以公告。

在JC0015号撤销案件[1]中，国家知识产权局成立合议组，启动针对登记号为

[1] 国家知识产权局第8号集成电路布图设计撤销程序审查决定。

BS. 12500520. 2、布图设计名称为“集成控制器与开关管的单芯片负极保护的锂电池保护芯片”的集成电路布图设计专有权的撤销程序。合议组经审查认为，涉案布图设计独创点 1 ~4 整体所对应的布图设计没有被现有布图设计披露，目前也没有证据表明涉案布图设计独创点 1 ~4 整体所对应的布图设计属于公认的常规设计。因此，涉案布图设计的独创点 1 ~4 整体所对应的布图设计具备独创性，符合《条例》第 4 条的规定。据此，合议组作出维持 BS. 12500520. 2 号集成电路布图设计专有权有效的撤销程序审查决定。

在 JC0018 号撤销案件[1]中，国家知识产权局成立合议组，启动针对登记号为 BS. 095006249、布图设计名称为“TM1635”的集成电路布图设计专有权的撤销程序并进行审查。合议组经审查认为，TM1637 布图设计构成本布图设计的现有布图设计，本布图设计与现有布图设计相同，且创作者存在接触现有布图设计的可能性，因此该布图设计不属于创作者自己的智力劳动成果，不具有独创性，不符合《条例》第 4 条的规定。据此，合议组作出撤销 BS. 095006249 号集成电路布图设计专有权的撤销程序审查决定。

五、证据规定

根据《条例》和《实施细则》的有关规定，撤销程序中有关证据的各种规则，参照人民法院民事诉讼中的相关规定。

撤销程序中关于证据的举证期限、证据的提交、质证以及审核和认定与专利无效宣告程序的规则类似，在此不再赘述。

合议组一般不主动调查收集撤销案件需要的证据。对撤销意见提出人或者布图设计专有权人确因客观原因不能自行收集的证据，应撤销意见提出人或者布图设计专有权人在举证期限内提出的申请，合议组认为确有必要时，可以调查收集相关证据。对于复制布图设计或者查阅集成电路样品确有困难的，撤销意见提出人或者布图设计权利人在举证期限内提出的申请，合议组认为确有必要时，可以进行调取。

在撤销程序中，除了常见的书证、物证、电子数据以及证人证言，存在如下几类较为常见且特殊的证据类型，即现有布图设计、公认的常规设计、反向工程检测报告、鉴定意见等。

（一）现有布图设计

现有布图设计应当是在本布图设计创作前由创作者能够获知的布图设计，并包含能够使公众从中得知布图设计的版图布局。例如，可以公开查阅的已公告的集成电路

[1] 国家知识产权局第 5 号集成电路布图设计撤销程序审查决定。

布图设计，或者通过对市场上购买的集成电路芯片实施反向工程获得的布图设计。

应当注意，处于保密状态的集成电路布图设计不属于现有布图设计。所谓保密状态，不仅包括受保密规定或协议约束的情形，还包括社会观念或者商业习惯上被认为应当承担保密义务的情形，即默契保密的情形。然而，如果负有保密义务的人违反规定、协议或者默契泄露秘密，导致保密的集成电路布图设计被公开，使创作者能够得知这些布图设计，则这些布图设计也就构成现有布图设计的一部分。

现有布图设计的时间界限是本布图设计的“创作时”，审查实践中通常为登记申请日或首次商业利用日，以较前日期为准。

现有布图设计呈现的形式有以纸质载体呈现的图样、复制件或者以电子数据为载体呈现的图样等。依据现有布图设计所呈现的载体不同，现有布图设计在证据质证以及审核和认定上，需要根据不同的证据呈现形式进行相应的判断。

在 JC0015 号撤销案件[1]中，撤销意见提出人随撤销意见提交证据 6 ~ 7。证据 6 为集成电路布图设计专有权公告，BS. 095000364 （PS002），公告日期为 2009 年 9 月 9 日；证据 7 为集成电路布图设计专有权公告，BS. 115003851 （SDC6085），公告日期为 2011 年 10 月 19 日。撤销意见提出人认为，涉案布图设计专有权的独创点 1 被证据 7 或证据 6 公开，属于现有布图设计。为查明案情，合议组向国家知识产权局调取了涉案布图设计及上述证据 6 ~ 7 的登记申请表、图样、简要说明的案卷材料。涉案布图设计的申请日为 2012 年 4 月 22 日，首次商业利用日为 2011 年 12 月 20 日，证据 6 和证据 7 均为可以公开查阅的已公告的集成电路布图设计，证据 6 的公告日期为 2009 年 9 月 9 日，证据 7 的公告日期为 2011 年 10 月 19 日。审查决定认为，证据 6 ~ 7 为在国家知识产权局登记公告的集成电路布图设计，证据 6 ~ 7 的公告日均早于涉案布图设计的首次商业利用日。因此，证据 6 ~ 7 可以作为现有布图设计评价本布图设计的独创性。

（二）公认的常规设计

公认的常规设计通常是指能够从集成电路布图设计领域的教科书、技术词典、技术手册等工具书或者该领域常用制图数据库获取的设计以及该领域的一般技术人员公认的设计。

一般地，在公认的常规设计的认定过程中，对于自然规律、定理、定律以及众所周知的事实，均属于免证事实，无须承担举证责任。对于公认的常规设计的认定，既可以采用充分说理的方式，也可以提交相应的证据予以佐证。技术词典、技术手册和教科书是用于证明公认的常规设计的常见证据。对于其他用于证明公认的常规设计的证据，可以结合文献的载体形式、内容及其特点、受众、传播范围等因素具体分析从而进行判断。

[1] 国家知识产权局第 8 号集成电路布图设计撤销程序审查决定。

在 JC0014 号撤销案件[1]中，撤销意见提出人随撤销意见提交证据 10，证据 10 为《集成电路原理与设计》（甘学温等编著，北京大学出版社 2006 年 2 月第 1 版，2006 年 2 月第 1 次印刷）。撤销意见提出人认为，根据证据 10 可知，涉案布图设计专有权的独创点 1 是本领域公认的常规设计。合议组认为，证据 10 是公开出版的中文书籍，公开日期为 2006 年 2 月，早于涉案布图设计的首次商业利用日，在其版权页“内容提要”部分记载了“本书可作为电子科学与技术类特别是微电子专业高年级本科生或研究生的教材”，因此，证据 10 可作为举证证明公认的常规设计的证据使用。

在 JC0004 号撤销案件[2]中，合议组认为，涉案布图设计相对于 TM9936 芯片的布图设计，在整体布局、各模块设计方面存在八个设计区别部分。涉案布图设计整体与 TM9936 芯片布图设计的差异，主要是由于工艺尺寸的差异而直接或间接导致的。对于集成电路布图设计者而言，在生产工艺条件允许的情况下，必然会优先遵循布图设计领域公认的相关设计原则，诸如面积优化原则、信号匹配原则。随着工艺尺寸的日趋减小，会通过对公认的常规设计的简单替换来尽可能地满足上述公认的设计原则。涉案布图设计仅是在 TM9936 芯片布图设计的基础上，根据制造工艺的差异而利用公认的常规设计选择而做出的简单的布局调整，这不需要集成电路布图设计者付出相应的智力劳动。因此，涉案布图设计相对于 TM9936 芯片布图设计不具有《条例》第 4 条规定的独创性。

（三）反向工程检测报告

反向工程，也称还原工程，是指通过技术手段对从公开渠道取得的产品进行拆卸、测绘、分析等，将该产品中的有关技术信息还原复制的方法。《最高人民法院关于审理不正当竞争民事案件应用法律若干问题的解释（2020 年修正）》第 12 条规定，通过自行开发研制或者反向工程等方式获得的商业秘密，不认定为《反不正当竞争法》第 10 条第（一）、（二）项规定的侵犯商业秘密行为。前款所称“反向工程”，是指通过技术手段对从公开渠道取得的产品进行拆卸、测绘、分析等而获得该产品的有关技术信息。当事人以不正当手段知悉他人的商业秘密之后，又以反向工程为由主张获取行为合法的，不予支持。可见，反向工程在该司法解释中的定义也是如此。反向工程检测报告属于检测报告，其应视为当事人提交的书证，按照书证的质证和审核认定方法进行判断。

在撤销案件审查实践中，如果登记时提交了集成电路样品，根据案件情况需要对集成电路样品进行剖片从而得知集成电路样品所呈现的信息内容，这就需要对该集成电路样品进行反向工程，出具反向工程检测报告，以便对集成电路样品所呈现的信息内容进行说明。

---

[1] 国家知识产权局第 7 号集成电路布图设计撤销程序审查决定。

[2] 国家知识产权局第 2 号集成电路布图设计撤销程序审查决定。

在 JC0004 号撤销案件[1]中，布图设计专有权人提交了意见陈述书并附带反证 4，反证 4 为布图设计专有权人声称的型号相同布图设计不同的两款 SM1668 集成电路对比验证报告。专有权人认为，即便 TM9936 芯片在先销售是事实，但反证 4 可以证明销售的产品与在后的 108 号布图设计专有权的布图设计不一定一致。合议组审查认为，反证 4 是专有权人声称的其自行委托宜某科技（深圳）有限公司对专有权人自己的产品进行反向剖析所得到的验证报告，开具该验证报告的鉴定人宜某科技（深圳）有限公司未出席口头审理接受双方当事人的质证，因此，在没有相关佐证证明其委托手续的合法性、鉴定人的鉴定资质、被验芯片的合法来源的情况下，无法确认反证 4 的真实性，因此，在没有其他证据佐证的情况下，反证 4 不能单独证明其待证事实。

在本案例中，布图设计专有权人提供附带反向工程验证报告的鉴定意见作为反证 4，该鉴定意见为布图设计专有权人单方委托鉴定机构出具的鉴定意见，该鉴定意见中的反向工程报告也是该鉴定意见的鉴定人出具的。但是，由于鉴定人未到庭接受质询，合议组基于现有证据也无法确定鉴定人的鉴定资质和被验芯片的合法来源等，导致合议组无法确认反证 4 的真实性，因此反证 4 不能达到其证明目的。

（四）鉴定意见

在撤销案件审查实践中，常见的情况是，如果根据案件情况需要对集成电路样品进行剖片从而得知集成电路样品所呈现的信息内容，那么鉴定人会按照鉴定事项委托其他检测机构对该集成电路样品进行反向工程，并根据所出具的反向工程检测报告，运用一定科学知识、采用一定科学方法对集成电路布图设计芯片所呈现的信息内容与涉案布图设计进行技术分析和对比，形成鉴定意见。

因此，在某些情况下，反向工程检测报告作为附件出现在鉴定意见中，形成附带反向工程检测报告的鉴定意见。《最高人民法院关于知识产权民事诉讼证据的若干规定》第 20 条规定，经人民法院准许或者双方当事人同意，鉴定人可以将鉴定所涉部分检测事项委托其他检测机构进行检测，鉴定人对根据检测结果出具的鉴定意见承担法律责任。对于附带反向工程检测报告的鉴定意见，鉴定人需要对根据检测结果出具的鉴定意见承担法律责任。

鉴定作为证明案件相关事实的一种科学认识活动，其任务在于解决案件中的专门问题。鉴定意见有两个特点：其一，鉴定意见属于科学证据，是运用可检验的普遍定理、规律和原理解释案件事实构成的变化、发展及其内在联系的专家证据[2]，具有较强的科学性，但不可避免地受到鉴定人业务水平、专业经验、职业道德等因素的影响；其二，鉴定意见属于意见证据，是鉴定人对案件中的专门性问题提出的理性意见，同

---

[1] 国家知识产权局第 2 号集成电路布图设计撤销程序审查决定。

[2] 刘建华，陈诗文. 司法鉴定意见与检测报告、专家辅助人意见的比较研究：以证据审查判断为视角［J］. 法制与社会，2019（13）：102－103.

时，鉴定意见仅为鉴定人就案件中的事实问题提供的意见，不提供涉及法律争议问题的意见。❶ 关于鉴定意见的质证和审核认定，均应遵循民事诉讼法的相关规定，在此不再赘述。

在撤销案件审查实践中，由于案件常常出现凭借普通常识无法判断的专门性问题，导致鉴定意见成为撤销案件中常见的证据类型。合议组可以根据案件需要与当事人协商确定委托有关单位进行鉴定。同时，在撤销案件审查实践中，当事人单方委托鉴定机构出具的鉴定意见是比较常见的做法。虽然理论上鉴定意见应该持有中立态度，其是为案件中的专门性问题提出的理性的、科学的意见，但如果鉴定意见是受单方当事人自行委托鉴定机构形成的，那么在审核认定过程中，合议组会综合考量对方当事人是否充分陈述理由或者提交足以反驳鉴定意见的反证以及当事人单方委托鉴定机构出具的鉴定意见的中立性和科学性，从而判断该鉴定意见是否可以被采纳还是仅供合议组参考。

此外，如果撤销案件的涉案布图设计涉及侵权诉讼的话，有可能存在出现司法机关委托出具的鉴定意见。对于司法程序中的司法鉴定意见通常具有一定的中立性和科学性，在没有充分理由或者证据足以反驳该司法鉴定意见的情况下，合议组一般对其提出的关于案件事实问题的意见予以采纳；但对司法鉴定意见中出具的关于法律争议问题的意见，合议组一般不予采纳。

需要说明的是，不论何种鉴定意见，均不对合议组的审查产生法律约束。

例如，在 JC0018 号撤销案件❷中，撤销意见提出人随撤销意见附上附件 4，附件 4 为北京紫图（2018）知鉴字第 32 号司法鉴定意见书，撤销意见提出人认为，附件 4 示出 TM1635 芯片的布图设计与 TM1637 芯片的布图设计完全相同，TM1635 芯片和 TM1637 芯片是用相同布图设计制造的芯片。涉案布图设计专有权人认为，附件 4 为涉案布图设计侵权诉讼案件审理过程中司法机关委托司法鉴定机构对涉案布图设计是否具有独创性进行司法鉴定后所出具的鉴定意见书，其鉴定意见为涉案布图设计的区域 2 ~ 7 分别具有独创性。合议组经审查认为，该鉴定意见为鉴定机构基于鉴定条件给出的参考意见，并非对涉案布图设计独创性认定的最终结论，因此合议组对该鉴定意见不予考虑。

司法鉴定意见应该仅对与案件相关的事实问题提供意见，而并不应提供涉及法律争议问题的意见。但是，在这个案例中，撤销意见提出人提供附件 4 即司法鉴定意见书作为证据，其鉴定意见为涉案布图设计的区域 2 ~ 7 分别具有独创性，用于证明涉案布图设计具有独创性。由于该司法鉴定意见书涉及涉案布图设计是否具有独创性的法律争议问题，对关于是否具有独创性的法律争议问题给出的鉴定结论合议组一般不予考虑，因此，合议组对该关于独创性的鉴定意见不予考虑。

---

❶ 何家弘，刘品新. 证据法学［M］. 5 版. 北京：法律出版社，2013：178 - 181.

❷ 国家知识产权局第 5 号集成电路布图设计撤销程序审查决定。

第三节　撤销理由

《实施细则》第29条规定了撤销程序中可以作为撤销理由的六个条款，包括《条例》第2条第（一）、（二）项，第3条，第4条，第5条，第12条和第17条。下文将全面并详细解读相关条款。

一、第2条第（一）项：集成电路

《条例》第2条第（一）项规定，集成电路，是指半导体集成电路，即以半导体材料为基片，将至少有一个是有源元件的两个以上元件和部分或者全部互连线路集成在基片之中或者基片之上，以执行某种电子功能的中间产品或者最终产品。上述规定对集成电路给出了明确的定义，也为判断保护对象是否属于集成电路的保护客体提供了依据。在我国香港地区《布图设计条例》的相关定义中，“集成电路”指一种产品，在它的中间形态或最终形态，是将多个元件（其中至少有一个是有源元件），和部分或全部互连集成在一块材料之中、材料之上、材料之中和之上，以执行某种电子功能。我国台湾地区所谓的“电路布局保护法”中定义“集成电路”为：将电晶体、电容器、电阻器或其他电子元件及其间之连接线路集积在半导体材料上而具有电子电路功能之成品或半成品。下文将通过对比我国与其他主要国家、地区或国际组织对于集成电路的定义，在对我国关于集成电路定义的各个术语解析的基础上，释明与该条款相关的撤销理由的审查规则。

（一）主要国家、地区或国际组织的相关定义

1. 美国

美国《芯片保护法》第901条定义中记载，“半导体芯片产品指任何产品的终极或中间形式，该产品：（A）具有依预定图案在一块半导体材料上沉积或以其他方式旋转蚀刻或移离的两层或两层以上的金属、绝缘或半导体材料以及（B）旨在发挥电子电路之功能。”[1]

2. 欧洲共同体（欧盟）

欧洲共同体《拓扑图保护指令》第1条规定，半导体产品，是指具有以下特点的任何产品，无论是其最终形态还是中间形态：①由一片包含有一层半导体材料的材料构成；②产品中含有一层或多层由半导体、导体、绝缘体材料所组成的材料而各层之

[1] 孙新强．美国1984年半导体芯片保护法［J］．科技与法律，1998（02）：71－77．

间是按照预先设计的三维模式进行布置的；③用以单独或连同其他功能一道执行某种电子功能。

《拓扑图保护指令》规定拓扑图应该被固化或被编码，并不是只能固化在半导体芯片上，能起到固化或编码作用的任何方式都可以采用。

3. 日本

在日本《电路布局法》的相关定义中，"半导体集成电路"是指将晶体管或其他电路元件做在半导体材料或绝缘材料之表面或做在半导体材料的内部形成不可分割的具有某一电路功能的产品。

4. 韩国

在韩国《布图设计法》的相关定义中，"半导体集成电路"指两个或两个以上的电子元件，包括有源元件和线路不可分割地连接在一起，形成于半导体材料或绝缘材料之上或半导体材料之中，并设计成具有电子线路功能的产品。

5. 加拿大

加拿大《集成电路拓扑图法》的定义中，"集成电路产品"指至少包含一个有源元件和一些或所有连线不可分割地配置于一片材料之中和/或之上，目的在于执行电子功能的产品，无论其中间或最终形态。

6. 《华盛顿条约》

《华盛顿条约》中定义"集成电路"为一种产品，在它的最终形态或中间形态，是将多个元件，其中至少有一个是有源元件，与部分或全部互连集成在一块材料之中和/或之上，以执行某种电子功能。

以下对各国、各地区或国际组织相关法律法规中对于集成电路的定义进行对比，见表3－1。

表3－1　我国及其他国家、地区或国际组织关于"集成电路"定义对比

国家/地区/组织	中国	美国	欧洲共同体（欧盟）	日本	韩国	加拿大	《华盛顿条约》
基片材料	半导体	半导体	半导体	半导体/绝缘	半导体/绝缘	一块材料	一块材料
有源元件	√	×	×	√	√	√	√
互连线路	√	未提及	未提及	×	√	√	√
基片之中/之上	√	√	未明确	√	√	之中和/或之上	之中和/或之上
电子功能	√	√	√	√	√	√	√
中间/最终产品	√	√	√	×	×	√	√

注："√"表示对该内容进行限定，"×"表示对该内容没有进行限定。最左侧一列表示具体限定项目。

综上，关于“集成电路”术语的表述，虽然不同的国家、地区或国际组织存在名称上的差异：美国称为半导体芯片，日本称为半导体集成电路，欧洲共同体称为半导体产品，我国《条例》称为集成电路，我国香港、台湾地区称为积体电路。但是，各国、各地区或国际组织相关法律法规对于集成电路的定义基本一致，区别主要在于承载集成电路的基片材料的选择是否限定为半导体材料。

（二）条文释义及审查规则

《条例》第2条第（一）项定义了集成电路的概念，其中明确限定了基片材料为半导体材料，元件中至少包含一个有源元件、各元件形成互连线路，该线路以集成的方式形成在基片之中或之上的电路结构，以及该中间产品或者最终产品需要能够执行某种电子功能的功能要求。以下对集成电路概念中的各术语进行深入剖析，梳理该条款关于撤销理由的审查规则。

1. 基片材料

集成电路从20世纪50年代最初产生就是基于半导体材料。基片材料按照演进过程可分为三代：以硅、锗等元素半导体材料为代表的第一代，以砷化镓（GaAs）和磷化铟（InP）等化合物材料为代表的第二代，以及以氮化镓（GaN）和碳化硅（SiC）等宽禁带半导体材料为代表的第三代。直至目前，半导体材料在用途、功能、产量和市场份额上都占有绝对的优势。《条例》中将集成电路基片材料限定为“半导体材料”也是与当时整个技术领域的发展相适应的。

但随着工业需求以及科技的发展进步，半导体集成电路的这种优势地位逐渐下降，非半导体材料的新材料也在进入研究人员的视野，如基于二维材料（如石墨烯、碳纳米管等）的新器件、新工艺已经取得相当的研究进展。基因芯片、光电子芯片、超导芯片、生物芯片[1]等新一代集成电路技术得到了越来越广泛的应用。未来随着技术的进一步发展，还有可能有更新的材料类型用于集成电路，可能会有更新的基片材料的应用。因此，现有《条例》中将集成电路基片材料仅限定为“半导体材料”已经初步显现出局限性。结合对于集成电路日新月异的技术发展的预期，以及企业调研中所反映出来的企业对将非半导体材料纳入集成电路及其布图设计保护范围的强烈呼吁，可以考虑不再将集成电路囿于“半导体集成电路”，不再将基片材料囿于“半导体材料”，而是可参照《华盛顿条约》、加拿大、中国香港地区的相关规定，不限定基片材料，使得该项规定可适应技术的发展。

2. 有源元件

根据GB 9178—1988《集成电路术语》中关于“集成电路术语”的定义，有源元

---

[1] 张耀明. 中国知识产权保护的新视点：《集成电路布图设计保护条例》立法简介［J］. 科技与法律，2001（02）：105.

件是一种主要对电路提供整流、开关和放大功能的（电路）元件。有源元件是相对于无源元件而言的，其中的“源”是指“驱动源”，有源元件在其正常工作时需要外加电源。而无源元件通常用来进行信号传输，其正常工作时不需要外加电源。有源元件具有可控性强、稳定性好、能够实现功率放大等优点，可以极大地提高电路的性能和可靠性。

该定义中限定了至少包含一个有源元件，是为了由有源元件和无源元件所构成的集成电路整体可实现某种电子功能。

并且在集成电路中，多个元件（包括有源元件和无源元件）均需要形成一定的电路连接以实现电路的控制和能量的传输，因此该定义中限定了各元件需要部分或者全部互连线路。

由于上述各元件及其互连是形成在各个基片层上的，因此该定义中还限定了各元件及其互连的设置位置是在基片之中或者基片之上，其设置方式是“集成”形成的，此处也体现了集成电路的核心构成方式为“集成”设置。

3. 执行电子功能

根据上述定义，集成电路的定义是针对集成电路的整体，至少要求集成电路整体上能够实现某种电子功能，才能纳入集成电路的范畴。对于集成度高的大规模集成电路或者超大规模集成电路，其中可能包含若干功能模块，每个功能模块或者某些功能模块的集合能够完成一定的电子功能，其形成的集成电路整体上则能够实现更为复杂的电子功能。站位集成电路制造者，如果能够认定该集成电路的部分模块或者整体上能够实现其相应的电子功能，则该集成电路满足其定义中的该项要求。并且，执行“某种电子功能”的判断也是独创性判断中对于布图设计进行最小模块划分的重要依据，只有至少能够执行“某种电子功能”的最小功能模块或其集合，才能够作为独创性判断的独创性部分。如果专有权人声称的模块不能单独执行“某种电子功能”，不构成最小功能模块，则其单独不能构成独创性部分。以下通过四个案例从不同的角度对如何判断集成电路及布图设计能否执行电子功能提供示例。

在 JC0012 撤销程序案件[1]中，专有权人声称的具有独创性的模块包括：模块一：开关电源中的输出线电压补偿电路模块；模块二：静电保护模块；模块三：输出精度和频率修整模块。撤销意见提出人认为，本布图设计中，CONT 层在这些区域无任何图形。因此，电路的基本功能完全无法实现，不能执行“某种电子功能”。

审查决定认为，在布图设计中，CONT 层用于实现电学连接功能，其在有需要连接的地方开孔从而保证电路的连接。关于模块一，由于该模块中涉及开关电源中的输出线电压补偿电路，具体涉及将原来的外部电容连接改成内部电容和辅助电路连接，因此，此处的电容和辅助电路连接为其声称的独创性的关键信息，而 CONT 层是表达该

[1] 国家知识产权局第 4 号集成电路布图设计撤销程序审查决定。

部分电路连接的必要信息载体。由于本案中未能显示 CONT 层的任何信息，布图设计领域的创作者和制造者无法知晓模块一表达的任何电路连接信息。因此，根据图样信息，模块一不能实现该输出线电压补偿电路的功能。由此可见，图样中未显示 CONT 层的缺陷，导致上述模块一不能实现相应的功能。但根据图样信息，模块二 ESD 的保护结构和布局在其他的图层中已经明确显示，模块三中修整电路的输出精度和频率的功能并不涉及 CONT 层信息。因此，根据本案布图设计的图样，本布图设计可以实现“执行某种电子功能”。

基于上述案例可知，对于某一布图设计而言，其可以整体执行“某种电子功能”，也可以部分执行“某种电子功能”。如果某一布图设计整体或者部分能够执行“某种电子功能”，即其整体能够实现“某种电子功能”，则认为该布图设计满足该条款的要求，而并不要求布图设计中的全部模块均能够实现电子功能。只有能够执行“某种电子功能”的模块，才有可能构成独创性部分，才能作为进行后续独创性判断的依据。

在 JC0014 ~ JC0016 撤销程序案件[1]中，专有权人主张四个独创点，其均是对布图设计中相应部位的描述、概括或抽象，布图设计创作者和集成电路制造者结合涉案布图设计的图样及独创点 1 ~ 4 的表述内容可以确定其在涉案布图设计中对应的部分。其中，独创点 1 ~ 4 均涉及单开关 NMOS 管 Mo 和衬底切换 MOS 管 Mc、Mf 的三维配置关系，独创点 2 ~ 4 是在独创点 1 的基础上进行的进一步设计，上述四个独创性部分的整体在涉案布图设计中对应的部分具有相对清晰的边界，其对应部分可以实现单开关 NMOS 管对锂电池的过流、过充等保护的功能，属于能够相对独立地执行某种电子功能的部分，可以成为布图设计保护的“独创性的部分”。

在 JC0019 撤销程序案件[2]中，撤销意见提出人主张，本布图设计独创性部分三所涉及的 SENSOR 模块中周边像素没有传感器信息输出，不执行电子功能，因此该独创性部分三不符合集成电路的定义。

审查决定认为，《条例》对受其保护的集成电路以及集成电路布图设计进行了定义，其中对集成电路的定义是针对芯片整体，而不是针对芯片所包含的部分元器件或模块。对本案而言，布图设计创作者和集成电路制造者可以理解，本布图设计涉及图像传感器，其中包含形成于半导体基片上的 SENSOR 模块、PGA 模块和 ADC 模块等，SENSOR 模块包括多个 CMOS 有源元件，上述模块通过线路互连，可以执行采集信号并处理得到图像信息的功能，属于《条例》定义的集成电路。

上述案例中的独创点 1 ~ 4 或者 SENSOR 模块，其单独每一项并不具有清晰的边界，单独也并不能够实现电子功能，但是，独创点 1 ~ 4、SENSOR 模块及其周边模块作为一个不可拆分的整体考虑时，其整体上可以执行某种电子功能，因此符合《条例》第 2 条第（一）项和第（二）项的相关规定。因此，在进行判断时，需要整体考虑模

[1] 国家知识产权局第 7 ~ 9 号集成电路布图设计撤销程序审查决定。
[2] 国家知识产权局第 6 号集成电路布图设计撤销程序审查决定。

块划分，不能因某一部分布图设计不能单独完成电子功能而直接得出其不符合《条例》第2条第（一）项和第（二）项的结论，还应当考量该部分布图设计与周边模块整体是否能够完成某一电子功能。只有相应的布图设计各构成模块整体上均不能实现电子功能的情况下，才能认定该电路和设计不属于集成电路和布图设计的保护范畴。

在（2018）京73行初2060号司法判决[1]中，人民法院认为，布图设计本质上是关于电路图或逻辑图中每个元件或功能单元在版图中的位置排布、压焊点、电源线、底线及信号走向等的一种三维配置，“执行某种电子功能”可以是布图设计中的集成电路在元件或全部或部分线路互联的基础上，实现其整体的电子功能，亦可以是在布图设计中的集成电路具有多个电子功能时，其中部分相对独立的模块实现其相应的电子功能。可见，该判决中也明确了布图设计中的集成电路可以具有单一或者多个电子功能，只要其中部分相对独立的模块或者整体能够实现其相应的电子功能，则可以认定该布图设计能够执行某种电子功能。

4. *中间产品或者最终产品*

集成电路制作流程主要包括布图设计、晶片制作、封装制作、成品测试几个阶段，而布图设计是制作集成电路布图设计的第一个步骤也是最重要的一个步骤。布图设计创作是为了制造具有某种电子功能的集成电路产品，而为了实现特定的电子功能和指定的技术规格，设计者首先要做的就是选定集成电路制造技术和制造工艺，再以图样的形式固定集成电路中所需要的各个元件及其空间位置，以及在连线时基片中各区域的物理尺寸等。图样中，在基片相应功能区域的物理尺寸和电子功能均确定的情况下，集成电路中元件的种类、数量以及连线的三维配置随即得以确定。在集成电路布图设计的创作过程中，经常以分层形式来设计并将底层模块逐层叠加，再在顶层进行综合。这样可以实现多人分工同时设计底层不同的模块。各个模块完成后，汇总形成完整的布图设计。

因此，上述定义中并不要求集成电路形成的产品达到商业利用成品的程度，集成电路的定义保护的是集成电路本身设计思想的表达，与相应产品的完成度无关。在符合上述有关基片、元件及其连接、设置位置等限定条件的基础上，只要所形成的集成电路能够执行某种电子功能，即属于“集成电路”的定义范畴，而不论该电路是集成电路设计时的中间产品，或是完成整个电路设计后的最终产品。其可以以设计图纸、电子设计文档、掩膜板、样品等各种形式承载该设计思想的表达，并不限于其具体载体的形式。

二、第2条第（二）项：集成电路布图设计

《条例》第2条第（二）项规定，集成电路布图设计，是指集成电路中至少有一个

---

[1] 北京知识产权法院（2018）京73行初2060号行政判决书。

是有源元件的两个以上元件和部分或者全部互连线路的三维配置，或者为制造集成电路而准备的上述三维配置。《条例》第 2 条第（二）项对集成电路布图设计给出了明确的定义，也对判断保护对象是否属于布图设计的保护客体提出了判断依据。我国香港地区《布图设计条例》定义了“布图设计（拓扑图）”指集成电路中多个元件（其中至少有一个是有源元件）和其部分或全部集成电路互连的三维配置，或者是指为集成电路的制造而准备的这样的三维配置。我国台湾地区所谓的“电路布局保护法”中定义“电路布局”指在半导体积体电路上之电子元件及接续此元件之导线的三度空间配置。下文将通过对比我国及其他国家、地区或国际组织对于布图设计的定义，在我国关于布图设计的各个术语解析的基础上，梳理与该条款相关的撤销理由的审查规则。

（一）主要国家、地区或国际组织的相关定义

1. 美国

美国《芯片保护法》中定义，“‘掩膜作品’指一系列以任何形式固定或编码的图像：（A）具有或体现由半导体芯片产品各层上或由各层移离出金属、绝缘或半导体材料所形成的预定立体图形以及（B）此系列图像之间的关系是每一图像在半导体芯片产品中均有一种形式的平面图形。”

2. 日本

日本《电路布局法》中定义，“电路布局”是指在半导体集成电路中的电路元件和连接这些元件的连线的布局。

3. 德国

德国《拓扑保护法案》中定义，半导体产品的拓扑图即布图设计，指以任何方式固定或编码的一系列相关的图层：①反映以构成半导体产品的那些材料层之间的三维配置方式；②每一图层分别体现了半导体产品制作过程中各个阶段的表面模式的整体或部分。

4. 韩国

韩国《布图设计法》定义了“布图设计”指电子元件及连接这些元件的线路的布局，布局可以用于制造半导体集成电路。

5. 《华盛顿条约》

《华盛顿条约》中规定，“布图设计（拓扑图）”，指集成电路中多个元件，其中至少有一个是有源元件和其部分或全部集成电路互连的三维配置，或者是指为集成电路的制造而准备的这样的三维配置。

6. 欧洲共同体（欧盟）

《拓扑图保护指令》规定，拓扑图并不局限于固化在半导体芯片上，能固化或编码

的任何方式均可。即任何形式存在的拓扑图都在《拓扑图保护指令》保护的范围内，这一规定相比其他定义扩大了拓扑图的保护范围，相对而言更符合科技发展的趋势。

由上述有关布图设计的定义可以看出，日本、韩国并未在定义中强调三维配置，也就是说，日本、韩国的布图设计的概念并未排除二维配置（如 PCB 版图等），而包括我国在内的大部分国家、地区或国际组织均在布图设计的定义中强调了集成电路的布图设计最终形成的是一种三维配置。并且仅包括我国在内的部分国家、地区或国际组织在定义中限定了布图设计必然包含有源元件，其他国家、地区或国际组织均未限定电子元件的类型，并未排除全部无源元件构成的三维配置。

通俗地说，布图设计就是确定用以制造集成电路的电子工业元件在一个传导材料中的排列和连接的布局设计。布图设计在不同国家有不同的称呼，但并无本质区别。美国称之为掩膜作品，日本则称之为“集成电路的线路布局”，英国和欧盟国家（如法国、德国、丹麦、西班牙、意大利等）称之为拓扑图；中国、瑞典、韩国、俄罗斯等国则称之为布图设计，我国台湾地区则称为电路布局，《华盛顿条约》、《TRIPs 协定》及我国香港地区等则将布图设计与拓扑图视为同义词，统称为布图设计（拓扑图）。[1]

（二）条文释义及审查规则

集成电路布图设计的定义在前述集成电路定义的基础上强调了“三维配置”，以凸显“三维配置”的重要性。布图设计是对用以制造集成电路的电子元件在其基板材料中的排列和连接所作的布局设计，该布局设计是一种三维图形结构，将电子线路中的各个元件及其连线转化为多层的平面图形，再将这些多层图形按一定的顺序排列成三维图形结构。也即布图设计体现了集成电路产品的各层之间的三维配置模式，其外在表现形式为各层的可视化的图像，每一个图像都可以被固定或编码，其三维配置的整体布局构成集成电路布图设计的保护对象。例如，NMOS 晶体管的布图，一般包括多晶硅层（形成栅极）、N + 注入层（形成源极和漏极）、金属层（形成三端的电极引出）和接触孔层（用于上下层之间的连接）等。

集成电路布图设计体现为三维配置是由集成电路的本身结构及其发展所决定的，集成电路的核心部件是晶体管，晶体管在集成电路中的实现本身就需要形成多层结构，庞大数量的晶体管及其他无源元件的整体希望在尽可能小的空间里进行布局。并且随着集成电路的发展，无论是元件的体积还是它们互相之间的距离都越来越小，元件之间的互连也多采用多层布线技术，以增加设计灵活性便于排版布线，同时提高电路的可靠性和集成度。因此，集成电路布图设计的三维配置是集成电路布图设计的技术需求，也是集成电路布图设计的核心特点之一。

---

[1] 郑胜利. 论集成电路布图设计保护法［J］. 科技与法律，1992（02）：55－58.

此外，布图设计实质上是集成电路中元器件之间的一种三维连接配置，因而布图设计具有无形性，其必须通过物质载体的形式来体现，如以掩膜图形的方式存在掩膜版上，以编码的方式存在计算机或存储介质上，或存在于集成电路芯片产品中等。也就是说，布图设计本身是一种智力成果，其定义并不要求其必然对应实物产品，布图设计本身保护的是集成电路制造流程中最基本的核心设计成果。并且，如果布图设计仅涉及集成电路整体中的部分内容，其能够实现独立的电子功能，满足集成电路及布图设计的相关定义要求，其实现形式体现为三维配置，则该部分内容也满足集成电路与布图设计的定义要求，属于布图设计的范畴。反之，如果所针对的设计不符合前述“集成电路”相关定义的要求，或者该设计部分或整体不能体现有源元件及其他元件、部分或全部互连线路的三维布局结构和配置关系，则该设计不满足“集成电路布图设计”的定义，不属于“集成电路布图设计”的范畴。

在判断设计对象是否属于布图设计时，首先应判断该设计对象是否满足前述集成电路的定义要求。在此基础上，需要重点关注两个内容的判断，第一，该设计对象中所包含的有源元件及其他元件是否部分或者全部实现了电路互连；第二，该互连线路是否形成三维配置。在进行第一点的判断时，需要整体考虑集成电路各个层的图样及其之间的电路连接关系。通常来说，集成电路的电路互连包括同层间的电路连接，以及不同层间的电路互连，如果整体考虑集成电路各个层的图样，能够反映出该设计对象中元件之间存在电路互连关系，所形成的电路结构具有清晰的边界，能够实现某种电子功能，则能够认定该设计对象实现了元件的电路互连。第二点的判断实质上是与第一点紧密相关的，在分析第一点中各元件在各层之间的排布及电路连接关系的基础上，进一步判断该设计对象在空间上是否形成三维空间的配置结构，各元件在各图层上是否立体排布，通过电路连接实现三维空间的电路结构，从而判断是否构成三维配置。

在 JC0014 号撤销程序审查案件[1]中，撤销意见提出人主张：独创点 1 ~4 单独看不能实现电子功能，不涉及元件和线路的三维配置，其内容不应当作为布图设计保护的对象，不属于布图设计保护的内容，不符合《条例》第 2 条第（二）项的规定。审查决定认为，《条例》第 2 条第（二）项对受其保护的集成电路布图设计进行了定义，其中对集成电路布图设计的定义是针对整个布图设计，而不是针对布图设计中的部分区域。如果某项布图设计整体上包含集成电路中至少有一个是有源元件的两个以上元件和部分或者全部互连线路的三维配置或者为制造集成电路而准备的上述三维配置，则该布图设计属于《条例》定义的集成电路布图设计。

对于本案而言，布图设计创作者和集成电路制造者可以理解，本布图设计涉及一种集成控制器与开关管的单芯片负极保护的锂电池保护芯片，其中包含形成于半导体

[1] 国家知识产权局第 7 号集成电路布图设计撤销程序审查决定。

基片上的开关 NMOS 管、衬底切换 MOS 管等有源元件和控制电路、过温保护电路等模块。上述元件和模块通过线路互连，可以执行保护电池的电子功能。并且本布图设计整体上也包含了上述有源元件、模块以及相应互连线路的三维配置，因此属于《条例》第 2 条第（二）项定义的集成电路布图设计。

（三）PCB 线路布局图与集成电路布图设计

印刷电路板（PCB，又译作印制电路板、印制线路板等）是在一片由金属片（一般是铜）和绝缘体压合而成的板子上，将事先设计的电路布线图，利用特定的工艺将金属片刻蚀成所需要的电路布线。PCB 加工完成后，在其上对应位置焊接上相应的元器件后，电路板就完成了设计者所需要的电路连接和设计功能。

PCB 线路布局图与集成电路布图设计属于不同的客体，二者的技术特征、法律性质都存在较大的区别。主要区别为：

第一，PCB 是在绝缘的材料上涂上一层或多层铜制的保护层，将电路线路即需保留的线印制在铜层上，最后腐蚀掉无关的铜层留下的电路。它是作为元器件间连通的工具，是物理上的支撑。一般使用者均可通过肉眼即可以分辨出电路板上的元器件布局以及线路连接的情况。集成电路是在半导体材料上，将两个以上的元件集成在上面，其中元件中至少包含一个有源元件，最终实现某种功能。通常不能从外部观察到其内部的结构布局。[1]

第二，PCB 线路布局图包括元器件的排列图、电路布线图（基板上各类元器件连接布局）和印刷制板图（电路板生产公司用来生产电路板），其本质上属于二维平面结构。[2] 集成电路布图设计则是属于三维配置。

第三，PCB 线路布局图的目的在于为芯片提供一个连接的工具，其单独存在没有任何意义。而集成电路布图设计是为了实现某种或者某一部分的电子功能，可以单独存在。

第四，PCB 线路布局图属于产品设计图，目前多通过著作权进行保护。集成电路布图设计则依据《条例》通过专有权进行保护。

表 3－2 从多个方面对比了 PCB 线路布局图与集成电路布图设计的区别与联系。经对比可见，虽然 PCB 线路布局图与集成电路布图设计都具有无形性、实用性，均体现创作者的智力劳动，但其所呈现的产品形式及其集成度等均是有实质差别的，更新换代的频率也不尽相同。PCB 线路布局图与集成电路布图设计在概念上虽有相互交叠之处，PCB 线路布局图并不属于集成电路布图设计的定义范畴，不宜直接适用专有权进行保护。

---

[1] 郭禾．半导体集成电路知识产权的法律保护［J］．中国人民大学学报，2004（01）：102－110．

[2] 李翔．试论 PCB 设计的法律保护：以“迪比特诉摩托罗拉案”为视角［D］．上海：华东政法大学，2011：24．

表 3-2 PCB 线路布局图与集成电路布图设计之间的区别与联系

项目	PCB 线路布局图	集成电路布图设计
布置对象	电子元器件产品，对元器件是否为有源元器件无要求	包含有源元件的电子元件
对应产品	电路板	芯片
集成度	相对低	相对高
是否必然形成三维配置	否，可为单层板结构	是
基板的主要作用	实现元器件的电气连接	形成元件及其互连
元件相对于基板的设置位置	基板之上	基板之中或之上
形成方式	焊接	层叠、刻蚀等

例如，PCB 厂商杭州海康威视公司起诉某公司的压缩板卡涉嫌抄袭复制其 PCB 产品，被称为 PCB 版权保护第一案而为人们所熟知;[1] 作为“二维空间”的 PCB 设计图纸依法享有著作权，受到《著作权法》的保护。但作为“三维”的 PCB 的法律保护则不尽如人意。“联想诉深圳某公司侵犯其 PCB 图纸和产品案”则是 PCB 产业界另一著名案例。法院判定某公司侵犯联想 PCB 图纸著作权的侵权行为成立，但认为 PCB 产品不能作为著作权作品而受到著作权保护。

三、第 3 条：权利人

《条例》第 3 条规定，中国自然人、法人或者其他组织创作的布图设计，依照本条例享有布图设计专有权。外国人创作的布图设计首先在中国境内投入商业利用的，依照本条例享有布图设计专有权。外国人创作的布图设计，其创作者所属国同中国签订有关布图设计保护协议或者与中国共同参加有关布图设计保护国际条约的，依照本条例享有布图设计专有权。

我国台湾地区所谓的“电路布局保护法”在对待外来申请保护的情形下适用互惠条款，必须：①与我国台湾地区有共同参加或有相互保护电路布局的所谓条约、协定或由团体、机构互订主管部门核准的保护电路布局的协议，或对其所属电路布局予以保护并查证属实的；②首次商业利用发生于我国台湾地区管辖境内，但必须给予我国台湾地区相同对待。

（一）条文释义

《条例》第 3 条可以结合《条例》第 9 条整体进行理解。《条例》第 9 条规定了布

[1] 钟成明. PCB 设计开发中的知识产权保护 [J]. 印制电路信息，2007 (02)：24-27.

图设计专有权属于布图设计创作者，该创作者可以是自然人，也可以是法人或者其他组织。但此处不再对创作者进一步区分中国申请人或外国申请人，旨在将第 3 条中“创作者”的概念进一步明确细化。

布图设计专有权的主体，是指依法享有布图设计专有权的人。根据我国《条例》的规定，布图设计专有权的主体可以分为原始主体和继受主体两大类。

（1）原始主体，是指根据创作的事实或合同的约定直接享有布图设计专有权的人。其中包括如下情形：

第一，中国的自然人和法人或者其他组织包括港澳台地区的自然人和法人创作的布图设计按照《条例》的规定可以获得专有权。

第二，对于外国人来说，如其创作的布图设计首次投入商业利用是在中国，可以享有布图设计专有权；另外，外国人创作的布图设计其创作者所属国同中国签订有关布图设计保护协议或者与中国共同参加有关布图设计保护国际条约的，可以享有布图设计专有权。目前我国没有就布图设计与其他国家签订双边协定，曾经参加的《华盛顿条约》至今没有生效，由于我国已经加入世界贸易组织，因而应履行《TRIPs 协定》。

第三，职务设计。由法人或者其他组织主持，依据法人或者其他组织的意志而创作，并由法人或者其他组织承担责任的布图设计，该法人或者其他组织是创作者，享有布图设计专有权，除非合同存在相反规定。

第四，合作设计。两个以上自然人、法人或者其他组织合作创作的布图设计，其专有权的归属由合作者约定，未作约定或者约定不明的，其专有权由合作者共同享有。

第五，委托设计。受委托创作的布图设计，其专有权的归属由委托人和受托人双方约定，未作约定或者约定不明的其专有权由受托人即实际创作人享有。

（2）继受主体，是指通过继承、转让等方式取得布图设计专有权的人。

该条主要针对集成电路布图设计专有权的主体，其主体限定与现行著作权法的主体类型是一致的。其中区分了两部分主体类型，第一类，中国自然人、法人或其他组织；第二类，外国人创作的布图设计。

其中，外国申请人具体分为两种情况：一种是其创作的布图设计首先在中国投入商业利用的；另一种是创作者所属国同中国签订有关布图设计保护协议或者与中国共同参加有关布图设计保护国际条约的。

（二）主要国家或国际组织的相关定义

1. 美国

在美国《芯片保护法》第 902 条针对保护客体的规定中记载，“经掩膜作品所有人许可而固定在半导体芯片产品上的掩膜作品，受本章保护；如果：

（A）在掩膜作品依第 908 条登记之日或在世界上任何地区首次被商业利用之日以在先者为准，该掩膜作品的所有人系（i）合众国国民或居民、（ii）与合众国共同参加保护掩膜作品条约的某外国的国民、居民或主权当局，（iii）无国籍人无论其居住在何地；

（B）该掩膜作品首先在合众国被商业利用；以及

（C）该掩膜作品属于总统依第（2）项规定所发表之声明的范围。

无论何时，如总统认为某外国（A）在实质相同的条件下，或（B）在与本章规定实质相同的条件下将对其国民、居民以及在该国首先被商业利用的掩膜作品的保护扩大到所有人为合众国国民或居民的掩膜作品，则总统须依本章规定发表声明，将本章规定的保护扩大到（i）依第908条登记之日，或在世界上任何地区首先被商业利用之日，以在先者为准，其所有人为该国国民、居民或主权当局的掩膜作品，（ii）首先于该国被商业利用的掩膜作品。总统可以修订、中止或撤销任何此类声明或对依此类声明扩大的保护施加任何条件或限制。”

2. 日本

日本《电路布局法》第47条规定了旅外者的司法籍。具体规定，对于一个在日本国内没有住所或居住地（如是法人，为营业所）的人所持有的电路布局使用权以及电路布局使用权有关的其他权力来说，通商产业省的所在地被视为是按其《民事诉讼法》（1890年第29号法）第8条规定的财产所在地。

3. 《华盛顿条约》

《华盛顿条约》第5条规定了国民待遇，具体为：

在与第3条第1款（a）项所述的义务不冲突的条件下，每一缔约方在其领土范围内在布图设计（拓扑图）的知识产权保护方面应给予下列人员与该缔约方给予其本国国民同样的待遇：

（1）是任何其他缔约方国民或在任何其他缔约方的领土内有住所的自然人。

（2）在任何其他缔约方领土内为创作布图设计（拓扑图）或生产集成电路而设有真实的和有效的单位的法人或自然人。

4. 《TRIPs协定》

（1）最惠国待遇原则

《TRIPs协定》在第4条规定，就知识产权保护而言，一国给予其他任一国家国民的利益、优惠、特权或豁免权应立即无条件地给予所有其他成员国国民。

（2）国民待遇原则

国民待遇原则是作为对最惠国待遇原则的补充。国民待遇原则规定在《TRIPs协定》第3条第一项：除《巴黎公约》（1967年）、《伯尔尼公约》（1971年）、罗马公约及关于集成电路知识产权条约所定的例外规定之外，就知识产权保护而言，每一国家给予其他成员国国民的待遇不得低于其给予本国国民的待遇。

由此可见，在外国设计者的主体资格方面，根据美国《芯片保护法》的规定，美国给予了外国创作者在一定条件下的国民待遇。同时，美国在互惠原则的前提下承认外国创作者的主体资格。日本在参照美国的互惠原则基础上，也作出了相应的规定，承认外国创作者的主体资格。《华盛顿条约》关于外国创作者主体资格的有关规定，适用国民待遇原则。我国采取的是一定条件下的国民待遇原则和互惠原则。

（三）审查规则

关于《条例》第 3 条的判断流程如图 3－2 所示。

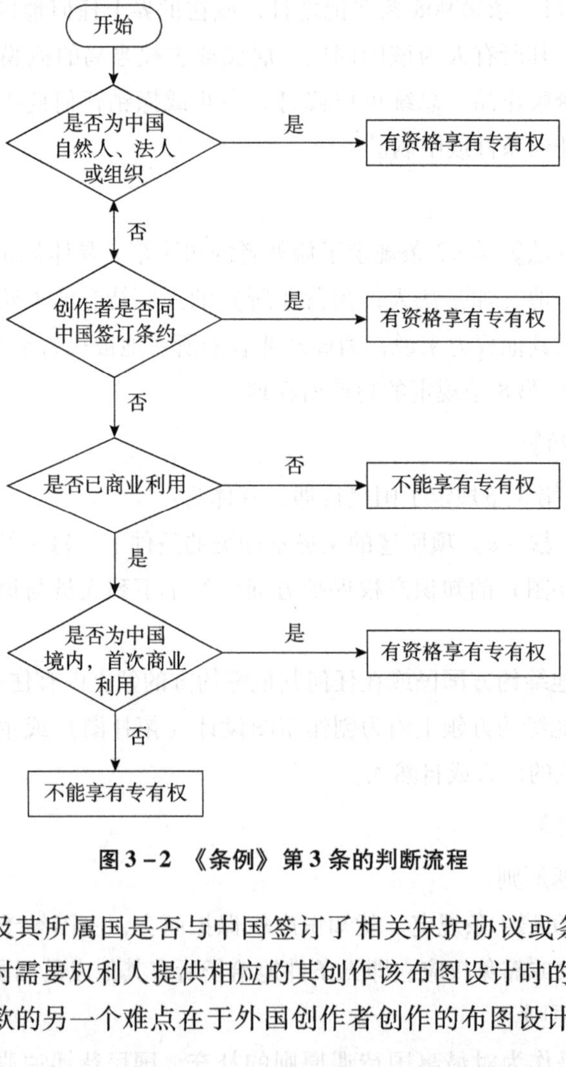

图 3－2 《条例》第 3 条的判断流程

创作者的国籍及其所属国是否与中国签订了相关保护协议或条约相对易于核实，核实是否为创作者时需要权利人提供相应的其创作该布图设计时的设计文档、图纸等证据；此外，该条款的另一个难点在于外国创作者创作的布图设计是否首先在中国境内投入商业利用。

如果撤销意见提出人以《条例》第 3 条主张撤销专有权，需要判断布图设计是否首先在中国境内投入商业利用时，一方面，该判断前提是针对已经投入商业利用的专有权。根据《条例》规定，商业利用，是指为商业目的进口、销售或者以其他方式提供受保护的布图设计、含有该布图设计的集成电路或者含有该集成电路的物品的行为。

在举证责任方面，专有权人对该布图设计是否已经进行过商业利用，即是否存在进口、销售等商业行为负有主要举证责任，此时可以结合专有权人在提出专有权登记时登记的商业利用日及相应的样品的情况进行判断。另一方面，需要判断该商业利用是否为该布图设计的首次商业利用，以及该商业利用是否发生在中国境内。上述待证事实属于消极事实，专有权人通常会主张该布图设计符合在中国境内的首次商业利用。如果撤销意见提出人针对《条例》提出撤销理由，应当负有主要举证责任，提供相应的证据证明“首次商业利用”“商业利用行为发生在中国境内”这两个条件至少任一不符合，即可以以《条例》第 3 条作为撤销理由的依据。

四、第 4 条：独创性

《条例》第 4 条规定，受保护的布图设计应当具有独创性，即该布图设计是创作者自己的智力劳动成果，并且在其创作时该布图设计在布图设计创作者和集成电路制造者中不是公认的常规设计。受保护的由常规设计组成的布图设计，其组合作为整体应当符合前款规定的条件。

独创性作为一项布图设计具有稳定权利、可以获得专有权制度保护的实质要件，是体现《条例》鼓励技术创新、促进产业发展之立法本意的核心所在。从《条例》第 7 条可知，布图设计专有权的基本权利是“对受保护的布图设计的全部或者其中任何具有独创性的部分”进行复制以及将其投入商业利用。也就是说，专有权保护的是具有“独创性”的全部或部分布图设计，不具有独创性的部分则不应受到专有权的保护。

撤销程序作为专有权的确权程序，独创性审理是其核心问题之一。在审理实践中，绝大部分撤销程序案件均涉及独创性的撤销理由，有关独创性的判断规则和具体判断标准属于撤销程序的审理难点之一。

我国台湾地区作为半导体产业发达地区，其所谓的“电路布局保护法”第 16 条规定：

“本法保护之电路布局权，应具备左列各款要件：

一、由于创作人之智慧努力而非抄袭之设计。

二、在创作时就积体电路产业及电路布局设计者而言非属平凡、普通或习知者。以组合平凡、普通或习知之元件或连接线路所设计之电路布局，应仅就其整体组合符合前项要件者保护之。”

我国台湾地区对于独创性的规定针对独创性，首先要求属于创作者的“智慧努力”，不是“抄袭”；其次要求不是“平凡、普通或习知”的。同时，对于“平凡、普通或习知”布图设计的组合则要求其组合整体符合前款规定的为智慧努力而非抄袭。

（一）条文释义

布图设计既不适于专利权保护，也不适于著作权保护。和我国一样，全球主要国家和地区一般皆通过专门法来保护布图设计专有权。相应地，对于布图设计专有权所应具备的法律要件——独创性而言，其与《专利法》意义上的新颖性、创造性以及著作权的独创性均具有明显的区别。

布图设计专有权保护制度的“独创性”一词来源于《著作权法》。布图设计专有权独创性的判断步骤与著作权相比有相似之处，但由于布图设计相比著作权意义上的作品具有技术性，因此布图设计专有权的独创性与著作权的独创性判断不能一概而论，二者并不等同。同时，布图设计与专利法意义上的技术方案相比具有相同的技术性，从某种角度来说，专利制度中有关技术方案新颖性和创造性的技术比对可以为布图设计的布图比对提供一定的借鉴参考。但是，一方面，布图设计独创性中“独”的判断标准与专利技术方案的新颖性不同，其“创”的判断标准与专利技术方案的创造性也不同；另一方面，二者在具体比对时需要考量的技术因素也截然不同。

1. 相比技术方案的新颖性、创造性

《专利法》第22条规定技术方案应当具备新颖性和创造性。其中，第2款规定的新颖性包括技术方案不应属于现有技术，第3款规定的创造性主要指技术方案相对于现有技术不是显而易见的，具体是指发明专利权的技术方案与现有技术相比应当具有突出的实质性特点和显著的进步，实用新型专利权的技术方案与现有技术相比应当具有实质性特点和进步。

总体上看，布图设计的独创性与专利的新颖性和创造性均具有很大区别，不能直接套用专利法中新颖性或创造性的判断思路来进行布图设计独创性的判断。

首先，与专利的新颖性相比。在对比布图设计为他人的布图设计且创作者存在接触该对比布图设计可能性的前提下，单纯从布图比对的技术角度看，如果本布图设计与对比布图设计完全相同，则其不具有独创性，这与《专利法》中本专利与现有技术完全相同因此不具备新颖性的判断思路类似。

其次，与专利的创造性相比。我们知道，对于集成电路技术而言，其发展主要表现在光刻线宽的不断减小和集成度的不断提高，而上述技术发展一般是以工艺水平的不断提高为基础。不同的工艺水平带来不同的芯片产品，布图设计的技术本身并没有出现根本性的改变，也没有产生某种意想不到的效果，其设计思想并没有根本变革。而且从整体上看，设计图纸中也包含了较多的现有设计。因此，对布图设计的独创性的创作高度如果要求达到专利法所规定的创造性的高度，要求“非显而易见”，则不符合技术本身发展的实际情况，将导致大部分布图设计不具有独创性而不能受到保护。但是，这些基于共同设计思想做出的布图设计并不是简单、机械的重复劳动，而是包含了设计人员一定的智力劳动。所以，从整体上理解，布图设计独创性对设计高度的要求远低于专利的技术方案创造性对创造高度的要求。

2. 相比作品的独创性

《著作权法》第3条规定，本法所称的作品，是指文学、艺术和科学领域内具有独创性并能以一定形式表现的智力成果。其中，规定了著作权作品应具有独创性。《中华人民共和国著作权法实施条例》第2条规定，著作权法所称作品，是指文学、艺术和科学领域内具有独创性并能以某种有形形式复制的智力成果。

《著作权法》及其实施条例对独创性没有作进一步解释和说明。从著作权相关案件的审理实践看，著作权作品的独创性判断主要遵循“接触+相同/实质性相似”的原则。

布图设计独创性的概念来源于《著作权法》。[1] 一种观点认为，著作权的独创性包括“独”和“创”两个方面，布图设计的独创性也包括这两个方面。但是，从实质内涵理解，二者的独创性并不相同，甚至可以说很不相同。

在“独”的方面，布图设计独创性的要求与著作权相同。只要本布图设计不是抄袭他人的布图设计，即使二者完全相同，本布图设计也具有独创性。换句话说，即使本布图设计与对比布图设计完全相同，但本布图设计创作者不存在接触对比布图设计的可能性，本布图设计完全是创作者自己独立创作的，那么本布图设计符合独创性的要求。

但是，在“创”的方面，布图设计与著作权的要求则存在很大不同。究其原因，由于布图设计的技术性，因此在布图设计独创性中明确规定了“非常规设计”，而著作权则不要求。因此，如果两个著作权非实质性相似，则具有独创性。但是，如果两个布图设计非实质性相似，则不一定具有独创性，需要进一步考量二者的区别是否属于公认的常规设计，在该区别不属于公认的常规设计的情况下，该布图设计才具有独创性。

因此，布图设计专有权作为一项独立的知识产权客体，有关其独创性判断的各个方面也是完全独立的。《专利法》与《著作权法》中相关概念的判断经验可以作为参考以帮助理解，但不能简单套用，更不能完全替代。布图设计专有权独创性的审理应当具有其独立的判断主体、判断客体、判断考虑因素和判断方法等。

（二）主要国家、地区有关独创性的规定

1. 美国

美国作为全球第一个制定布图设计保护制度的国家，其《芯片保护法》第902条规定了“(b) 下列掩膜作品不受本章保护：(1) 缺少独创性的作品；或 (2) 由陈腐、平庸或为半导体工业所熟知的，或虽有变化，但其组合从整体上看缺少独创性的设计构成的作品”。

可见，美国关于布图设计独创性的规定包括两个方面，一是规定缺少独创性的布图设计不受保护，二是常规设计不受保护，同时规定由常规设计组合的整体如果缺少

---

[1] 赵百令. 国际关于半导体集成电路布图设计保护立法的特点［J］. 半导体技术，1992（04）：21-23.

独创性也不受保护。该法未对独创性的定义作进一步阐述和解释。但从其法律规定可知，美国实际上是从另一个角度出发阐述了布图设计应当具有独创性，或由常规设计组合的布图设计从整体上可以具有独创性。

2. 日本

日本作为全球第二个制定布图设计保护制度的国家，其《电路布局法》没有对电路布局的独创性进行明确规定，我们尝试从其法规的整体出发了解其对独创性的要求。

日本《电路布局法》第 10 条“电路布局使用权的产生和存续期”第 1 款规定了“电路布局使用权应根据建立登录而产生”，第 11 条“电路布局使用权的效力”规定了“电路布局使用权人应单独享有为商业目的使用得到建立登录的电路布局的权力”。可见，其布图设计专有权登记产生，目的在于商业利用。同时，第 12 条“电路布局使用权的范围”的第 1 款“电路布局使用权的效力不应扩展到由他人创作的电路布局的使用”规定了专有权不应扩展到他人创作的布图设计。可以理解，日本的规则是对于自己创作的布图设计均给予保护，均享有将其投入商业利用的权利。这和著作权更相近，即只要是自己创作的，不论其是否与他人一样，是否属于常规设计，均可以获得权利。

3. 韩国

韩国作为最早实施布图设计保护制度的国家之一，其《布图设计法》第 6 条规定了布图设计权的产生为“有创造性的布图设计创作根据第 21（1）条规定的登记产生布图设计权利”。

可以注意到，韩国在有关独创性的法律条文中采用了与“creative”含义相近的术语，这与大多数国家采用“originality”不同。此外，与美国类似，韩国在其《布图设计法》中亦未针对独创性进行进一步的解释或阐述，仅规定登记的布图设计获得专有权的条件是具有“原创性”。

4. 德国

同样作为最早实施布图设计保护制度的国家之一，德国的《拓扑保护法案》第 1 章第 1 条规定：(1) 微电子半导体产品的三维结构。(拓扑图) 如果是原创的，应受到本法的保护。第一句话也应适用于独立使用的零件和用于制作拓扑的表示。(2) 如果一项拓扑图是智力劳动的结果，且不是另一项拓扑图的简单复制，而且不是常规设计，则其是原创的。(3) 由常规设计组成的拓扑图如果其整体布局是原创的，则其应受到保护。

德国对于独创性采用“Eigenart”，类似于大部分国家的“originality”。同时，德国关于独创性的规定也相对详细，首先解释了独创性，即属于智力劳动成果，不是另一项拓扑图的简单复制，而且不是常规设计。另外，德国也认为由常规设计组成的布图设计整体布局可以具有独创性。

5. 小结

从以上国家和地区的相关规定我们可以初步了解全球集成电路产业发达的各个国

家和地区对于布图设计独创性这一法律要件的轮廓：

德国对于独创性的规定最为详细，要求是智力劳动成果，即不抄袭他人，且不属于常规设计。

美国次之，要求具有独创性，且不属于常规设计，但未对独创性作进一步解释；当然，从法理角度理解，独创性的最低要求即属于自己的智力劳动成果，这是其普遍含义。

韩国要求具有独创性，更准确地说，韩国要求布图设计为“creative”，即具有原创性。日本的要求与韩国相当，或者说相对而言最为宽松，仅要求自己创作即可，与著作权类似，这与美国、德国的规定具有明显区别。

我国与大部分国家和地区的规定类似，一方面要求独立创作，即属于创作者自己的智力劳动成果；另一方面要求投入一定的智力贡献，即不能属于布图设计创作者和集成电路制造者公认的常规设计。

（三）审查规则

《条例》第 4 条规定，受保护的布图设计应当具有独创性，即该布图设计是创作者自己的智力劳动成果，并且在其创作时该布图设计在布图设计创作者和集成电路制造者中不是公认的常规设计。受保护的由常规设计组成的布图设计，其组合作为整体应当符合前款规定的条件。同时《条例》第 5 条规定了专有权的保护对象（客体），第 9 条、第 10 条、第 11 条规定了专有权的权利人和布图设计的创作者等，第 16 条规定了申请登记应当提交的材料，包括复制件和图样等，《实施细则》第 14 条规定了按照《条例》第 16 条规定提交的布图设计的复制件或者图样应当符合的要求，《条例》第 30 条规定了权利范围。从以上与布图设计独创性相关的规定中可以抽丝剥茧、逐步分析以明确布图设计独创性的审查规则。下文将详细阐述与审查规则有关的相关概念、审查基础和判断依据。

1. 相关概念

（1）创作者

《条例》在规定布图设计具有独创性时首先要求布图设计是“创作者”自己的智力劳动成果，可见“创作者”是独创性判断中非常重要的概念之一。“创作者”首先是布图设计的创作主体。从专有权的特性来看，“创作者”又与专有权的权利主体具有密不可分的关系，因此有必要对其内涵和外延进一步探讨和澄清。

专利制度的基本原则之一是“公开换保护”。在专利制度中，发明人不享有专利权，专利权由其申请人或专利权人享有。《专利法》第 22 条第 2 款、第 3 款所规定的在技术方案的新颖性和创造性判断中，无论对于抵触申请还是现有技术文件，均没有对权利主体予以限定，即可以是任何单位和个人提交的申请文件，可以是任何单位和个人公开的现有技术。换句话说，在专利制度中，相同权利主体提交的抵触申请文件或公开的现有技术文件都可以破坏在后申请的新颖性或创造性。

著作权基于作品的创作而产生，著作权的获得不需要经过任何行政部门的审批，所完成作品的著作权属于作者。其中，创作作品的自然人是作者，由法人或非法人组织代表其意志创作并由其承担责任的作品，该法人或非法人组织视为作者。因此，在著作权的独创性判断中，对于相同权利主体，无论是自然人、法人或非法人组织，其作品不会破坏该自然人、法人或非法人组织其他作品的独创性。

布图设计的独创性首先要求布图设计是创作者自己的智力劳动成果。这一点与著作权的独创性要求相同，强调“自己的智力劳动成果”，因此在权利主体方面更接近著作权。从市场角度看，布图设计作为芯片制造产业中重要的前端环节，其创作具有工业指向性。虽然存在个人学习、研究并创作布图设计的情形，但是通常来说，对于一项大规模布图设计而言，通常都是芯片企业花费大量的人力物力为了研发制造某一款芯片产品而进行的设计。在设计过程中，虽然具体执行创作的人员通常为企业员工，但其发起、负责和驱动者为该企业，因此布图设计专有权的权利主体为自然人、法人或其他组织。专有权保护制度也遵循了该市场规则，《条例》规定了布图设计专有权属于布图设计创作者，自然人创作的布图设计该自然人是创作者，由法人或者其他组织主持，依据法人或者其他组织的意志而创作，并由法人或者其他组织承担责任的布图设计，该法人或者其他组织是创作者。在其他情况下，例如两个以上自然人、法人或者其他组织合作创作的，一般专有权属于合作者，则该合作者为创作者；委托创作的，一般专有权属于委托人，则该委托人为创作者。

如前所述，布图设计具有独创性时首先要求布图设计是创作者“自己”的智力劳动成果。换句话说，不能是“他人”的智力劳动成果。上文已经明确了创作者的概念，在此基础上，可以明确认定“他人”的规则，无论创作者为自然人、法人或其他组织，或者为合作者，主要看是否为同一个自然人，或者同一个法人、其他组织或合作者，如果不同，则属于“他人”。例如，对于由相同法定代表人或股东构成，但主体名称不同的两个独立法人单位，应认定为布图设计专有权的不同权利主体，属于“他人”。

例如，在 JC0018 号撤销程序案件中，撤销意见提出人向国家知识产权局提交集成电路布图设计专有权撤销意见书，以本布图设计不具有《条例》第 4 条规定的独创性为由请求撤销本布图设计专有权。撤销意见提出人随撤销意见书提交了专有权人为甲公司的 A 布图设计作为现有布图设计，主张其构成了本布图设计的现有设计。该案中，尽管本布图设计的专有权人与甲公司为关联公司，二者股东高度重合，但公司名称不同，属于完全独立的两个法人。A 布图设计的创作者为甲公司，本布图设计的创作者为专有权人，二者的创作者不同。该案中，在 A 布图设计存在被本布图设计的创作者接触可能性且二者布图设计完全相同的情况下，决定认为本布图设计不属于创作者自己的智力劳动成果。

（2）创作时

①“创作时”的含义。《条例》规定的独创性指该布图设计是创作者自己的智力劳动成果，并且在其创作时该布图设计不是公认的常规设计。可以理解，在判断本布图设计是否具有独创性的整个规则中，均是以本布图设计的“创作时”作为时间节点。

若一份对比布图设计证据在本布图设计“创作时”处于可以被创作者获知的状态，该布图设计则可用于评判本布图设计是不是创作者自己的智力劳动成果。

若一份常规设计证据被用于证明本布图设计属于公认的常规设计，该证据应当在本布图设计“创作时”可以为布图设计创作者和集成电路制造者知晓。

②“创作时”的具体认定。布图设计的“创作时”表示其创作完成的时间，原则上来说，任何可以证明的创作完成时间均可以认定为该布图设计的“创作时”。在撤销程序中，对于一项登记获得专有权的布图设计而言，其必然具有登记“申请日”，通常也登记有“创作完成日”，已投入商业利用的还会登记“首次商业利用日”。从理论上来说，上述日期均有可能认定为该布图设计的“创作时”。

a. 创作完成日。从法律概念上而言，一项布图设计的“创作完成日”应直接视为其“创作时”的时间节点。但是，在现行保护制度中，申请登记时仅由申请人在申请表中自行填写该日期信息，不要求提供任何证明材料，因此对该日期不具有太强的约束力，也没有较强的证明力。

从理论上来说，如果申请人在登记程序可以提供证明材料以证明该布图设计在其登记的“创作完成日”已完成创作，那么，后续程序应将该日期作为创作时的时间节点。但是，如果后续程序例如撤销程序或侵权程序中，在对方当事人提交了可以推翻该日期的反证的情况下，则需要专有权人进一步提供证明材料以支持其主张；否则应承担举证不利责任，此时，则不应再将该日期认定为创作时的时间节点。截至目前，在撤销程序实践中，尚无将该日期认定为布图设计创作时的案例。

b. 首次商业利用日。“首次商业利用日”与“创作完成日”相比不太相同。虽然首次商业利用日的具体日期也是由申请人在申请表中自行填写，现行保护制度也不要求申请人提供该日期的证明材料，但是，在撤销程序实践中，存在多个将该日期认定为布图设计的创作时的案例。可见，在现行保护制度中，后续程序直接采纳登记的“首次商业利用日”作为创作时的可能性高于“创作完成日”，究其原因在于：

首先，从布图设计专有权申请时机和保护期限的角度看，申请登记时申报的首次商业利用日具有重要的法律意义。具体地，《条例》第 17 条规定了布图设计专有权提出申请的时机为“布图设计自其在世界任何地方首次商业利用之日起 2 年内”。可见，首次商业利用日与申请时机直接相关，登记申请只能在首次商业利用之日起 2 年内提出，申请人将首次商业利用日填报为比真实日期更早的虚假日期有可能导致申请日超过首次商业利用日 2 年而被驳回的不利后果。同时，《条例》第 12 条规定了“布图设计专有权的保护期为 10 年，自布图设计登记申请之日或者在世界任何地方首次投入商业利用之日起计算，以较前日期为准”。可见，首次商业利用日与专有权的保护期限密切相关，申请人将该日期填报为比真实日期更早将缩短其专有权公告之后的受保护时间，与潜在的破坏现有布图设计独创性的可能性增加或他人侵犯专有权的可能性增加相比，保护期限是直接相关的权益。因此，从《条例》的相关条款可知，首次商业利用日在集成电路布图设计保护制度中的重要性不言而喻，由于其对申请时机和保护期限具有直接影响，布图设计专有权的申请人在申请登记阶段即将“首次商业利用日”刻意申报为比实际行为发生日更早的日期弊大于利。

其次，从布图设计专有权登记制度的角度看，《条例》及《实施细则》规定，布图设计投入商业利用的，应当在申请登记时写明首次商业利用日，且在申请登记时提交4件含有布图设计的集成电路样品。可见，申请人已经完成了其布图设计在申请日前投入商业利用的初步举证。当然，从证据形式及证明内容看，芯片样品实际上仅证明申请日前已投入商业利用的行为，并不能证明具体的“首次”投入商业利用的日期。从业内研发和制造芯片的时间周期看，对于一款中等集成度的芯片，在电路设计、布图设计及验证完成后，流片、测试到量产需要一年左右。如此推测，若申请人在布图设计申请登记时提交芯片样品并登记首次商业利用日，其布图设计完成创作的时间至少应在登记申请日前一年左右。也就是说，虽然申请人在申请登记时提交的芯片样品不能完全达到“首次商业利用日”的举证责任，但可以认为初步完成了该日期的举证责任。

可见，申请人在申请登记时将首次商业利用日刻意虚报为比实际行为发生日更早的日期弊大于利，且提交芯片样品完成了该日期的初步举证责任。因此，对于一项登记有早于申请日的首次商业利用日的布图设计专有权，在撤销程序中应将该日期认定为创作时的时间节点。

但是，如果撤销程序或侵权程序中对方当事人提交了可以推翻该日期的反证的情况下，则同样需要专有权人进一步提供证明材料以支持其主张，否则应承担举证不利责任。

c. 登记申请日。“登记申请日”是申请人提交布图设计登记申请的日期，该日期由国务院知识产权行政部门根据实际日期登记公告，具有法律效力，毋庸置疑。对于不宜将创作完成日或首次商业利用日认定为创作时的布图设计专有权而言，即将申请日作为创作日的时间节点，此种情况较为清晰，不再赘述。

(3) 现有布图设计

《条例》第4条规定的独创性首先要求布图设计是创作者自己的智力劳动成果且不属于公认的常规设计。在进行上述判断时，通常以一份对比布图设计作为比对基础，实践中通常将该对比布图设计称为“现有布图设计”，或称为“在先布图设计”。现有布图设计作为独创性判断的对比基础，其在集成电路布图设计保护制度中的重要性不言而喻。

①“现有布图设计”的含义。根据现行布图设计保护制度的相关规定，“现有布图设计”应是创作者在创作时能够获知的他人的布图设计。现有布图设计可以作为对比布图设计用于评判本布图设计独创性，应满足有关客体、时间界限和状态的三个要求：

首先，其客体为“布图设计”，要求对比证据应当包括集成电路布图设计的版图或掩膜的图样或照片，不能以电路图作为对比证据，也不能以原理或功能性的文字记载作为对比证据。

其次，其可以被获知的时间界限为本布图设计的创作时，可能是创作完成日、首次商业利用日或申请日，以本布图设计可以证明被创作的日期为准；在将两个日期进行比较时，若对比证据处于“能够获知”状态的时间早于本布图设计“创作时”，则符合现有布图设计对于时间界限的要求。

最后，该布图设计的状态为本布图设计的创作者能够获知，对于如何认定一份布图设计是否处于“能够获知”的状态以及如何认定处于该状态的时间，涉及现有布图设计证据公开性的判断，下文将着重阐述。

②“现有布图设计”证据公开性的判断。在评判一项布图设计专有权是否具有独创性时，需要判断其是否属于创作者自己的智力劳动成果，同时判断其是否属于公认的常规设计。在前者的判断中，任何可以被创作者获知的包含布图设计信息的图样或芯片等均可以作为对比布图设计的证据。需要注意，这里仅要求布图设计创作者能够获知该布图设计，并不要求任何公众能够获知该布图设计。

通常来讲，创作者能够获知一项布图设计的方式包括两种：一种是以公开方式获得，以该方式获得的布图设计即处于公众能够获知的状态；另一种是以非公开方式获得，以该方式获得的布图设计并不必然处于公众能够获知的状态，但被创作者通过主动或被动的方式获得。对于以非公开方式获得的个案情形，需要当事人举证证明，这里不再讨论。下文主要讨论以公开方式获得布图设计的情形，即如何推定该布图设计处于创作者“能够获知”的状态。

如果一项布图设计处于创作者能够获知的状态，且处于该状态的时间早于本布图设计的申请日或首次商业利用日中的较前日期，则该布图设计可以作为本布图设计的现有布图设计。其中，创作者能够获知该布图设计的时间与能够获知该布图设计的方式密切相关，以下分别阐述。

a. 获知的方式。原则上，如果创作者存在接触一项布图设计的可能性，在没有相反证据证明的情况下，一般推定创作者可以获知该布图设计。同时，创作者可以获知该布图设计，并不意味着该布图设计处于任何公众均可以获知的状态。这与专利制度中对现有技术的要求明显不同，虽然在实践中此类证据并不常见，但有存在此类证据的可能性。

在撤销程序的审理实践中，创作者获知一项布图设计的常见方式包括但不限于以下五种。

第一种，从已登记公告的布图设计获知。《条例》规定，申请人在申请登记布图设计专有权时应当提交布图设计的复制件或图样。《实施细则》第39条规定，布图设计登记公告后，公众可以请求查阅该布图设计的复制件或者图样的纸件。具体地，公众可以向国家知识产权局布图设计登记部门提出查询申请，预约时间后到场查询，查询时不可以复制。对此种方式而言，由于实际的集成电路芯片尺寸较小，随着集成电路技术的发展，目前芯片内线路和元件均为纳米级别，大型芯片中包含几千万个元件已属常见，按照布图设计登记申请的要求放大后的布图设计复制件或图样纸件，对于较为简单的芯片还可以看出部分设计细节，但对于比较复杂大型的芯片而言，则很难完全体现设计细节。但是，一方面并非所有布图设计专有权均涉及大型芯片，已登记的布图设计专有权仍包括大量版图相对简单的芯片，公众可以查阅所有已登记公告的布图设计；另一方面，对布图设计创作者和集成电路制造者而言，查阅布图设计的复制件或图样仍可以得到该布图设计的大量信息。因此，从法律层面来讲，查阅已登记公告的布图设计不失为公众获知该布图设计的一种重要方式。

第二种，从已投入商业利用的布图设计中获知。布图设计投入商业利用包括布图设计的商业利用和包含布图设计的芯片的商业利用。布图设计本身投入商业利用后，如公开销售该布图设计，公众可以直接获知其版图布局。对于包含布图设计的芯片投入商业利用，公众不能直接获知版图布局，需要借助反向工程获知。反向工程作为一种获得芯片内部版图布局的技术手段，已被业内广泛使用。相对第一种获知方式而言，该方式需要专业的反向工程技术作为支撑。从获知的难易程度而言，该方式最为困难。但是，从获知布图设计信息的完整程度而言，该方式获知的信息也最完整全面。虽然有观点对反向工程的合法性存在一些疑惑，但根据《条例》第23条的规定，为个人目的或者单纯为评价、分析、研究、教学等目的而复制受保护的布图设计的，可以不经布图设计权利人许可，不向其支付报酬。可见，"为个人目的"或者"单纯为评价、分析、研究"的反向工程得到保护制度允许是没有疑义的。这也符合集成电路布图设计保护制度的立法目的，公众反向工程已投入商业利用的芯片获知其布图设计，对其进行分析研究，在此基础上创新出更为先进的布图设计，有利于促进布图设计技术的发展。从实践角度看，反向工程已商业利用的芯片是获知现有布图设计信息的主要方式。

第三种，从期刊、报纸、论文或互联网页面等载体获知。期刊、报纸、论文以及互联网页面是公众获取技术信息的最常用手段，但在获知布图设计信息方面则不太常用。究其原因，主要在于布图设计的专业度很高，信息非常复杂。同时，由于布图设计通常作为芯片制造过程的一个中间工具，目标群体相对简单，通常只面对专业的布图设计创作者和集成电路制造者，因此，上述载体均很少刊载布图设计，几乎不会刊载完整的布图设计。但是，上述载体中或多或少还是会公开一些布图设计，尤其是论文或者网页中。因此，从期刊、报纸、论文或互联网页面等载体获知是公众获知布图设计的一种辅助方式。

第四种，从教科书、技术词典、技术手册或通用标准等获知。该方式与第三种获知方式类似，不再赘述。不同之处在于，上述载体中记载的信息通常属于业界广泛认可的知识，以该方式获知的布图设计可以认定为公认的常规设计。

第五种，从常用设计软件的通用模块中获知。目前，业内在设计芯片布图时一般都会采用设计软件，也就是我们通常所说的 EDA 软件来完成设计工作，如 Candence、Synopsys 和 Mentor 等。EDA 设计软件均提供一些通用模块，供设计人员直接移植在布图中，从而提高设计效率。从理论上说，只要通用模块在 EDA 软件中发布，公众就可以获知该通用模块的布图设计内容。与第四种获知方式的相同之处在于，以该方式获知的布图设计也可以认定为公认的常规设计。

以上五种方式仅是创作者获知一项布图设计的常见方式。从理论上来说，无论通过公开方式或非公开方式，只要可以证明本布图设计创作者能够获知一项现有布图设计，该现有布图设计即可以作为评判本布图设计独创性的证据。当然，提交此类非常见方式证据时应当尽到充分的举证责任，否则将承担举证不利的后果。

b. 获知时间的判断。创作者获知一项布图设计的时间与其获知方式密切相关，对于不同的获知方式，其获知时间各不相同。对于常见证据形式，业内有普遍认知的获知时间判断；对于不常见的证据形式，则需要充分举证证明。实践中，对于上述举例的五种获知方式，有如下的获知时间判断经验。

对于第一种方式，从已登记公告的布图设计获知，由于自布图设计专有权的公告之日起公众即可以查阅该布图设计，因此该布图设计专有权的公告日可以认定为此类布图设计处于创作者能够获知状态的日期。

对于第二种方式，从已投入商业利用的布图设计中获知，该布图设计的商业利用日，如布图设计的销售行为发生日，集成电路芯片或含有该芯片的物品的进口、销售的行为发生日应被视为此类布图设计处于创作者能够获知状态的日期。

对于第三种方式，从期刊、报纸、论文或互联网页面等载体获知，载体的出版日期，包括纸质载体或电子载体的出版日期，或载体的公开发布日期即为此类布图设计处于创作者能够获知状态的日期。

对于第四种方式，从教科书、技术词典、技术手册或通用标准等获知，载体的出版日期即为此类布图设计处于创作者能够获知状态的日期。

对于第五种方式，从常用设计软件的通用模块中获知，该通用模块的发布日期应视为其中布图设计处于创作者能够获知状态的日期。

以上针对常见获知方式的时间判断仅为举例。从理论上来说，创作者获知上述证据还存在其他时间的可能性。另外，如上文关于获知方式所述，创作者也有通过其他方式获知现有布图设计的可能性，在关于获知时间的判断中应当具体情况具体分析。

2. 独创性的审查基础

《条例》第 30 条规定了专有权的保护范围是布图设计全部或任何具有独创性的部

分。也就是说，专有权保护的单元是布图设计的“独创性部分”。这里所说的“部分”可以是布图设计整体，也可以是其中的一个模块。相应地，在撤销程序中，独创性审理的单元也是该“独创性部分”。

关于独创性的审查基础，应明确两个方面，一是独创性部分的载体，二是独创性部分的确定。

（1）独创性部分的载体

《条例》第16条规定，申请布图设计登记，应当提交布图设计的复制件或者图样，布图设计已投入商业利用的，提交含有该布图设计的集成电路样品。从原则上来说，上述规定即明确了布图设计独创性部分的载体，根据该原则也可以确定独创性的审查基础。

首先，根据该规定，任一已登记取得专有权的布图设计，其必然存在布图设计的复制件或者图样。根据《实施细则》第14条的规定，申请人可以提供复制件或者图样的电子版本。因此，登记时提交的布图设计的复制件或者图样（纸件或者电子版）是布图设计专有权的当然载体。根据《条例》第16条第（三）项规定，对于登记时已经投入商业利用的布图设计，其登记文件除了布图设计的复制件或者图样，还存在包含该布图设计的集成电路样品。因此，对于登记时提交了集成电路样品的布图设计，该样品也应当是该布图设计专有权的载体。

因此，应当依据以下原则确定请求保护的布图设计，独创性的审理基础亦根据此原则确定：首先，复制件或者图样作为每一获得登记的布图设计必须提交的文件，其法律地位显然高于样品，没有在复制件或者图样中体现的图样或者图层等布图设计信息，不应作为布图设计请求保护的内容。其次，集成电路样品作为一部分投入商业利用的布图设计应提交的申请材料，由于可以通过技术手段精确还原出其所包含的布图设计的详细信息，因此，如果基于客观原因，复制件或图样中的确存在某些无法识别的布图设计细节，可以参考样品进行确定。上述原则体现了以复制件和图样为基础，以集成电路样品为补充的思想。这一思想既源于《条例》的相关规定，也是尊重当前布图设计专有权的登记和保护现状的结果，具备合法性和合理性，兼顾了法规的规定和行政、司法实践的成果。此外，基于当事人意思自治原则，如果请求人仅主张使用复制件或图样作为其权利载体，而不把样品作为参考的，该主张亦应当允许。

例如，在集侵字〔2017〕001号专有权侵权纠纷行政裁决案中，请求人登记备案的布图设计的纸质复制件即存在不清楚之处。该案中，国家知识产权局明确了“以复制件或图样为基础，以集成电路布图设计样品为补充”的原则来确定布图设计专有权的保护范围。

有观点认为，复制件或图样的纸件是条例规定的登记形式，审查基础的确定应以复制件或图样的纸件为准，如果纸件包括不清晰的部分，则其不清楚的部分不应列入审查范围。然而，结合专有权制度规则和集成电路技术的发展状况看，《实施细则》第

14 条规定了提交复制件或图样纸件时应当至少放大到 20 倍以上，该放大倍数对于集成度略高的芯片而言，其布图设计清晰度对肉眼而言即受到较大挑战。而现行的登记规则并不要求必须提交包含布图设计全部信息的复制件或图样的电子版本，复制件或图样纸件中存在肉眼看来不清晰的不在少数，因此将不清楚的部分直接排除在审理基础之外并不符合技术现状和制度现状。但是，如果申请人登记备案的芯片样品所反映的布图设计与登记备案的复制件或图样所反映的布图设计不同或不完全相同时，则应以纸件为准，此时，芯片样品则不宜再作为补充，而仅以复制件或图样作为审理基础。

《实施细则》第 14 条规定了申请日申请登记时可以同时提供复制件或图样的电子版本，提交电子版本的复制件或图样应当包含该布图设计的全部信息。

近年来，随着办公电子化的普及发展，在登记实践中，申请人通常提交复制件或图样的电子件，该电子件实质上仅仅是复制件或图样纸件的电子化，虽然相比纸件而言，可以实现一定限度内的放大功能，在一定程度上来说相对纸件可以提高细节辨识度。但对于集成度的芯片而言，其该放大倍数也非常有限，该电子件实质上并不是《实施细则》中规定的包含布图设计全部信息的“电子版本”。

从制度设置层面而言，无论对于撤销程序还是侵权程序，为了确定更为明确的独创性审理基础和专有权保护范围，将《实施细则》中所规定的上述“包含布图设计全部信息”的“电子版本”要求为申请专有权登记应当提交的文件，可以让专有权从“朦胧”趋于清晰，从根本上解决复制件或图样不清楚所带来的上述系列问题。申请登记时提交的复制件或图样包含布图设计全部信息且可以清楚显示布图设计的所有独创性部分，专有权的保护范围即以复制件或图样为准。相应地，独创性审理基础即以该复制件或图样所显示的独创性部分为准。

（2）独创性部分的确定

《条例》保护布图设计“具有独创性的部分”，其可以是一个独立功能模块的布局，也可以是由多个常规设计构成的整体布局。在侵权程序中，专有权人通常以其布图设计包括的一个或多个独创性部分为基础主张权利。在撤销程序中，撤销意见提出人通常以侵权程序中专有权人主张的独创性部分为目标进行举证，证明这些独创性部分不符合《条例》的规定，如不具有独创性以主张撤销专有权。相应地，专有权人在答复撤销理由时除了举证或陈述意见认为撤销意见提出人的主张不成立，也有可能会主张新的独创性部分，以证明其布图设计具有独创性。

需要说明，撤销程序审理实践中所说的“独创性部分”并不指经审理认定具有独创性的布图设计部分或全部，而是专有权人主张具有独创性的布图设计部分或全部，该“独创性部分”是否具有《条例》规定的独创性有待判断。

现行专有权保护制度中，由于在申请登记阶段明确布图设计的独创性部分并非取得布图设计专有权的必要条件，因此在专有权撤销或侵权程序中，一般来讲，对于专有权人主张的布图设计的独创性部分，如果复制件或图样中可以清楚地显示，则其主张通常会被接受并进行独创性判断，独创性判断即以其主张的独创性部分为审查基础。但是，如果专有权人在侵权程序与撤销程序中主张的独创性部分不一致，或者其主张的独创性部分不断变化，则撤销意见人在主张布图设计的独创性部分不符合《条例》有关规定时，由于对目标不可预期性增加，将导致举证难度大幅增加。

因此，为了兼顾专有权人和社会公众之间的利益，在公平原则和诚信原则的前提下，基于技术发展的普遍规律和布图设计创作者或集成电路制造者的普遍认知，专有权人所主张的独创性部分应该是客观的，而不是主观的、反复变化的。如果专有权人在各个程序中主张的独创性部分明显反复变化，超出了社会公众的合理预期，则其主张不应被接受。

在侵权程序中，专有权人以其布图设计的一个或多个独创性部分为基础主张权利。在撤销程序中，撤销意见提出人以这些独创性部分不具有独创性作为撤销理由。由于撤销意见提出人对于专有权人主张的这些独创性部分在侵权程序中即已知晓，对这些独创性部分已有合理预期。因此，当专有权人在侵权程序和撤销程序中主张的独创性部分相同时，独创性的审理范围应当为专有权人主张的所有独创性部分。

例如，在 JC0019 号撤销程序案件中，专有权人主张本布图设计具有三个独创性部分，撤销意见提出人不认可专有权人主张的独创性部分三，认为专有权人在登记程序中未主张该独创性部分，其是专有权人在专有权侵权程序和撤销程序中增加的独创性部分，不能被接受。撤销程序审查决定认为，在本布图设计专有权的申请登记阶段，简要说明中记载本布图设计的特点在于包括独创性部分一和独创性部分二；在涉及本布图设计专有权的侵权程序中，专有权人主张本布图设计还包括独创性部分三；在本撤销程序案件中，专有权人未主张增加新的独创性部分，主张本布图设计包括独创性部分一、独创性部分二和独创性部分三。可见，在本布图设计申请登记专有权后，专有权人对本布图设计独创性部分的主张自前述侵权程序起未发生变化。因此，该案涉及独创性的审理范围应当包括专有权人主张的独创性部分一、独创性部分二和独创性部分三。

从实践的通常情况看，专有权人在侵权程序中主张被控侵权产品侵犯其专有权时，一般会将被控侵权产品进行剖片得到版图布局的照片并与本布图设计进行比对，经比对后专有权人一般会将相同部分主张为其独创性部分。通常来说，专有权人主张的独创性部分越多，撤销意见提出人在撤销程序中举证的难度就越大，维持专有权有效的可能性就越大。因此，当专有权进入撤销程序后，专有权人通常会增加在侵权程序中未主张的独创性部分。针对增加的独创性部分，虽然超出了撤销意见提出人的预期，但由于现行保护制度并未明确规定专有权人主张独创性部分的截止期限。因此，在首次撤销程序中，专有权人主张的独创性部分应当予以接受，以保护专有权人的合理权益。

但是，由于专有权人对其布图设计在创作时的改进是掌握的，不会随着时间发展而随意变化，因此如果专有权人在首次撤销程序中主张若干独创性部分，在后续撤销程序中又随意变更或增加独创性部分，则其主张明显不符合技术的客观发展规律，而且超出了社会公众的合理预期。因此，在后续程序中增加或变更的这些独创性部分不应当纳入独创性审理范围。

值得注意的是，在撤销程序中，尽管专有权人主张独创性部分的时机是符合预期的，但如果其主张的独创性部分不属于集成电路布图设计的保护客体，那么其主张也不能被接受。

从制度层面看，实践中所遇到的上述争议和困惑的根源在于专有权保护制度中没有对如何确定独创性部分作详细的规定。鉴于独创性声明并不是申请阶段必须提交的材料，因此申请人在提出专有权登记申请时，可以提交独创性声明以阐述其独创性部分，也可以不提交独创性声明。另外，即使提交独创性声明，其中也不必然声明全部独创性部分。鉴于目前保护制度中没有规定专有权人在登记阶段必须明确其独创性部分，专有权人在侵权阶段中以其布图设计复制件或图样为基础确定其独创性部分应当被允许，在确权阶段，专有权人进一步明确其所有独创性部分也应当被允许。

但是，从制度运行情况看，独创性部分未在登记阶段即予以明确的设置给社会公众带来一些困惑，给行政机关审理相关案件也带来困扰。从专利制度的发展历史看，在发展初期，仅要求必须提交说明书，并不要求申请人必须提交权利要求书，导致专利权的保护范围不清晰。随着制度的发展，在要求申请人必须在申请阶段提交权利要求书以明确其保护范围后，这个问题得到解决。

对于专有权保护制度中存在的上述问题，有必要从制度根源上加以解决。在申请登记阶段，要求申请人应当提交独创性声明，独创性声明应当指明布图设计具有独创性的设计区域、设计要点以及电子功能等，说明其具有独创性的理由。在申请人提交复制件或图样包含布图设计全部信息且可以清楚显示其独创性部分的情况下，即可以布图设计的复制件或图样作为权利载体，独创性声明用于确定复制件或图样的独创性部分。如此，可以使专有权具有明确的保护范围，有利于专有权保护制度的运行和发展。

3. 判断依据

上文释明了与独创性相关的若干概念以及独创性的审理基础，下面将详细阐述独创性判断中的判断主体、判断客体、判断考虑因素和判断方法等。

（1）判断主体

在知识产权的各个细分领域，对于各种知识产权客体法律要件的审查中，为了尽可能避免主观因素的影响，确保审查的客观性，通常要设定其判断主体，如著作权独创性判断的主体为“一般读者”或“特定作品所针对的读者”，专利权创造性判断的主体为“本领域技术人员”。同样，为了避免布图设计专有权独创性判断的主观随意性，尽可能保证判断的客观性，对于布图设计独创性而言，《审查与执法指南》规定了其判断主体为“布图设计创作者和集成电路制造者”。

对于布图设计创作者和集成电路制造者而言，为了保证其判断独创性的客观性，要求其掌握一定的知识，同时具备一定的能力。具体而言，创作者和制造者掌握集成电路领域的普通技术知识，知晓布图设计申请日或首次商业利用日之前的常规设计；同时，创作者和制造者具有分辨布图设计之间逻辑结构和三维配置等差别的能力，以及根据工艺参数利用软件设计工具自动调整布图设计布局的能力。

在判断布图设计是否具有独创性时，应当基于创作者和制造者掌握的知识和具备的能力进行评价，以尽可能得出客观、准确的判断结论。

例如，在JC0004号撤销程序案件中，本布图设计与对比布图设计相比具有8个设计区别部分。经分析，决定认为上述8个区别对布图设计创作者和集成电路制造者而言均属于公认的常规设计，未给本布图设计带来独创性贡献。例如，其中对于电压采样模块3和电流采样模块4中的多晶层及金属层的设计不同，决定认为，多晶层的不同主要是因为本布图设计的栅极采用公认的常规设计“叉指结构”，为了降低集成电路生产过程中的系统失配而采用“叉指结构”对于布图设计创作者和集成电路制造者来说是熟知的，不需要付出智力劳动；多晶层的布局结构与金属层的布局结构相互对应的关系对于布图设计创作者和集成电路制造者来说是不言而喻的，因此多晶层的不同必然会导致金属层的布局结构不同。因此，该设计区别对布图设计创作者和集成电路制造者来说属于公认的常规设计。

又如，在JC0003号撤销程序案件中，本布图设计与对比布图设计相比具有两个细微的设计区别。对于其中镜像电路中驱动晶体管数量的不同，决定认为，该设计区别是由于二者制造工艺的不同所带来的，对于布图设计创作者和集成电路制造者而言，根据其掌握的晶体管电流与结面积匹配原则，由于驱动晶体管必须提供大的驱动电流，则要求晶体管的结面积足够大。因此，对于特征尺寸较小的工艺，由于其晶体管的尺寸也较小，为了满足功率需要，在保持功率晶体管的总结面积不变的情况下，增加晶体管的数量属于公认的常规设计。

（2）判断客体

《条例》第2条规定了专有权保护的客体为“布图设计”，第4条规定了承载独创性的客体也是“布图设计”。因此，从原则上来说，独创性判断的客体与《条例》保护的客体完全一致，即为“集成电路布图设计”。其中，集成电路是以半导体材料为基片，包括至少一个有源元件的互连线路、执行某种电子功能的产品，集成电路布图设计则是指集成电路中至少有一个是有源元件的两个以上元件和部分或者全部互连线路的三维配置，或者为制造集成电路而准备的上述三维配置。

专有权人在指明独创性时，一般是对布图设计改进之处的抽象和概况。在进行独创性的具体判断前，应根据专有权人在申请登记时提交的布图设计的复制件或图样，对其独创性部分的具体表达予以认定，经认定的布图设计具体表达即作为独创性的判断客体，进入后续独创性的具体判断步骤。

在 JC0014 号撤销程序案中，专有权人主张 4 个独创性部分，其均是对布图设计中相应部位的描述、概括或抽象。决定认为，专有权人主张的独创性部分 1～4 均涉及单开关 NMOS 管 Mo 和衬底切换 MOS 管 Mc、Mf 的三维配置关系，独创性部分 2～4 是在独创性部分 1 的基础上进一步设计，上述 4 个独创性部分对应的整体在本布图设计图样中具有相对清晰的边界并实现相应的功能，属于能够相对独立执行某种电子功能的部分，因此将上述独创性部分 1～4 在本布图设计中所对应的布图设计图样部分作为独创性的判断客体。

布图设计专有权仅保护该三维配置的"具体表达"，而不保护该三维配置的设计思想。因此，在独创性判断中需要注意的是，仅判断该具体表达是否具有独创性，而不判断该具体表达的设计思想是否具有独创性。更要注意的是，在判断具体表达是否具有独创性时，应避免受设计思想的干扰。同时，独创性判断也应排除布图设计登记文件中可能包括的处理过程、操作方法或数学概念等。

在具体判断时，准确地把握判断客体是提高独创性判断准确性的前提条件。例如，以本布图设计与对比布图设计基于相同设计思想而直接判定本布图设计不具有独创性的结论并不妥当，基于相同的设计思想，如某种设计原则可以创作出完全不同的且具有独创性的布图设计的具体表达。

例如，在 JC0004 号撤销程序案件中，专有权人主张本布图设计与对比布图设计相比在整体布局方面具有区别"两者的整体面积及各模块的面积相差巨大"。决定认为，本布图设计和对比布图设计在整体面积、各模块面积以及 MOS 器件尺寸方面的差异是由于其采用不同的制作工艺所产生的，本布图设计采用 CSMC 的 0.6μm 的 CMOS 工艺，最小工艺尺寸为 0.5μm；对比布图设计采用 BYD 的 0.8μm CMOS 工艺，最小工艺尺寸为 0.8μm。对布图设计创作者和集成电路制造者来说，工艺尺寸的缩小，意味着影响芯片面积的晶体管的尺寸、连线最小宽度以及连线之间的最小间距等都会相应缩小，从而会导致 MOS 器件尺寸的减小，且芯片整体面积以及各模块的面积大致呈平方倍率的缩小。专利权人主张的上述区别属于工艺尺寸带来的区别，由于布图设计的保护不延及处理过程和操作方法，因此该区别不属于布图设计专有权保护的范畴，在独创性判断时，对于上述区别不予考虑。

（3）判断考虑因素

根据《条例》对独创性的规定可知，独创性判断需要考虑两个核心因素：第一，要求布图设计是创作者自己的智力劳动成果，可以称为"独立创作因素"；第二，要求布图设计在创作时不是公认的常规设计，可以称为"非常规设计因素"。在一些情况下，还涉及"整体布局因素"。

① 独立创作因素。要求布图设计"独立创作"并不表示要求首次创作，布图设计的独立创作与专利法意义上的新颖性不完全相同，而与《著作权法》中的独创性相近。

布图设计专有权保护制度中可以保护两个由其创作者独立创作但内容相同的布图设计。即使本布图设计与对比布图设计相比，二者相同或实质相同，但如果创作者有足够的证据证明本布图设计是其独立创作完成，则本布图设计属于创作者自己的智力劳动成果。但是，从技术发展多样性的角度看，对于一项大规模集成电路芯片布图设计而言，不同设计人员背靠背设计出一致性非常高的两个布图设计的可能性很低。因此，出现上述情况需要本布图设计的创作者提供足够的证据和理由支撑其主张，否则其主张很难被支持。

通常来说，判断是否“独立创作”包括两个判断条件，一是创作者是否可以接触对比布图设计或存在接触对比布图设计的可能性，二是本布图设计与对比布图设计是否相同或实质相同。如果上述两个条件均得到满足，即创作者存在接触对比布图设计的可能性，且二者的布图设计图样相同，则一般认为本布图设计不是独立创作，不属于创作者自己的智力劳动成果。如果上述两个条件中有一个不满足，则认为本布图设计相对于对比布图设计属于创作者自己的智力劳动成果。

在判断是否存在接触可能性时，如果对比布图设计在本布图设计的申请日或首次商业利用日之前处于公众可以获得的状态，如存在于已销售的芯片中，或是已登记公告可查询的布图设计，或公开于在某个互联网页中，则通常可以推定创作者存在接触对比布图设计的可能性。

在判断二者是否相同或实质相同时，对于二者完全相同的情况，通常不存在判断争议；但是，对于二者相比大部分相同，但存在“一定”差别的情况，则要考量其属于明显差别还是细微差别。此时，应当站位布图设计创作者和集成电路制造者，根据其掌握的知识和具备的能力来判断该区别对布图设计是否带来实质影响，进而判断二者是否实质相同。如上文所言，此时需要注意，对具体表达的独创性判断不应受到设计思想的影响。

例如，在 JC0018 号撤销程序案件中，撤销意见提出人主张本布图设计相对于 TM1637 布图设计不具有独创性。经对比可知，TM1637 布图设计和本布图设计的结构分类均为 MOS 结构，技术分类均为 CMOS 技术，功能分类均为线性功能，图层总数均为 9 层，每层图样的整体布局、所包含的功能模块、各功能模块的布局以及连线均分别相同，因此，本布图设计与 TM1637 布图设计相同。同时，本布图设计的创作者存在接触 TM1637 布图设计的可能性。因此，本布图设计不属于创作者自己的智力劳动成果，不具有独创性。

又如，在 JC0019 号撤销程序案件中，撤销意见提出人主张证据 14 公开的 PAW3205 和 PAW3305 的布图设计与本布图设计独创性部分一相同，因此独创性部分一不具有独创性。审查决定认为，独创性部分一中所有 PAD 分布在位于芯片上部的 ANALOG 模块的两侧，在芯片下部的 DIGITAL 模块两侧没有 PAD，而 PAW3205 芯片和 PAW3305 芯片中上部的模拟电路和下部的数字电路两侧均设置有 PAD，也就是说 PAD

位于整个芯片的两侧。因此，证据 14 中相关布局与独创性部分一明显不同，独创性部分一属于创作者自己的智力劳动成果。

在该案中，撤销意见提出人还主张证据 14 中 PAW3205 和 PAW3305 公开的布图设计与本布图设计独创性部分二对应的布图设计相同。审查决定认为，独创性部分二对应的布图为：PGA 模块和 ADC 模块基本平齐，分别位于 SENSOR 模块的左下方和正下方且靠近 SENSOR 模块。证据 14 中示出的 PAW3305 芯片内部的顶视图像中也是 PGA 模块和 ADC 模块基本平齐，分别位于 SENSOR 模块的左下方和正下方且靠近 SENSOR 模块，与独创性部分二对应的布图设计相同。而且，本布图设计创作者存在接触该 PAW3305 布图设计的可能性。因此，独创性部分二对应的布图设计不是创作者自己的智力劳动成果。

② 非常规设计因素。布图设计保护制度的核心理念在于鼓励技术创新、促进技术发展，因此符合《条例》保护理念的布图设计既不能如前所述属于抄袭他人的布图设计，也不能是未作出设计贡献、属于公认的常规设计的布图设计。在判断布图设计是否作出设计贡献、是否属于公认的常规设计时，需要考虑以下因素。

布图设计独创性的判断主体为“布图设计的创作者和集成电路的制造者”，该判断主体与《专利法》中创造性判断的主体“本领域技术人员”均属于技术角色，该角色掌握一定的布图设计知识且具有一定的布图设计能力，但其不具有进行创造性劳动的能力。

判断是否属于公认的常规设计需要以“常规设计”作为评判基础。公认的常规设计属于社会公众共同拥有的资源，任何人不应将其独占以获得专有权。因此，创作者只有在作出一定设计贡献、创作出不属于公认的常规设计的布图设计时才可以拥有专有权。

如何判断一项布图设计是否作出设计贡献属于撤销程序审理实践中的难点之一。有观点认为，应采取“额头出汗”的标准，以投入劳动的多少来判断是否作出贡献。也有观点认为，应体现出智力劳动投入的多少，在具有一定的创作高度时才认为作出了设计贡献。从专有权保护制度鼓励技术创新的立法本意看，后一种观点所代表的判断标准更符合“设计贡献”的要求。也就是说，不仅应要求创作者投入劳动，更应要求投入一定质量的智力劳动。

例如，在 JC0019 号撤销程序案件中，撤销意见提出人主张证据 16 ~ 18 可以证明本布图设计的独创性部分三属于公认的常规设计。审查决定认为，独创性部分三为 SENSOR 模块的中间像素和周边像素的尺寸关系，根据本布图设计专有权申请登记时提交的图样可见，独创性部分三对应的布图为：SENSOR 模块包括位于模块中部的中间像素阵列和位于模块周部且在该中间像素阵列上、下、左、右各一行/列的周边像素，其中，该周边像素的尺寸明显小于该正常像素的尺寸。证据 16 公开了 CMOS 图像传感器，证据 17 公开了模拟 CMOS 集成电路设计，证据 18 公开了图像传感器应用技术，这些证据仅公开了正常像素单元周围设置虚设像素，但没有公开虚设像素与正常像素的大小关系，更没有公开虚设像素的尺寸小于正常像素，因此证据16~18公开的布图设计与独创性部分三对应的布图设计明显不同，证据16~18不足以证明独创性部分三属于公认的常规设计。

③ 整体布局因素。《条例》还规定了以常规设计组成的布图设计整体可以具有独创性。在专有权人主张其整体布局为“独创性部分”时，将各功能模块区域化，以各模块之间的位置关系、连接关系等所体现的整体布局的具体表达作为基础进行整体判断。在后续的具体判断时，同样应考虑前述独立创作因素和非常规设计因素。

例如，在JC0019号撤销程序案件中，撤销意见提出人还主张证据14公开的布图设计与本布图设计独创性部分二对应的布图设计相同。从本布图设计的图样和专有权人主张的独创性部分二可知，该部分即涉及由常规设计组成的整体布局，该案审查决定否定了该部分的独创性。究其原因，一方面，对于CMOS传感器的鼠标芯片，其通常都包括SENSOR、PGA和ADC模块，ADC靠近SENSOR，PGA靠近ADC，该布局属于鼠标传感器芯片中的常规设置，本布图设计的登记文件中也未就该部分图样给出其他更详细的说明和解释。另一方面，尽管证据14所示的图样中没有明确标示出PGA和ADC模块，但鼠标芯片领域的布图设计创作者和集成电路制造者可以从证据14的图样中得到这些具体模块及其相互位置关系。

（4）判断方法

判断布图设计是否具有独创性，通常是以专有权人主张的“独创性部分”作为审理基础，判断该独创性部分是否具有独创性，具体判断方法通常包括以下步骤。

① 剥离分析。独创性判断的前提是该独创性部分属于独创性的判断客体，即属于布图设计的保护客体。对于不受专有权保护的设计思想、处理过程、操作方法、数学概念等，应将其剥离以排除在判断范围之外，仅对设计图样包括的三维配置的具体表达进行判断。

② 具体判断。

a. 独立创作判断。独立创作判断通常包括以下步骤：

首先，判断创作者是否存在接触对比布图设计的可能性。该对比布图设计是创作者在创作本布图设计时处于能够被获知状态的他人布图设计，若创作者存在接触该布图设计的可能性，则可以作为对比布图设计用于评判本布图设计是否为独立创作。

其次，将独创性部分与对比布图设计进行比对分析；其中，比对分析应综合考量布图设计的分类、布局、互连、模块、元件等。

经对比分析，如果独创性部分与对比布图设计相同或实质相同，则认为该独创性部分不属于创作者自己的智力劳动成果。

其中，在判断布图设计是否相同/实质相同时，需要考量的因素包括结构、技术、功能、模块、元件、布局、布线、尺寸、比例等。

我们知道，基于同样的设计思想，可以设计出完全不同的布图设计表达。具体而言，对于实现相同功能的集成电路芯片，由不同设计人员完全背靠背设计出的两个布图设计，其结构、技术、功能很可能相同，模块、元件可能相同，布局、布线、尺寸、比例等则很难完全相同。

如果两个布图设计的整体或某个模块，不但结构、技术、功能、模块、元件等相同，布局、布线、尺寸、比例等也相同，则认为两个布图设计相同。

如果两个布图设计的整体或某个模块，结构、技术、功能、模块、元件等相同，布局、布线等也相同，仅个别元件的尺寸或模块、元件之间的比例略有不同，且上述不同之处对整个芯片或模块而言没有带来实质不同，则认为两个布图设计实质相同。

当将本布图设计与对比布图设计进行如上所述单独对比后，如果二者完全相同；或者，如果二者相比具有差别，但属于细微差别，则认定二者实质相同；在以上情况下，均可以认定本布图设计不属于创作者自己的智力劳动成果，不具有独创性。

需要注意，在关于独立创作的具体判断实践中，对于接触现有布图设计可能性的判断和具体的技术比对分析并没有绝对的先后顺序。若有证据表明，创作者明显没有接触对比布图设计的可能性，则可以不再判断是否相同，可以直接认定本布图设计属于自己的智力劳动成果；若比对结论表明二者明显不同，则可以不再判断是否接触可能性，可以直接认定属于自己的智力劳动成果；在布图设计创作者存在接触现有布图设计可能性的情况下，再判断二者是否相同或实质相同。

例如，在JC0014号撤销程序案中，针对独创性部分1～4整体所对应的布图设计相对于证据6是否具有独创性，撤销意见提出人主张证据6中公开了集成单个PMOS和锂电池控制电路到同一晶圆衬底上，而在此基础上将其中的PMOS替换为NMOS只是简单常规替换，其中证据11～12用以佐证PMOS和NMOS的版图设计实质相同。决定认为，尽管证据6公开了涉案布图设计中类似的PMOS开关管和锂电池的控制电路集成于同一衬底且衬底选择电路穿插入开关管内部，但证据6中的开关管是PMOS管而非NMOS管，无论是在电路设计中还是在布图设计中，PMOS管和NMOS管之间都不能随意简单替换，如果替换则需要重新设计电路连接关系。因此，证据6与涉案布图设计并不相同。同时，撤销意见提出人提供的证据11～12也不能直接认定PMOS和NMOS的布图设计实质相同。

在上文所述独立创作判断的基础上，如果独创性部分与对比布图设计相比属于创作者自己的智力劳动成果，则进行下文所述非常规设计判断。

b. 非常规设计判断。将本布图设计与现有布图设计进行单独对比后，如果二者相比具有差别，且属于实质差别，此时如何进行后续判断，曾有两种观点：一种观点认为，应该判断该实质差别是否属于常规设计；另一种观点认为，由于二者构成实质差别，应该仅判断独创性部分的整体是否属于常规设计。

对于第一种观点，也就是判断该差别是否属于常规设计，可以理解，该标准对于在现有布图设计基础上“简单改变”得到的布图设计不持鼓励态度；对于在现有布图设计基础上“改进”得到的布图设计，由于“改进”包含了一定的智力劳动，如果该“改进”不属于公认的常规设计，可以认为其进行了创新，则认定其具有独创性。该认定标准符合《条例》鼓励技术创新、促进技术发展的立法本意。

对于第二种观点，也就是仅判断独创性部分的整体是否属于常规设计，我们知道，除设计软件自带的模块外，要认为某一个完整的功能部分属于常规设计不符合业内普遍认知，如果仅判断整体是否属于公认的常规设计，则对于前述在现有布图设计基础上简单改变的布图设计就会被认为具有独创性，这样，相当于鼓励“简单改变”，而不是鼓励“改进”，则该标准不符合《条例》鼓励创新的立法本意。

综上可知，在本布图设计与现有布图设计比对分析得到既不相同也不实质相同的结论后，则进行是否属于公认的常规设计的判断，简称为“非常规设计判断”，理论上来说包括两种情形，一种情形是在上文有关独立创作判断的基础上进行非常规设计判断，另一种情形是不进行独立创作判断而直接进行非常规设计判断。

在第一种情形下，如果独创性部分与现有布图设计不同，该独创性部分属于创作者自己的智力劳动成果，则在其比对分析的基础上确定二者的差别。

如果上述差别对布图设计创作者和集成电路制造者而言属于公认的常规设计，例如记载于常规设计证据，或者从布图设计创作者和集成电路制造者掌握的知识和具备的能力出发可以判断其属于常规设计，则该独创性部分不具有独创性。

如果上述差别不属于公认的常规设计，则该独创性部分具有独创性。

在第二种情形下，如果不与现有布图设计进行比对也可以认定独创性部分属于公认的常规设计，则该独创性部分不具有独创性。从技术角度而言，此类情形只存在理论可能性，实际发生的可能性很小。

五、第5条：保护对象

《条例》第5条规定，对布图设计的保护，不延及思想、处理过程、操作方法或者数学概念等。

（一）条文释义

《条例》第5条明确了布图设计保护的界限，即保护的是具体的布图设计本身，而不包括与之相关的抽象概念或者方法。这意味着，虽然创作者可能对特定的布图设计拥有专有权，但这种权利并不扩展到那些可以通过不同方式实现的功能、算法或者数学原理上。这一规定旨在确保受保护的专有权是针对具体的、可实施的布图设计，而不是其背后的理论或者概念，该限定有助于促进技术创新和分享，同时保护创作者的劳动成果，鼓励创新。

该条款主要针对集成电路布图设计保护对象的界定，其核心在于确定布图设计保护对象时对于思想与表达的区分和剥离，以及对于处理过程、操作方法和数学概念等因素的考量。

1. 思想与表达

思想是客观存在反映在人的意识中经过思维活动而产生的结果。思想来源于人们对于生活的认知、对学术、真理的探究等，其是一种客观的存在和固有的实体。因此，人们对于思想探寻的路径可能不同，但所得出的结论却殊途同归。这也等于是说，思想是处于公有领域中的，并不因个体对其认识过程、表现方式等而改变。而表达则是作者在外化思想时带有习惯性或偏向性的个性选择，是对语言、知识、思维习惯、智力活动、喜好偏向甚至情绪情感的综合性运用，其带有很强的主体偏向，这与公有领域的思想有着很大的不同。思想与表达的上述差异构成了思想表达二分法的基础。

思想表达二分法的发展司法实践先行于立法。1879 年著名的 Bakerv. Selden 案[1]中，涉及了“思想属于公共领域不被保护”的问题。1976 年，《美国版权法》第 102 条（b）中便列出了思想、程序、方法、体系、操作方法、概念、原理不在保护范围之内，这代表着二分法原则的正式法典化。在司法实践中，思想被归到公有领域之中，而表达作为作者的个人独创性创作，存在于版权法的保护范围之中。换句话说，能受到著作权保护的是思想的表现形式而不是思想本身。

由此可见，集成电路布图设计专有权与著作权均将涉及思想领域的内容排除出了保护对象之外，而只对表达的部分进行保护。著作权对思想与表达的二分法的研究已积累了上百年的经验，因此著作权中思想与表达的界定方法有助于破解集成电路布图设计中思想与表达的界定问题。

思想在布图设计的主要体现在于创作者对其设计的布图中对于元件的形成构想、金属互连的设置方式、掩膜版设计等方面的构思，它是一种上位的、抽象的构思和构想，需要在布图设计中通过具体的工艺、步骤、设计、排布等方式，最终以布图设计的外在具象的设计图案予以体现。因此，该条款限定了布图设计所保护的是创作者通过布图设计体现的具体的元件及其互连形成的三维配置结构，而不是创作者在创作过程中头脑中的有关布图创作的思维形式，即保护的是通过布图设计三维配置所体现的创作者思维的外在具象表达。

2. 处理过程、操作方法和数学概念

处理过程是用特定的方法对工件或者产品进行加工所经过的程序。

操作方法是按照一定程序和技术要求进行的活动或工作方法，它是利用适当的材料、环境或者工具等，通过具体执行操作的步骤、技巧或者策略等，来实现既定的方案或者计划。

---

[1] 马鑫. 思想与表达二分法浅论［J］. 法制与社会，2017（22）：15－16.

数学概念是指用定理、法则和公式等形式，对现实对象的数量关系和空间形式的本质特征等进行描述的抽象概念，通常用于描述自然现象、社会现象和人类行为。数学概念是数学的基础。

上述概念均是指导人们进行智力活动的方法，其贯穿在布图设计的开发以及集成电路产品的加工制备流程中。例如，晶圆加工的过程、氧化沉积的过程等处理过程，离子注入的方法、光刻方法等操作方法，金属互连时所应用的数学概念、遵循的数学规则等，均属于上位的、抽象的思想层面的概念。

由此可见，该条款限定了布图设计所保护的是创作者通过布图设计体现的具体的元件及其互连形成的三维配置结构。对于某一特定的布图设计来说，相同或相近似的处理过程、操作方法及其中所应用的数学概念等在布图设计的创作过程以及集成电路产品在形成过程中的应用，可能创作出多种不同表达形式的布图设计，如采用类似的光刻工艺、蚀刻方法、相同数量级的芯片制程，所得到的布图设计三维配置可能存在实质性的差别。也就是说，处理过程、操作方法及其中所应用的数学概念等因素在具体的特定的布图设计中能够得以体现，但其属于上位的思想层面的约束。而布图设计仅保护对上述处理过程、操作方法及数学概念等应用到具体布图设计的图案表达，上述思想层面的内容对应的表达不是唯一的，布图设计所体现的创作者的思想的表达才是唯一的。也即，布图设计所保护的是具象的上述概念在三维配置中的表达，而并不保护在上述概念中所融入的人们根据该过程、方法、概念等进行创作时的思维活动。

(二) 主要国家的相关规定

在全球主要国家、地区的专有权保护制度中，布图设计保护对象与我国《条例》第5条的规定基本一致。绝大多数国家、地区均排除了思想、概念、系统等思想范畴的内容，均强调了保护布图设计的具体表达。

例如，美国《芯片保护法》第902条定义中：本章对掩膜作品的保护不得扩大到任何思想、程序、方法、系统、运算方式、概念、原理或发现，无论作品以何种形式对其进行描述解释说明或体现。

又如，德国《拓扑保护法案》规定，微电子半导体产品的三维结构（拓扑）如果是原始（original）的，应受到本法的保护。此处所指的保护不适用于拓扑所基于的概念、过程、系统或技术，或存储在微电子半导体产品的任何信息，仅限于拓扑本身。

(三) 审查规则

上文虽然从概念层面对思想和表达进行了区分，但在审查实践中，思想范畴与表达范畴的界定区分并非非黑即白、泾渭分明，将两者区分和划界在实践中尚属于疑难法律问题。同时，由于《条例》的相关规定中仅是以非穷举的方式列举了不属于布图设计保护对象内的思想、处理过程、操作方法或者数学概念等，如果仅是通过判断客体是否属于上述情形，也并不能完整覆盖布图设计不予保护的全部内容。

思想表达二分法是立足于权利保护与公有领域保留的原则，保障了权利人和使用者在利益分配中各得其所。同时我们也可以看到，思想与表达二分法原则只是工具手段，鼓励创作、促进信息知识交流传播和文明的发展才是立法的终极目的。因此，在进行思想与表达剥离时，可以考虑从思想表达二分法的判断原则出发，关注该布图设计是以哪些特定的、具象的表达方式呈现，该表达方式是否属于《条例》中已经明确列出的不予保护的几种类型。如果不属于，再进一步判断其中是否体现了创作者对布图设计中各元件三维配置的创作理念的表现，具体体现为各元件形成在各层的堆叠刻蚀结构、各元件直接的排布方式和设置位置、三维配置的具体布局设计、考虑到电气性能因素的设计调整等是否能够体现创作者智力劳动及其个性化设计思想的具体表达方式等。在审查实践中，对于处于思想与表达之间的难于判断的“灰色地带”，应在利益平衡思想的指导下结合具体案情做出判断。

在布图设计独创性的判断中，思想和表达的剥离分析是进行具体独创性判断的前提步骤，只有剥离了思想之后的表达，才属于布图设计的保护范围，才构成判断是否具备独创性的审查基础。

例如，在集侵字〔2017〕001 号侵权纠纷行政裁决案[1]中，请求人结合登记时提交的布图设计图样，指明了布图设计具备独创性的区域，并对各区域的独创性所在进行了具体说明。一方面，请求人在具体案件中所指明的具备独创性的区域及其对各区域独创性所在进行的说明，应当视为当事人在具体案件中的具体主张，应当确定为布图设计专有权在具体案件中的保护对象。另一方面，因为布图设计专有权的客体是元件和线路的三维配置，不延及思想、处理过程、操作方法或者数学概念等，所以，如果具体说明中包含了电路要实现的效果等内容，由于其属于设计思想，则不能作为确定其保护对象的依据。由此可见，当事人在集成电路布图设计撤销案件中常常通过文字来对布图设计中作为主要创新点的独创性部分进行描述，但不可避免的，该文字描述中往往夹杂着思想、处理过程、操作方法或者数学概念等思想层面的表述。但是，在确定作为独创性审查基础的独创性部分时，同样应当剥离文字表述中思想层面的内容，而将独创性部分聚焦在布图设计中的具体区域，以及各层三维配置中具体的图形设计表达。这样可以更客观、准确地界定布图设计独创性部分的具体表达，从而避免因独创性部分的文字表述的差异而导致无法准确界定布图设计独创性部分保护对象的问题。

在审查实践中，撤销意见提出人举证专利文献、书籍、期刊等的文字或附图内容作为现有设计证据拟与涉案的布图设计进行对比。专利文献、书籍、期刊等的文字或附图公开的通常为电路图、原理性说明的版图结构等，其通常属于对设计理念的诠释或者上层集成电路布图设计产品的外围布线，上述内容均属于设计思想的阐述，并不

---

[1] 国家知识产权局集成电路布图设计行政执法委员会集侵字〔2017〕001 号行政处理决定书。

涉及具体设计思想在具体布图设计中的表达，因此也不能构成现有设计与涉案布图设计进行比对，具体案例可参见 JC0014 ~ JC0016 号撤销案件。

六、第 12 条：保护期限

《条例》第 12 条规定，布图设计专有权的保护期为 10 年，自布图设计登记申请之日或者在世界任何地方首次投入商业利用之日起计算，以较前日期为准。但是，无论是否登记或者投入商业利用，布图设计自创作完成之日起 15 年后，不再受本条例保护。

该条款明确规定了专有权的保护期限。下文将阐述布图设计专有权保护制度中关于保护期限的立法本意，主要国家、地区的保护期限规定，然后重点分析专有权保护期限中对于起点的认定规则，最后释明与该条款相关的撤销理由的审查规则。

（一）条文释义

专有权的保护期限的长短以及其计算起点体现了该类型知识产权的特点。相比著作权、商标权和专利权等知识产权，适应性体现出集成电路布图设计专有权保护制度的渊源和立法本意，实际上各类知识产权客体的保护期限均与其立法本意息息相关。

《著作权法》第 23 条规定公民作品的保护期限为作者终生及去世后 50 年，属于知识产权中相对较长的保护期。究其原因，《著作权法》的立法宗旨在于鼓励作品的创作和传播，促进文化科学发展繁荣，其保护客体为文学、艺术和科学作品，侵权行为包括复制、发行、展览、表演、改编、翻译、汇编等，因此其实质在于保护作品的表达形式，并不禁止他人利用作品中蕴含的思想和理论，他人采用不同表达形式阐述相同思想和理论形成新作品的仍可以得到著作权法保护。同时，由于表达形式多种多样，他人可以自由选择而不拘泥于已有作品的形式。因此，对著作权而言，设置较长的保护期限，可以很好地平衡作者和社会公众的利益，有利于作品的创作和传播，有利于文化科学发展繁荣。

《商标法》第 39 条规定注册商标的有效期为 10 年。同时，第 40 条又规定注册商标有效期满若继续使用可以办理续展手续，每次续展有效期为 10 年。可见，商标权的保护期限从理论上来说可以无限长。从立法宗旨看，商标从表面上看仅是一种商品标志，但其背后实质上涵盖了商标注册人提供商品和服务的企业信誉。一方面，商标注册人拥有一项商标权从理论上来说对社会公众利益没有任何不利影响，他人可以采用任何其他文字、图形、字母、数字、颜色等元素或组合进行设计以得到自己的商标。另一方面，商标权持有时间越长，商标注册人对提供更好商品和服务质量的动力越足。因此，商标专用权的长期稳定持有，有利于保障消费者和生产经营者的利益，有利于促进市场经济发展。

《专利法》第42条规定发明专利权的期限为20年，实用新型专利权的期限为10年，外观设计专利权的期限为15年，均自申请日起计算。一方面，专利权的保护客体为发明创造，对于一项可以实现有益效果的发明创造，其技术方案尽早推广应用，尤其尽早进入公共领域允许社会公众使用对国家和社会发展有益，因此其保护期限不宜太长。另一方面，发明人获得一项发明创造通常需要付出大量的时间、精力和资金，欲鼓励发明创造，提高创新能力，以使发明人劳有所得，获得与其付出相匹配的利益，专利权的保护期限又不宜太短。我国专利制度采用国际社会具有广泛共识的发明专利20年、实用新型10年的保护期限，有利于促进科学技术进步和经济社会发展。

集成电路布图设计产业处于集成电路产业的前端，在集成电路产业具有非常重要的地位。一方面，布图设计是集成电路制造的基础，拥有这样一份“建筑图纸”再辅以相关制造参数即可以由芯片制造商生产得到芯片；另一方面，经过设计、仿真、验证、修正并最终获得一份布图设计需要大量的人力和资金支出，布图设计成本在芯片制造成本中占据很高的比重。故此，布图设计专有权作为一种私权，从鼓励布图设计创作者付出人力和资金进行技术创新角度出发，充分体现专有权制度鼓励创新、保护创新的宗旨而言，其保护期限不宜过短。同时，由于集成电路产业作为现代信息社会的基础产业，对各行各业均不可或缺，专有权失效后布图设计进入公有领域可以大幅降低芯片成本，对已有技术予以长期保护对技术发展亦有诸多不利影响，因此其保护期限不宜过长。

在考虑集成电路技术发展特点的基础上，兼顾专有权人和社会公众的利益，为更好地鼓励技术创新并促进技术发展，《条例》规定专有权保护期限为10年。进一步，为了避免申请人将更早期技术申请登记获得专有权，阻碍技术发展，《条例》规定布图设计自创作完成起15年后，将不再受到保护，符合集成电路产业发展的普遍规律。

（二）主要国家或地区的相关规定

美国《芯片保护法》第904条规定，“（a）掩膜作品自依第908条规定登记之日起，或自作品在世界上任何地区首先被商业利用之日起，以在先者为准，享有本章规定的保护。（b）受（c）款及本章有关条款之限制，本章对掩膜作品的保护期限自（a）款规定的保护开始起10年后截止”。可见，美国对掩膜作品实现保护的起点包括两种，一是登记日，二是商业利用日，以在先者为准，保护期限自保护开始起10年。

日本《电路布局法》第10条规定，电路布局使用权的产生和存续期为：①电路布局使用权应根据建立登记而产生；②电路布局使用权的存续期自建立登记之日起算为10年。可见，日本以登记产生权利，且保护期限仅以登记日为准。

韩国《布图设计法》第7条规定了布图设计权的期限为：（1）布图设计权的期限为其登记日后10年；（2）根据第（1）项的布图设计权的期限不能超过布图设计的首

次商业利用日后10年或其创作完成日后15年。可见，韩国与我国的规定在表达式略有不同，但实际规则基本相似。

欧洲共同体《拓扑图保护指令》第5条规定，(1) 拓扑保护权应开始于 (a) 当拓扑首次被固定或编码时，但本条例不应适用于本条例实施前形成的任何拓扑，或 (b) 在属于本条例第3 (5) 条规定的情况下，自世界任何地方的首次商业利用之日起；(2) 根据本条例拓扑存续的权利，期限为从该拓扑首次在世界任何地方进行商业利用之日起10年，或者，如果其没有在世界任何地方被商业利用，则从其第一次固定或编码开始起15年内。可见，欧洲共同体对拓扑保护的期限为从其固定或编码起15年，或首次商业利用起10年。

从全球主要国家、地区对专有权保护期限的规则看，一方面，保护制度均对该权利设置了一定年限的保护期限，通常是从登记日起10年或者首次商业利用日起10年；另一方面，部分国家、地区附加规定创作完成之后15年不再受到保护。

(三) 保护期限的起点认定规则

针对计算权利保护的起点，著作权为作品创作完成日，商标权为注册核准日，专利权为申请日，专有权为登记申请日或首次商业利用日中较前日期。

我国专有权保护制度为登记制，创作者若想获得一项布图设计被保护的权利，必须经向国务院知识产权行政部门提出登记申请，通过初步审查予以登记公告后方可产生专有权。登记申请日作为专有权人做出登记行为的日期，国务院知识产权行政部门对此予以确认，具有非常高的确定性和公信力，以此作为其专有权期限计算起点，毋庸置疑。

专有权保护布图设计的特定表达，具有技术属性，同时也具有一定的著作权属性。因此，在以登记申请日作为专有权期限起点以充分体现登记制固有特点的同时，也设置相应的制度体现其兼有的著作权属性。对于一项作品而言，其创作完成即享有著作权。对于一项布图设计，其创作完成则不必然可以获得专有权，必须提交登记申请并经初步审查获准登记后方可获得权利，但是，在计算其权利起点时，除以登记申请日作为时间节点外，则可以其创作完成时间作为时间节点。

对于创作完成时间的认定规则，专有权保护制度与著作权不同，充分体现出布图设计专有权的特点。现有专有权保护制度中，专有权人在登记申请日提交登记申请时，应填报其布图设计的“创作完成日”，已投入商业利用的，还须填报其“首次商业利用日”，同时提交芯片样品。专有权保护制度并非直接将申请日填报的“创作完成日”作为计算权利期限的时间节点，而是以“首次商业利用日”或申请日中较前日期为起点。

究其原因，在现行保护制度中，“登记申请日”和“首次商业利用日”的法律地位明显高于“创作完成日”。

从技术角度看，商业利用是完成创作后的成果落地。专有权旨在保护布图设计技术创新，完成创作且投入商业利用相比未投入商业利用的布图设计，应具有更高的技术可靠度；同样，提交登记申请寻求保护亦可说明该布图设计已得到一定程度的验证，可靠度较高。

从登记规则看，创作完成日仅由申请人填报，通常没有佐证材料予以证明；首次商业利用日可由芯片样品予以佐证，相对而言比创作完成日具有更高的可信度；申请日经由国务院知识产权行政部门予以确认，尤为确定。

从制度整体看，关于《条例》第 4 条独创性中所提及“创作时”的具体认定规则，在《条例》和《实施细则》中均没有明确解释，目前审查实践中是以首次商业利用日和登记申请日中较前日期为准。如此，在独创性判断中可以作为现有布图设计证据可获知状态即是以首次商业利用日和登记申请日中较前日期作为时间节点，这类似于专利制度的创造性判断中可作为对比文件证据公开时间是以申请日或优先权日作为时间节点。可以理解，如此设置对专有权人和社会公众更为公平。

因此，《条例》第 20 条以申请日和首次商业利用日中较前日期作为权利期限的计算起点，符合技术发展规律且兼顾专有权人和社会公众的合法利益。同时，规定创作完成 15 年后不再予以保护，可以鼓励创作者尽早登记，符合制度设计的初衷。

（四）审查规则

《条例》第 12 条是撤销条款，布图设计专有权若不符合该条款的规定，应予以撤销。

原则上来说，如果以专有权的登记申请日以及申请登记时填报的首次商业利用日和创作完成日作为时间起点，判断专有权是否满足《条例》规定，只需看当前日期与上述日期的数学运算结果即可，不再赘述。

如果社会公众认为专有权人在申请登记时填报的首次商业利用日和创作完成日不尽准确，则应当完成举证责任，否则其主张将不被支持。

需要说明的是，本条款相比其他撤销条款较为特殊，即使社会公众可以证明一项专有权的实际首次商业利用日或创作完成日早于专有权人填报的日期，也只能提前终止其专有权存续时间，而不能完全“撤销”该专有权曾经存在的客观事实。也就是说，在该专有权存续期间发生的侵权行为，专有权人依然存在追究其侵权责任的权利。

七、第 17 条：申请登记期限

《条例》第 17 条规定，布图设计自其在世界任何地方首次商业利用之日起 2 年内，未向国务院知识产权行政部门提出登记申请的，国务院知识产权行政部门不再予以登记。

该条款明确规定了专有权的申请登记期限，下文将阐述专有权保护制度中关于申请登记期限的立法本意，主要国家的相关规定，并重点阐述与该条款相关的撤销理由的审查规则。

（一）条文释义

我国集成电路产业起步较晚，在《条例》施行之初，我国的集成电路技术与世界发达国家的技术相比存在一定差距，如果允许申请人将发达国家早期的布图设计在我国提出登记申请并获得专有权，势必阻碍我国的集成电路技术进步，不利于促进我国集成电路产业的整体发展。同时，对于国内早期研发的布图设计，也存在类似的问题，将多年以前早已投入商业利用的布图设计申请登记获得专有权，同样会阻滞相关技术发展。

因此，《条例》第 17 条规定了一项布图设计在我国登记获得专有权应当符合一定的申请登记期限，即在世界任何地方首次商业利用之日起 2 年内提出登记申请，否则将不予登记。

相应地，在撤销程序中，如果一项布图设计专有权的登记申请日超出了其首次商业利用之日起 2 年以上，即不符合《条例》的上述规定，则该专有权应当予以撤销。

（二）主要国家的相关规定

美国《芯片保护法》第 908 条规定，“掩膜作品的所有人可以向版权局局长申请掩膜作品保护登记，如果掩膜作品自其在世界上任何地区首次被商业利用之日起二年内未依本章规定申请保护登记，则该掩膜作品不受本章保护”。

日本《电路布局法》第 6 条涉及有关申请前的电路布局的使用的规定，“自申请日回溯两年或两年以上，当创作人等或从创作人等得到（使用权）许可的人为商业目的施行了第 2 条第 3 款第（二）项提及的属于申请的电路布局的行为时，不能获得建立登录”。

（三）审查规则

在以《条例》第 17 条作为撤销理由时，撤销意见提出人通常以一个布图设计权利人自己的芯片作为证据，举证该芯片所包括的布图设计（以下简称对比布图设计），同时举证该芯片的商业利用日期，进而主张对比布图设计与申请被撤销的布图设计（以下简称涉案布图设计）相同或实质相同，且该芯片的首次商业利用日例如销售日期早于涉案布图设计申请日 2 年以上。

在针对第 17 条的撤销理由进行审查时，通常需要查明三项事实：第一，关于权利人，即对比布图设计的创作者与本布图设计的权利人的关系，二者是否为相同主体；第二，关于日期，即对比布图设计商业利用日和本布图设计申请日的关系，对比布图设计投入商业利用的日期是否早于本布图设计申请日期 2 年以上；第三，关于设计图样，即对比布图设计和本布图设计的图样关系，对比布图设计与本布图设计是否相同或实质相同。

1. 权利人

根据《条例》规定，布图设计自其在世界任何地方首次商业利用之日起 2 年内未提出登记申请的，不再予以登记。可见，《条例》第 17 条是针对一项布图设计商业利用和登记申请之间应该遵循的规则。

专有权人创作完成一项布图设计并将其投入商业利用，在投入商业利用 2 年内提出登记申请并获得专有权，则其符合《条例》的上述规定。假设，在专有权人将该布图设计投入商业利用之前，他人也曾创作完成同样的一项布图设计且将其投入商业利用。后者的商业利用日超出前者登记申请日 2 年以上，此时，则不宜以前者不符合《条例》第 17 条的规定为由将其专有权撤销。

因此，在判断本布图设计是否符合《条例》第 17 条的规定时，所引用的对比布图设计应当属于布图设计权利人自己的布图设计。

与此相反，关于《条例》第 4 条的独创性判断中所引用的用于对比的对比布图设计，应是在申请日或者首次商业利用日之前本布图设计的创作者能够获知的他人的布图设计，而不能是权利人自己的布图设计。

究其原因，上述两个条款对所引用对比布图设计的不同要求，来源于二者比对目的不同：关于《条例》第 17 条的对比，是判断布图设计权利人自己的已投入商业利用的对比布图设计是否就是（或者实质上是）本布图设计；而关于《条例》第 4 条的对比，是判断涉案布图设计是否属于布图设计权利人自己独立创作的智力劳动成果，而非抄袭他人或公有领域的智力劳动成果。

2. 日期认定及对比

关于日期，本布图设计的登记申请日为确定日期，两个日期之前的比对为简单的数学运算，困难在于对比布图设计“首次商业利用日”的举证与核实。

从理论上来说，其涉及“首次”商业利用日的举证。实际上，一方面，某行为是否为“首次”类似一种消极事实，极难举证。另一方面，如果非“首次”商业利用行为已早于登记申请日 2 年以上，则“首次”商业利用行为必然早于登记申请日 2 年以上。因此，实践中，只需举证对比布图设计的任何一次“商业利用日”满足条件即可。

《条例》第 2 条阐释布图设计的“商业利用”是“为商业目的进口、销售或者以其他方式提供受保护的布图设计、含有该布图设计的集成电路或者含有该集成电路的物品的行为”，其中，行为包括“为商业目的进口、销售或者以其他方式提供”，实际上涵盖了以商业目的的任何提供布图设计的行为，仅排除了非商业目的的例如内部交流、研发等；目标包括“布图设计、含有该布图设计的集成电路或者含有该集成电路的物品”，基本上涵盖了布图设计自身以及包含布图设计的任何物品，包括图样、掩膜、芯片、产品、设备等。因此，任何可以证明布图设计图样、掩膜、芯片以及包含该芯片的产品、设备等进口、销售或提供行为的日期均可用于举证该商业利用日。

例如，在 JC0001 号撤销程序案中，撤销意见提出人通过证明三件事实来主张本布图设计商业利用的日期：一是通过证据 1 至证据 3 中的 13 封邮件证明；二是通过证据 4 至证据 6 中增值税发票和进仓单证明；三是通过证据 7 的实物本身上面所显示日期证明。针对上述证据及其主张，首先，证据 1 为律师事务所出具的见证书，见证内容为登录邮箱打印若干邮件；证据 2 为证据 1 的部分译文或说明；证据 3 为公司网页证据保全。决定认为，律师见证书需要其他证据佐证才可进一步确认，该见证书在见证过程、内容和形式上均有瑕疵，在该律师未出庭作证的情况下，该证据不予采信；基于此，对证据 2 亦不予采信；证据 3 只能证明公证进行网页保全的事实，但不能佐证证据 1 的真实性，同时证据 3 可以用于证明 FS9932 的销售时间，但不能证明该产品的布图设计与本布图设计相同。因此，证据 1 至证据 3 不能形成完整的证据链以证明本布图设计在其申请日两年前投入商业利用。其次，证据 4 为合约书复印件，证据 5 为增值税发票和进仓单复印件，证据 6 为盖有“本件与原本核对无误”章的查询单复印件，撤销意见提出人未提供证据 4 和证据 5 的原件，其真实性无法确认。证据 6 可以证明领取并开具发票但其购货单位、货物名称和开票时间均无法核实，且证据 4 和证据 6 不能对应，因此上述证据也不能证明本布图设计在其申请日两年前投入商业利用。再次，证据 7 为 2 块 PCB 以及芯片盒等，PCB 为撤销意见人自行提供，因其制作随意，在没有相关合同、发票证明的情况下真实性无法确认；PCB 上所印时间只能用于说明 PCB 的制造时间，而不能将其视为其上安装的 FS9932 字样芯片布图设计的公开时间；尽管 PCB 的芯片以及芯片盒上印有 FS9932 字样，但在未对其布图设计进行比对的情况下不能仅凭名称与本布图设计相同即确定二者布图设计相同。因此，证据 7 也不能证明本布图设计的首次商业利用日早于其申请日两年以上。

又如，JC0024 号撤销程序案件涉及确定一项布图设计首次商业利用的时间，包括确定投入商业利用的布图设计与该布图设计的关系以及确定该商业利用行为发生的时间。撤销意见提出人主张：证据 1 显示专有权人认可 CH340 芯片的布图设计即为本布图设计；证据 2 显示编号为 CH340 芯片的诸多资料已经在 2006—2009 年上传至互联网；证据 3 ~ 4 关于专有权人在相关刑事案件中所提交的用于证明 CH340 芯片主要生产销售时间节点、销售合同的证据均可说明 CH340 芯片最迟应在 2013 年 4 月上市销售。审查决定对以上证据进行分析后认为，首先，证据 3 和证据 4 为双方当事人著作权侵权诉讼的刑事判决书及其中证据，虽然给出了 GC9034 芯片与专有权人的 CH340G 芯片的布图基本相同的鉴定意见，但其比对分析仅涉及封装信息和芯片顶层布局，未完整呈现 CH340G 芯片的完整布图设计，据此不能确定 CH340G 芯片与本布图设计的关系。其次，从专有权人提交的反证可知，CH340 芯片为系列产品，不同时期、不同型号的 CH340 芯片的布图设计存在不同的可能，撤销意见提出人既没有对任何一款 CH340 芯片的布图设计进行提取并与本布图设计进行比对，也没有明确其主张的 CH340 芯片具体型号。最后，证据 1 和证据 2 仅可表明专有权人自述本布图设计登记申请日在其商业利用日两年内，并不能证明本布图设计在其商业利用两年后登记，其中提到的软件程序信息仅显示驱动程序的发布，并不清楚该驱动程序对应的芯片及其型号，更不清楚对应芯片的布图设计。审查决定基于上述理由认定撤销意见提出人所提交的证据 1 ~ 4 均不足以证明本布图设计的商业利用时间，因此不能证明其于首次商业利用之日起两年后进行登记申请，对其主张未予支持。

3. 设计图样比对

对于设计图样而言，需要查明对比布图设计与本布图设计是否相同或实质相同，这里需要注意两个方面：一是单独比对，二是相同或实质相同。

（1）单独比对

在判断涉案布图设计是否符合《条例》第 17 条的规定时，只能将涉案布图设计与一份对比布图设计单独进行比对，而不能将其与几份对比布图设计的组合进行比对。应将涉案布图设计和对比布图设计分别视为整体，分析对比二者图样异同。

涉及第 17 条的比对原则和涉及第 4 条独创性判断中的比对原则不同。如上所述，第 17 条申请登记期限为单独比对原则。而在独创性判断中，则不局限于一份对比布图设计，其中针对本布图设计不同的独创性部分，可以将其与不同的现有布图设计或者常规设计进行比对，进而分析判断该独创性部分是否具有独创性。

究其原因，应从立法本意的角度看，上述两个条款比对原则的不同是因为二者所规范行为的不同。如前所述，《条例》第 17 条规范的是早已将某一布图设计投入商业利用但迟迟不去对该布图设计申请登记专有权的行为，仅关乎权利人单方。《条例》第 4 条则规范的是抄袭他人或公有领域的布图设计的行为，涉及抄袭者和被抄袭目标多方。

（2）相同或者实质相同

根据《审查与执法指南》规定，审查涉案布图设计是否符合《条例》第 17 条的规定时，须判断对比布图设计与涉案布图设计是否属于相同或实质相同的布图设计。如果涉案布图设计与对比布图设计属于相同的集成电路分类，并且二者的图层总数、整体布局、各功能模块的布局、连线等均相同或者实质相同，则认为二者为相同或者实质相同的布局设计。

“相同”的判断标准是相对比较直观、确定的，从集成电路分类、图层总数、整体布局、各功能模块的布局、连线等各方面对对比布图设计与涉案布图设计进行比对，如果各方面特征都完全一致，则认为二者相同。

而“实质相同”的判断标准在实践中还属于难点问题。从已有的鉴定意见书来看，鉴定意见的原则是考虑布图的相对位置、大小、形状、数量结合业内普通技术人员对集成电路布图设计的认识水平作出判断。判断是否实质相同，可基于以下原则：

①应站位于布图设计创作者和集成电路制造者。《审查与执法指南》明确规定，判

断布图设计是否符合《实施细则》第 29 条第 1 款规定的撤销理由时，应基于布图设计创作者和集成电路制造者所具有的知识和能力进行评价。该对判断主体的要求同样适用于判断两个布图设计是否实质相同的情况。

②从集成电路分类、图层总数、整体布局、各功能模块的布局、连线等各方面对对比布图设计与涉案布图设计进行比对，先找出二者不同的部分，再判断这些不同部分是否对所比对的两个布图设计造成“实质性”的不同，如该不同是否为常规设计的简单变换或替换，是否为不参与电子功能的虚设或冗余的元件或模块，是否仅由工艺或设计规则的不同导致等。如果导致不同的原因均属于上述情况，则认定二者实质相同；否则可认为二者实质不同。

例如，在 JC0019 号撤销程序案件中，撤销意见提出人主张专有权人于 2013—2014 年将 CS3815 投入商业利用，于 2017 年 12 月 8 日提出本布图设计的专有权登记申请，其申请日超过了首次商业利用日 2 年以上，不符合《条例》第 17 条的规定。审查决定认为，在该案中，首先核实 CS3815 晶圆布图设计与本布图设计是否相同或实质相同；如果二者相同或实质相同则再核实相关日期。经查明，本布图设计与 CS3815 晶圆布图设计具有若干相同点，但本布图设计与 CS3815 晶圆布图设计也具有明显区别，主要在于本布图设计的 SENSOR 模块中位于模块周边部的周边像素的尺寸明显小于位于模块中部的正常像素的尺寸，而 CS3815 晶圆布图设计的周边像素的尺寸和中间像素的尺寸没有明显差异。在上述查明事实基础上，审查决定认定本布图设计与 CS3815 晶圆布图设计具有明显区别，因此本布图设计与 CS3815 晶圆布图设计既不相同也不实质相同，从而对撤销意见提出人的主张未予以支持。

第四章　专有权的侵权救济

第一节　概　　述

一、侵犯专有权行为的构成要件

侵犯布图设计专有权的行为是指未经布图设计专有权人许可，又无法律依据，出于商业目的对受《条例》保护的布图设计进行复制和商业利用，依法应当承担法律责任的行为。

《条例》第30条第1款规定了未经专有权人许可侵犯其专有权的两种行为：一是复制受保护的布图设计的全部或者其中任何具有独创性的部分；二是为商业目的进口、销售或者以其他方式提供受保护的布图设计、含有该布图设计的集成电路或者含有该集成电路的物品。

从《条例》第30条第1款可以看出，侵犯布图设计专有权行为的构成要件主要包括以下几个方面：

第一，侵权行为侵犯的是受保护的布图设计专有权。世界上大多数国家要求布图设计专有权因登记而产生，我国也不例外，布图设计只有在登记以后，才开始受法律保护，第三人未经许可实施复制和商业利用行为，才构成侵权。对于登记以前的布图设计，以及保护期满的布图设计，因其不受布图设计法保护，第三人实施该行为就不构成侵权。

第二，非经布图设计专有权人许可实施的行为。侵权行为是未经权利人许可的行为，如果是经布图设计权人许可而实施的则为合法行为，不构成侵权。

第三，以商业利用为目的。只有为商业目的而进行的复制或利用他人受保护的布图设计的行为，才构成侵权。但是，如果该行为虽是出于非商业目的，然而却对权利人的经济利益产生了较大的影响，通常也会被视为侵权。

第四，行为人主观上有过错。根据《TRIPs协定》第37条的规定，如果从事或安排从事该行为的人在获得该集成电路或装有这种集成电路的产品时不知道而且也没有正当的理由应该知道它采用了非法复制的布图设计，则任何缔约方都不得将这种行为视为非法行为。《条例》第 33 条规定，在获得含有受保护的布图设计的集成电路或者含有该集成电路的物品时，不知道也没有合理理由应当知道其中含有非法复制的布图设计，而将其投入商业利用的，不视为侵权。由此可见，侵犯布图设计权的归责原则是过错责任，过错是指支配行为人从事在法律上和道德上应受非难的行为的故意或过失状态。侵犯布图设计专有权的行为人必须具有侵权的故意或过失的心理状态，其行为才构成侵权。如果主观上无过错，则不构成侵权，如各国集成电路布图设计法中关于善意侵权的规定。

二、侵犯专有权的具体行为

根据《条例》第 30 条第 1 款规定，侵犯专有权的具体行为，分别为复制和商业利用。

（一）复制

《华盛顿条约》第 6 条第 1 款（a）项规定，他人无论是通过植入集成电路还是其他方式，复制受保护的布图设计（拓扑图）的全部或者其任一部分时，必须得到权利持有人的许可，否则，就是违法行为。其中，“其他方式”可以是复制在掩膜、计算机磁盘、纸张上或者通过包括制造缩微芯片在内的其他手段复制。根据《TRIPs 协定》第 35 条的规定，《华盛顿条约》第 6 条第 1 款已构成《TRIPs 协定》的组成部分。

上述条款体现的是对专有权人复制权的保护，因此，清楚地界定复制权，是侵权判定的前提。在我国，《条例》第 7 条规定了布图设计专有权人享有复制权，是对受保护的布图设计的全部或者其中任何具有独创性的部分进行复制的权利。换句话说，专有权人享有复制权利的前提是其布图设计包括具有独创性的部分，如果布图设计不包括具有独创性的设计部分，则专有权人不应限制他人复制该布图设计，而根据《条例》第 4 条规定，受保护的独创性既可以是布图设计中不是公认常规设计的某个区域的具体表达，也可以是其组合作为整体具有独创性的由常规设计组成的布图设计。

复制权是著作权的核心权利，其在著作权法意义上的内涵是指作品被相对稳定和持久地固定在有形物质载体之上，具体包括无载体到有载体的复制、有载体到有载体的复制行为。《著作权法》（2020 年修正）第 10 条第（五）项规定，复制权，即以印刷、复印、拓印、录音、录像、翻录、翻拍、数字化等方式将作品制作一份或者多份的权利。因此，著作权法意义上对工程设计图、产品设计图的复制，仅指以印刷、复印、翻拍等复制形式使用图纸，而不包括按照工程设计图、产品设计图进行施工、生产工业产品。然而，由于布图设计既具有著作权特性，又具有工业产权的特性，因此不能将布图设计专有权上的复制与著作权法意义上的复制做同等解释。

在实际操作中，对集成电路布图的复制并非单纯地指复制设计图本身，而将布图设计应用到集成电路当中，以提升集成电路的功能和效率，此种行为也属于复制行为，但本质上是将布图设计用于产品制造，类似于专利法上的制造行为。因此，国外关于集成电路的立法以及相应的国际条约针对集成电路中的复制所使用的大都是“reproduce”而非“copy”一词。[1] 因此，布图设计中的复制权，范围应包括著作权法意义上的复制以及专利法意义上的制造[2]，其延及含有布图设计的集成电路。

集成电路布图设计专有权复制权是布图设计专有权人非常重要也是最基本的权利，对集成电路布图设计进行复制大多是制造出集成电路产品，进而对集成电路产品进行商业利用以营利。所以，无集成电路布图设计专有权复制权则无集成电路布图设计专有权商业利用权。

（二）商业利用

《华盛顿条约》第 6 条第 1 款（b）项规定，以商业为目的进口、销售或者以其他方式发行受保护的集成电路布图设计或者其中含有受保护的集成电路布图设计的集成电路时，必须得到集成电路布图设计权利持有人的许可，否则，就是违法行为。

《TRIPs 协定》第 36 条规定，从事下列行为未经权利持有人授权，则应视为非法：为商业目的进口、销售或分销一受保护的布图设计、含有受保护的布图设计的集成电路或含有此种集成电路的物品，只要该集成电路仍然包含非法复制的布图设计。《TRIPs 协定》第 36 条是在《华盛顿条约》第 6 条第 1 款（b）项规定基础上，明确认可保护对象延伸至集成电路的物品，但附加了“仅以其持续包含非法复制的布图设计为限”的限制，也就是说权利人只能对那些含有侵权布图设计的工业产品行使其上述专有权权能。

上述条款体现的是对专有权人商业利用权的保护，因此，清楚地界定商业利用权，是侵权判定的前提。布图设计商业利用权是指，为商业目的而利用布图设计或含有布图设计的集成电路的权利。根据《条例》第 7 条对商业利用权的规定，该权能包含三个层次的保护范围，即将布图设计直接投入商业利用，将含有布图设计的集成电路投入商业利用，将含有前述集成电路的物品投入商业利用。此种权利范围的设计类似于专利法的保护模式，如对专利方法的保护不仅包括该专利方法，还延伸到依照该方法直接生产的产品上。

从实践中看，侵犯专有权的频发行为主要是将含有布图设计的集成电路或物品投入商业利用，而不是仅将布图设计投入商业利用。这一点很好理解，布图设计的创作作为集成电路制造的前端程序，创作布图设计的目的就在于利用该布图设计制成掩膜

---

[1] 曹伟. 集成电路知识产权保护评析［J］. 现代法学，2007（02）：164.

[2] 张一泓. 集成电路布图设计专有权保护机制探析［J］. 电子知识产权，2023（06）：95.

进而制造集成电路。最常见的市场行为是销售集成电路芯片，而不是直接销售布图设计。

从了解到的行政裁决案件和司法审判案件看，目前涉及集成电路布图设计的被诉侵权产品也均为集成电路芯片，尚没有涉及侵犯布图设计复制权或者布图设计商业利用权的案件发生。但是，也应当注意，通过任何渠道获得布图设计并将其销售给他人以获取利益也是一种很可能发生且更容易发生的侵权行为。

各国集成电路布图设计法律一般也都规定了集成电路布图设计所有者的商业利用权。美国规定的商业利用权有进口或销售体现掩膜作品的半导体芯片产品的权利；日本规定的商业利用权包括：利用该线路集成电路布图设计制造半导体集成电路的行为；转让、出租或以转让、出租为目的的展示，或者进口利用该线路布局制造的半导体集成电路，包括由这种集成电路构成的物品。

三、侵权救济途径

根据《条例》第 31 条规定，未经布图设计权利人许可，使用其布图设计，即侵犯其布图设计专有权，引起纠纷的，由当事人协商解决；不愿协商或者协商不成的，布图设计权利人或者利害关系人可以向人民法院起诉，也可以请求国务院知识产权行政部门处理。可见，在我国侵犯布图设计专有权的救济途径采用双轨制，即可以分别寻求司法途径和行政途径进行救济。

在司法救济方面，2001 年 10 月 30 日最高人民法院审判委员会第 1197 次会议通过的法发〔2001〕24 号文件，即《最高人民法院关于开展涉及集成电路布图设计案件审判工作的通知》指出，对集成电路布图设计专有权进行司法保护，是人民法院的一项新的审判任务。人民法院受理的案件，包括布图设计专有权权属纠纷案件、侵犯布图设计专有权纠纷案件、诉前申请停止侵权、财产保全案件等。

在行政救济方面，2001 年 11 月 28 日国家知识产权局颁布的《行政执法办法》第 2 条明确了《条例》第 31 条所称国务院知识产权行政部门是指国家知识产权局。为了较好地处理布图设计侵权纠纷，国家知识产权局设立了集成电路布图设计行政执法委员会，负责处理侵犯布图设计专有权的纠纷，调解侵犯布图设计专有权的赔偿数额。

第二节　司法保护

一、概　　述

《华盛顿条约》的制定对于集成电路布图设计的立法具有指导性意义。该条约规定各国可以任选著作权法、专利法、工业设计法或不正当竞争法等形式，或采用特别法形式保护布图设计。《TRIPs 协定》进一步强化了集成电路布图设计专有权的法律保护，在《TRIPs 协定》中，国际社会明确承认了对知识产权的保护可以提供行政和司法救济两条途径。我国《条例》第 31 条规定，未经布图设计权利人许可，使用其布图设计，即侵犯其布图设计专有权，引起纠纷的，由当事人协商解决；不愿协商或者协商不成的，布图设计权利人或者利害关系人可以向人民法院起诉，也可以请求国务院知识产权行政部门处理。

在我国，对寻求司法途径救济的集成电路布图设计专有权侵权纠纷案件，由被告住所地或者侵权行为地所属的省、自治区、直辖市人民政府所在地的或者所属的经济特区所在地的中级人民法院管辖。根据《最高人民法院关于开展涉及集成电路布图设计案件审判工作的通知》规定，侵犯布图设计专有权纠纷案件由各省、自治区、直辖市人民政府所在地，经济特区所在地和大连、青岛、温州、佛山、烟台市的中级人民法院作为第一审人民法院审理，目前该类案件统一归为最高人民法院知识产权法庭作为第二审人民法院审理。

二、侵权判定标准

《条例》并未规定侵权判定标准。在司法审判实务中，集成电路布图设计的侵权判定标准与著作权侵权判定类似，即采用“接触 + 实质性相似”规则。集成电路布图设计侵权“接触 + 实质性相似”规则主要考虑两个方面的因素：第一，被控集成电路布图设计的行为人接触了在先享有专有权的集成电路布图设计；第二，原被告双方的集成电路布图设计构成实质性相似。

对于接触，并不要求实际接触，只要求存在接触的可能性即可。根据有关司法裁判规则，判断被控侵权人是否接触过涉案布图设计或者存在接触的可能时，一般考虑如下因素：（1）涉案布图设计是否已经公开发表、投入市场，或者以其他方式为公众所知。（2）涉案布图设计未发表、投入市场，或者以其他方式为公众所知，但被控侵权产品的制造者或者其关联主体与涉案集成电路布图设计的权利人之间是否存在投稿、合作洽谈、雇佣、参与研发等情况；如果涉案集成电路布图设计尚未投入商业利用，则原告需要进一步提供证据，证明被控侵权方有获知该集成电路布图设计的实际可能性；被控侵权布图设计与涉案布图设计的表达相同或者高度相似，足以排除独立创作可能性，且被控侵权人未作出合理解释的，可以根据在案证据推定被告接触过在先作品。如钜某公司与雅某公司等侵权纠纷案等，人民法院根据被控侵权人员工是否参与原告集成电路布图设计研发、销售等，来判定是否有接触的可能性。

关于实质性相似的判断，在涉案集成电路布图设计并非整体具备独创性的条件下，应当将涉案集成电路布图设计中具有独创性的部分与被控侵权设计中的相应部分进行比对，而非将被控侵权布图设计与涉案集成电路布图设计进行整体比对。在明某公司诉华某公司侵犯集成电路布图设计专有权纠纷案中，一审、二审法院认为尽管被控侵权产品的布图设计与要求保护的涉案布图设计整体布局存在差异，但独创性部分几乎完全相同，并且在功率上也基本一致，二者构成实质性相似。

三、民事责任

（一）我国相关规定

《条例》第 30 条第 2 款规定了侵犯专有权应承担赔偿责任，赔偿数额则规定为侵权人所获得的利益或者被侵权人所受到的损失，包括被侵权人为制止侵权行为所支付的合理开支。同时，《条例》第 31 条规定了国家知识产权局在处理侵权案件行政纠纷时，认定侵权行为成立的，可以责令侵权人立即停止侵权行为，没收、销毁侵权产品或者物品。可见，《条例》规定的侵权责任包括停止侵权行为，赔偿损失，没收或销毁侵权产品等。另外，《条例》第 32 条规定了诉前禁令，即布图设计权利人或利害关系人有证据证明他人正在发生侵权行为，如不及时制止可能受到难以弥补的损害，可以请求颁发禁令。

我国台湾地区所谓“电路布局保护法”的第 29 ~ 32 条对侵权行为及侵权责任进行了规定。

其中，第 29 条规定专有权人可以请求侵权人承担赔偿责任，并排除侵权和损害，且可以预防可能的侵权行为。第 30 条规定了赔偿金额的计算方法：“一、依‘民法’第 216 条之规定。但不能提供证据方法以证明其损害时，被侵害人得就其利用电路布局通常可获得之利益，减除受侵害后利用同一电路布局所得之利益，以其差额为所受损害。二、侵害电路布局权者，因侵害所得之利益。侵害者不能就其成本或必要费用举证时，以贩卖该电路布局或含该电路布局之积体电路之全部收入为所得利益。三、请求法院依侵害情节，酌定新台币五百万元以下之金额。”对于赔偿金额，我国台湾地区以通常的利润减去侵权行为发生后的利润得到赔偿数额。如果被控侵权人不能举证其成本和必要费用，则将其销售该芯片的全部收入推定为所得利益作为赔偿金额。第 31 条规定对于已收到关于侵权的书面意见后继续购买芯片的，以其“通常利用可收取权利金之损害赔偿”来承担赔偿。第 32 条规定了销毁芯片和将判决登报等。总体来说，我国台湾地区的侵权责任相对较轻，没有规定承担刑事责任等。

（二）主要国家的相关规定

为了更好地理解相关规定，下文将对美国、德国、日本、韩国有关侵权责任的相关规定进行分析对比。

1. 美国

美国《芯片保护法》第 991 条主要规定：

“一、对于布图设计侵权行为，法院可以颁布临时阻止令、临时禁令和永久禁令；

二、判定赔偿额时，应判令赔偿实际损失额，同时还应将侵权人所获得的未计算在实际损失中的利润计算在内，其中，在计算侵权人所得时，专有权人仅需举证侵权人的总收入，侵权人则必须举证布图设计以外的其他因素的利润；

三、可以选择法定赔偿，赔偿额最高不超过 25 万美元；

四、诉讼期间，可以没收被控侵权产品以及用于复制布图设计的图纸、磁带、掩膜或其他产品；

五、可以销毁侵权产品；

六、不得依据宪法第 11 条修正案或其他主权豁免原则享有豁免。”

从美国的法律规定看，除了比较常见的没收、销毁侵权产品以及赔偿，美国对于侵权行为的惩罚措施还包括了有特点的几项措施。可以颁布永久禁令，这是一项非常严厉的惩罚措施。在计算赔偿额时，专有权人仅需举证侵权人的总收入，这对专有权人的举证责任大幅降低，有利于权利人维护其权利。法定赔偿额最高为 25 万美元，以 1984 年的价值看，这一赔偿额有一定的威慑作用。另外，不能享有豁免也是该条款的一个特点。

2. 日本

日本《电路布局法》第 22 条规定了对于侵权行为，可以要求侵犯或可能侵犯其电路布局使用权或专用权的人中止或防止侵权行为，也可以要求销毁侵权有关的半导体集成电路或用于侵权的其他物品，以及其他的防止侵权的必要措施。对于侵权行为带来的损失金额的计算，第 25 条规定了损失总额的推断，一是若侵权人从侵权中得到了收益，则收益的总额应被推断为专有权人所遭受损失的总额，二是按照通常许可费的金额作为由侵权导致损失的赔偿。

日本在该法规的第六章“罚则”中通过第 51 ~ 56 条专门规定了对于若干行为的惩罚措施，其中第 51 条规定了对于侵权行为的惩罚：

“1. 侵犯电路布局使用权或专用权者应被处以 3 年以下的劳役或 100 万日元以下的罚款。

2. 前款提及的罚行应根据告诉而起诉。”

从其规定可见，日本对侵权行为可以施以“3 年以下的劳役”的刑事惩罚以及“100 万日元以下的罚款”这一惩罚性罚款。可以看出，在日本，布图设计专有权侵权行为所负的侵权责任非常严厉，尤其是 3 年以下劳役的刑事惩罚的规定。

3. 韩国

韩国《布图设计法》第 35 条规定了有关“停止侵权的要求”：

(1) 布图设计权利人或者布图设计专用被许可人有权要求已经或者可能侵犯其布图设计权或者专用许可的人停止侵权或者采取预防措施。

(2) 布图设计权利人或布图设计专用被许可人在根据第 (1) 款提出要求时，也可以要求销毁已经通过侵权方式生产的半导体集成电路或类似产品，或采取任何其他措施防止此类侵权。即，布图设计专有权人可以要求停止侵权或采取预防措施，也可以要求销毁集成电路或类似产品，并采用兜底式条款规定"或采取任何其他措施防止此类侵权"。

同时，第36条规定了有关"损失赔偿"：(1) 布图设计权利人或者布图设计专用被许可人对故意或者过失侵犯其权利的人，可以要求赔偿损失。(2) 布图设计权利人或布图设计专用被许可人对通过侵犯其在第 (1) 款下的权利而获得利润的人提出索赔的，该利润被推定为布图设计权利人或该布图设计专用被许可人造成的损失。(3) 布图设计权利人或布图设计专用被许可人在根据第 (1) 款提出索赔时，可以要求支付他/她通常可以就布图设计的使用收取的金额，作为布图设计权利人或布图设计专用被许可人遭受的损失。(4) 如果损失超过第 (3) 款规定的金额，也可以要求赔偿该超出的金额。即，赔偿金额为专有权人的损失或使用其收取的金额，损失金额可以超出收取金额。

韩国《布图设计法》第45条规定了布图设计专有权的"侵权罪"，包括：(1) 侵犯布图设计权或者独占许可证将被处以3年以下有期徒刑或不超过3000万韩元的罚款，或同时处以劳役和监禁罚款；(2) 第 (1) 款所述罪行只有在提出刑事申诉后才能被起诉。韩国对于侵犯专有权的惩罚措施与日本类似，可以处以"3年以下有期徒刑或不超过3000万韩元的罚款"，也可以同时处以劳役和罚款。可见，韩国规定的侵权责任也是非常严厉的，侵权者可能承担刑事责任和/或罚款。

4. 德国

德国《拓扑保护法案》在"侵权"一节通过第9条规定了"(1) 任何违反第6 (1) 节规定侵犯拓扑图保护的人可能会被受害方起诉，以禁止此类侵权行为。任何故意或过失采取此类行动的人，应对因此遭受的损害向受害方承担赔偿责任。如果侵权人仅因轻微疏忽而被起诉，法院可以在对受害方造成的损害和侵权人获得的利润范围内确定赔偿，以代替赔偿。《实用新型法》第24c节的规定应比照适用。(2)《实用新型法》中关于销毁请求权 (第24a节)、关于第三方信息的请求 (第24b节) 和海关当局的措施 (第25a节) 的规定应比照适用"。可见，德国对于故意或过失侵权的行为，要求承担赔偿责任；对于因轻微疏忽导致的侵权行为可以在其获得利润范围内承担赔偿责任。

同时，该法规在"罚则"一节中通过第10条规定：

"(1) 任何人

1. 复制违反第6 (1) 节第二句第1项的拓扑图，或

2. 为此目的的提供、投放市场、分销或进口拓扑图或含有违反第6 (1) 节第二句第

2 项的拓扑结构的半导体产品，应处以不超过三年的监禁或罚款。

（2）如果犯罪者是出于商业目的，则应处以五年以下监禁或罚款。

（3）企图犯这种罪行应受到惩罚。

（4）在第（1）款所述的案件中，刑事起诉只能根据请求提起，除非检察机关认为，鉴于刑事起诉中的特殊公共利益，需要当然干预。

（5）《实用新型法》关于没收的规定（第 25（5）节）应比照适用。

（6）在定罪的情况下，如果受害方提出要求，并且他有合法利益，则应公布判决。出版物的范围和性质应当在判决书中确定。”

德国规定的针对侵权行为的惩罚更为严厉，包括“3 年监禁或罚款”，商业目的的侵权行为甚至可以“5 年以下监禁或罚款”，这是目前针对侵犯布图设计专有权的最严厉的惩罚措施。同时，德国还规定“企图犯这种罪行应受到惩罚”，这也是目前针对布图设计专有权最为扩大化的侵权行为。

综上可知，日本、韩国、德国在其法律规章中均规定了对专有权侵权行为所承担的严厉惩罚措施，包括监禁和罚款。

（三）小结

有观点认为，部分集成电路企业对于布图设计保护制度热情度不高的原因之一在于侵权行为承担的法律责任较弱，不能真正起到打击抄袭行为的作用，应引入惩罚性赔偿制度。《商标法》包括惩罚性赔偿条款，2019 年修正的《反不正当竞争法》，2020 年修正的《专利法》和《著作权法》均增加了惩罚性赔偿条款，从现阶段我国科技发展的现状以及知识产权保护的整体强度看，布图设计产业以及整个集成电路产业的技术性很强，研发投入和成本高，对侵权行为进行更为严格的打击有利于产业健康发展，因此，在侵权责任中引入惩罚机制理所应当，符合我国科技、经济实力的整体发展趋势。

至于刑事责任，鉴于集成电路布图设计仍属于侧重规制技术领域的法律，立法之初基于我国的基本国情，并未引入刑事责任。但近年来，有不少专家、学者呼吁，引入刑法对集成电路布图设计进行保护具有必要性和合理性。例如，有的观点认为，在微电子信息时代，刑法有必要将侵犯集成电路布图设计专有权的行为在一定程度上予以犯罪化，来实现对集成电路布图设计专有权的确认和保护。[1] 有观点认为，根据《条例》的规定，侵犯布图设计专有权的行为应当承担相应的民事和行政责任，但没有规定侵权人的刑事责任，这与布图设计专有权在知识产权体系中的重要地位极不对等。对于应该增加何种法定刑，可以借鉴日本的有关规定，对于严重侵犯集成电路布图设计专有权的行为，最高可以处以 3 年有期徒刑，或判处罚金。我国可以使用资格刑和

---

[1] 马骏．集成电路侵权行为犯罪化研究：基于刑法立法、解释上的二元解构［J］．电子知识产权，2023（05）：4.

财产刑相结合的方式，对于严重侵权行为，判处有期徒刑或拘役，并处罚金。❶

综合来看，适当增强惩罚措施，甚至进行刑事处罚，提高对侵权行为的威慑，对于鼓励技术创新和保护技术创新具有重要作用，这与我国集成电路设计行业在全球处于前列的技术地位和综合国力高速发展为全球第二大经济体的整体国际地位相匹配。

四、侵犯专有权抗辩事由

（一）合理使用

《条例》第23条第（一）项规定，为个人目的或者单纯为评价、分析、研究、教学等目的而复制受保护的布图设计的，可以不经布图设计权利人许可，不向其支付报酬。

该条款规定了合理使用的情形，即为了个人学习研究目的去复制受保护的布图设计不属于侵权。因为复制者的复制目的是学习而不是商业使用，自己不会从中直接获取利益，权利人的利益也不会直接遭受损失。而且，允许这种学习行为，会促进社会技术、科学等方面的发展。

（二）反向工程

《条例》第23条第（二）项规定，在依据前项评价、分析受保护的布图设计的基础上，创作出具有独创性的布图设计的，可以不经布图设计权利人许可，不向其支付报酬。

该条款普遍认为是集成电路布图设计领域反向工程的法律依据。从该条款来看，反向工程须具备以下条件：一是其目的在于对他人的布图设计进行分析、评价、用于教学或在他人的布图设计运用的基础上创作新的布图设计，单单出于商业目的不能对他人的布图设计运用反向工程；二是利用反向工程所创作出的新的布图设计必须符合原创性的要求；三是对于所复制他人的布图设计不能进行商业利用。❷

《最高人民法院关于审理不正当竞争民事案件应用法律若干问题的解释》第12条指出，反向工程是指通过技术手段对从公开渠道取得的产品进行拆卸、测绘、分析等而获得该产品的有关技术信息。在对集成电路芯片进行反向工程获得集成电路芯片的有关技术信息过程中，通常借助拍照等技术手段获得集成电路芯片各层配置的图片，对布图设计创作者和集成电路制造者而言，上述图片与布图设计并无本质区别。

反向工程能否成立取决于其是否具有独创性，目前理论界关于反向工程独创性的判断标准有：功能进步标准、性能优化标准、辛苦和投资标准、实质不相同标准以及

---

❶ 李雪连．论集成电路布图设计的知识产权保护［D］．济南：山东大学，2020．

❷ 夏晶．浅析中国《集成电路布图设计保护条例》［J］．学理论，2012（06）：51．

辛苦和投资标准与实质不相同标准兼用标准。利用辛苦和投资标准与实质不相同标准兼用标准判断是否有独创性，一般分两步进行：首先，判断行为人在进行反向工程时是否有合理的辛苦和投资付出，这可以从反向工程研究过程中产生的各种书面痕迹中找到证据。只有在行为人有大量的合理的辛苦和投资付出时，才进行第二步的判断，即判断反向工程布图设计与请求保护的布图设计是否不实质相同。[1]

目前我国没有关于反向工程成立的判例，有学者认为，目前为止，辛苦和投资标准与实质不相同标准兼用标准相对其他标准来说，在集成电路布图设计侵权审判实践中是比较好的标准，最早在美国司法判例即布鲁克公司诉超微设备电子有限公司（Brooktree v. Advanced Micro Devices）侵犯布图设计专有权案件中确立，之后在阿特勒公司诉克里尔公司（Altera Corporation v. Clear Logic）集成电路布图设计侵犯布图设计专有权案件中得到再次的应用。在实践中，该标准也广为其他国家接受。

（三）独立创作

《条例》第23条第（三）项规定，对自己独立创作的与他人相同的布图设计进行复制或者将其投入商业利用的，可以不经布图设计权利人许可，不向其支付报酬。

该条款规定了独立创作的情形。在深圳明某公司（以下简称明某公司）诉深圳天某公司（以下简称天某公司）侵犯布图设计专有权纠纷案件中，被告天某公司也申请了布图设计登记，并取得布图设计登记证书，并且其申请日早于原告明某公司申请日。法院判决认为，经过技术对比，被控侵权芯片集成电路版图与天某公司在国家知识产权局申请布图设计备案时提交的样品布图设计完全一致。因此，天某公司不侵权。

（四）权利用尽

《条例》第24条规定："受保护的布图设计、含有该布图设计的集成电路或者含有该集成电路的物品，由布图设计权利人或者经其许可投放市场后，他人再次商业利用的，可以不经布图设计权利人许可，并不向其支付报酬。"

该条款规定了布图设计专有权人的权利用尽情形，即对于经专有权人允许复制或商业利用的布图设计、集成电路、物品，被许可人可以将其再次商业利用，这符合商业社会的普遍认知。目前，世界上大多数国家的布图设计保护法中都有关于权利用尽的规定。如《华盛顿条约》第6条第5款规定，任何缔约方可以认为，对由权利持有人或者经其同意投放市场的受保护的布图设计（拓扑图）或者采用该布图设计（拓扑图）的集成电路，未经权利持有人的许可而进行第6条第1款（a）（2）项所述行为是合法行为。该原则的目的是排除原权利人对产品或物品再次利用的控制权，促进商品在市场中的正常流通，让商品购买者自由处理购买的产品，同时保障原权利人其他的专有权。

---

[1] 张鹿．集成电路布图设计复制侵权认定标准研究［D］．上海：华东政法大学，2011．

（五）强制许可

《条例》第25条规定："在国家出现紧急状态或者非常情况时，或者为了公共利益的目的，或者经人民法院、不正当竞争行为监督检查部门依法认定布图设计权利人有不正当竞争行为而需要给予补救时，国务院知识产权行政部门可以给予使用其布图设计的非自愿许可。"

该条款规定了对布图设计专有权强制许可的情形，即为了公共利益或者防止权利滥用，允许国家或第三方在没有获得权利人授权的情况下使用其布图设计。国务院知识产权行政部门应当根据强制许可的理由，规定使用的范围和时间，其范围应当限于为公共目的非商业性使用，或者限于经人民法院、不正当竞争行为监督检查部门依法认定布图设计权利人有不正当竞争行为而需要给予的补救。

（六）不视为侵权

《条例》第33条规定："在获得含有受保护的布图设计的集成电路或者含有集成电路的物品时，不知道也没有合理理由应当知道其中含有非法复制的布图设计，而将其投入商业利用的，不视为侵权。"

从该条款规定的是不视为侵权的情形，理论界一般称其为善意侵权。从该条款来看，适用不视为侵犯集成电路布图设计专有权制度必须满足以下三个要件：第一，以不视为侵犯集成电路布图设计专有权进行抗辩的主体，只能是获得含有受保护的布图设计的集成电路或者含有该集成电路的物品的商业利用者，不包括布图设计的复制者。第二，在举证责任方面，以不视为侵犯集成电路布图设计专有权进行抗辩的商业利用者，通常应举证证明其投入商业利用的被控侵权产品以合法途径来自其他经营者。第三，以不视为侵犯集成电路布图设计专有权进行抗辩的主体，在主观上应当为善意，即在获得含有受保护的布图设计的集成电路或者含有该集成电路的物品时，不知道也没有合理理由应当知道其中含有非法复制的布图设计。在司法实践中，当被控侵权人举证满足了被控侵权产品有合法来源的构成要件时，一般可以推定被控侵权人在主观上为善意。但依据民法推定的事实允许通过反证推翻的原理，当被控侵权人举证被控侵权产品有合法来源，而布图设计专有权人却举出其他证据证明被控侵权人的商业利用行为在主观上存在恶意，此时意味着被控侵权人仍应承担侵犯布图设计专有权的法律责任。当满足以上三个条件时，被控侵权的布图设计的商业利用者将不被认定为侵犯他人集成电路布图设计专有权，不承担相应的侵权法律责任。[1]

在南京微某电子有限公司（以下简称微某公司）诉泉某电子技术（深圳）有限公司（以下简称泉某公司）专有权纠纷案中，泉某公司抗辩其销售的被控侵权芯片来源

---

[1] 祝建军．不视为侵犯集成电路布图设计专有权的条件［J］．人民司法，2017（14）：91－92．

于微某公司，其在获得被诉产品时不知道也无合理理由应当知道其中含有非法复制的布图设计，并提供对账单、送货单、增值税专用发票等证明。经司法鉴定，泉某公司销售的芯片与微某公司的芯片可以推定为同一布图设计。二审判决认为，泉某公司并未侵害微某公司的集成电路布图设计专有权。

五、侵权判定中的疑难问题

（一）保护范围的确定

根据《条例》第 16 条规定，在登记申请时，申请人应该提交的材料包括申请表、布图设计的复制件或者图样、含有受保护布图设计的集成电路样品（布图设计已投入商业利用）等。根据《实施细则》第 14 条规定："按照条例第十六条规定提交的布图设计的复制件或者图样应当符合下列要求：（一）复制件或者图样的纸件应当至少放大到用该布图设计生产的集成电路的 20 倍以上；申请人可以同时提供该复制件或者图样的电子版本；提交电子版本的复制件或者图样的，应当包含该布图设计的全部信息，并注明文件的数据格式；……"也就是说，在登记申请时，纸件的布图设计复制件或图样是必须提交的，电子版本的复制件或图样可以选择性提交，样品在有商业利用的情况下需提交。在审查实务中，国务院知识产权行政部门近年来接受电子申请，但有格式的要求以及上传文件的大小在 150M 之内的限制。因此，布图设计复制件或图样是必须提供的载体形式，样品和图样电子版是登记备案时可提供的载体形式，它们是布图设计内容的实体呈现。

在侵权判定中，选择何种布图设计的载体来确定布图设计所保护的内容和范围，《条例》和《实施细则》均并未明确规定。在司法实践中，以上述三种载体为依据的判例如下。

1. 以布图设计纸质复制件或者图样为依据

在苏州赛某电子科技公司诉深圳裕某科技公司等侵权纠纷案的终审判决中，再审判决认为：根据《条例》第 16 条规定以及《实施细则》第 14 条规定，纸质复制件或者图样是获得登记必须提交的文件，在确定布图设计的保护范围时，一般应以复制件或者图样为依据。在昂某公司诉南京智某电子科技有限公司等侵害其布图设计专有权案件中，一审、二审及再审裁判文书认为，应当以布图设计复制件或者图样所确定的内容为准。

对尚未实际投入商业使用的布图设计，提交集成电路样品不是必备要件。当申请人未提交布图设计的电子版本，同时由于其布图设计未实际投入商业使用也未提交样品，对该情形，法律依然保护该专有权人的布图设计。综上，根据立法规定以及实际情况，在确定布图设计保护范围时，应以布图设计的复制件或者图样为依据。

实践中没有统一以纸件复制件或者图样为依据的主要原因在于：一是纸质复制件或者图样不清楚，究其原因主要有两点：首先，《实施细则》第 14 条要求的提交的“复制件或者图样的纸件至少放大到用该布图设计生产的集成电路的 20 倍”，但按照现在的集成度来讲，放大 20 倍无法清楚地显示。其次，申请时提交的纸件图样由于印刷条件以及纸张老化等原因，也会细节模糊不清。纸质复制件或者图样作为必须提交的申请文件，在确定保护范围时是重要的依据，如果其内容不清楚，必然会影响布图设计保护范围的确定。二是纸质复制件或图样不完整。有些布图设计包含多个层次，但是申请人在提交纸质复制件或图样时只提供了其中的一部分，这就导致纸质复制件或图样不完整，无法完全反映集成电路布图设计的全部内容。

2. 以样品为依据

在微某公司诉泉某公司侵犯其集成电路布图设计专有权案件中，一审法院依法向国家知识产权局调取了 ME6206 集成电路样品芯片样品，经双方当事人确认，以该芯片样品作为确定涉案保护的布图设计保护范围的依据。

在苏州赛某电子科技公司诉深圳裕某科技公司等侵权纠纷案的终审判决中，再审判决认为，在样品与复制件或者图样的纸件具有一致性的前提下，可以采用样品剖片，确定纸件中无法识别的布图设计细节，用以确定布图设计的内容。

可见，在司法实践中，如果登记备案时提交芯片样品并且该芯片样品与纸质复制件或图样一致的情况下，则一般会以复制件和图样作为依据，以备案样品为补充来确定保护范围。值得注意的是，样品与纸件内容是否一致的判定，需要对样品进行剖片提取布图设计，并与专有权人主张的独创性说明进行比较，这无疑增加了确定布图设计保护范围的成本。

3. 以复制件或者图样的电子版本为依据

在明某电子公司诉华某有限公司侵犯专有权纠纷案中，法院判决认为，图样的电子版本能够全面体现布图设计专有权人的设计成果，并且无须进行反向剖析，因而直接以明某电子公司在申请登记布图设计专有权时提交的图样的电子版本来确定其保护范围。

关于图样的电子版本作为保护范围的依据，存在两种截然不同的观点。一种观点认为，电子版本图样与纸质版图样仅在载体上存在差异，二者理应保持一致性，但对于纳米级别的制造工艺，当纸质版图样已无法更好地再现布图设计的独创性内容时，通过电子版本图样更为清晰地显示独创性部分，符合技术发展的实际情况，以纸质版图样为基础，结合电子版图样更为细化、清晰的内容来确定布图设计的独创性部分，从而划定其保护范围是法律规则适应技术变化的应有之义；[1] 另一种观点认为，即使申请人选择自愿提交图样电子版本，社会公众在布图设计登记公告后也无法查阅该图样

[1] 张一泓. 集成电路布图设计专有权保护机制探析［J］. 电子知识产权，2023（06）：90.

电子版本，仅能查阅纸质复制件或图样，对于电子版图样，除侵权诉讼或行政程序要求外，任何人不得检查或复制，因此，电子版图样不宜作为确定布图设计权利边界的载体。❶

还有一种观点认为，虽然纸件、电子版本、样品均可以用于确定布图设计的保护范围，但一般应首先根据复制件或图样的纸件进行。纸件不足以反映布图设计的全部内容，确有必要时，在电子版本、样品与复制件或图样的纸件具有一致性的前提下，可以采用电子版本的内容，或者采用样品剖片，通过技术手段精确还原出芯片样品包含的布图设计的详细信息，提取其中的三维配置信息，确定纸件中无法识别的布图设计细节，用以确定布图设计的内容。至于一致性的含义，由于纸件与电子版本、样品包含的内容在细节、信息的完整度上存在明显区别，并不要求两者完全相同，而仅达到与纸件无明显差异即可满足。在纸件中没有显示的图层，不能通过电子版本或者样品将其纳入保护范围内。❷

（二）独创性声明

根据《条例》第4条的规定，只有具有独创性的布图设计才有可能受到专有权的保护。布图设计的独创性包括布图设计整体上具有独创性、局部具有独创性和由常规设计组合体现的独创性。我国对集成电路布图设计专有权采用登记备案制，只要申请人提交的材料和办理手续符合法律规定，即可以获得备案登记。经形式审查符合条例规定的布图设计一般推定其具有独创性。

《条例》并不要求申请人在布图设计登记备案时提交独创性说明。从现有的布图设计来看，大部分申请文件中没有完整、详细的独创性说明。在审理实践中，从登记备案材料来看，法院无法清楚得知独创性部分，因而独创性判断的审理范围一般依据专有权人主张的独创性部分，对于专有权人不主张的部分则一般不予审理。在侵权案件审理过程中，往往被控侵权人会向国家知识产权局申请对涉案布图设计启动撤销审查，其撤销理由一般为专有权人在侵权程序中主张的一个或多个独创性部分不具有独创性。为维持布图设计专有权，专有权人往往在撤销程序中增加或者更改其主张的独创性部分的数量或内容，导致审理独创性的范围不确定。由于在申请登记阶段明确布图设计的独创性部分并非取得布图设计专有权的必要条件，一般来讲，对于专有权人主张的布图设计的独创性部分，如果申请文件都能清楚地显示，即使有变更，其主张也会被接受并进行独创性判断。但如果专有权人在各个程序中主张的独创性部分明显反复变化，超出了社会公众的合理预期，则其主张不应被接受。

权利人在起诉前进行侵权产品与其受保护的布图设计的比对是比较常见的，如在

---

❶ 王欢敏．集成电路布图设计侵权认定问题研究［D］．大连：大连海事大学，2023．

❷ 雷艳珍．我国集成电路布图设计专门法保护中的基本问题：以布图设计保护范围的确定为中心［J］．法律适用，2023（02）：133．

华某科技（上海）有限公司（以下简称华某公司）诉南京源某科技有限公司侵犯布图设计专有权案件中，华某公司在诉前委托上海市科技咨询服务中心，就其生产的涉案保护的布图设计芯片与被告生产的芯片是否属于相同产品进行鉴定。对于诉前已经进行鉴定的案件，有的权利人会倾向将二者相同的部分主张为受保护布图设计的独创性部分。在此情况下，原告主张其独创性部分，被告再进行抗辩举证时间紧且难度较大。

在实践中，独创性部分内容和数量经常更改的困惑主要源于登记时未要求提交独创性部分说明。因此，有学者建议《条例》应规定在登记时必须提交独创性部分简要说明，指出其独创性部分，并且对独创性部分进行说明。这样，社会公众清晰地知道布图设计专有权的保护范围，从而在进行布图设计创作时能够进行合理地避让。当发生布图设计侵权纠纷案件时，专有权人很容易举证布图设计的独创性内容；如果被控侵权人认为其不构成侵权，也有利于被控侵权人有针对性地抗辩并举证其不构成侵权的理由。[1]

（三）专有权效力的起点

《条例》第12条规定："布图设计专有权的保护期为10年，自布图设计登记申请之日或者在世界任何地方首次投入商业利用之日起计算，以较前日期为准。"《实施细则》第20条规定："布图设计登记申请经初步审查没有发现驳回理由的，国家知识产权局应当颁发布图设计登记证书，并在国家知识产权局互联网站和中国知识产权报上予以公告。布图设计专有权自申请日起生效。"如果布图设计在申请登记之前已经投入商业利用，其专有权自申请日起生效还是自首次商业利用之日起生效？

在深圳明某公司（以下简称明某公司）诉深圳天某公司（以下简称天某公司）侵犯布图设计专有权纠纷案件中，明某公司申请了布图设计登记，并获得国家知识产权局颁发的布图设计登记证书。天某公司也申请了布图设计登记，并取得布图设计登记证书，并且其申请日早于明某公司申请日。明某公司依据《条例》第12条，认为其布图设计的商业利用时间在先（是否商业利用在先，天某公司有异议），因此应当保护其布图设计专有权。法院判决认为，集成电路布图设计保护实行登记保护的原则，保护的起始时间为布图设计申请日。天某公司申请的布图设计应当得到保护，经过技术对比，被控侵权芯片集成电路版图与天某公司在国家知识产权局申请布图设计备案时提交的样品布图设计完全一致。因此，天某公司不侵权。

可见，司法实践认为应当以《实施细则》第20条规定的申请日期作为布图设计专有权的生效日期。《条例》第12条规定的是专有权的最长保护期以及该保护期的起算点。其中的"在世界任何地方首次投入商业利用之日起计算"为何会出现在我国布图设计保护法律法规中，是因为各个国家的集成电路布图设计保护法规规定的开始日期

---

[1] 祝建军．集成电路布图设计登记备案制度存在的问题与修改建议［J］．知识产权，2019（09）：37－44.

时间各不相同，有的国家是以投入商业使用日，有的国家是以申请日期。《条例》第12条规定了布图设计保护的最长期限。相应地，本条中布图设计的申请日期或在世界任何地方首次商业利用的日期包括不同国家布图设计专有权的开始日期。《条例》第8条规定："布图设计专有权经国务院知识产权行政部门登记产生。未经登记的布图设计不受本条例保护。"由此可见，我国对集成电路布图设计保护实行登记保护的原则，《条例》第8条和《实施细则》第20条共同确定了布图设计专有权生效日期为布图设计的申请日。[1]

（四）实质性相似判定基本规则

集成电路侵权特点是对隐含在集成电路里的布图设计进行复制侵权，实质性相似标准就是结合集成电路的侵权特点及侵权方式给出的。国外关于实质性相似判断标准具有里程碑意义的案例是美国判例：布鲁克公司诉超微设备电子有限公司侵犯布图设计专有权案（Brooktree Corporation v. Advanced Micro Devices，INC.），原告方直接依照美国《芯片保护法》起诉超微公司，指出该公司的集成电路布图设计侵犯其布图设计专有权。被告方辩称其生产的核心芯片内有自己公司独立研发的布图设计，20%的内容与原告方的布图设计并不相同，根据美国《芯片保护法》，部分抄袭芯片不属于侵权。美国地方法院、高等法院认为，尽管被告方提出芯片中20%的内容与原告方的布图设计并不相同，但此部分并非芯片核心技术模块。在布图设计侵权行为中，侵权产品并不需要与被侵权产品完全一致才构成侵权，若此集成电路布图设计中起主要核心作用的部分被抄袭，同样属于侵权行为。换言之，只要集成电路布图设计中的具有独创性的部分构成实质性相似，那么便认为是构成侵权。因此，侵权行为成立。[2]

关于实质性相似，司法实践中，法院往往委托鉴定机构进行实质性相似的鉴定，如北京芯愿景软件技术有限公司、北京紫图知识产权司法鉴定中心等。从我国现有司法判例可以归纳如下判定规则。

1. 以独创性部分作为判定依据

根据《条例》第30条第1款第（一）项的规定，复制受保护的布图设计的全部或者其中任何具有独创性的部分的，均构成侵犯集成电路布图设计专有权。这就决定了判定是否构成实质性相似应当以独创性部分作为判定依据。

在著作权侵权判断规则中，仅复制个别独创性表达尚不足认定构成侵权，但在布图设计专有权侵权判断中，只要被控侵权布图设计与权利布图设计中任何独创性部分构成实质性相似即可构成侵权。这不仅是因为立法对此有明确规定，还因为布图设计具有实用功能性，各设计点相互依存，牵一发而动全身，任何独创性的设计点都值得

---

[1] 滕亦凡．集成电路布图设计侵权认定［D］．杭州：浙江工商大学，2022：19－21．

[2] Brooktree Corporation v. Advanced Micro Devices，INC. United States Court of Appeals，Federal Circuit 977 F. 2d 1555［EB/OL］．［2024－06－10］．http：//www. westlaw. com．

保护。[1] 此外，还需要注意的是在满足“接触＋实质性”相似判断要件的基础上，实质性相似部分在整个布图设计中的占比没有特定要求。

在上海钜某光电公司（以下简称钜某公司）诉深圳锐某科技公司（以下简称锐某公司）侵犯集成电路布图设计专有权案件中，钜某公司主张其受保护的布图设计中含有十个具有独创性的部分，经法院委托专业机构鉴定均予以成立，而锐某公司销售的被控侵权产品布图设计中有两个部分与钜某公司布图设计中的两个独创点相同。尽管相同部分占整个芯片布图设计比例较低，法院判决仍认为构成实质性相似。

2. 应当考虑创作高度

在对集成电路布图设计实质性相似进行判定时，即使被控侵权产品的布图设计与请求保护的布图设计在独创性部分存在差异，也不能直接判定二者不构成实质性相似，还应当从集成电路布图设计的三维构造，集成电路布图设计的相应功能，元件组合方式、线路走向之间的排列等因素进行综合考虑，判断所述差异是否细微或是差异很大足以影响实质性相似。

钜某公司诉锐某公司侵犯集成电路布图设计专有权案件纠纷中，对于被告主张的布线走向、衔接处的位置等方面存在的差异，法院认为上述区别均属于次要的、细微的差别，不会直接实质性影响各电子元件组合和布线所构成的三维配置，因而原被告双方的两个集成电路布图设计之间没有实质性的区别，构成实质性相似。[2]

第三节　行政保护

一、概　　述

与专利权侵权救济制度类似，我国布图设计专有权保护也设置了行政和司法两条途径。《条例》第 31 条具体规定了行政保护程序的设置。[3] 根据该规定可知，行政保护可以对侵犯专有权的纠纷进行行政裁决，可以对侵权赔偿数额进行调解。行政裁决认

---

[1] 王迁. 2014 年度人民法院十大民事案件之六：上海首例集成电路布图设计纠纷案［EB/OL］.［2023－12－11］. https：//www. pkulaw. com/pfnl/a25051f3312b07f3aff51fe269006fd44591a3111037516abdfb. html.

[2] 季盼盼. 集成电路布图设计侵权判定研究［D］. 常州：常州大学，2021.

[3] 未经布图设计权利人许可，使用其布图设计，即侵犯其布图设计专有权，引起纠纷的，由当事人协商解决；不愿协商或者协商不成的，布图设计权利人或者利害关系人可以向人民法院起诉，也可以请求国务院知识产权行政部门处理。国务院知识产权行政部门处理时，认定侵权行为成立的，可以责令侵权人立即停止侵权行为，没收、销毁侵权产品或者物品。当事人不服的，可以自收到处理通知之日起 15 日内依照《中华人民共和国行政诉讼法》向人民法院起诉；侵权人期满不起诉又不停止侵权行为的，国务院知识产权行政部门可以请求人民法院强制执行。应当事人的请求，国务院知识产权行政部门可以就侵犯布图设计专有权的赔偿数额进行调解；调解不成的，当事人可以依照《中华人民共和国民事诉讼法》向人民法院起诉。

定侵权成立的，可以责令停止侵权，并在满足一定条件时可以请求人民法院强制执行，但不能就侵权赔偿数额作出裁决。根据《条例》的规定，国家知识产权局于 2001 年制定了《行政执法办法》，对集成电路布图设计行政执法的原则、程序、调查取证、法律责任等进行了具体规定；于 2019 年发布了《审查与执法指南》，对行政执法的各个方面进行了具体可操作性的规定。

《行政执法办法》第 2 条规定，国家知识产权局设立集成电路布图设计行政执法委员会，负责处理侵犯布图设计专有权的纠纷，调解侵犯布图设计专有权的赔偿数额。行政执法委员会是国家知识产权局的常设机构，由主任、副主任和委员组成。各省、自治区、直辖市的知识产权局应当协助、配合国家知识产权局开展集成电路布图设计行政执法工作。也就是说，不同于专利行政执法可以由不同层级的执法机关处理，布图设计行政执法由国家知识产权局成立专门机构集中进行处理，这与专利行政执法在制度建立时仅可由国务院和相当于省一级的专利主管部门才可以审理专利侵权纠纷[1]的原则是一致的。地方各级知识产权执法机关并没有布图设计的执法权，但需要配合国家知识产权局的行政执法。

我国台湾地区设有“积体电路鉴定暨调解委员会”，主要审理电路布局权的鉴定、争端的调解、特许实施等事项。[2]

二、主要国家的行政保护途径

布图设计专有权受到侵犯时，各主要国家或地区的专门法都规定了可以通过司法程序进行救济。除此之外，韩国设有“布图设计复审和调解委员会”，其对于撤销决定进行复核，还可以对非独占许可的裁定进行复核，以及调解由《布图设计法》保护的权益引起的纠纷。[3] 简言之，各主要国家和地区对专有权的救济主要依赖司法程序，专有权受到侵犯时，行政程序并没有对侵权行为进行裁决的职能。韩国设有专门机关，可以对相关纠纷（包括侵权纠纷）进行调解，但不能就侵权作出行政裁决。相比之下，我国为专有权提供了司法和行政两条救济途径，创新主体可以根据自身需要，选择合适的途径来更好地维护自身权益。

三、侵权纠纷的行政裁决

《行政执法办法》第 4 条规定：“请求行政执法委员会处理布图设计专有权侵权纠纷的，应当符合下列条件：（一）该布图设计已登记、公告；（二）请求人是布图设计

---

[1] 《中华人民共和国专利法实施细则（1985）》第 76 条。

[2] 我国台湾地区所谓的“积体电路电路布局保护法”第 36 条。

[3] 韩国《半导体集成电路布图设计法》第 25 ~ 30 条。

专有权的权利人或者与该侵权纠纷有直接利害关系的单位或者个人；（三）有明确的被请求人；（四）有明确的请求事项和具体事实、理由；（五）当事人任何一方均未就该侵权纠纷向人民法院起诉。”当满足上述所有条件时，权利人或利害关系人可以向执法委员会提出侵权纠纷的处理请求。执法委员会根据当事人的请求，审查立案后成立合议组，对侵权纠纷进行审理并作出行政裁决。

本节主要针对行政裁决的主要流程和关键节点进行阐述，其实体判断的原则和标准与本章第二节所述基本相同，本节不再赘述。

（一）侵权纠纷处理的程序

如上所述，侵权纠纷的处理由行政执法委员会负责，处理程序主要包括以下环节：受理和立案、调查取证、审理、结案和执行。

调查取证一般采用现场取证的方式；审理通过书面审理、口头审理或二者结合的形式进行；通过作出行政裁决、调解或者撤销案件等方式结案。行政裁决作出后，当事人期满不起诉又不执行的，执法机关可以请求人民法院强制执行。

（二）侵权纠纷的受理和立案

1. 受理条件和期限

（1）受理过程主要对请求人提交的材料是否符合《行政执法办法》第5~8条[1]的规定进行审查。审查合格的，行政执法委员会在规定期限内向请求人和被请求人发送《集成电路布图设计侵权纠纷案件立案通知书》。

---

[1] 第五条　请求人提出请求，应当向行政执法委员会提交请求书以及所涉及的布图设计登记证书副本。请求人应当按照被请求人的数量提供相应数量的请求书副本。

第六条　请求书应当记载以下内容：

（一）请求人的姓名或者名称、地址，法定代表人或者主要负责人的姓名、职务，委托代理人的，代理人的姓名和代理机构的名称、地址；

（二）被请求人的姓名或者名称、地址；

（三）请求处理的事项和具体事实、理由。

有关证据和证明材料可以请求书附件的形式提交。

请求书应当由请求人签名或盖章。

第七条　请求人应当提供证据，证明被请求人采用的布图设计与受保护的布图设计全部相同或者与受保护的布图设计中任何具有独创性的部分相同。

受保护的布图设计尚未投入商业利用的，请求人应当提供证据，证明被请求人有获知该布图设计的实际可能性。

第八条　请求不符合本办法第五条规定的，行政执法委员会应当在收到请求之日起的7日内通知请求人不予受理。

请求不符合本办法第六条、第七条、第八条规定的，行政执法委员会应当在收到请求之日起的7日内通知请求人在指定期限内予以补正。逾期未补正或者经补正仍不符合规定的，请求被视为未提出。

请求符合本办法第五条、第六条、第七条、第八条规定的，行政执法委员会应当及时立案并通知请求人，同时，应指定3名或3名以上单数承办人员组成合议组处理该侵权纠纷。

不符合《行政执法办法》第5条规定，即没有提交制式文本的《集成电路布图设计侵权纠纷处理请求书》，或者没有提交所涉及的布图设计登记证书副本，或者没有按被请求人的数量提供请求书副本的，不予受理，向请求人发送《集成电路布图设计侵权纠纷处理请求不予受理通知书》。

不符合《行政执法办法》第6条、第7条规定，即没有正确填写请求书，或者没有按规定提交证据的，执法委员会将通知请求人进行补正。补正仍不合格的，请求视为未提出。

（2）作为行政程序，侵权纠纷的处理过程在保证公平的同时兼顾行政效率。《行政执法办法》和《审查与执法指南》对各阶段的处理时限均进行了具体规定，以保证及时定纷止争。例如在受理阶段，不予受理或者补正的通知书应当在收到请求之日起7日内发出；转送文件一般也应在收到文件之日起7日内发出。相应地对当事人的答复期限也做了具体规定，如被请求人在收到立案通知书后，应在15日内进行答复。这些规定，有效保证了行政程序的高效运行。

2. 请求人资格

请求人应是布图设计权利人或者利害关系人。利害关系人包括布图设计专有权实施许可合同的被许可人、布图设计专有权的合法继承人等。

独占实施许可合同的被许可人可以单独提出请求；排他实施许可合同的被许可人在布图设计权利人不请求的情况下，可以单独提出请求；除合同另有约定外，普通实施许可合同的被许可人不能单独提出请求。

请求人是港澳台地区申请人或者外国人的，应当履行相应的身份证明手续。另外，根据《实施细则》第4条第2款的规定，在中国没有经常居所或者营业所的外国人、外国企业或者外国其他组织在中国申请布图设计登记和办理其他与布图设计有关的事务的，应当委托国家知识产权局指定的专利代理机构办理。此处原本指“涉外代理机构”，但自从2019年不再单独设置涉外代理机构之后，此处指按国家知识产权局的规定批准依法成立的专利代理机构。

布图设计专有权有两个以上权利人的，全体共同布图设计权利人为共同请求人，部分共同布图设计权利人明确表示放弃有关实体权利的除外。

3. 被请求人

被请求人的信息应当是明确的。一般指有确定的被请求人姓名或者名称，有确切的住址或者地址，以使行政执法委员会能够联系到被请求人，以便发送相关文书。被请求人是法人或其他组织的，应提交被请求人的企业信息查询相关材料，以便确定该组织的存续情况。根据民法典的相关规定，被请求人为个人合伙的，全体合伙人为共同被请求人。

4. 专有权证明材料

请求人应提交布图设计登记证书复印件以及布图设计图样的纸件或电子件，并出具布图设计登记簿副本等能够证明涉案布图设计专有权有效存在的证明。提出请求时已经失效，此前存在有效期的布图设计可以作为行使权利的依据；但已经被撤销的布图设计不能作为行使权利的依据。

5. 实施侵权行为的相关证据

在立案审查阶段，请求人应提交证明侵权行为存在的证据或证据线索。证据可以是书证、物证等。证据线索一般为请求人难于取证但知道证据存在于何处、如何得到这些证据的信息，以便后续执法机构调查取证。没有证据也没有证据线索的，根据《行政执法办法》第7条的规定，其请求可能最终不会被受理。

6. 立案

如上所述，请求人提交申请材料后，符合立案条件的，行政执法委员会予以立案，并向请求人发送《集成电路布图设计侵权纠纷案件立案通知书》、向被请求人送达《集成电路布图设计侵权纠纷处理请求书》及其证据材料副本，并发送《答辩通知书》，要求被请求人在指定期限内答辩。虽然被请求人不答辩，也不影响行政执法委员会进行后续审理流程，但为了充分维护自身权益，被请求人应当认真答辩，并密切配合后续审理流程。

立案后，行政执法委员会一般会向布图设计登记部门调取当事人申请登记时提交的图样、电子件和芯片样品等，并将调取的相关材料送达当事人。

行政执法委员会经审理作出不予立案的决定的，发出《集成电路布图设计侵权纠纷处理请求不予受理通知书》，说明不予受理的理由。请求人不服的，可以在60日内向国家知识产权局申请行政复议，也可以在6个月内向具有管辖权的人民法院，即北京知识产权法院提起行政诉讼。

（三）侵权纠纷的调查取证

行政程序处理布图设计侵权纠纷的一大特点是当事人可以请求行政执法委员会调查取证，行政执法委员会也可以根据需要依职权调查核实有关证据。实践中，行政执法委员会一般会委托地方知识产权管理部门，或在地方知识产权管理部门的配合下调查收集证据。

实践中运用较多的是行政执法委员会向被请求人当面送达立案通知书等文书的同时进行现场勘验、调查取证以及询问等。

现场执法活动中，执法人员不少于两人。进入现场后，执法人员会根据案件需要对生产、储存等有关场所进行现场检查，可以要求被检查方提供相关的产品、工具、宣传材料等与案件事实有关的物品，可以就案情相关情况询问有关人员。

执法人员在现场勘验、调查收集证据时，会制作笔录。笔录由执法人员、被调查的单位或者个人逐页签名/盖章并注明日期。被调查的单位或者个人拒绝签名/盖章的，执法人员说明后果后，在笔录上注明。一般而言，现场勘验、收集证据等现场调查活动均会全程录音录像，当事人拒绝签名/盖章的，不影响案件后续的正常审理。

现场需要抽样取证或者登记保存的，执法人员将抽样或者登记保存情况进行笔录，并制作抽样取证清单或者登记保存清单送交被调查人签字确认。

现场勘验一般不允许请求人及其代理人进入现场。但案情需要的请求人或者其代理人可以在现场配合。请求人及其代理人进入现场后，应在执法人员指定的范围内配合活动，不得擅自行动，不得拍照、录音、摄像，并履行保密义务。

（四）技术鉴定

为了将被控侵权产品（芯片）的布图设计与请求人的专有权进行比较，技术鉴定是侵权纠纷案件处理中常用的查明事实的方式。

1. 当事人自行委托鉴定

在侵权纠纷案件中，一方当事人可以自行委托鉴定机构对芯片的布图等进行技术鉴定。但是，该种鉴定的鉴定意见很多情况下得不到对方当事人以及合议组的认可。因此，在实践中，更多情形下是由行政执法委员会委托专业机构进行技术鉴定。

2. 行政执法委员会委托进行技术鉴定

行政执法委员会委托技术鉴定可以根据当事人的请求进行，也可以依职权进行。

（1）鉴定机构

国家知识产权局根据2022年印发的《关于加强知识产权鉴定工作的指导意见》，建立了全国统一的知识产权鉴定机构名录库。被委托的鉴定机构应当是该名录库中的机构。

（2）鉴定程序

当事人申请进行鉴定，行政执法委员会认为必要的，启动鉴定程序。主要包括如下环节：选定鉴定机构、委托鉴定机构、进行技术鉴定、收到鉴定结果。

鉴定机构的选择首先尊重双方当事人的意见。双方当事人从名录库中可以协商一致的，当事人签字确认后，行政执法委员会即可进行委托。双方当事人协商不成，或者双方均认可由行政执法委员会确定的，行政执法委员会在当事人在场的情况下抽签确定。

鉴定机构确定后，行政执法委员会通知鉴定机构并提交委托材料，专业机构同意接受委托的，办理委托手续。专业机构不接受委托的，执法人员通知当事人重新选择或者由行政执法委员会重新指定。委托鉴定机构时，应当具体说明鉴定的内容和要求，向鉴定机构提供鉴定材料，必要时提供案情的相关材料。

关于费用，双方当事人对鉴定费用承担进行约定，达不成一致的，由请求方先行支付，或者由愿意支付的一方支付，结案时由责任方承担。

鉴定程序完成后，鉴定机构应出具鉴定报告。鉴定报告应当对各鉴定内容出具明确的鉴定意见。鉴定意见仅限于对事实的认定，鉴定意见中涉及法律判断的内容，应当由合议组根据全案事实进行确定。

没有特殊情形，一般不进行重新鉴定。如果出现鉴定机构、鉴定人资质等不符合要求，鉴定的程序存在重大瑕疵，鉴定意见明显偏离事实或者其他确需重新鉴定的情形，当事人可以申请重新鉴定。

(五) 侵权纠纷的审理

布图设计侵权纠纷案件可以书面审理，也可以口头审理，或者二者结合。在大多数情况下，都需要进行口头审理。

确定进行口头审理的，合议组向双方当事人发出《口头审理通知书》及《口头审理回执》。侵权纠纷的请求人无正当理由不参加口头审理的，视为撤回请求；被请求人无正当理由不参加口头审理的，可以缺席审理。

口头审理应按照《口头审理通知书》指定的时间、地点公开进行。但案件涉及保密的除外。

侵权纠纷的口头审理程序和专利无效程序类似，在此不再赘述。

(六) 侵权纠纷审理的中止

在某些情形下，当事人可以申请中止案件的处理，行政执法委员会也可以自行决定是否中止案件处理。决定是否中止的基本原则是相关事由是否会影响侵权纠纷案件的后续审理。相关事由包括以下情况：

(1) 被请求人提出撤销涉案布图设计专有权的意见后复审和无效审理部启动相关撤销程序的；(2) 一方当事人死亡，需要等待继承人表明是否参加处理的；(3) 一方当事人丧失诉讼行为能力，尚未确定法定代理人的；(4) 作为一方当事人的法人或者其他组织终止，尚未确定权利义务承受人的；(5) 一方当事人因不可抗拒的事由，不能参加审理的；(6) 该案必须以另一案的审理结果为依据，而另一案尚未审结的；(7) 其他应中止处理的情形。中止的案件，中止事由消灭后或者中止时间结束后，案件恢复审理。

某专有权侵权纠纷行政裁决案中，某硅公司（以下简称请求人）以某新公司（以下简称被请求人）侵害其集成电路布图设计专有权为由，向国家知识产权局提出处理纠纷的请求。国家知识产权局立案后，被请求人就涉案布图设计的权属向人民法院提出诉讼，请求确认涉案布图设计专有权为请求人和被请求人共有，人民法院就上述权属纠纷立案。基于此，被请求人向国家知识产权局提出中止审理该侵权纠纷的请求。国家知识产权局经审理后认为，根据《实施细则》第 33 条的规定，发生权属纠纷的，当事人可以请求中止相关程序。但是，《实施细则》并未具体规定何种情形应当中止或者不予中止。根据现有证据表明，当事人请求中止的事由明显不能成立，可以不予中止侵权纠纷处理程序。因此，本案中国家知识产权局作出了不中止侵权纠纷处理程序的决定。

（七）侵权纠纷的行政决定和结案

合议组应对案件认定的事实、证据、法律责任、适用法律、处理结果进行全面合议，在调查认定案件事实的基础上依法作出审查结论。结案形式包括：认定侵权是否成立，作出《集成电路布图设计侵权纠纷案件处理决定书》；经调解当事人达成调解协议的，作出《集成电路布图设计侵权纠纷调解协议书》；在案件处理过程中，当出现（1）立案后发现不符合受理条件的、（2）请求人撤回行政处理请求的、（3）当事人在案件处理过程中自行达成和解协议的、（4）一方或双方当事人丧失主体资格，无法作为当事人参加案件审理等的，作出《撤销集成电路布图设计侵权纠纷案件决定书》，撤销案件。

（八）侵权纠纷行政裁决的执行

根据《条例》第31条的规定，行政处理决定认定侵权行为成立，可以责令侵权人立即停止侵权行为，没收、销毁侵权产品或者物品。在专利侵权纠纷的行政裁决中，行政执法机关仅能责令侵权人立即停止侵权行为；而在布图设计专有权侵权纠纷行政裁决中，执法机关可以采取“没收、销毁侵权产品或者物品”等手段制止侵权行为。基于此，《行政执法办法》作出了具体规定，行政执法委员会可以采取以下措施制止侵权：（1）责令被请求人立即停止复制行为，没收、销毁复制的图样、掩膜、专用设备以及含有该布图设计的集成电路；（2）责令被请求人立即停止进口、销售或者提供的行为，没收、销毁有关图样、掩膜、集成电路等；（3）侵权行为涉及电子商务平台上的，通知电子商务平台提供者及时对侵权产品相关网页采取删除、屏蔽或者断开链接等措施。根据《中华人民共和国行政诉讼法》的一般原则，被请求人对决定不服提出行政诉讼的，可以不中止行政决定的执行。

被请求人自愿履行上述处理决定的，行政执法委员会可以现场监督当事人履行义务，并制作执行笔录。被请求人不主动履行处理决定的，行政执法委员会可以按法定程序采用以上措施。当事人不予配合的，行政执法委员会可以申请强制执行。

行政执法委员会依法作出的处理决定，侵权人期满不起诉又不停止侵权行为且不配合行政执法委员会采取上述措施的，行政执法委员会可以向被执行人所在地的基层人民法院申请强制执行。请求人可以请求由行政执法委员会向有管辖权的人民法院申请强制执行，行政执法委员会也可以自行申请人民法院强制执行。请求人请求执行时，应于被执行人的法定起诉期限届满后提出，并填写《集成电路布图设计侵权纠纷处理决定强制执行请求书》提交给行政执法委员会。

四、侵权数额的调解

行政执法委员会应当事人请求，可以就侵犯布图设计专有权的赔偿数额进行调解。

调解尊重当事人的意思自治。一方当事人请求行政执法委员会就侵犯布图设计专有权的赔偿数额进行调解的，应提交请求书。被请求人书面同意进行调解的，行政执法委员会启动调解程序。一方当事人不同意调解、调解过程中退出调解或者调解未能达成协议的，调解程序终止。

经调解达成协议的，行政执法委员会制作《侵犯集成电路布图设计专有权赔偿数额调解书》。调解书由双方当事人签章后，由行政执法委员会加盖业务专用章并及时送达双方当事人。调解书可以请求司法确认。

第二部分

专有权保护实务

第五章　专有权撤销程序审查案例

案例5-1　“FS9932”专有权撤销案[1]

一、基本案情

本案是集成电路布图设计专有权撤销案件第一案。富某科技（深圳）有限公司（以下简称专有权人）于2005年8月23日向国家知识产权局申请登记名称为“FS9932”的集成电路布图设计（以下简称布图设计）。2006年3月1日，深圳市富某达科技有限公司（以下简称撤销意见提出人）向国家知识产权局提出撤销意见，理由是本布图设计不符合《条例》第17条的规定，应当撤销其布图设计专有权。国家知识产权局经审理作出撤销程序审查决定，撤销意见提出人的意见不成立。

二、案例评析

本案是《条例》施行以来的首例布图设计专有权撤销案件，其中涉及一系列法律问题和技术问题。下面分别进行论述。

1. 关于撤销程序的启动

在本案中，布图设计专有权人提出，国家知识产权局发现登记的布图设计不符合《条例》的相关规定是启动撤销程序的唯一途径，任何单位和个人均无撤销请求权，即只有国家知识产权局发现登记的布图设计不符合《条例》的相关规定时才能启动撤销程序，撤销程序不依请求而启动。

决定指出，布图设计的撤销程序是布图设计登记公告后，一旦发现登记的布图设计专有权不符合《条例》相关规定，即可由国家知识产权局撤销该布图设计专有权，

[1] 国家知识产权局第1号集成电路布图设计撤销程序审查决定。

《条例》和《实施细则》并未要求需要依当事人请求启动撤销程序。也就是说布图设计撤销程序更多体现的是一种依职权的行政行为。

对于这种依职权的行政行为，社会公众是否可以提出撤销意见，即向国家知识产权局提供可能导致专有权被撤销的线索呢？决定认为，尽管《条例》和《实施细则》规定撤销程序由国家知识产权局依职权启动，但也没有排斥社会公众对已授权的布图设计专有权提出撤销意见。根据《条例》第20条规定，只有在发现一项登记的布图设计不符合条例有关规定时，国家知识产权局才能做出撤销其布图设计专有权的决定。因此，布图设计撤销程序启动的主体是行政机关，但发现的过程既可以是行政机关自行发现，也可以是他人向行政机关提出撤销意见后帮助行政机关发现。对于后一种情况，撤销意见提出人提出的撤销意见当然要满足一定的条件，如有具体陈述理由和完成初步举证，行政机关才会启动撤销程序，否则行政机关有权不予启动。

2. 关于举证责任分配

本案中，撤销意见提出人使用在先销售的、与涉案布图设计具有相同名称的芯片作为证据来佐证涉案布图设计已被在先商业利用。但在撤销程序中，撤销意见提出人未能提供在先销售行为发生时相关芯片的布图设计，而只提供在后购买的芯片。在这种情况下，当布图设计专有权人否认在先销售的芯片的布图设计和涉案布图设计相同时，举证责任的分配就成为案件审理中的一个难点。

本案中，撤销意见提出人声称深圳市某狼实业发展有限公司在先售卖ICF9932－L003C和FS9932－H026型号的芯片，深圳市某狼实业发展有限公司为专有权人的代理商，IC产品型号与涉案布图设计的名称相同，由此可以佐证专有权人的产品（ICFS9932）在其布图设计登记申请日两年前，就已经投入商业利用。

但对于撤销意见提出人来说，证明一个产品从来都没有发生变化是很困难的，除非撤销意见提出人事先将该产品进行公证保全。本案中，撤销意见提出人没有将在先销售的芯片进行公证保全，而是因产品型号没有变过，从而根据商业惯例推断其布图设计应当不会发生变化，以此主张其布图设计没有改变。但在案件的审理过程中，合议组发现撤销意见提出人提交的芯片型号为F9932－L003C和FS9932－H026，而涉案布图设计的名称为ICFS9932，姑且不论《条例》保护的客体是布图设计，而撤销意见提出人提交的证据是芯片，两者并不具有可比性，即使将两者的名称进行比较也发现两者是不同的。众所周知，电子产品在研制过程中可能会有一些改动，此时厂商会在产品的主名称后加上副名称以示区别，此时将举证责任完全分配给撤销意见提出人，则可能会加重当事人的举证责任。首先，专有权人的产品销往何地撤销意见提出人并不清楚，获得每一批在先销售的产品是很困难的；其次，即便得到了专有权人在先销售的产品，还需要运用反向工程导出该产品的布图设计。由于反向工程通常是在布图设计登记申请之后，专有权人是否能够认可布图设计与产品的关联性也将成为问题。另外，如果考虑到专有权人对产品型号有变化从而确定其布图设计也有变化适宜主张更有能力举证，而将举证责任分配给专有权人，则由于专有权人提供的证据通常是一些内部电子文档、单位证明之类的证据，证明力不强，对于合议组查明事实仍帮助不大。因此，在此种情况下，将举证责任单独分配给任何一方都难以保证公平。对产品是否有变化的事实，需要双方继续提供证据，然后再进行判定。

3. 关于布图设计的技术判定中应当考量的因素

目前，绝大多数集成电路布图设计以 CAD（计算机辅助设计）软件为设计工具，把基本逻辑元件的版图设计收集起来放入“单元库”（数据库的一种）。因此，这种集成电路就其每个基本逻辑元件来说，都可能属于常规设计。对于这种由若干常规元件互连组合而成的集成电路，其布图设计只有在作为一个整体上看符合“自己创作”加“非常规设计”时，才具备专有权成立的实体条件。

从形式上看，集成电路布图设计是一种设计图样；从工艺生产的角度来看，经过一系列工序之后，它又可以直接存在于产品（芯片）中，故布图设计兼有作品与产品的特性。撤销审查程序中布图设计的技术判定主要涉及是否具有独创性和是否已在先商业利用。本案中主要涉及是否已在先商业利用，其实质是判断涉案布图设计与在先商业利用的布图设计是否“相同”或“实质相同”。对此，决定认为可以从以下几个方面来进行判断：

（1）类别：我国集成电路布图设计登记要求的分类，有结构、技术和功能三个大的类别，每种类别下面又有小的分类，其中结构分为双极、MOS、Bi-MOS 等；技术分为 CMOS、TTL、ECL 等；功能分为线性、存储、逻辑等。如果两个布图设计的结构、技术以及功能之一不同，则两者不存在可比性，这时可以得出两者不同或实质不同。

（2）整体布局：布图设计的整体布局是创作者自由发挥创造性的最重要因素，体现其组合关系和配置意图，包含各功能模块的位置和各功能模块之间的连接关系。独立创作的布图设计在这些器件的布局上不应当也不会生成完全相同的结果。

（3）各功能模块的布局：包括各模块内的元器件的空间设置、元器件之间的连接关系和连线，其整体效果体现在电路的逻辑关系上。除了整体布局对比之外，对于元件级的对比，可以提取一部分比对双方对应的设计元素，包括有源元件、电阻、电容的布置等进行比较，有时需要借助显微镜观察，或通过反向工程进行这一阶段的比较。

（4）其他细节的布局：如虚设元件的设置、电阻的设置位置、引脚的位置分布等。

在对在先商业利用的判断中，只有被比布图设计在以上几个方面与已登记的布图设计相同或实质相同，且在申请日两年前已开始商业利用时，国家知识产权局才可以认定已登记的布图设计不符合《条例》第 17 条规定。

三、小　结

1. 布图设计的撤销审查是依职权启动的，但公众可以作为撤销意见提出人向国家知识产权局提出撤销意见，由国家知识产权局决定是否启动撤销程序。

2. 在布图设计撤销案件审查过程中，应当考虑到待证事实一般举证责任的分配是根据主张的事实、举证的难易程度结合公平原则等来进行分配的。但由于集成电路布图设计的特殊性，将举证责任单独分配给任何一方都有可能不是很公平。

3. 涉案布图设计与在先商业利用的布图设计是否“相同”或“实质相同”的判断，一般考虑以下几个方面：(1) 布图设计的类别，两个布图设计的结构、技术以及功能之一不同，则两者不存在可比性，这时可以得出两者不同或实质不同。(2) 布图设计中器件的布局，包括整体的布局、各功能模块的布局和细节的布局等。只有被比布图设计在以上几个方面与已登记的布图设计相同或实质相同时，才可以认为二者是相同的布图设计。

（樊晓东）

附件 5-1：第 1 号撤销程序审查决定

案件编号：第 JC0001 号

决定日：2009 年 1 月 19 日

布图设计名称：FS9932

布图设计类别：(1) MOS（结构）；(2) CMOS（技术）；(3) 功能：微型计算机

法律依据：《条例》第 17 条

决定要点

由于用于证明本布图设计在其申请日之日起两年前已投入商业利用的证据链中的某些证据的真实性无法确认，因此仅凭其余证据不能得出本布图设计不符合《条例》规定的结论。

决定正文

一、案由

富某科技（深圳）有限公司于 2005 年 8 月 23 日向国家知识产权局专利局申请登记名称为 FS9932 的布图设计，其申请号为 05500149.1，创作完成日为 2003 年 5 月 30 日，首次商业利用日为 2003 年 10 月 20 日，其申请文件包括申请表 2 份，代理委托书 1 页，复制件或 图样的目录 1 页，复制件或图样的纸件的页数为 12 页（详见附页），样品个数为 4 个，布图、设计、结构、技术、功能的简要说明 1 页。

根据申请人的登记申请，经形式审查合格，国家知识产权局于 2005 年 10 月 26 日进行登记公告，公告号为 759。

针对该布图设计专有权，专利复审委员会于 2006 年 3 月 1 日收到深圳市富某达科技有限公司（以下简称撤销意见提出人）提交的意见陈述书。撤销意见提出人陈述了如下意见：深圳市某狼实业发展有限公司与广州经济技术开发区华南海传感器厂2003年5月27日签订合约书（详见附件），由深圳市某狼实业发展有限公司售卖ICF9932－L003C和FS9932－H026型号产品（已成交，见附件发票）。该公司为富某（深圳）有限公司代理商，由此可以证实富某（深圳）有限公司申请布图设计专有权的FS9932 IC产品早在2003年5月以前已经投入生产销售，而该公司向国家知识产权局提出布图设计的登记申请日为2005年8月，已经超过两年期限。根据2001年4月2日实施的《条例》第17条的规定，该申请依法应当予以驳回，不予登记。与此同时，撤销意见提出人提交如下证据；

证据1－1：甲方为广州经济技术开发区华南海传感器厂，乙方为深圳市某狼实业发展有限公司，于2003年5月27日签订的合约书复印件共2页，其上盖有“深圳市富某达科技有限公司”红章。

证据1－2：深圳市增值税专用发票复印件4张，购货单位为广州经济技术开发区华南海传感器厂：编号分别为8002017、8002018、8002019的进仓单复印件，共4张，其中8002019的进仓单有两张。其上盖有“深圳市富某达科技有限公司”红章。

专利复审委员会根据《条例》和《实施细则》的相关规定，启动上述集成电路布图设计专有权的撤销程序，并依法成立合议组进行审查，于2006年7月19日向集成电路布图设计专有权人（以下简称专有权人）和撤销意见提出人发出“集成电路布图设计进入撤销程序通知书”，并随该通知书向专有权人转送撤销意见提出人提交的意见陈述书及其附件副本。

针对专利复审委员会发出的“集成电路布图设计进入撤销程序通知书”，专有权人于2006年8月23日提交了意见陈述书，陈述如下意见：

（1）撤销意见提出人所说专有权人产品2003年5月以前投入生产销售不是客观事实，专有权人和深圳市某狼实业发展有限公司从来没有业务往来，增值税发票所列的集成电路产品不是专有权人生产的产品，《条例》所保护的客体是布图设计本身，不能认为集成电路名称相似，就简单认为是同一产品。

（2）撤销意见提出人提出的撤销意见有明显的恶意。

（3）专有权人要求进行口头审理。

（4）撤销程序启动不当，专利复审委员会发现登记的布图设计不符合规定是启动撤销程序的唯一途径，任何单位和个人均无撤销请求权。专有权人同时提交如下附件作为反证：

附件1：深圳市工商行政管理局于2006年5月17日出具的变更通知书复印件，其内容为：富某电子（深圳）有限公司已于2006年5月17日经我局申请变更登记，现将核准项目通知如下：

变更前企业名称：富某科技（深圳）有限公司

变更后企业名称：富某微电子（深圳）有限公司

附件2：授权委托书。

附件3：广东省深圳市中级人民法院受理案件通知书，起诉方为富某科技（深圳）有限公司，被诉方为富某达科技有限公司。

本案合议组于2008年2月15日向专有权人和撤销意见提出人发出“集成电路布图设计撤销审查案件口头审理通知书”，定于2008年3月14日对上述撤销审查案件进行口头审理。

2008年3月7日，专利复审委员会收到深圳市中级人民法院转交的封存实物证据及查询单一份，该封存实物证据的法院封号为0002938，其中包括S9932-PCB板两块、XJ-GC板一块以及装有FS9932芯片的芯片盒；查询单是应撤销意见提出人的请求，由深圳市中级人民法院向深圳市宝安区税务局西乡税务分局进行取证时，由税务局出具的查询单。

2008年3月14日，口头审理如期举行，专有权人的委托人和撤销意见提出人的委托人参加口头审理。在口头审理中，撤销意见提出人对专有权人的身份和资格没有异议，专有权人对撤销意见提出人的委托人的身份和资格有异议。撤销意见提出人当庭表示其委托人路某攀和廖某作为公民代理出庭，双方当事人对合议组成员及书记员没有回避请求，撤销意见提出人当庭提交如下证据：

证据1：广东竞德律师事务所出具的见证书，其上盖有广东竞德律师事务所红章，共148页。

证据2：对证据1的技术方面的证据进行翻译和进一步说明，共27页。

证据3：深圳市公证处于2006年8月15日出具的（2006）深证字第97879号公证书原件，共24页，该公证书公证的事项为网页证据保全，证明富某达科技有限公司的法定代表人李某本在广东省深圳市公证处和公证员及电脑工作人员面前现场操作电脑过程中的实时打印网页与实际情况相符。

证据4：合约书复印件，共2页（即撤销意见提出人先前提交的证据1-1）。

证据5：发票和进仓单各4张，复印件，共4页（即撤销意见提出人先提交的证据1-2）。

证据6：查询单，复印件，其上盖有“本件与原件核对无异”红章，撤销意见提出人声称该查询单为深圳市中级人民法院应撤销意见提出人的请求，向深圳市宝安区税务局取证。由深圳市宝安区税务局西乡税务分局出具，该查询单与深圳市中级人民法院提交给专利复审委员会的查询单相比较，除其上加盖的“本件与原本核对无误”的印章不同之外，其余内容完全相同。

证据7：产品照片，共11页，产品实物（下面称为证据7-1）已由深圳市中级人民法院转交给专利复审委员会。

撤销意见提出人当庭未能提交证据4和证据5的原件。

专有权人当庭明确表示对证据1的真实性不认可，认为其不满足电子证据的固化条件；证据2是证据1的翻译件，但并不是有翻译资格的公司翻译的，对证据2的真实性也不予认可：证据3是深圳市公证处的公证书，对其真实性、合法性认可，与本案的关联性在庭后研究后发表意见；证据4、证据5是撤销意见提出人在提出撤销意见时所提交的两份证据，关于这两份证据，首先，撤销意见提出人没有提供原件，无法核实其真实性；其次，上边记载的关键信息，发票的号码、开票日期看不清楚，因此对其真实性、合法性不予认可；证据6本身不是一份原件，对真实性有异议，证据6也无法佐证证据5是真实的；证据7的产品实物上的大量焊点有动过的痕迹，对其真实性有异议，板上的时间不能确定FS9932芯片的生产时间，且集成电路布图设计保护的客体是布图设计本身，不能因为产品名称相同，就认为是同样的布图设计。

撤销意见提出人当庭明确，证据1至证据3通过13份邮件证明专有权人登记的集成电路布图设计FS9932已经在2003年8月23日前投入商业利用；证据4至证据6说明一个事实，由4份增值税发票及进仓单证明使用公开的事实：证据7的产品实物包括3块电路板芯片本身，实物本身上有日期，能够证明具体使用公开的日期，因此专有权人的布图设计违反了《条例》第17条的规定。

合议组当庭告知，口审结束之后给专有权人一个月的时间就证据1至证据3发表意见或提交反证。

专有权人于2008年4月14日提交了针对证据1至证据3的意见陈述书，其中指出：证据1不符合电子证据固定的条件，其中多处关于收件人ldben@163.com的记载前后不一致，不认可其真实性，基于其真实性无法核实，对其合法性不发表意见，证据1中所列13封邮件的内容与本案无关联性，缺乏证明力；证据2是撤销意见提出人对证据1中的个别邮件的自行翻译，在无法核实证据1真实性的基础上，对证据2的真实性不予认可，对证据2的合法性不发表意见，证据2与本案无关联性，缺乏证明力；对证据3的真实性认可，对证据3的合法性认可，证据3与本案无关联性，缺乏证明力。

合议组于2008年11月11日将专有权人于2008年4月14日提交的意见陈述书转给撤销意见提出人，要求其在指定期限内答复意见。

撤销意见提出人在该指定的期限内没有进行答复。

至此，合议组认为本案事实已经调查清楚，可以作出审查决定。

二、决定理由

1. 关于审查依据

本案合议组根据《条例》第20条及《实施细则》第29条的规定启动上述集成电路布图设计的撤销程序，对本布图设计是否符合《条例》第17条规定进行审查。

《条例》第17条规定，布图设计自其在世界任何地方首次商业利用之日起2年内，未向国务院知识产权行政部门提出登记申请的，国务院知识产权行政部门不再予以登记。

2. 关于证据

撤销意见提出人使用证据1至证据7用于证明三件事实，其中事实1是证据1至证据3通过13封邮件证明FS9932已经进行商业利用；事实2是由证据4至证据6证明一个事实，即4份增值税发票及进仓单证明使用公开的事实；事实3是证据7的实物本身上边有日期，用以证明具体使用公开的日期。

(1) 关于事实1

证据1是广东竞德律师事务所出具的见证书，其上盖有广东竞德律师事务所红章，共148页，见证内容为广东竞德律师事务所接受李某本先生委托并指定苏晓鹏律师就委托事项进行见证，见证内容具体为李某本在苏晓鹏律师面前，利用电脑登录国际互联网搜狐网站和163网站，凭用户名和密码进入ldben@ sohu. com和ldben@ 163. com的邮箱后，所打印的13份邮件。

专有权人认为证据1不符合电子证据固定的条件，其中多处关于收件人ldben@ 163. com的记载前后不一致，不认可其真实性，基于无法核实其真实性，对其合法性不发表意见，证据1中所列13封邮件的内容与本案无关联性，缺乏证明力。

合议组认为，律师见证是应当事人的请求，律师根据自己的亲身所见，以律师事务所的名义，依法对某种法律事件或法律行为的真实性、合法性进行证明的一种活动，因此所证明法律事件或法律行为的真实性、合法性还需其他证据进行佐证，才能进一步确认。就证据1而言，该见证书只记载了李某本先生在苏晓鹏律师面前，利用电脑登录国际互联网搜狐网站和163网站，凭用户名和密码进入邮箱，但对于见证地点及所使用的电脑和电脑中存储内容的初始状态均不清楚，且其中证据1中第33页邮件4显示收件人为rati@ fmcom. tw，收件人并不是ldben@ 163. com，另外，邮件3的发件日期为2006年6月8日，发件人ldben@ 126. com，收件人为ldben@ sohu. com，可见发件人与收件人是同一人，基于证据1存在上述瑕疵，且出具该见证书的律师未出庭进行质证，也没有其他证据能证明其真实性的情况下，合议组对证据1不予采信。

证据2是证据1中的部分邮件的译文及进一步说明，专有权人对证据2的真实性不予认可，对证据2的合法性没有发表意见，认为证据2与本案无关联性，缺乏证明力。

合议组认为，基于证据1的真实性无法确认，对证据2也不予采信。

证据3是对富某半导体股份有限公司网页进行证据保全的公证。公证内容为李某本于2006年8月15日在公证人员的监督下，操作计算机进行网页证据保全。专有权人对其真实性和合法性予以认可。

合议组认为，证据3是深圳市公证处于2006年8月15日出具的（2006）深证字第97879号公证书原件，合议组认可其真实性。

关于证据1至证据3，撤销意见提出人认为证据1至证据3可以形成完整证据链，其中证据3可以证明，富某半导体股份有限公司是专有权人的控股公司，该公司的企业邮箱和撤销意见提出人提交的证据1中的部分发件人的邮箱来源是一致的，富某半导体股份有限公司生产和销售的产品同时包括 FS9932，FS9932 就是专有权人登记的布图设计的名称，因此证据 1 至证据 3 可以证明 FS9932 在本布图设计申请日两年前已投入商业利用。

对于撤销意见提出人的上述观点，合议组认为证据 3 只能证明李某本于 2006 年 8 月 15 日在公证人员的监督下操作计算机进行网页证据保全的事实是真实的，在证据 1 未对所使用的电脑和电脑中存储内容的初始状态进行说明的情况下，仅凭证据 3 中的富某半导体股份有限公司的企业邮箱与撤销意见提出人提交的证据 1 中的部分发件人的邮箱来源一致，并不能佐证证据 1 的真实性：另外，证据 3 的网页中出现的 FS9932，只能证明该产品在当时已经销售，至于该产品的布图设计是否与本布图设计相同，以及该产品的最早销售时间，在没有其他证据佐证的情况下，合议组无法核实。因此，证据 1 至证据 3 不能形成完整的证据链证明本布图设计在其申请日之日起被投入商业利用。

（2）关于事实 2

证据 4 是一份合约书复印件，甲方为广州经济技术开发区南海传感器厂，乙方为深圳市某狼实业发展有限公司；证据 5 是 4 张增值税专用发票和 4 张进仓单复印件；证据 6 是一份查询单复印件，其上盖有“本件与原本核对无误”红章，其上有手写的“经查询，深圳市某狼实业发展有限公司领购了编号为 00363236 ~ 00363238 共三份增值税专用发票并已开具，但该公司已逃走，无法联系进一步取证宝安区西乡税务分局”字样。专有权人对证据 4、证据 5 的真实性、合法性不予认可，认可证据 6 的真实性，但主张证据 6 与本案没有关联性。

合议组认为，由于撤销意见提出人未提供证据 4、证据 5 的原件，无法确认其真实性，合议组对于证据 4、证据 5 不予采信；证据 6 只能证明深圳市某狼实业发展有限公司领购了编号为 00363236 ~ 00363238 三份增值税专用发票并已开具，但这三份发票的购货单位、货物名称以及开票时间因深圳市某狼实业发展有限公司已经逃走而无法核实，而证据 4 有 4 张发票，但发票号模糊不清，无法与证据 6 相对应，因此即使证据 6 与证据 4、证据 5 相结合，也不能证明本布图设计在其申请日之日起两年前其被投入商业利用。

（3）关于事实 3

证据 7 是产品实物及其照片，其中包括 2 块 FS9932 - PCB、1 块 XJ - GC 板以及上面写有“FS9932A - H004B”字样的芯片盒，其中 FS9932 - PCB 上印有“FS9932 - PCB Zhang 2002 - 9 - 2”字样，XJ - GC 板上印有“XJ - GC 2003. 01. 08”字样。撤销意见提出人认为“2002 - 9 - 2”“2003. 01. 08”表示 PCB 的形成时间，FS9932 是芯片名称，该名称与本布图设计的名称相同，因此证据 7 可以证明具体使用公开的日期。专利权人对证据 7 的真实性有异议，认为 PCB 的形成时间和芯片的形成时间没有直接关系。

合议组认为，该 PCB 是由撤销意见提出人自行提供的，首先，从目前的印刷电路板领域的技术水平来看，PCB 的制作比较容易，其制作随意性强，在撤销意见提出人未能提供订购合同、销售发票等证据佐证的情况下无法核实该 PCB 的真实性；其次，PCB 上印有的“2002 - 9 - 2”和“2003. 01. 08”等字样最多只能说明 PCB 的形成时间，而不能将其视为 PCB 上带有 FS9932 字样的芯片的布图设计的公开时间，其与本布图设计的首次商业利用日和申请日没有任何关联性；最后，尽管上述 PCB 上印有“FS9932 - PCR”、芯片盒写有“FS9932A - H004B”等字样，但是集成电路布图设计专有权保护的客体是布图设计本身，因此在证据 7 的带有 FS9932 字样的芯片本身的布图设计未能与本布图设计相比较的情况下，仅凭其所示芯片名称与本布图设计的名称相同，并不能确定两者的布图设计是否相同。综上所述，证据 7 不能证明本布图设计具体使用公开的日期，也不能证明本布图设计在其申请日之日起两年前已被投入商业利用。

基于上述理由，证据 1 至证据 7 均不能证明本布图设计在其申请日之日起两年前已被投入商业利用，合议组未发现本布图设计有不符合《条例》第 17 条的规定之处，合议组对撤销意见提出人的主张不予支持。

三、决定

维持第 055001149. 1 号集成电路布图设计专有权有效。

合议组组长：马　昊
主　审　员：樊晓东
参　审　员：徐媛媛、朱芳芳、骆素芳

案例 5 - 2 “（MW7001） SM9935B”专有权撤销案❶

一、基本案情

2009 年 8 月 3 日，撤销意见提出人深圳市天某电子有限公司（以下简称撤销意见提出人）就专有权人深圳市明某电子股份有限公司（以下简称专有权人）的登记号为 BS. 08500671. 8、布图设计名称为“（MW7001） SM9935B”的集成电路布图设计专有权（以下简称本布图设计）向国家知识产权局提出撤销意见，以本布图设计相对于撤销意见提出人于 2007 年 1 月 18 日创作完成且于 2007 年 9 月 3 日开始销售的 TM9936 芯片布图设计不符合《条例》第 4 条的规定为由，请求撤销本布图设计专有权。经审理，

❶ 国家知识产权局第 2 号集成电路布图设计撤销程序审查决定。

国家知识产权局作出撤销案件审查决定，撤销本布图设计专有权。

二、案例评析

《条例》第 4 条规定："受保护的集成电路布图设计应当具有独创性，即该集成电路布图设计是创作者自己的智力劳动成果，并且在其创作时该集成电路布图设计在集成电路布图设计创作者和集成电路制造者中不是公认的常规设计。受保护的由常规设计组成的布图设计，其组合作为整体应当符合前款规定的条件。"

本案双方当事人关于独创性争议的焦点在于：一是本布图设计是否为其创作者自己的智力劳动成果；二是其相对于现有布图设计是否为公认的常规设计。

关于争议焦点一，要判断一项布图设计是否为创作者自己的智力劳动成果，首先要判断其创作者是否存在抄袭他人智力劳动成果的可能性，创作者是否存在接触他人的现有布图设计的可能性。

本案中，撤销意见提出人于 2007 年 1 月 18 日创作完成且于 2007 年 9 月 3 日开始销售 TM9936 芯片，即早于本布图设计的首次商业利用日 2008 年 11 月 18 日以及申请日 2008 年 12 月 9 日已发生销售 TM9936 芯片的实际行为，对于公众而言，可以通过对市场上购买的 TM9936 芯片实施反向工程获得其布图设计，因此 TM9936 芯片布图设计在本布图设计创作完成日之前已经处于能够为公众获知的状态，因此构成本布图设计的现有布图设计。本布图设计的创作者存在接触 TM9936 芯片布图设计的可能性。专有权人在审理过程中，未能提出有效证据证明本布图设计是其独立创作的。因此，在判断本布图设计是否具备独创性时，其与 TM9936 芯片布图设计相同的部分不属于创作者自己独立创作的智力劳动成果。

关于争议焦点二，判断一项布图设计相对于现有布图设计是否属于公认的常规设计，首先要将布图设计中不受保护的思想、处理过程、操作方法、数学概念等内容剥离出来，同时还要排除受集成电路工艺、芯片功能等条件限定的唯一表达，仅留下布图设计的思想表达。在判断时要综合考量布图设计的分类、布局、互联、模块、元件、图层数量及其他布局等。

本案中，双方当事人均就本布图设计与 TM9936 芯片布图设计进行比对分析，并确定出二者的设计区别部分，并就设计区别部分是否属于公认的常规设计各自充分陈述意见。其中，专有权人主张二者的整体面积及各模块的面积相差巨大。对此，决定指出，二者在整体面积、各模块面积以及 MOS 器件尺寸方面的差异是由于其选择不同的集成电路制造工艺所产生的，本布图设计采用的是 CSMC 的 0.6μm 的 CMOS 工艺，最小工艺尺寸为 0.5μm，而 TM9936 芯片采用 BYD 的 0.8μm 的 CMOS 工艺，最小工艺尺寸为 0.8μm。对于集成电路布图设计者来说，工艺尺寸的缩小，意味着影响芯片面积的晶体管的尺寸、连线最小宽度以及连线之间的最小间距等都会相应缩小，从而会导致 MOS 器件尺寸的减小，且芯片整体面积以及各模块的面积大致呈平方倍率的缩小。因此，专有权人主张的上述区别，属于《条例》不予保护的范畴，在独创性判断时不予考虑。对于专有权人主张的其他设计区别，本案合议组综合考量设计区别中的模块、元件、电路、图层、接触孔及相关布局等因素进行整体判断。

基于此，本布图设计相对现有布图设计不具备独创性。

三、小　结

本案是《条例》实施以来首例专有权被撤销的布图设计案件。该案审查决定中，就独创性的判断原则指出：判断独创性首先要判断其创作者是否存在抄袭他人智力劳动成果的可能性，创作者是否存在接触他人的现有布图设计的可能性；其次应当仅对布图设计的表达进行判断，将布图设计中不受保护的思想、处理过程、操作方法、数学概念等内容剥离出来，同时还要排除受集成电路工艺、芯片功能等条件限定的唯一表达。在判断时要综合考量布图设计的分类、布局、互联、模块、元件、图层数量及其他布局等。

（朱芳芳）

附件 5-2：第 2 号撤销程序审查决定

案件编号：第 JC0004 号

决定日：2011 年 5 月 27 日

布图设计名称：（MW7001）SM9935B

布图设计类别：（1）MOS 结构；（2）CMOS 技术；（3）逻辑功能

法律依据：《条例》第 4 条、第 5 条

决定要点

对于一项不是由常规设计组成的集成电路布图设计，在判断其是否具有独创性时，首先要判断该布图设计是否体现创作者的智力劳动成果，如果一项布图设计与现有布图设计基本上相同，且又有证据表明该布图设计的创作者有接触在先布图设计的可能性，那么应当认为该相同部分不属于创作者的智力劳动成果，此时如果二者之间的设计区别部分为公认的常规设计，则认为该布图设计不具备独创性。

决定正文

一、案由

深圳市明某电子股份有限公司（以下简称专有权人）于 2008 年 12 月 9 日向国家知识产权局申请登记名称为（MW7001）SM9935B 的布图设计（以下简称本布图设

计），其申请号为08500671.8，创作完成日为2008年7月7日，首次商业利用日为2008年11月18日，其申请文件包括申请表2份，复制件或图样的目录1页、复制件或图样的纸件12页，装有复制件或者图样的数据盘1张，样品为4个，布图设计结构、技术、功能简要说明1页。经形式审查合格。国家知识产权局于2009年7月15日进行专有权登记公告，公告号为2394。

针对本布图设计专有权，深圳市天某电子有限公司（以下简称撤销意见提出人）于2009年8月3日向国家知识产权局专利复审委员会提交意见陈述书，主要陈述意见如下：本布图设计专有权侵犯了撤销意见提出人的登记号为BS.09500108.5的集成电路布图设计专有权，并提交了下述证据：

证据1-1：声称为深圳中院受理案件通知书复印件共1页。

证据1-2：声称为提交给深圳中院的证据目录复印件共1页。

证据1-3：深圳市天某电子有限公司的登记号为BS.09500108.5、颁证日为2009年5月13日的集成电路布图设计登记证书复印件共1页，其布图设计的申请日为2009年2月26日，无首次商业利用日，创作完成日为2007年1月18日，名称为TM9936。

证据1-4：声称为深圳市天某电子有限公司的TM9936的设计图复印件共1页。

证据1-5：声称为深圳市明某电子股份有限公司的SM9935B的设计图芯片照片复印件共1页。

证据1-6：声称为深圳市公证处开具的（2009）深证字第78102号公证书的复印件共3页。其中公证书公证的主要内容为：深圳市明某电子股份有限公司于2009年6月4日出售SM9935B芯片20只的事实，并附收款收据1张，其编号为3505832。

证据1-7：声称为深圳市公证处开具的发票号为00094802的公证费发票复印件共1页。

证据1-8：声称为广东国晖律师事务所开具的发票号为00444209和00674612，项目均为律师费的深圳市服务业专用发票复印件共1页。

证据1-9：声称为深圳市天某有限公司开具给深圳市北某电子有限公司的编号为04237964的深圳增值税专用发票复印件共1页。

2009年8月6日，撤销意见提出人补充提交意见陈述书，并提交下述证据：

证据2-1：声称为深圳市天某电子有限公司开具给深圳市北某电子有限公司的开票日期为2007年9月3日、编号为04237964的增值税发票复印件共1页，以及，需方深圳市北某电子有限公司、供方深圳市天某电子有限公司，双方于2007年9月3日签订的供货及购销合同复印件共1页，合同编号为20070903001。

证据2-2：声称为深圳市天某电子有限公司开具给深圳市金某鼎电子有限公司的开票日期为2007年10月27日、编号为00115920的增值税发票复印件共1页，以及需方深圳市金某鼎电子有限公司、供方深圳市天某电子有限公司，双方于2007年10月26日签订的供货及购销合同复印件共1页，合同编号为20071026001。

证据2－3：声称为深圳市天某电子有限公司开具给深圳市华某电子科技有限公司的开票日期为2007年12月20日、编号分别为00454933和00454934的增值税发票复印件共2页，以及需方深圳市华某电子科技有限公司、供方深圳市天某电子有限公司，双方于2007年12月20日签订的供货及购销合同复印件共1页，合同编号为20071220001。

证据2－4：声称为深圳市天某电子有限公司开具给深圳市桑某电子设备有限公司的开票日期为2008年10月30日、编号分别为00884426和00884427的深圳增值税发票复印件共2页，以及需方深圳市桑某电力设备有限公司、供方深圳市天某电子有限公司，双方于2008年10月30日签订的供货及购销合同复印件共1页，合同编号为200810300001。

证据2－5－1：声称为深圳市天某电子有限公司开具给珠海安某特电力科技有限公司的开票日期为2008年1月26日、编号分别为00711759～00711761的深圳增值税发票复印件共3页。

证据2－5－2：声称为深圳市天某电子有限公司开具给深圳市百某泰通讯设备有限公司的开票日期为2008年1月26日、编号分别为00711762和00711763的深圳增值税发票复印件共2页，以及深圳市天某电子有限公司开具给乐清市弘某电器有限公司的开票日期为2008年3月24日、编号为01108674的深圳增值税发票复印件1页。

证据2－5－3：声称为深圳市天某电子有限公司开具给深圳市思某实业有限公司的开票日期为2008年3月27日、编号分别为01279113和01279114的深圳增值税发票复印件共2页。

证据2－5－4：声称为深圳市天某电子有限公司开具给深圳市邦某电子有限公司的开票日期为2008年6月26日、编号分别为01142922和01142923的深圳增值税发票复印件共2页。

证据2－5－5：声称为需方北京三某普华科技有限责任公司、供方深圳市天某电子有限公司，双方于2008年7月17日签订的供货及购销合同复印件共1页，深圳市天某电子有限公司开具给北京三某普华科技有限责任公司的开票日期为2008年7月17日、编号分别为00261738和00261739的深圳增值税发票复印件共2页。

证据2－5－6：声称为需方深圳市邦某电子有限公司、供方深圳市天某电子有限公司于2008年7月21日签订的供货及购销合同复印件共1页，深圳市天某电子有限公司开具给深圳市邦某电子有限公司的开票日期为2008年7月21日、编号分别为00261753和00261754的深圳增值税发票复印件共2页。

证据2－5－7：深圳市天某电子有限公司开具给恩平市贝某音响器材有限公司的开票日期为2008年9月19日、编号为03156663的深圳增值税发票复印件共1页。

证据2－5－8：深圳市天某电子有限公司开具给浙江松某仪表有限公司的开票日期为2008年11月14日、编号为00923406的深圳增值税发票复印件共1页。

证据2－5－9：深圳市天某电子有限公司开具给飞某联合科技集团有限公司的开票日期为2008年11月17日、编号为00923410的深圳增值税发票复印件共1页。

证据2－6：声称为撤销意见提出人的TM9936设计图复印件共3页。

证据2－7：声称为专有权人的SM9935B设计图复印件共3页。

证据2－8：声称为撤销意见提出人生产的TM9936芯片1颗，以及声称为专有权人生产的SM9935B芯片1颗。

其主要补充意见是：本布图设计与撤销意见提出人于2007年1月18日创作完成、2007年9月3日开始销售的TM9936芯片布图设计实质相同，因此不具备独创性。

专利复审委员会认真研究上述意见及证据后，予以启动对本布图设计专有权的撤销程序，依法成立合议组进行撤销审查，并于2009年8月6日向撤销意见提出人和专有权人发出集成电路布图设计进入撤销程序通知书，并随该通知书向专有权人转送撤销意见提出人于2009年8月3日提交的撤销意见陈述书及其附件副本和于2009年8月6日提交的补充意见陈述书及其附件副本。

2009年8月28日，撤销意见提出人提交补充意见陈述书，并提交下述证据：

证据3－1：加盖有交通银行深圳学府支行业务受理章的银行进账单复印件1份。

证据3－2：深圳市天某有限公司开具给深圳市北某电子有限公司的开票日期为2007年9月3日、编号为04237963的深圳增值税专用发票复印件共1页。

证据3－3：记账日期为2007年10月30日、记账流水号为AP061180的招商银行贷记通知复印件共1页。

证据3－4：日期为2007年12月27日、流水号为G78861000104363的招商银行收款回单。

证据3－5：日期为2008年10月30日、流水号为G78918000131650的招商银行收款回单。

其主要补充意见为：补充银行转账凭证，以补充证明在先销售事实，从而证明专有权人的布图设计没有独创性。

2009年9月18日，针对专利复审委员会发出的集成电路布图设计进入撤销程序通知书，专有权人提交了意见陈述书，并提供一份声称为深圳市明某电子股份有限公司SM9935B设计图（芯片照片）复印件共1页，其主要的陈述意见是：（1）关于撤销意见提出人的证据，登记号为BS.09500108.5、名称为TM9936的布图设计登记证书上并没有记载相关的首次商业利用日期。而撤销意见提出人应当清楚在进行集成电路布图登记时应该提供该产品首次商业利用日期，因为该日期是衡量集成电路能否进行布图登记的重要日期，因此无法认定已经公开销售商品是登记时的布图设计。原因是集成电路生产公司在对其产品进行改造时，如无太多变化则可能并不改变产品的名称。（2）关于独创性：①两布图设计存在本质区别：a. 专有权人的集成电路布图中的图样A采用CSMC－0.5μm－CMOS工艺制作，最小长度为0.6μm，提高产品的集成度，提高芯片速率，增加了芯片可靠性；b. 专有权人的登记图样中的版图输入布局 B 采用三通道一致性的原则进行布局设计，目的是减小三个通道误差，具有独创性；c. 专有权人登记图样中的 PAD ESD 结构由 CSMC 标准 ESD 结构，经过调整工艺参数后，达到设计要求；d. 专有权人登记图样中的内部数字单元 C，采用 CSMC 标准单元库（0.6μm 库）完成设计，同时修改个别标准单元库，把数字单元模块做到最小；②专有权人的布图设计节约芯片面积、减少寄生电容、提高芯片可靠性；③专有权人的产品数字区面积要小于撤销意见提出人提供的图样显示的区域，且专有权人内部采用 CSMC - 0.5μm - CMOS 工艺，内部的 MOS 管设计采用的 W/L 比值 = 4.2μm/0.6μm；④设计技术原则：尽可能地减小芯片的面积，提高芯片的集成度，设计出的产品成本低、性能好。

2009 年 12 月 6 日，撤销意见提出人提交补充意见陈述书，主要补充意见为：在先销售的证据增值税发票及销售合同、样品、银行转账凭证已提交，证明在先销售事实，从而证明专有权人的布图设计没有独创性。

2009 年 12 月 14 日，合议组分别向专有权人和撤销意见提出人发出转送文件通知书，其中将撤销意见提出人分别于 2009 年 8 月 28 日、2009 年 12 月 6 日提交的意见陈述书及其所附附件转送给专有权人；将专有权人于 2009 年 9 月 18 日提交的意见陈述书及其所附附件转送给撤销意见提出人。

2009 年 12 月 15 日，合议组分别向专有权人和撤销意见提出人发出集成电路布图设计撤销案件口头审理通知书，定于 2010 年 1 月 27 日对本案进行口头审理。

2009 年 12 月 14 日，撤销意见提出人提交补充意见陈述书，主要补充意见是：撤销意见提出人与专有权人就侵犯集成电路布图设计专有权纠纷一案，广东省深圳市中级人民法院已经将相关材料送交北京芯某景软件技术有限公司进行技术比对。

2009 年 12 月 16 日，合议组向专有权人发出转送文件通知书，将撤销意见提出人于 2009 年 12 月 14 日提交的意见陈述书转送给专有权人。

口头审理于 2010 年 1 月 27 日如期举行，双方当事人均出席了本次口头审理。在口头审理过程中，双方当事人明确表示：对对方出庭人员的身份没有异议，对合议组成员的变更没有异议，对合议组成员以及书记员没有回避请求。

在口头审理中：

（1）撤销意见提出人当庭放弃了证据 1 - 1、证据 1 - 2、证据 1 - 4、证据 1 - 5、证据 1 - 7、证据 1 - 8、证据 1 - 9、证据 2 - 5 - 5、证据 2 - 5 - 6、证据 2 - 5 - 7、证据 2 - 5 - 8、证据 2 - 5 - 9，当庭提交了两个芯片作为物证演示，并当庭提交证据 1 - 6 的原件，当庭出示证据 2 - 1 至证据 2 - 4、证据 2 - 5 - 1 至证据 2 - 5 - 4、证据 2 - 6 至证据 2 - 8、证据 3 - 1 至证据 3 - 5 的原件，并当庭补充提交了下述新证据：

证据 4 - 1：声称为中某积体电路（宁波）有限公司以及宁波比某迪半导体有限公司分别于 2010 年 1 月 5 日开具的证明函。

专有权人当庭提交了如下证据作为反证：

反证1：2003年11月21日深圳国某电子股份有限公司出具的授权书复印件共2页。

反证2：2005年5月6日深圳国某电子股份有限公司出具的授权书复印件共2页。

反证3：专有权人声称的MW7001文档复印件共20页。

（2）撤销意见提出人当庭陈述：证据2-1和证据3-1相结合、证据2-2和证据3-3相结合、证据2-3和证据3-4相结合、证据2-4和证据3-5相结合分别用来证明TM9936在先销售，证据2-5补充证明；证据1-3证明其布图设计与销售的芯片是相一致的；证据1-6是公证书，证明获得专有权人方的SM9935B芯片的合法来源；证据2-6、证据2-7分别是委托深圳市展某科技有限公司对TM9936和SM9935B芯片进行反向工程获得的图像，证明所拍照的产品跟专有权人在专利局登记的布图是一致的；证据2-8是实物，证明布图的所有内容，有LOGO，是市场上购买的，证据4-1证明TM9936的掩膜板产生日期较早，在专有权之前，且其内容没变。

（3）专有权人当庭明确表示：①对证据1-3的真实性予以认可，但其与本案没有关联；②对证据1-6的真实性有异议；③证据2-1至证据2-4的原件和复印件一致，对其真实性、关联性不予认可；④针对证据2-5中的发票，其原件与复印件相符，其中的合同是传真件不是原件，其真实性不予认可，也没有关联性；⑤证据2-6、证据2-7原件和复印件无法识别其是否一致；⑥证据2-8是实物证据，外表跟复印件一致；⑦证据3-1至证据3-5的原件和复印件一致，但对其真实性不予认可；⑧证据4-1原件和复印件是一致的，但原件没有法人代表签字，日期是2010年1月5日。

（4）撤销意见提出人当庭明确表示：反证1、反证2原件和复印件一致，对反证1的真实性予以认可，对反证2、反证3的真实性不予认可。

2010年3月20日，撤销意见提出人提交了补充意见陈述书，并提交下述证据：

证据5-1：声称为需方深圳市天某电子有限公司与供方中某积体电路（宁波）有限公司签订的采购编号分别为TM07053001、TM2007032901的晶圆采购订单复印件共2页。

证据5-2：甲方深圳天某电子有限公司与乙方无锡华某安盛科技有限公司于2008年3月签订的加工合同复印件共5页。

证据5-3：加工承揽商为无锡华某安盛科技有限公司，委托加工商为深圳市天某电子有限公司，订单编号分别为2008010402、2008012402、2008051901的集成电路封装订单复印件共3页。

证据5-4：编号分别为03307258、01703906、03890876的宁波增值税专用发票复印件共3页。

证据5-5：编号分别为01195401、02265410、02265392、02429353、03113922、03113917的江苏增值税专用发票复印件共6页。

证据5－6：落款为浙江凯某仪表有限公司、盖章为浙江凯某达仪表有限公司、于2010年3月9日开具的证明复印件共1页，证明内容为：该三只三相四线电子式有功电能表LDTS825型为2007年下半年生产销售，因质量问题，被客户退回。

证据5－7：北京芯某景软件技术有限公司开具的集成电路版图相似度验证报告CX－PA－1002260以及集成电路版图相似度验证报告更正函复印件共41页。

证据5－8：加盖北京芯某景软件技术有限公司章的集成电路版图相似度验证报告复印件共21页。

证据5－9：撤销意见提出人提交的关于《集成电路版图相似度验证报告》的分析说明复印件共27页。

补充的主要意见为：（1）证据5－1、证据5－2、证据5－3、证据5－4证明撤销意见提出人2007年已加工TM9936产品（晶圆TA0701B，封装形式：QFP44）的晶圆并封装的事实，从而证明专有权人的布图设计没有独创性，证据5－6进一步证明TM9936产品于2007年已投入商业利用；（2）深圳市中级人民法院委托北京芯某景软件技术有限公司出具的《集成电路版图相似度验证报告》存在重大错误，致使鉴定结论不足采信，具体理由为：①专有权人及其股东深圳市国某电子股份有限公司是鉴定机构北京芯某景软件技术有限公司的大客户，这种利害关系导致两份报告发生重大错误；②证据5－7（以下简称TM－SM报告）与证据5－8（以下简称SM－SM报告）的鉴定标准不统一、结果错误、报告结果不客观、程序错误而导致发《更正函》，令其结果失去公信力；③SM－SM报告中的芯片LOGO是MW007A，而专有权人在专利局申请备案的布图设计的LOGO是MW7001，上述事实证明鉴定机构可能使用虚假检材作出虚假鉴定；④两份报告没有从功能上、元件上、元件的摆放位置及连接关系、互连线路等方面进行比较；⑤撤销意见提出人提交证据5－9进一步说明问题。

2010年5月24日，合议组向专有权人发出转送文件通知书，其中将撤销意见提出人2010年3月20日提交的意见陈述书及其所附附件转送给专有权人。

2010年5月24日，合议组分别向专有权人和撤销意见提出人发出集成电路布图设计撤销案件口头审理通知书，定于2010年6月25日再次对本案进行口头审理（以下简称第二次口头审理）。

2010年6月23日，专有权人针对上述口审通知书提交了意见陈述书及下述反证：

反证4：声称为型号相同布图设计不同的两款SM1668集成电路对比验证报告复印件共9页。

其主要陈述意见如下：（1）撤销意见提出人没有提供任何有说服力的证据证明：其于2007年1月创作完成了TM9936芯片产品，也无法证明其于2007年9月3日销售的该产品的布图设计与在后申请的登记号为BS.09500108.5的TM9936集成电路布图设计（以下简称108号布图设计）内容一致；（2）即便将本布图设计与108号布图设计进行对比，本布图设计也具备独创性。首先，本布图设计不是公认的常规设计；其次，本布图设计是深圳市明某电子股份有限公司独自创作的智力劳动成果；再次，本布图设计与108号布图设计在具体布局设计上存在诸多不同，本布图设计不可能抄袭、剽窃108号布图设计。二者不同之处具体体现在以下几个方面：①本布图设计与108号布图设计的特征工艺尺寸不同；②本布图设计的各个功能模块的形状、面积与108号布图设计的功能模块的形状和面积不同；③本布图设计模块的多晶层、金属层的图元数量、图元形状以及对应图元的尺寸与108号布图设计的对应模块相比均有明显区别，两者是不同的三维配置；④本布图设计与108号布图设计相比，具有电流、电压采样电路的三通道一致性的优点；（3）撤销意见提出人提交的证据5-9在内容上严重失实，不应该予以采信。

第二次口头审理于2010年6月25日如期举行，双方当事人均出席了本次口头审理。在口头审理过程中，双方当事人明确表示：对对方出庭人员的身份没有异议，对合议组成员以及书记员没有回避请求。

在此次口头审理中：

（1）合议组当庭将专有权人于2010年6月23日提交的意见陈述及证据转给撤销意见提出人。

（2）专有权人当庭提交了撤销意见提出人提交的证据5-7、证据5-8的原件；撤销意见提出人当庭提交了证据5-1、证据5-2、证据5-3的原件，证据5-6中的证明的原件，提交证据5-6中的电表实物一只，当庭出示证据5-4、证据5-5的原件，并提交证据6-1，声称为深圳公证处出具的（2010）深证字第88342号公证书，当庭表示证据6-1仅供合议组参考，不作为证据提交。

（3）专有权人当庭核实证据5-1至证据5-6并表示：证据5-1至证据5-5的复印件与原件一致，但不认可其证明目的；证据5-6是电表，不确定其来源形式，且对其真实性不予认可；对证据5-7、证据5-8的真实性予以认可；对证据5-9的真实性不予认可；认为证据6-1已经超出举证期限。

（4）双方当事人对北京芯某景软件技术有限公司开具验证报告的布图没有异议。合议组当庭告知双方当事人：此次口头审理结束后，双方当事人针对北京芯某景软件技术有限公司开具验证报告的布图进行对比和陈述书面意见。

2010年7月14日，专利复审委员会向广东省深圳市中级人民法院致公函，请求深圳市中级人民法院协助专利复审委员会调取北京芯某景软件技术有限公司在反向工程中拍摄的原始图像数据。经深圳市中级人民法院与北京芯某景软件技术有限公司沟通，北京芯某景软件技术有限公司同意专利复审委员会到其公司调取相关证据。

2010年9月7日，专利复审委员会到北京芯某景软件技术有限公司调取广东省深圳市中级人民法院委托该公司对深圳市明某电子股份有限公司的产品与深圳市天某电子有限公司在国家知识产权局申请的集成电路布图设计（申请号：09500108.5）的芯片样品以及对深圳市明某电子股份有限公司市场在售芯片样品与深圳市明某电子股份有限公司在国家知识产权局申请的集成电路布图设计（申请号：08500671.8）的芯片样品进行版图相似度验证工作中所拍摄获得的原始图像数据，调取数据内容包括：

光盘1：深圳市明某电子股份有限公司在国家知识产权局申请的集成电路布图设计（申请号：08500671.8）的芯片样品的反向工程图。

光盘2：深圳市明某电子股份有限公司在市场销售的芯片样品的反向工程图。

光盘3：深圳市天某电子有限公司在国家知识产权局申请的集成电路布图设计（申请号：09500108.5）的芯片样品的反向工程图及深圳市明某电子股份有限公司在国家知识产权局申请的集成电路布图设计（申请号：08500671.8）的芯片样品的反向工程图。

合议组分别于2010年9月19日、2010年10月15日分两次向专有权人和撤销意见提出人转送专利复审委员会于2010年9月7日调取的广东省深圳市中级人民法院委托北京芯某景软件技术有限公司对深圳市明某电子股份有限公司与深圳市天某电子有限公司的芯片样品进行版图相似度验证工作中所获得的图像数据光盘1、光盘2、光盘3。

2010年11月23日，撤销意见提出人针对专利复审委员会于2010年10月15日发出的转送文件通知书，提交了意见陈述书并附一份电子数据的光盘，其认为SM9935B与TM9936相比存在下述不同：（1）芯片大小不同，SM9935B的数字部分面积比TM9936小，这是由工艺带来的；（2）电容大小不同，这是由工艺决定的；（3）电阻大小不同，这是由工艺决定的；（4）关于振荡器部分，两者设计逻辑画法不同；（5）位置变化，SM9935B为了减少PAD部分的面积，移到芯片内部较空的部分，属于常规操作方法；（6）空白区域是由于数字部分减小造成的空白；（7）LOGO不同。综上所述，二者的不同均属于常规性设计，因此本布图设计不具备独创性。

2010年12月1日专利复审委员会收到专有权人针对专利复审委员会于2010年10月15日发出的转送文件通知书提交的意见陈述书，其具体陈述意见为：首先，本布图设计与108号布图设计存在诸多区别：（1）整体面积、各模块面积相差巨大，模块3、模块4的形状和布局不同，模块5的布局不同；（2）各个模块的设计不同，具体体现在以下几个方面：①模块1的接触孔数目增多、模拟电路设计不同；②模块2的接触孔数目增多、MOS器件尺寸大大减小；③模块3的接触孔数目增多、三通道一致性较好，多晶层及金属层设计完全不同；④模块4的接触孔数目增多，多晶层及金属层设计不同；⑤模块5的接触孔数目增多、晶振电路设计不同。其次，本布图设计是深圳市明某电子股份有限公司在2003年创作的布图设计（SM9935）的基础上完成的。再次，本布图设计在创作时不是公认常规设计且是专有权人独自创作的智力劳动成果，因此相对于108号布图设计具备独创性。

2010年12月29日，合议组分别向专有权人和撤销意见提出人发出转送文件通知书，其中将撤销意见提出人于2010年11月23日提交的意见陈述书及其所附光盘转送给专有权人；将专利复审委员会于2010年12月1日收到的专有权人提交的意见陈述书及其所附附件转送给撤销意见提出人。

2010年12月29日，合议组分别向专有权人和撤销意见提出人发出集成电路布图设计撤销案件口头审理通知书，定于2011年2月23日对本案进行口头审理（以下简称第三次口头审理）。

2011年1月31日，撤销意见提出人针对2010年12月29日的转送文件通知书提交意见陈述书，其具体陈述意见为：专有权人在划分模块时，将两者的布图设计模块所包含内容划出不同的区域，因此造成模块形状、面积的巨大差异，使两者变得不可比较；接触孔数目增多属于常规设计。

第三次口头审理于2011年2月23日如期举行，双方当事人均出席了本次口头审理。在口头审理过程中，双方当事人明确表示：对对方出庭人员的身份没有异议，对合议组成员的变更没有异议，对合议组成员以及书记员没有回避请求。

在此次口头审理中：

（1）撤销意见提出人当庭提交下述教科书复印资料供合议组参考：由机械工业出版社出版的《集成电路版图设计》的封面、第206页、第240页、第241页的复印件共4页。

（2）双方当事人对专利复审委员会从北京芯某景软件技术有限公司调取的光盘1、光盘2、光盘3的内容和真实性没有异议，专有权人当庭明确表示光盘1与光盘2中的图像内容相同。

（3）专有权人当庭出示反证1至反证4的原件。撤销意见提出人当庭明确表示：反证1和反证2中授权委托书中涉及的产品型号没有SM9935B，因此其与本案没有直接联系；反证3是公司内部文件，无法确认其真实性；反证4中，专有权人提的两个版图可以实现相同功能的问题，是客观存在的。

（4）撤销意见提出人明确表示：

① 证据2-1和证据3-1、证据2-2和证据3-3、证据2-3和证据3-4、证据2-4和证据3-5分别结合证明TM9936在先销售的事实。

② 证据5-1、证据5-4、证据4-1证明其之前委托了中某积体电路（宁波）有限公司加工TM9936。证据4-1上有图样，该图样与在后申请的108号布图设计一致。

（5）专有权人当庭明确表示：证据4-1中的芯片标识与108号布图设计不一致，前者为“0701b”，后者为“0701bc”，由此说明即使之前提交的证据都指向了TM9936型号的产品，但不代表在先生产、销售的所谓TM9936布图设计就当然与之后向国家知识产权局提交的布图设计完全一样，之间没有直接的证明关系。撤销意见提出人辩称：提交给国家知识产权局的版图能打印出所有层次，而证据4-1中的图片为实物照片，无法显示标识中字母“c”所在的层。

（6）专有权人当庭明确表示：证据5-6中的电表的形成时间及其真实性无法确认；证据5-4的复印件与原件一致，从形式上认可其真实性；但发票和本案没有直接关系。

（7）专有权人当庭明确表示：其意见陈述书中对于布图设计中的模块按功能划分为：模块1为A/D转换模块；模块2为乘法器；模块3为电压采样；模块4为电流采样；模块5为周围接垫。

至此，合议组认为本案事实已经清楚，可以作出审查决定。

二、决定的理由

1. 查明事实

合议组经审理查明：

（1）2007年9月3日，供方深圳市天某电子有限公司向深圳市北某电子有限公司销售过型号为9936的TM品牌集成电路芯片15000只，有证据2－1中的双方签订的编号为20070903001的供货及购销合同、深圳市天某电子有限公司开具给深圳市北某电子有限公司的编号为04237964的深圳增值税专用发票以及证据3－1中的银行进账单为证。

（2）2007年3月29日，深圳市天某电子有限公司委托中某积体电路（宁波）有限公司代加工产品名称为TA0701B的晶圆圆片，有证据5－1中的采购编号为TM2007032901的晶圆采购订单、证据5－4中的编号为03307250的宁波增值税专用发票和证据4－1为证。

（3）广东省深圳市中级人民法院出具的（2009）深中法民三初字第184号民事判决书中明确记载：就委托北京芯某景软件技术有限公司进行技术对比事宜的相关程序符合法律规定；且双方当事人在本案的撤销程序中明确表示对合议组依职权调取上述光盘1、光盘2、光盘3没有异议，并对从北京芯某景软件技术有限公司调取的光盘1、光盘2、光盘3的内容和真实性没有异议，专有权人明确表示光盘1和光盘2的图像内容相同。

专利权人对于上述证据2－1、证据3－1、证据4－1、证据5－1及证据5－4持有异议：（1）对证据2－1和证据3－1的真实性和关联性不予认可；（2）认为证据4－1的原件没有法人代表签字，对其真实性不予认可，对证据5－1和证据5－4的证明目的不予认可，证据5－1的订单不能直接证明两公司之间生产交易的行为。

合议组认为：

对于第（1）点异议：

首先，撤销意见提出人于2010年1月27日第一次口头审理时当庭出示证据2－1和证据3－1的原件，经专有权人和合议组当庭核实，其复印件与原件一致。合议组未发现上述证据存在明显影响其真实性的瑕疵，因此，合议组对于其真实性予以认可。

其次，证据2－1中的发票和供货及购销合同在购销发生时间、购销主体、购销标的内容及价格上均一一对应，相互印证，可以证明：深圳市天某电子有限公司曾于2007年9月3日向深圳市北某电子有限公司销售型号为9936的TM品牌集成电路芯片15000只。

再次，证据3－1中的银行进账单的开具日期为2007年9月4日，收款人为深圳市天某电子有限公司，出票人为深圳市北某电子有限公司，其与证据2－1中所证明的购销事实在发生时间和主体方面相吻合，进一步佐证证据2－1证明的上述事实。

对于第（2）点异议：

首先，专有权人在核实证据5－1和证据5－4的复印件与原件一致的情况下，并未针对证据5－1和证据5－4的真实性提出有说服力的质疑理由，也未提交任何相关的反证来证明证据5－1和证据5－4存在导致其真实性无法认可的瑕疵。经合议组核实，未发现上述证据存在影响其真实性的明显瑕疵，因此，合议组对于其真实性、合法性予以认可。

其次，证据5－1的上述晶圆采购订单和证据5－4中的增值税专用发票所涉及的行为主体双方、代工协议签订时间、代工金额均一致，二者均证明同一事实：深圳市天某电子有限公司曾于2007年3月底委托中某积体电路（宁波）有限公司代加工产品名称为TA0701B的晶圆片。

再次，经专有权人及合议组核实，证据4－1的复印件与原件一致。证据4－1是由中某积体电路（宁波）有限公司于2010年1月5日开具的一份证明函，其要证明的事实为：中某积体电路（宁波）有限公司受深圳市天某电子有限公司的委托，曾在2007年3月25日至2008年11月6日期间，采用证据4－1中显示的掩膜板图样，为深圳市天某电子有限公司加工生产产品名称为TA0701B（对应的外部型号为TM9936）的集成电路晶圆片。证据4－1属于单位证明，出具证明的单位未出庭接受质询，但是，根据上述证据分析可发现，证据4－1所证明的事实与证据5－1和证据5－4所证明的事实内容吻合，可相互印证。

综上所述，专有权人对证据2－1、证据3－1、证据4－1、证据5－1、证据5－4的质证意见不能成立。

2. 本案焦点

合议组认为：针对撤销意见提出人陈述的事实和理由以及专有权人的答辩，本案的焦点问题在于：

（一）关于撤销意见提出人于2007年9月3日在先销售的型号为9936的TM品牌集成电路芯片的布图设计与其于2009年2月26日在后申请的108号布图设计专有权的布图设计是否一致的问题。

对此，专有权人辩称：（1）证据4－1中的模板图样不清楚，且其中的芯片LOGO标识跟提交的108号布图设计不一样，型号有区别，证据4－1中显示的是0701b，而108号布图设计中显示的是0701bc，说明即使之前提交的证据都指向了TM9936型号的产品，也不代表在先生产、销售的所谓的TM9936布图设计与在后的108号布图设计完全一致，这之间没有直接的证明关系；（2）即便TM9936芯片在先销售是事实，但销售的产品与在后的108号布图设计专有权的布图设计不一定一致，用反证4来进一步证明自己的主张成立。

合议组认为：

对于上述第（1）点，证据4-1中显示的TM9936掩膜板图样中的芯片LOGO标识为0701b，而108号布图设计专有权的布图设计图样中显示的芯片LOGO标识有0701bc、0701b、0701c。虽然二者不完全相同，但经合议组核实发现造成上述芯片LOGO标识不完全相同的原因在于：证据4-1中的图为通过对实物拍照获得的图片，而108号布图设计的图纸为打印出来的各个层的图，由于前者无法分层，所以只能体现出某一层的芯片LOGO标识；而108号布图设计专有权的布图设计图样是分层打印的图，所以能显示出c所在的层。此外，通过对证据4-1中显示的掩膜板图样和108号布图设计专有权的芯片LOGO标识为0701b的布图设计图样相对比，从版图布局上看，没有发现二者存在实质差异。

对于上述第（2）点，按照本领域技术人员对集成电路布图设计行业惯例的掌握，一般情况下，为了便于研发的编号分类以及对外的销售统一，同一型号的集成电路芯片功能和布图设计相一致，布图设计如果存在大幅度改版，其型号通常会相应发生变化。首先，专有权人明确表示光盘1与光盘2中的图像内容相同，由此可以看出，本布图设计自其申请日以来至今没有发生过变化。其次，反证4是专有权人声称的其自行委托宜某发科技（深圳）有限公司对专有权人自己的产品进行反向剖析所得到的验证报告，开具该验证报告的鉴定人宜某发科技（深圳）有限公司未出席口头审理接受双方当事人的质证，在没有相关佐证证明其委托手续的合法性、鉴定人的鉴定资质、被验芯片的合法来源的情况下，无法确认反证4的真实性。因此，在没有其他证据佐证的情况下，证据4不能单独证明其待证事实。再者，反证4也并未直接指向型号为TM9936的集成电路芯片在先销售与在后申请存在布图设计不一致的情形。

综上所述，合议组认为：早于本布图设计的首次商业利用日2008年11月18日以及申请日2008年12月9日之前销售的TM9936芯片的布图设计构成本布图设计的现有集成电路布图设计，其布图设计与其在后申请的108号布图设计专有权的布图设计相一致。因此，在后申请的108号布图设计专有权的布图设计图样可以作为在先销售的TM9936芯片的布图设计图样用于评价本布图设计独创性。

（二）关于本布图设计是否具备独创性的问题。

对于一项不是由常规设计组成的集成电路布图设计，在判断其是否具有独创性时，首先要判断该布图设计是否体现创作者的智力劳动成果，如果一项布图设计与现有布图设计基本上相同，且又有证据表明该布图设计的创作者有接触在先布图设计的可能性，那么应当认为该相同部分不属于创作者的智力劳动成果，此时如果二者之间的设计区别部分为公认的常规设计，则认为该布图设计不具有独创性。

具体到本案而言：

第一步：本布图设计与现有集成电路布图设计的比较。

专有权人主张：本布图设计相对于 TM9936 芯片的布图设计（以下简称 TM9936），在整体布局、各模块设计方面存在以下区别：①两者的整体面积及各模块的面积相差巨大；②电压采样模块 3 的形状和布局不同；③电流采样模块 4 的形状和布局不同；④周围接垫模块 5 的布局不同；⑤A/D 转换模块 1 的接触孔数目增多，模拟电路设计不同；⑥乘法器模块 2 的接触孔数目增多、MOS 器件尺寸大大减小；⑦电压采样模块 3 的接触孔数目增多、三通道一致性好、多晶层及金属层设计完全不同；⑧电流采样模块 4 接触孔数目增多、三通道一致性好、多晶层及金属层设计不同；⑨周围接垫模块 5 的接触孔数目增多，晶振电路设计不同。

合议组认为：基于专有权人的上述主张，对于二者除上述区别之外的相同部分，鉴于本布图设计在创作时存在接触在先销售的 TM9936 芯片的布图设计的可能性，则相同的部分不能作为本布图设计的创作者自己的智力劳动成果。因此，在评价独创性时，对于二者相同的部分，不再考虑其是否给本布图设计带来独创性贡献。

专有权人辩称：反证 1 证明目前专有权人生产 SM9935B 是由母公司深圳市国某电子股份有限公司授权的；反证 2 证明深圳市国某电子股份有限公司授权深圳市明某电子有限公司拥有在所列产品上改进形成的知识产权，以证明专有权人关于 SM9935B 的权利是有合法来源的；反证 3 中 MW7001 项目对应的产品是 SM9935B，涉及的 SM9935B 研发历史资料，从 SM9935 到升级的 SM9935B，整个研究的文档资料，证明专有权人根据原来的产品独立研发出来的 SM9935B 及其布图设计，是自己劳动的成果，没有剽窃撤销意见提出人的产品设计。

对此，合议组认为：首先，反证 1 和反证 2 为两份授权书，专有权人明确表示授权方是其母公司，即授权方与专有权人之间存在明显利害关系，且授权书的出具单位未出庭接受质询，因此在没有其他证据佐证的情况下，反证 1 和反证 2 不能直接作为认定事实的依据；其次，反证 1 和反证 2 中所显示的授权产品并未涉及本布图设计 SM9935B，即反证 1 和反证 2 与本布图设计没有任何关联性，无法证明本布图设计 SM9935B 是由母公司深圳市国某电子股份有限公司授权生产的；再次，反证 3 为专有权人声称的其公司内部研发资料，在撤销意见提出人对其真实性质疑的情况下，专有权人并未对其真实性进行证明，且上述研发资料中涉及的 SM9935B 芯片与上述授权委托书中的内容没有任何关联性。因此，合议组对反证 1、反证 2 和反证 3 不予采信，对于专有权人的上述主张不予支持。

第二步：确定二者之间的设计区别部分。

合议组认为：对于专有权人主张的上述区别①，属于《条例》不予保护的范畴。具体理由如下：

二者在整体面积、各模块面积以及 MOS 器件尺寸方面的差异是由于其采用不同的制作工艺所产生的，TM9936 采用 BYD 的 0.8μm 的 CMOS 工艺，最小工艺尺寸为 0.8μm，而本布图设计采用的是 CSMC 的 0.6μm 的 CMOS 工艺，最小工艺尺寸为

0.5μm。对于集成电路布图设计者来说，工艺尺寸的缩小，意味着影响芯片面积的晶体管的尺寸、连线最小宽度以及连线之间的最小间距等都会相应缩小，从而会导致 MOS 器件尺寸的减小，且芯片整体面积以及各模块的面积大致呈平方倍率的缩小。

《条例》第 5 条规定：本条例对布图设计的保护，不延及思想、处理过程、操作方法或者数学概念等。由此可见，专利权人主张的上述区别①纯属由于工艺尺寸造成的，属于《条例》不予保护的范畴，在独创性判断时，对于上述区别①不予考虑。

基于专有权人主张的上述区别②至⑨，合议组确定二者之间存在下述 8 个设计区别部分：(1) 关于电压采样模块 3 中的电容相对位置和形状的不同；(2) 关于电流采样模块 4 中的电路位置、电容大小和形状的不同；(3) 关于周围接垫模块 5 中的右侧部分的布局排布不同；(4) 关于 A/D 转换模块 1 中的模拟电路设计不同；(5) 关于电压采样模块 3 和电流采样模块 4 中的三通道设计不同；(6) 关于电压采样模块 3 和电流采样模块 4 中的多晶层及金属层的设计不同；(7) 关于晶振电路设计的不同；(8) 关于各模块接触孔数目增多的差异。

第三步：判断上述设计区别部分是否为公认的常规设计。

(1) 关于电压采样模块 3 中的电容相对位置和形状的不同。

合议组认为：虽然，本布图设计的电压采样模块 3 中的电容位于该模块右上侧，而 TM9936 的电容位于模块 5 的上侧中部，且二者电容形状略有不同。但是，上述差异是由于二者生产工艺的不同而做的常规设计选择不同所带来的。具体而言，TM9936 采用较大的生产工艺，芯片内部各模块占用较大的面积，外围 PAD 之间就会形成一部分空余面积；对于本布图设计来说，由于采用较小的生产工艺，芯片内部的各模块占用相对较小的面积，内部有较多的空余部分。因此，对于集成电路布图设计者来说，根据公知的面积优化原则，针对 TM9936，将模块 3 中的电容就近放在 PAD 模块 5 的上侧中部，就可以充分利用 PAD 之间的空余部分，从而减小芯片内部的面积；而针对本布图设计，如果再占用外围 PAD 之间的面积，就会导致整个芯片面积的增加。为了充分利用芯片内部的面积从而从整体上减小芯片面积，必然会将模块 3 中的电容放置在芯片内部，这属于公认的常规设计。

(2) 关于电流采样模块 4 中的电路位置、电容大小和形状的不同。

合议组认为：虽然二者在电流采样模块 4 中的电路位置不同、电容大小和形状方面略有不同。但是，上述区别依然是由于二者生产工艺的不同而做的常规设计选择不同所带来的。具体而言，TM9936 由于采用较大的生产工艺，芯片内部各模块占用较大的面积，外围 PAD 之间就会形成一部分空余面积；对于本布图设计来说，由于采用较小的生产工艺，芯片内部的各模块占用相对较小的面积，内部有较多的空余部分。因此，对于集成电路布图设计者来说，根据公知的面积优化原则，针对 TM9936，将模块 4 中的电路部分放在 PAD 模块 5 的右下侧，就可以充分利用 PAD 之间的空余部分，从而减小芯片内部的面积；而针对本布图设计，如果再占用外围 PAD 之间的面积，就会导致整个芯片面积的增加，为了充分利用芯片内部的面积从而从整体上减小芯片面积必然会将模块 4 中的电路部分放在芯片内部即模块 4 的中部，这属于公认的常规设计。同理，对于模块 4 中的电容大小和形状的不同，亦是由于生产工艺的不同所导致的，电容的特征参数即单位面积电容的大小也不相同，根据模块 1、模块 2、模块 4 摆放位置以及芯片整体布局的需要，也将导致电容形状的不同，这对于集成电路布图设计者来说，属于公认的常规设计。

（3）关于周围接垫模块 5 中的右侧部分的布局排布不同。

合议组认为：通过其布图来看，模块 5 右侧中部的布局不同，主要是由于两者采用不同的生产工艺，电容的特征参数即单位面积电容的大小也不相同，从而相同电容值的电容所占的面积也不相同，根据电容面积的大小以及面积优化原则重新进行排布和连线对于集成电路布图设计者来说属于公认的常规设计。

（4）关于 A/D 转换模块 1 中的模拟电路设计不同。

合议组认为：模拟电路设计的不同之处仅在于连接方式的不同，TM9936 采用多晶硅层直接相连的方式，本布图设计采用金属层转换连接。多晶硅的电阻率相比金属连线的电阻率要大得多，因此，避免使用长距离多晶硅作为连线以减小输入电阻属于常规设计。由于 TM9936 的两个多晶硅在纵向上距离较短，所以即使采用金属层转换连接方式也不会使输入电阻产生大的变化。而本布图设计所需要连接的两个多晶硅在纵向上距离较长，对于集成电路布图设计者来说，避免使用长距离的多晶硅作为连线使用属于常规设计。而且，为了保证多晶硅以及金属连线走线方向的一致性，也应该使用金属层在纵向连接两个多晶硅栅极。

（5）关于电压采样模块 3 和电流采样模块 4 中的三通道设计不同。

合议组认为：对于集成电路布图设计者来说，根据公知的信号匹配原则，设计者会尽可能减少各相通道的连线长度和拐角，以力求各相通道匹配一致，“直线”布局是设计者追求的最佳设计效果，这属于公认的常规设计。对于 TM9936 而言，其各相通道在方向上也是一致的，仅仅在连线长度上有所不同，这主要是由于工艺尺寸的差别，导致 TM9936 和本布图设计的模块 1、模块 3、模块 4 中的元件尺寸不同，从而造成上述布局的差异。

（6）关于电压采样模块 3 和电流采样模块 4 中的多晶层及金属层的设计不同。

合议组认为：首先，多晶层的不同主要是因为本布图设计的栅极采用公认的常规设计“叉指结构”，为了降低集成电路生产过程中的系统失配而采用“叉指结构”这种常规设计手段，对于集成电路布图设计者来说是熟知的，不需要花费任何智力劳动；其次，多晶层的布局结构与金属层的布局结构相互对应的关系对于集成电路布图设计者来说是不言而喻的，因此，多晶层的不同必然会导致金属层的布局结构不同；再次，对于右下角电路有源区的形状不同，晶体管的有源区采用这种形状也属于常规设计。对于模块 3 中有源区，本布图设计与 TM9936 芯片的布图设计 NMOS 晶体管的有源区在形状上是相同的，都是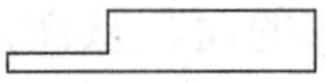或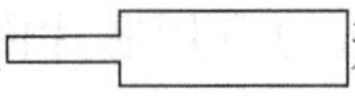形，区别在于涉案布图的有源区红色边缘相对于TM9936芯片的布图设计来说缩进量更大。这主要是由于采用了不同的工艺尺寸，晶体管栅极的沟道长度变短，在晶体管宽长比不变的情况下，沟道宽度也变小，从而有源区的宽度变小，导致有源区更向右缩进。对于PMOS晶体管来说，由于相同的原因，有源区的宽度也相应变小，另外，为了保证NMOS晶体管和PMOS晶体管之间连线不出现拐角，PMOS晶体管有源区的形状采用和NMOS晶体管相同的形状，从而可以保证晶体管之间连线的一致性，这属于常规设计。

（7）关于晶振电路设计的不同。

合议组认为：两者的晶振电路器件数量相同，差别仅在于本布图设计右侧几个晶体管摆放位置的不同，根据整体布局的不同以及所可以放置该电路的面积、形状的不同改变电路中某些器件的摆放位置属于公认的常规设计。上述摆放位置的改变对该模块的布图设计整体并未带来任何实质上的变化。

本布图设计在进行布图设计登记时提交的晶振电路图与TM9936的晶振电路图相比较，两者在电路结构以及版图设计上完全一致。通过比较本布图设计与108号布图设计的晶振电路发现，两者除了由于生产工艺不同而引起的晶体管尺寸的不同，在晶体管的数量、器件的位置、连接关系以及接触孔的布置上几乎完全相同。

（8）关于各模块接触孔数目增多的差异。

对于集成电路布图设计者来说，为了保证P型衬底更好地接地以及使N阱中各个区域的电压保持一致，在电源线和地线上增加接触孔属于常规设计。

因此，上述设计区别部分均为公认的常规设计，其均未给本布图设计带来独创性的贡献。

纵观本布图设计，整体而言，其相对TM9936的差异，主要是由于工艺尺寸的差异而直接或间接导致的。对于集成电路布图设计者而言，在生产工艺条件允许的情况下，必然会优先遵循布图设计领域中公认的相关设计原则，诸如面积优化原则、信号匹配原则，随着工艺尺寸的日趋减小，通过公认的常规设计的简单替换，来尽可能地满足上述公认的设计原则。本布图设计仅是在TM9936的基础上，根据制造工艺的差异而利用公认的常规设计选择而做出的简单的布局调整，这不需要集成电路布图设计者付出相应的智力劳动。

综上所述，本布图设计相对于TM9936不具有《条例》第4条规定的独创性。

三、决定

撤销BS.08500671.8号集成电路布图设计专有权。

合议组组长：樊晓东

主　审　员：朱芳芳

参　审　员：詹靖康、孙学锋、陶应磊

案例5-3 “SDC11961”专有权撤销案[1]

一、基本案情

2008年4月，王某某针对绍兴光某微电子有限公司的登记号为BS.07500002.4、名称为“SDC11961”的布图设计专有权向国家知识产权局提交集成电路布图设计专有权撤销意见书，以本布图设计不符合《条例》第4条、第17条的规定为由，请求撤销本布图设计专有权。国家知识产权局经审理作出撤销程序审查决定，撤销该布图设计专有权。

二、案例评析

本案中，撤销意见提出人提交的撤销意见涵盖了有关独创性的《条例》第4条，有关申请登记期限的《条例》第17条。双方当事人的争议焦点涉及独创性的判断，具体而言涉及本布图设计是否属于“独立创作”。

《条例》第4条规定，受保护的布图设计应当具有独创性，即该布图设计是创作者自己的智力劳动成果，并且在其创作时该布图设计在布图设计创作者和集成电路制造者中不是公认的常规设计。

本案主要涉及独创性判断中的主要方面之一，即布图设计是创作者自己的智力劳动成果，不能是抄袭他人的设计，可以称为“独立创作原则”。

判断布图设计是否独立创作时，一是判断创作者是否接触过对比布图设计或有无存在接触的可能性，二是本布图设计与对比布图设计是否相同或实质相同。如果上述两个条件均满足，即创作者存在接触对比布图设计的可能性，且两个布图设计相同或实质相同，则认为本布图设计不是独立创作出来的，不属于创作者自己的智力劳动成果。如果上述两个条件中有一个不满足，则认为本布图设计相对于对比布图设计满足“独立创作原则”。

1. “接触”的判断

本案中，撤销意见提出人提交了某登记公告的布图设计作为对比布图设计（以下简称证据1）。本布图设计的创作完成日及登记申请日均晚于证据1的公告日，且证据1无保密信息，因此，可认定创作者存在接触过证据1的可能性，在此基础上进行二者

---

[1] 国家知识产权局第3号集成电路布图设计撤销程序审查决定。

是否相同或实质相同的对比判断。

2. 相同或实质相同的判断

对于是否相同或实质相同，本案中采用以下步骤进行对比：

首先，进行功能模块的整体布局比较。根据集成电路芯片的功能，将其布图设计划分为多个模块，比较各个模块的形状、位置，以及模块之间的相对关系。本布图设计与证据1相比，功能模块在这几方面完全相同。特别是，证据1中为了克服晶体管大电流产生的不利影响，将某一模块拆分设置于两个分离的空间中，在这一具体设计上本布图设计与证据1也相同。

其次，比较布图设计中的元件、连线。在集成电路中，元件包括有源元件和无源元件，互连线电连接这些元件。有源元件主要包括晶体管（如二极管、三极管、MOS管等），无源元件包括电阻、电容等，互连线包括金属线或多晶硅等导电线。

关于有源元件，本布图设计与证据1中的晶体管的数量及位置基本相同。

关于无源元件，二者所设置的电阻位置及数量完全相同，电容的数量、位置及形状基本相同。众所周知，电阻设置的自由度较大，在某一个区域内设置的电阻只要总电阻值相同即可，数量可以根据区域的面积自由设置，而本布图设计与证据1在这一点上却完全相同。

关于互连线，本布图设计与证据1的互连线连接的元件完全相同，元件之间的连线的走向布置也几乎完全相同。一般而言，在互连线较为宽松的区域，其走向具有很大的设计自由度，不同设计者设计的互连线走向极有可能不同，而对于本布图设计与证据1，即使在互连线较为宽松的区域，走向也是一致的。

再次，考察特殊元件（虚设结构和吊接点）。

关于虚设（dummy）结构。其由于与电路功能无关，属于冗余元件，也不与其他元件相连，因此虚设元件具有较高的设计自由度。但在本布图设计与证据1中，却在相同位置设置有完全相同的虚设结构。

关于吊接点。在集成电路中，被绝缘区域包围，并设有元件的区域叫作“岛”。其中，对于设有电阻的岛，有必要对其施加电压以稳定该岛的电位，将这样的岛称为悬吊岛，将该岛内部的用于连接施加电压的金属连线的触点，称为吊接点。吊接点是在电阻上设置的触点，其位置与数量的设置具有非常大的自由度。而本布图设计与证据1相比，数量众多的吊接点的位置和形状完全相同。

3. 对比结果

基于以上对比可见，本布图设计与证据1相比，主要存在几处细微的设计区别：(1) 作为互连线的第一金属层和第二金属层中的局部弯折度稍有不同；(2) 某一模块中，驱动晶体管的数量略有不同。

对于二者相比大部分相同，同时存在一定区别的情形，则要考量其属于明显差别还是细微差别。此时，应当站位布图设计创作者和集成电路制造者，根据其掌握的知识和具备的能力来判断该区别对布图设计是否带来实质影响，进而判断二者是否实质相同。

至于此案，关于上述区别点（1）：该设计区别是由于不同生产厂商的制造工艺以及设计规则不同而造成的，对于不同的工艺，最小特征尺寸不同，元件的尺寸也就有所不同，因此，对元件之间互连线的形状会产生细微影响，但从整体上看，二者互连线所连接的元件、金属线的走向几乎完全相同，这种极其细微的变化未对布图设计的整体带来任何实质性的变化。

关于上述区别点（2）：该设计区别也是由于二者制造工艺的不同所带来的。对于集成电路布图设计者来说，根据公知的晶体管电流与结面积匹配原则，驱动晶体管必须能够提供大的驱动电流，这就要求晶体管的结面积足够大。因此，对于特征尺寸较小的工艺，由于其晶体管的尺寸也较小，为了满足功率需要，须保持功率晶体管的总结面积不变，因此必然要增加晶体管的数量，这属于公认的常规设计。

因此，这些区别点主要是由于工艺尺寸的差别而直接或间接导致的，对于集成电路布图设计者而言，属于根据制造工艺的差异而利用公认的常规设计而做出的简单调整，未对本布图设计造成实质影响，其与证据 1 实质相同。

因此，本布图设计不是独立创作出来的，不属于创作者自己的智力劳动成果，不符合《条例》第 4 条的规定。

三、小　　结

判断是否独立创作时，应当考虑是否接触和是否相同或实质相同两个方面。对于是否接触的判断，如果在先的布图设计的公告日早于本布图设计的申请日或创作完成日，则可以认为存在接触的可能。判断是否相同或实质相同时，首先进行功能模块的整体布局比较，涉及形状、位置，以及模块之间的相对关系。对于存在一定区别的情形，则应当站位布图设计创作者和集成电路制造者，考量其属于明显差别还是细微差别，来判断该区别对布图设计是否带来实质影响。

（陶应磊）

附件 5－3：第 3 号撤销程序审查决定

案件编号：第 JC0003 号

决定日：2012 年 7 月 30 日

布图设计名称：SDC11961

布图设计类别：（1）Bipolar 结构；（2）TTL 技术；（3）线性

法律依据：《条例》第 4 条

决定要点

对于以掩膜图形作为图样的集成电路布图设计，其图样直接反映了布图设计保护对象的元件及其互连线路的三维配置。利用从图样得到的布图信息来判断涉案布图设计与现有布图设计的区别，如果二者在模块布局、元件配置、连线布置等方面基本相同，仅存在若干细微的设计差别，而这些差别是由于制造工艺和设计规则的差异而形成，或者是由于上述差异而利用公认的常规设计选择而做出的简单调整，那么该布图设计相对于现有布图设计不具有独创性。

决定正文

一、案由

绍兴光某微电子有限公司（以下简称专有权人）于2007年1月1日向国家知识产权局申请登记名称为SDC11961的布图设计（以下简称涉案布图设计），其申请号为07500002.4，创作完成日为2006年6月5日，其申请文件包括申请表2份，复制件或图样的纸件14页，布图设计结构、技术、功能简要说明1页。经形式审查合格，国家知识产权局于2007年7月18日进行专有权登记公告，公告号为1338。

针对涉案布图设计专有权，王某某（以下简称撤销意见提出人）于2008年4月7日向国家知识产权局专利复审委员会提交意见陈述书，认为涉案布图设计专有权不符合《条例》第4条、第17条的规定，并提交了下述证据：

证据1：BS.04500236.3号集成电路布图设计，包括登记证书复印件1页以及该布图设计图复印件16页，共17页。

撤销意见提出人的主要理由是：

（一）涉案布图设计相对于证据1不符合《条例》第4条的规定

1. 涉案布图设计不是创作者自己的智力劳动成果

（1）证据1的首次商业利用日为2004年3月31日，公告日为2005年6月22日，而涉案布图设计的创作完成日为2006年6月5日，晚于证据1的首次商业利用日及公告日。在涉案布图设计的创作完成日之前，其创作人可以获得证据1的布图设计。（2）涉案布图设计与证据1几乎完全相同，包括以下方面：①整体布局相同；②功能性组成元件的设置相同；③虚设元件的设置相同。因此，涉案布图设计不属于创作者自己的智力劳动成果，不符合《条例》第4条的规定。

2. 涉案布图设计属于公认的常规设计

（1）证据1的首次商业利用日为2004年3月31日，从该日开始，集成电路布图设计者可通过常规手段得到该集成电路的布图设计，即该集成电路布图设计属于常规设计的范畴。（2）证据1的公告日为2005年6月22日，从该公告日起，该布图设计可以为公众得到，属于常规设计。而涉案布图设计的创作完成日晚于证据1的首次商业利用日及公告日，在其创作完成时已经属于公认的常规设计，因而不符合《条例》第 4 条的规定。

（二）涉案布图设计相对于证据 1 不符合《条例》第 17 条的规定

涉案布图设计与证据 1 几乎完全相同，因此涉案布图设计的首次商业利用日为证据 1 的首次商业利用日，即 2004 年 3 月 31 日，但是，涉案布图设计的申请日为 2007 年 1 月 1 日，在首次商业利用日起两年之后。因此，涉案布图设计不符合《条例》第 17 条的规定。

专利复审委员会认真研究上述意见及证据后，依法启动对涉案布图设计专有权的撤销程序，成立合议组进行审查，并于 2008 年 5 月 28 日向撤销意见提出人和专有权人发出集成电路布图设计进入撤销程序通知书，随该通知书向专有权人转送撤销意见提出人提交的上述撤销意见陈述书及其附件副本。

专利复审委员会于 2008 年 7 月 7 日收到专有权人提交的意见陈述书，针对上述集成电路布图设计进入撤销程序通知书，其主要的陈述意见是：涉案布图设计与证据 1 相比，（1）两者的面积不同，面积不同导致性能不同，性能不同又反映了设计思路。证据 1 的芯片面积为 $1.50 \times 2.35mm^2$，涉案布图设计的为 $1.52 \times 2.53mm^2$，而“反向工程”适用于同等面积或者更小面积，专有权人的设计属于正向设计。（2）整体布局来源于 IC 的功能，①驱动电路采用的对称设计不属于专有范围，② 涉案布图设计与证据 1 的管脚功能相同，所以内部布局相似。（3）内部基本单元不同，这些单元与工艺规则密切相关，二者不相似。（4）涉案布图设计内部不存在虚设单元，证据 1 中存在冗余的功率管和电阻，在此点就有 40% 以上的不同。因此，涉案布图设计为专有权人自己的智力劳动成果，符合《条例》的规定。

2008 年 11 月 13 日，合议组向双方当事人发出集成电路布图设计撤销案件口头审理通知书，定于 2008 年 12 月 25 日对本案进行口头审理，同时将专利复审委员会于 2008 年 7 月 7 日收到的专有权人意见陈述书转送给撤销意见提出人。

口头审理如期举行，撤销意见提出人参加了本次口头审理，专有权人未参加。

在口头审理中：（1）撤销意见提出人明确表示对合议组成员以及书记员没有回避请求，对合议组成员变更无异议。

撤销意见提出人当庭提交以下参考资料：

附件 1：世界半导体委员会（WSC）2006 年发布的关于应用集成电路布图设计法律管理利用改进的自动设计工具复制受保护的布图设计的行为的声明，及相关部分译文；

附件 2：中国半导体行业协会（CSIA）加入世界半导体委员会（WSC）的介绍；

附件 3：美国 Brooktree 公司 v. AMD 美国集成电路布图设计侵权诉讼案判决及相关部分译文；

附件 4：针对上述诉讼案的评论文章及相关部分译文。

撤销意见提出人明确，上述附件 1 ~4 用来说明对集成电路知识产权的保护以及对侵权诉讼案例的研究，仅供合议组参考。

（2）撤销意见提出人明确其理由为涉案布图设计不符合《条例》第 4 条、第 17 条的规定：首先，在证据 1 首次商业利用日之后，任何人可以通过反向工程得到证据 1 的布图设计，或者在证据 1 的公告日之后，任何人都可以查阅该布图设计。而涉案布图设计的创作完成日在证据 1 的首次商业利用日及公告日之后，而且涉案布图设计与证据 1 的布图设计相同，因此不是自己的智力劳动成果。其次，证据 1 的首次商业利用日为 2004 年 3 月 31 日，而涉案布图设计在 2006 年 6 月 5 日才完成，其申请日在证据 1 的首次商业利用日的两年之后。

（3）涉案布图设计与证据 1 的布图设计在整体模块配置、元件位置配置、绝缘块、布线、虚设元件及悬吊岛的布置各个方面是相同的。对于专有权人在意见陈述书中陈述的理由，撤销意见提出人认为：①其不认为反向工程适用于同等面积或更小面积，面积大小对独创性没有任何影响；半导体设计规则、元件样式等原因造成面积有略微差别，但对布图设计的独创性没有影响。②其没有强调“镜像设计”具有独创性，而是主张涉案布图设计与证据 1 在“上边是对称设计、下边是不对称设计”这一点上是相同的；即使管脚位置相同，内部模块的布局也不一定相同。③不同制造厂商的设计规则会不同，但不影响布图设计本身，和其布局及连线没有关系。④涉案布图设计与证据 1 存在相同的虚设元件，位置也是相同的。

撤销意见提出人于 2009 年 2 月 13 日补充提交了意见陈述书，其主要陈述意见是：(1) 撤销请求书中并未作出“‘反向工程’适用于同等面积或者更小面积的设计”的说明；布图设计的独创性在于晶体管及其他元件的配置位置及其之间的互连线路的配置，与面积没有关系，比较面积没有意义；芯片面积与设计规则有关，芯片面积大小与布图设计是否为独创设计没有关系。(2) 撤销意见提出人并未主张镜面设计具有独创性，而是主张涉案布图设计中一边对称一边不对称的设计与证据 1 相同，说明二者整体设计配置相同；集成电路布图设计的复杂性决定了仅仅确定外置管脚配置也不可能得出完全相同的布图设计。(3) 涉案布图设计与证据 1 的设计规则虽然不同，但二者功能性元件的配置完全相同。(4) 涉案布图设计存在与证据 1 形状、位置相同的虚设元件。

撤销意见提出人于 2009 年 3 月 6 日再次补充提交了意见陈述书，陈述意见如下：(1) 通过涉案布图设计与证据 1 的各个掩膜板比对可以得出，对于从掩膜板上反映出的各个有源元件及无源元件的配置，二者完全相同，且各个有源元件之间的互连线路的走向也几乎完全相同，以及虚设元件的位置设置也完全相同。因此，涉案布图设计是对证据 1 的抄袭，不符合《条例》第 4 条的规定。(2) 涉案布图设计不符合《条例》第 17 条的规定。(3) 撤销意见提出人具体列出了涉案布图设计的掩膜板与证据 1 的掩膜板的对应关系。

合议组于2009年3月13日发出转送文件通知书，将撤销意见提出人于2009年2月13日及2009年3月6日补充提交的意见陈述书转送给专有权人，要求其在收到所述文件之日起一个月内答复，专有权人逾期未答复。

专有权人于2011年4月12日提交了意见陈述书，具体意见与其第一次意见陈述书相同。

2011年4月20日，合议组向双方当事人发出集成电路布图设计撤销案件口头审理通知书，定于2011年5月11日对本案再次进行口头审理。

口头审理如期举行，撤销意见提出人参加了本次口头审理，专有权人未参加。

在口头审理过程中：（1）撤销意见提出人明确表示对合议组成员以及书记员没有回避请求，对合议组成员变更无异议。（2）撤销意见提出人明确其理由为涉案布图设计不符合《条例》第4条、第17条的规定，涉案布图设计与证据1的布图设计在功能模块、元件位置及配置、布线、虚设元件及吊接点的布置等各个方面是相同的。

对于专有权人在意见陈述书的理由，撤销意见提出人认为：（1）其不认为反向工程适用于同等面积或更小面积，面积大小与是否具有独创性没有关系；半导体设计规则、元件样式等原因造成面积有略微差别，但对布图设计的独创性没有影响。（2）其没有强调“镜像设计”具有独创性，而是主张涉案布图设计与证据1在“上边是对称设计、下边是不对称设计”这一点上是相同的；即使管脚位置相同，也不可能形成一样的配置。（3）不同制造厂商的设计规则会不同，设计规则不是保护的客体，而是看连线配置是否相同。（4）通过掩膜板可以确定涉案布图设计与证据1存在相同的虚设元件，位置也是相同的。（5）涉案布图设计与证据1相比，区别在于金属连线的布线弯折度稍有不同，以及镜像电路中驱动晶体管的数量不同。但前者仅是细微变化，没有改变金属连线的走向，后者对晶体管数量的调整属于常规设计。（6）证据1中FD、RD模块分开设计是其独创性所在，涉案布图设计采用了完全相似的设计。

2011年5月25日，合议组向专有权人发出合议组成员告知通知书。专有权人逾期未答复。

至此，合议组认为本案事实已经清楚，可以作出审查决定。

二、决定的理由

（一）关于证据

证据1为在国家知识产权局登记公告的集成电路布图设计，专有权人未对其真实性提出异议，经合议组核实，对其真实性予以认可。证据1的公告日为2005年6月22日，早于涉案布图设计的创作完成日2006年6月5日。因此，证据1可以作为现有布图设计评价涉案布图设计的独创性。

（二）关于独创性

《条例》第4条规定：受保护的布图设计应当具有独创性，即该布图设计是创作者自己的智力劳动成果，并且在其创作时该布图设计在布图设计创作者和集成电路制造者中不是公认的常规设计。

对于以掩膜图形作为图样的集成电路布图设计，其图样直接反映了布图设计保护对象的元件及其互连线路的三维配置。利用从图样得到的布图信息来判断涉案布图设计与现有布图设计的区别，如果二者在模块布局、元件配置、连线布置等方面基本相同，仅存在若干细微的设计差别，而这些差别是由于制造工艺和设计规则的差异而形成，或者是由于上述差异而利用公认的常规设计选择而做出的简单调整，那么该布图设计相对于现有布图设计不具有独创性。

具体到本案而言，首先比较涉案布图设计与证据 1。

1. 涉案布图设计与证据 1 的比较

（1）二者图样的对应关系

在集成电路的制造过程中，通过掩膜板将布图设计图形转移到半导体衬底上，从而制造成各种电路元件以及互连线路，因此，集成电路布图设计的一套图样包含有该集成电路的全部布图设计信息，其直接反映了该集成电路布图设计所保护的对象的元件及其互连线路的三维配置关系。下文将对本集成电路布图设计与证据 1 的图样（本书中未附原图样）进行比对。

通过表 5－1 可知，涉案布图设计的图 3、图 6、图 5、图 10～图 13 分别与证据 1 的图 6、图 8、图 10、图 13～图 16 相对应，通过进一步比对可知，二者的布局及细节几乎完全相同。因此，通过这些图样分别形成的集电极、基极、电阻、第一金属层、通孔、第二金属层及钝化保护膜也基本相同。

表 5－1　涉案布图设计与证据 1 的图样对应关系

序号	名称（利用图样所形成的部位）	涉案布图设计	证据 1
1	埋层	图 1	图 1、图 3
2	隔离区	图 2、图 4	图 2、图 4、图 7
3	集电极	图 3	图 6
4	基极	图 6	图 8
5	发射极	图 7	图 5、图 9
6	电阻	图 5	图 10
7	触点	图 8、图 9	图 11
8	电容器	图 8、图 9	图 12
9	第一金属层	图 10	图 13
10	通孔	图 11	图 14
11	第二金属层	图 12	图 15
12	钝化保护膜	图 13	图 16

另外，涉案布图设计与证据 1 并非所有的图样都一一对应，例如涉案布图设计采用图 1 形成埋层，证据 1 采用图 1 和图 3 形成埋层；涉案布图设计采用图 2 和图 4 形成隔离区，证据 1 采用图 2、图 4 和图 7 形成隔离区；涉案布图设计采用图 7 形成发射极，证据 1 采用图 5 和图 9 形成发射极；涉案布图设计采用图 8 和图 9 形成触点及电容器，证据 1 采用图 11 形成触点和采用图 12 形成电容器。但是，这些差别是由于不同生产厂商的制造工艺以及设计规则不同而造成的，而制造工艺及设计规则并不属于集成电路布图设计保护的范畴，至于最终形成的集成电路是否相同，需要从整体上对全部图样包含的布图设计信息进一步分析。下面将利用涉案布图设计与证据 1 的图样的对应关系对二者进行具体比较。

（2）涉案布图设计与证据 1 的具体比较

① 功能模块布局

根据集成电路芯片的各个功能，涉案布图设计与证据 1 均将完整的电路分为了功率段、控制电路、晶振电路、TSD 电路、充放电电路、定电压电路、FD/RD 电路以及迟滞放大器 8 个功能模块。二者相比，不仅各个模块本身的形状、位置相同，模块之间的相对关系也完全相同。尤其是，证据 1 中的“FD/RD”包括两个大尺寸晶体管，为了降低其大电流产生的不利影响而将其拆分设置在两个空间中，而涉案布图设计也将相应的“FD/RD”模块拆分为两个空间设置，且其与其他模块的相对位置关系也完全相同。

② 元件和金属连线

在集成电路布图设计中，元件包括有源元件、电阻电容等，金属连线电连接这些元件。

关于有源元件，证据 1 的图 2、图 4、图 7 与涉案布图设计的图 2 和图 4 显示了隔离区域，其反映出硅层上的有源元件的配置。通过比较可知，二者的 NPN 型三极管、PNP 型三极管、二极管，相应的位置及配置基本相同。

关于电阻，证据 1 的图 10 与涉案布图设计的图 5 显示了电阻层，其反映了电阻的配置。在各个区域内，二者所设置的电阻位置与数量基本相同。

关于电容，将证据 1 的图 7 与涉案布图设计图 4 比较，二者分别包含两个电容器，对应的位置及形状基本相同。

关于金属连线，证据 1 的图 13 与涉案布图设计的图 10 为第一金属层的图样，证据 1 的图 15 与涉案布图设计的图 12 为第二金属层的图样，第一金属层和第二金属层为布图设计中元件之间的连线。通过比较可知，证据 1 与涉案布图设计需要连接的元件是几乎完全相同的，元件之间的连线的走向布置也几乎完全相同。尤其对于涉案布图设计而言，在金属连线较为宽松的区域，金属层的走向具有很大的设计自由度，不同设计者设计的金属层走向极有可能不同。换言之，不同设计者设计出的金属层走向完全相同的概率极低。而对于证据 1 与涉案布图设计，即使在金属连线较为宽松的区域，金属连线走向也是一致的。

③ 虚设元件的设置

证据 1 的图 10 与涉案布图设计的图 5 显示了电阻，证据 1 的图 13 与涉案布图设计的图 10 显示了第一金属层。将证据 1 的图 10 与图 13 结合，涉案布图设计的图 5 与图 10 结合，可得出集成电路中电阻的连接关系。以图 5－1 所示为例，涉案布图设计具有与证据 1 完全相同的与周围金属连线没有任何连接的虚设电阻（圆圈所示）。

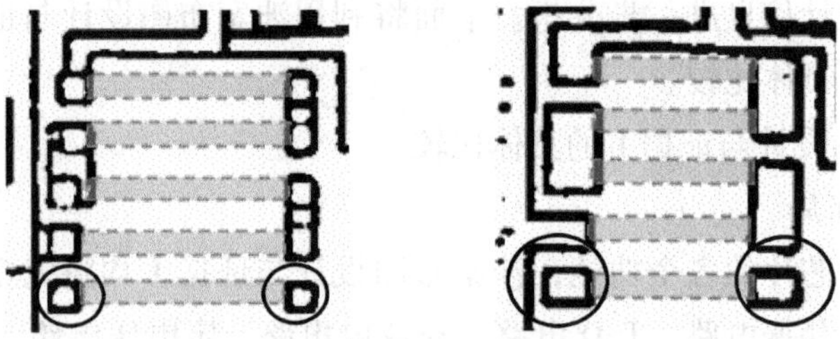

图 5－1　涉案布图设计与本布图设计对比

虚设电阻在电路中不具有任何功能，也不是电路中必须具有的元件。然而，在涉案布图设计中与证据 1 的相同位置，却设置有完全相同的虚设电阻。

④ 吊接点的位置

在集成电路中，被绝缘区域包围，并设有元件的区域叫作岛。其中，对于设有电阻的岛，有必要对其施加电压以稳定该岛的电位，将这样的岛称为悬吊岛，将该岛内部的用于连接施加电压的金属连线的触点，称为吊接点。证据 1 的图 11 与涉案布图设计图 9 显示了第一层金属连线与元件连接的触点，证据 1 的图 10 与涉案布图设计图 5 显示了电阻，结合二者可得出与电阻对应的吊接点，通过比较涉案布图设计与证据 1 可知，涉案布图设计与证据 1 的吊接点完全相同。对于本领域技术人员而言，吊接点是在电阻上设置的触点，其位置与数量的设置具有非常大的自由度，完全独立设计出的两个不同的集成电路布图设计不可能完全相同。

专利权人在意见陈述书中认为，整体布局来源于 IC 的功能，a. 驱动电路采用的对称设计不属于专有范围，b. 涉案布图设计与证据 1 的管脚功能相同，所以内部布局相似。

对此合议组认为：首先，驱动电路的对称设计属于公认的常规设计，撤销意见提出人并未主张该对称设计属于其专有范围，而是主张涉案布图设计与证据 1 的整体布局相同，而不是局部相同。通过前文第（2）点评述，涉案布图设计与证据 1 在整体布局上基本相同。其次，集成电路的管脚只是作为连接集成电路的输入输出信号的触点，管脚相同仅决定了集成电路的功能相同。但是，集成电路的设计需要按照功能级—系统级—晶体管级—布图设计的顺序进行，而且，集成电路的微型化决定了其布图设计的错综复杂性。因此，即使集成电路功能相同，按照以上顺序独立设计出的集成电路布图也不可能几乎完全相同，尤其是对于证据 1 中“FD/RD”模块分开设置的设计，更不可能相同，对于集成电路设计者而言，这是不言而喻的。

纵观涉案布图设计与证据 1，二者在模块布局、功能元件（包括三极管、二极管、电阻、电容）的设置、金属连线的走向、辅助元件的设置（包括虚设元件及吊接点）各方面基本相同。而且证据 1 为现有设计，鉴于涉案布图设计在创作时存在接触证据 1 的可能性，对于涉案布图设计与证据 1 相同的部分，不能作为创作者自己的智力劳动成果。因此，在评价独创性时，对于二者相同的部分，不再考虑涉案布图设计的这一相同部分是否具有独创性。

2. 涉案布图设计与证据 1 的区别

专利权人在意见陈述书中辩称，涉案布图设计与证据 1 相比存在以下区别：（1）两者的面积不同，面积不同导致性能不同，性能不同又反映了设计思路不同。证据 1 的芯片面积为 $1.50\times2.35mm^2$，涉案布图设计的为 $1.52\times2.53mm^2$，而“反向工程”适用于同等面积或者更小面积，专有权人的设计属于正向设计；（2）内部基本单元不同，这些单元与工艺规则密切相关，二者不相似；（3）涉案布图设计内部不存在虚设单元，证据 1 中存在冗余的功率管和电阻，涉案布图设计中不存在，在此点就有 40% 以上的不同。

对于上述区别（1），二者在整体面积和各模块的面积方面的差异是由于其采用不同的工艺所产生的，工艺尺寸的不同，意味着影响芯片面积的晶体管的面积、连线最小宽度以及连线之间的最小间距等都会相应不同，从而导致各模块及芯片整体面积的不同。

根据《条例》第 5 条的规定：本条例对布图设计的保护，不延及思想、处理过程、操作方法，或者数学概念。由此可见，上述由于制作工艺所产生的面积差异属于条例不予保护的范畴，因此在独创性判断时，对于上述差异不予考虑。

另外，专有权人所谓的“‘反向工程’适用于同等面积或者更小面积的设计”并未有充分证据支持，而且“反向工程”的目的是基于反向工程的对象做出与之相同或相似的三维集成电路设计。至于反向工程设计出的集成电路的面积，与采用的具体设计规则及生产工艺直接相关，与反向工程的对象的面积并不存在直接的关系。因此，对专有权人认为其布图设计因面积大于证据 1 的面积，属于正向设计，因而具有独创性的主张不予支持。

对于上述区别（2），涉案布图设计是否具有独创性的焦点问题在于，其与证据 1 相比，整体布局是否相同、各个元件的配置及互连线的三维配置是否相同，而不是看二者的设计规则是否相同。即使二者的设计规则不同，也只表现在元件的尺寸、连线的线宽、连线间距等有极其细微的差别，并不影响布图设计中的元件以及连线的三维配置关系，不会对涉案布图设计的独创性有任何影响。

对于上述区别（3），根据前文中的评述可知，涉案布图设计与证据 1 明显具有位置完全相同的虚设电阻。至于专有权人所言“在虚设元件这一点上，涉案布图设计与证据1存在40%以上不同”，其并未具体说明在哪些地方存在区别以及如何达到“40%以上不同”的区别程度，因此，对其主张不予支持。

因此，对专有权人主张的上述区别，合议组不予认同，合议组认为，涉案布图设计与证据1相比，主要存在细微的设计区别：（1）第一金属层和第二金属层中的局部弯折度稍有不同；（2）对于布图设计上半部分的镜像电路，驱动晶体管的数量略有不同。

3. 二者之间的设计区别是否为公认的常规设计

（1）关于第一金属层和第二金属层中的局部弯折度的不同

该设计区别是由于不同生产厂商的制造工艺以及设计规则不同而造成的，对于不同的工艺，最小特征尺寸不同，元件的尺寸也就有所不同，因此，对元件之间的金属连线的形状会产生细微影响。但从整体上看，二者金属线所连接的元件、金属线的走向几乎完全相同，这种极其细微的变化未使布图设计的整体产生任何实质性的变化。

（2）关于镜像电路中驱动晶体管数量的不同

该设计区别也是由于二者制造工艺的不同所带来的。对于集成电路布图设计者来说，根据公知的晶体管电流与结面积匹配原则，驱动晶体管必须能够提供大的驱动电流，这就要求晶体管的结面积足够大。因此，对于特征尺寸较小的工艺，由于其晶体管的尺寸也较小，为了满足功率需要，须保持功率晶体管的总结面积不变，因此必然需要增加晶体管的数量，这属于公认的常规设计。

因此，上述设计区别主要是由于工艺尺寸的差别而直接或间接导致的，对于集成电路布图设计者而言，属于根据制造工艺的差异而利用公认的常规设计而做出的简单调整，这不需要集成电路布图设计者付出相应的智力劳动。

综上所述，涉案布图设计相对于证据1不符合《条例》第4条规定。

合议组依法作出如下决定。

三、决定

撤销BS. 07500002. 4号集成电路布图设计专有权。

合议组组长：马　昊

主　审　员：陶应磊

参　审　员：张　度、朱芳芳、高　雪

案例5-4　“BCT001”专有权撤销案[1]

一、基本案情

2015年9月，深圳市芯某微电子有限公司（以下简称撤销意见提出人）针对上海飞某某电子科技有限公司（以下简称专有权人）的登记号为BS14500182.2、名称为“BCT001”的布图设计专有权向国家知识产权局提交集成电路布图设计专有权撤销意见书，以本布图设计不符合《条例》第2条第（一）项及第（二）项、第4条的规定为由，请求撤销本布图设计专有权。国家知识产权局经审理作出撤销程序审查决定，撤销意见提出人的意见不成立。

二、案例评析

本案中撤销意见提出人提交的撤销意见包括两个撤销理由，即有关集成电路布图设计定义的《条例》第2条，以及有关独创性的《条例》第4条。本评析主要聚焦在第2条的撤销理由中，涉及在撤销程序中如何认定“以执行某种电子功能”的法律适用、是否符合《条例》第2条关于集成电路布图设计定义的判断基础、判断客体和判断主体，以及布图设计登记文件的规范性要求等问题。

1. “以执行某种电子功能”的法律适用

本案中，撤销意见提出人认为登记的布图设计的CONT撤销意见提出人以CONT层没有显示连接关系而主张本案的布图设计“不能执行某种电子功能”，因而不符合《条例》第2条第（一）项及第（二）项关于集成电路布图设计定义的规定。

《条例》第2条第（一）项和第（二）项分别对“集成电路”和“集成电路布图设计”进行了定义，即，（一）集成电路，是指半导体集成电路，即以半导体材料为基片，将至少有一个是有源元件的两个以上元件和部分或者全部互连线路集成在基片之中或者基片之上，以执行某种电子功能的中间产品或者最终产品；（二）集成电路布图设计，是指集成电路中至少有一个是有源元件的两个以上元件和部分或者全部互连线路的三维配置，或者为制造集成电路而准备的上述三维配置。

对“以执行某种电子功能”的理解可能有两种观点，第一种观点认为，仅指登记的布图设计的作为整体实现的最终的电子功能；第二种观点认为，“执行某种电子功

[1] 国家知识产权局第4号集成电路布图设计撤销程序审查决定。

能”指登记的布图设计的整体实现的最终的电子功能和/或登记的布图设计中的部分模块实现的电子功能。

按照第一种观点，不管是否属于布图设计的独创性部分所在，登记文件中的任何相关模块均需公开完整清晰的复制件或图样，从而保证登记的布图设计在整体上可以实现一种最终的电子功能。

按照第二种观点，只要布图设计中的部分模块可以实现某种电子功能，便满足集成电路布图设计关于“以执行某种电子功能”的条件，而对于申请人不寻求保护的模块，可以不公开相关的布图设计信息。

判断上述两种理解哪个是正确，关键问题在于《条例》是否保护布图设计中相对独立的部分模块。《条例》第7条规定：“布图设计权利人享有下列专有权：(一) 对受保护的布图设计的全部或者其中任何具有独创性的部分进行复制；……”可见，《条例》中对于布图设计的保护不仅涉及布图设计的全部，也涉及“任何具有独创性的部分”，即《条例》对布图设计中任何具有独创性的部分均予以保护。此处，“任何具有独创性的部分”中的“部分”必然仅是布图设计中可以实现某种电子功能的相对独立的部分模块。

由此可见，《条例》对实现某种电子功能的并且具有独创性的相对独立部分模块进行保护，那么对于其他法定不予保护的部分模块（比如本身属于常规设计的模块），或者申请人本身不希望保护的其他部分模块，没有强制要求在复制件或图样信息中清晰完整地显示其布图设计信息。专有权人可以通过提交的布图设计的复制件或图样信息，对专有权边界进行自我划界。如果一个集成电路布图设计包含多个相对独立的模块，而其中部分模块是其独创性所在，那么复制件或图样只需表达清楚该部分模块功能如何实现即可。

在本案中，CONT层的缺失是否导致本布图设计不能实现某种电子功能成为争议的焦点。

专有权人认为，提交的布图设计显示不全。从保密的角度来说，故意把CONT层显示不全，省略CONT层，也是允许的。此外，专有权人声称，具有独创性的模块有三个。

合议组经过分析认为，其中模块一无法执行其电子功能，模块二、模块三可以实现其电子功能，具体理由如下：

关于模块一：由于该模块中涉及开关电源中的输出线电压补偿电路，具体涉及将原来的外部电容连接改成内部电容和辅助电路的连接，因此，此处的电容和辅助电路连接为其声称的独创性的关键信息，而CONT层是表达该部分电路连接的必要信息载体。由于本案中未能显示CONT层的任何信息，布图设计领域的创作者和制造者无法知晓模块一表达的任何电路连接信息。因此，根据图样信息，模块一不能实现该输出线电压补偿电路的功能。

关于模块二：由于该模块中，专有权人声称的独创性在于特殊的 ESD（静电放电）保护结构以及独特的连接方式。布图设计领域的创作者和制造者根据本布图设计给出的 ESD 器件结构和布局，结合其具有的 CONT 层设计知识，便可以确定 ESD 器件的连接关系。由于本案中的 ESD 的保护结构和布局在其他的图层中已经明确显示，因此，即便 CONT 层没有表示出该 ESD 器件的连接方式，布图设计领域的创作者和制造者也可以根据其已经给出的结构布局，而确定其连接方式。因此，本布图设计的图样已足够表达如何实现该模块的静电放电保护功能。因此，根据图样信息，模块二能实现 ESD 保护的功能。

关于模块三：采用铝线修整（metal trimming）方式，其功能实现主要体现在基准电阻连接的具体设置上。由于执行铝线修整测试从而实现修整电路的输出精度和频率的功能并不涉及 CONT 层信息，因此，布图设计领域的创作者和制造者无须根据 CONT 层就可以直接看出连接关系。可见，即便 CONT 层未显示，图样也可以清楚表达该功能如何实现。因此，根据该图样信息，模块三能实现修整电路输出的精度和频率的功能。

由此可见，图样中未显示 CONT 层的缺陷导致上述模块一不能实现相应的电子功能，但是根据图样信息，上述模块二、模块三分别可以实现静电保护功能和实现修整电路的输出精度和频率的电子功能。

2. 集成电路布图设计的定义的判断基础

本案中，专利权人主张以提交的样品为基础判断。图样是保护的载体之一，布图就是给一个位置的参考和主要的架构思路。但具体电路看不出来，靠比例放大也是确定不了的，一定要拿实际的芯片样品才可以确定。

决定指出，在集成电路布图设计的登记过程中，复制件或者图样是法律规定的必须提交的文件，而样品是只有在布图设计已经投入商业利用时才必须提交的。因此，在提交复制件或图样问题上，无论布图设计是否投入商业使用均要求相同，没有区别对待。因此，复制件或图样属于布图设计登记时的法定要求，必须重视复制件和图样的法律地位。

判断是否符合《条例》第 2 条规定的基本定义时，应当以提交的图样或复制件为基础，以芯片样品为参考原则。如果图样或复制件存在个别无法识别的布图设计细节，可以参考布图设计登记时提交的集成电路样品进行确定。

就本案而言，CONT 层在排除模块框的干扰后，图样中没有任何体现 CONT 层的信息，这不属于“具体细节方面不清晰”的问题，而是“没有任何信息”的情况。因此，本案中 CONT 层的信息不能参考芯片样品。判断是否符合“以实现某种电子功能”的规定，也应该基于登记的图样信息。专有权人关于根据芯片样品来确定能否“执行某种电子功能”的意见不能成立。

3. 集成电路布图设计的定义的判断主体

《条例》第4条关于独创性条款中规定了“布图设计创作者和集成电路制造者”作为判断主体。对于集成电路布图设计是否能够“执行某种电子功能”同样基于布图设计创作者和集成电路制造者所具有的知识和能力进行评价。

该判断主体是一种假设的“人”，它具有以下特点：首先，它知晓现有设计规则；其次，它知晓现有制造工艺；最后，它知晓该布图设计创作时的所有常规设计。

（1）从应知晓设计规则看

图样和复制件并非真实的产品，而是一种图形的表达。图样或复制件中的每一个符号、连线，都是基于布图设计的现有规则进行表达的，只有知晓现有设计的规则，才能根据图样或复制件给出的信息判断是否符合“以执行某种电子功能”。而知晓现有设计的规则，是“布图设计创作者和集成电路制造者”才具有的知识和能力。

（2）从知晓制造工艺看

作为一种图形的表达，其仅仅是一种图纸上的设计，而不是真正的制造工序。采用不同制造工艺规则，也将影响电子功能的实现。此时，就需要掌握现有制造工艺规则的“人”，才能根据现有的制造工艺规则，解读和识别该设计的图样或复制件给出的信息是否符合“以执行某种电子功能”的规定。

（3）从知晓常规设计看

集成电路布图设计中，通常包含许多的基本逻辑单元，一般来说，这些基本逻辑单元可以认为属于常规设计。通过布图设计，将这些基本逻辑单元进行排布、组合、连接等，可以实现某种电子功能。因此对这些电子功能进行识别和判断前，需要知晓常规设计。这同样也需要“布图设计创作者和集成电路制造者”的知识和能力。

就本案而言，撤销意见提出人认为，该布图设计使用Bi-CMOS工艺，包括NW、Pbase、HRPS、NPLUS、PPLUS、CONT和PAD图层存在明显的错误。该布图设计的结构不能构成任何有功能的集成电路，不能实现“某种电子功能”，不符合《条例》第2条第（一）项及第（二）项的规定。

布图设计领域的创作者和制造者根据分层设计的基本常识，可以很容易判断撤销意见提出人关于NW、Pbase、HRPS、NPLUS、PPLUS和PAD图层中的错误是由功能模块显示框的干扰造成的，也知道如何排除掉这些功能模块显示框。因此，这些功能模块显示框的存在不会影响对整体布图设计的理解。当排除这些功能模块的显示框后，撤销意见提出人关于NW、Pbase、HRPS、NPLUS、PPLUS和PAD图层中的严重错误便不存在了。因此，本案的布图设计图样中NW、Pbase、HRPS、NPLUS、PPLUS和PAD图层存在的缺陷不足以使布图设计领域的创作者和制造者认为其不能实现某种电子功能。

4. 布图设计登记文件的规范性要求

如果登记的文件不完整齐备，使布图设计创作者和集成电路制造者认为根据布图设计的部分模块或组合的整体不能实现“执行某种电子功能”，那么布图设计的该部分模块或该组合的整体不能作为判断独创性的基础；如果一个集成电路布图设计包含多个相对独立的模块，而其中部分模块根据复制件或图样的信息，不能实现相应的功能，则该部分模块不能作为判断布图设计是否具有独创性的基础。

就本案而言，由于在图样中 CONT 层未能显示任何信息，导致模块一不能实现该输出线电压补偿电路的功能，因此，模块一不能作为判断该布图设计是否具有独创性的基础。根据图样内容，模块二可以实现 ESD 保护的功能，模块三可以执行修整电路输出的精度和频率的功能，因此，模块二、模块三可以作为判断该布图设计是否具有独创性的基础。

三、小　　结

如果布图设计中存在一个以上模块或整体可以执行某种电子功能，那么便不能认为该布图设计不能执行某种电子功能。

一个布图设计可以包含多个声称具备独创性的相对独立模块，而根据图样或复制件的信息，如果其中部分模块不能实现相应的电子功能，则该部分模块不能作为判断布图设计是否具备独创性的基础；如果其中部分模块可以实现相应的电子功能，则该部分模块可以作为判断布图设计是否具备独创性的基础。

提交登记文件时，应提供足够放大倍数的、完整的图样或复制件，建议同时提供该图样或复制件的电子版本。如果登记文件的质量不高以致部分重要信息缺失，将会使得想要保护的部分得不到保护，甚至会导致布图设计专有权被撤销。

（沈丽）

附件 5－4：第 4 号撤销程序审查决定

案件编号：第 JC0012 号

决定日：2017 年 12 月 27 日

布图设计名称：BCT001

布图设计类别：（1）结构：Bi－MOS；（2）技术：其他；（3）功能：其他

法律依据：《条例》第 2 条第（一）项、第（二）项，第 4 条

决定要点

判断专有权登记的内容是否属于《条例》第 2 条第（一）项、第（二）项规定的集成电路以及集成电路布图设计时，应当以复制件或者图样为准，而不应以提供的芯片样品为准。

判断图样或复制件的内容是否属于《条例》第 2 条第（一）项、第（二）项规定

的集成电路以及集成电路布图设计时，应当基于布图设计创作者和集成电路制造者所具有的知识和能力进行评价。

专有权人可以通过提交的布图设计的复制件或图样信息，对专有权边界进行自我划界。如果一个集成电路布图设计包含多个相对独立的模块，而其中部分模块是其独创性所在，那么复制件或图样只需表达清楚该部分模块功能如何实现即可；如果根据复制件或图样的信息，不能实现该部分模块的相应功能，则该部分模块不能作为判断该布图设计是否具有独创性的基础。

决定正文

一、案由

上海飞某浦电子科技有限公司（以下简称专有权人）于2014年3月12日向国家知识产权局申请登记名称为BCT001的布图设计（以下简称本布图设计），其申请号为BS14500182.2，创作完成日为2013年9月10日，首次商业利用日为2013年9月10日，其申请文件包括申请表2份，复制件或图样的目录1页、复制件或图样的纸件12页，样品为4个，布图设计结构、技术、功能简要说明1页。经形式审查合格。国家知识产权局于2014年5月28日进行专有权登记公告，公告号为8991。

针对本布图设计专有权，深圳市芯某微电子有限公司（原无锡市芯某微电子有限公司，以下简称撤销意见提出人）于2015年9月17日向国家知识产权局专利复审委员会提交了撤销意见陈述书，认为应当撤销本布图设计专有权。其主要理由如下：

（1）该布图设计使用Bi-CMOS工艺，共有图层11层，其中，包括NW（N型阱层）、Pbase（P型基区注入层）、HRPS（高值电阻层）、NPLUS（N型高掺杂注入层）、PPLUS（P型高掺杂注入层）、CONT（接触孔层）和PAD（钝化层开窗层）的图层中存在明显的错误，该布图设计的结构不能构成任何有功能的集成电路，不能实现“某种电子功能”，不符合《条例》第2条第（一）项及第（二）项的规定。

（2）该布图设计不具有独创性，不符合《条例》第4条的规定。

专利复审委员会认真研究上述意见后，予以启动对本布图设计专有权的撤销程序，依法成立合议组进行撤销审查。并于2015年11月16日向撤销意见提出人和专有权人发出集成电路布图设计进入撤销程序通知书，随该通知书向专有权人转送撤销意见提出人于2015年9月17日提交的撤销意见陈述书及其附件副本。

2015年12月16日，针对专利复审委员会发出的集成电路布图设计进入撤销程序通知书，专有权人提交了意见陈述书；2016年3月25日，专有权人提交了补充意见陈述书；2017年7月17日，专有权人再次提交补充意见陈述书。

2017年7月20日，合议组将专有权人于2015年12月16日提交的撤销意见陈述书及其附件副本，以及专有权人于2016年3月25日、2017年7月17日提交的补充意见陈述书及其附件副本一并转送给撤销意见提出人；同日，合议组分别向专有权人和撤销意见提出人发出集成电路布图设计撤销案件口头审理通知书，定于2017年9月12日对本案进行口头审理。

2017年8月4日，针对专利复审委员会发出集成电路布图设计撤销案件口头审理通知书，专有权人提交了口头审理通知书回执，并随附第三次补充意见陈述书。

2017年8月7日，合议组将专有权人于2017年8月4日提交的补充意见陈述书副本转送给撤销意见提出人。

2017年8月10日，根据撤销意见提出人的请求，合议组将本案的集成电路布图设计登记文本复印件转送给撤销意见提出人。

综合专有权人的2015年12月16日提交的意见陈述书以及2016年3月25日、2017年7月17日、2017年8月4日提交的补充意见陈述书，专有权人主要陈述意见如下：

（1）该布图设计采用了Bi－CMOS单层铝工艺设计规则，采用了737个NMOS有源元件、707个PMOS有源元件，9个SPNP有源元件，11个N+/PBASE二极管（diode）有源元件，1个低压NPN EC短接的Zener有源元件；另外无源元件还采用了高值POLY电阻101个，N阱电阻6个，熔断（Fuse）电阻9个，POLY/NWELL电容43个，通过集成和互联，实现了特定功能的集成电路，完全满足“集成电路中至少一个是有源元件的两个以上元件和部分或者全部互连线路的三维配置，或者为制造集成电路而准备的上述三维配置”的要求。

（2）该布图设计独创性部分体现在以下三个模块：模块一，采用了独创的开关电源中的输出线电压补偿电路，其省去了通常用于线电压补偿的外置滤波电容，并且输出线电压补偿量可以根据系统原有的电阻进行调制；模块二，特殊的ESD保护结构以及独特的连接方式，提高了电路抗静电耐压等级，提高了产品可靠性；模块三，采用了关键技术和更合理的电路，在保持芯片面积没有增加的同时，避免了激光修整（laser trimming）形式，而采用铝线修整方式修整输出精度和频率。因此，其整体布局布图，布图尺寸及布线结构的设计为本布图设计独有，具有独创性。

（3）该布图设计是一个成功的产品已经批量生产了两年多，同时在申请时提交了4枚样品，它所实现的功能完全满足客户的设计规格和可靠性要求。

（4）对于登记文本中的NW、Pbase、HRPS、NPLUS、PPLUS、CONT和PAD层中出现的明显错误，实际上是模块的显示框，是在布图登记申请截取交底图时没有隐去模块的显示框而造成的，一般专业技术人员都可以清晰看到并识别，仅仅是显示的问题。当隐去模块显示框后，和样品体现的布图设计是一致的，不会出现无法实现一种MOS器件的问题。

口头审理于2017年9月12日如期举行，双方当事人的委托代理人均出席了本次口头审理。在口头审理过程中，双方当事人明确表示：对对方出庭人员的身份和资格没有异议，对合议组成员以及书记员没有回避请求。在口头审理中：

(1) 撤销意见提出人明确认可本案的布图设计具有至少有一个有源元件的两个以上元件，并且认可部分互连线路可以识别，但是不认可该布图设计可以执行某种电子功能。

(2) 撤销意见提出人当庭明确，基于该布图设计不能执行电子功能，因而不具有独创性。

至此，合议组认为本案事实已经清楚，可以作出审查决定。

二、决定的理由

1. 关于《条例》第2条第（一）项、第（二）项

《条例》第2条第（一）项、第（二）项规定："本条例下列用语的含义：（一）集成电路，是指半导体集成电路，即以半导体材料为基片，将至少有一个是有源元件的两个以上元件和部分或者全部互连线路集成在基片之中或者基片之上，以执行某种电子功能的中间产品或者最终产品；（二）集成电路布图设计（以下简称布图设计），是指集成电路中至少有一个是有源元件的两个以上元件和部分或者全部互连线路的三维配置，或者为制造集成电路而准备的上述三维配置。"

撤销意见提出人认为：该布图设计使用的 Bi - CMOS 工艺，包括 NW、Pbase、HRPS、NPLUS、PPLUS、CONT 和 PAD 图层中存在明显的错误，该布图设计的结构不能构成任何有功能的集成电路，不能实现"某种电子功能"，不符合《条例》第2条第（一）项及第（二）项的规定。

专有权人认为：对于登记文本中的 NW、Pbase、HRPS、NPLUS、PPLUS、CONT 和 PAD 层中出现的明显错误，实际上是模块的显示框，是在提交布图登记申请而截取交底图时没有隐去模块的显示框而造成的，一般专业技术人员都可以清晰看到并识别，仅仅是显示的问题。当隐去模块显示框后，与样品体现的布图设计是一致的，不会出现无法实现一种 MOS 器件的问题。

合议组认为：判断一个图样或复制件的内容是否属于《条例》第2条第（一）项、第（二）项规定的集成电路以及集成电路布图设计时，应当基于布图设计创作者和集成电路制造者（以下简称创作者和制造者）所具有的知识和能力进行评价。

就本案而言，焦点问题是：撤销意见提出人指出的图样中的缺陷是否足以使布图设计领域的创作者和制造者认为本案的布图设计不能实现"某种电子功能"。下面逐一分析：

(1) 关于总图

撤销意见提出人认为：总图中存在大量未知字样，分图中均无此字样，总图与各分图的数据不一致。

专有权人认为：总图中除了 PAD 上标有的 CS、FB、GND、OUT 和 VCC 等字样，还有其他模块名称和器件名的字样标识，即对方所说的大量未知的字样。那是为了读图和检查版图方便，不是制版和光刻生产数据。

合议组认为：布图设计领域的创作者和制造者知晓，为了读图和检查版图方便，经常制作文字（TEXT）标识层用以标识各模块的名称，这不是制版和光刻生产数据，和该布图设计图样中的各独立层次没有关系。因此，撤销意见提出人关于总图与各分图的数据不一致的理由不能成立。

（2）关于 NW、Pbase、HRPS、NPLUS、PPLUS 和 PAD 层

撤销意见提出人认为：第一，在 NW 层中，ESD 防护的低压 MOS 器件应该在 PW 或 P－sub 中实现，且器件应该完全处于 PW 或 P－sub 中，而在本设计中，NMOS 器件内部存在 NW 层次。第二，低压 PMOS 器件应当在 NW 中实现，且要求器件完全处于 NW 中，然而本布图设计的 NW 为竖条分离状，不符合低压 PMOS 区域应该完全处于 NW 中的要求。第三，在 Pbase 层中，Pbase 区只会存在于高压 NMOS 器件及 BJT 器件区域，而本设计中，Pbase 层却用于低压 MOS 结构；NW 和 Pbase 区域为部分重叠关系，无法形成有实效意义的器件。第四，HRPS 层为高值多晶硅电阻，其不能覆盖于 MOS 器件区域，而本设计中，HRPS 覆盖 MOS 器件区域，导致芯片无法正常工作。第五，NPLUS 和 PPLUS 同时注入同一个区域（二者相互重叠），则将导致半导体材料发生深度补偿现象，器件性能极度退化，甚至完全丧失正常的电学特性。然而，本设计中，布图设计在 ACTIVE 区出现了 NPLUS 和 PPLUS 的交叠。第六，该布图设计中在芯片内部器件区域均存在大量 PAD 层，违背了版图设计原则。因此，本案的布图设计不能实现“某种电子功能”。

专有权人认为：对于登记文本中的 NW、Pbase、HRPS、NPLUS、PPLUS、CONT 和 PAD 层中出现的明显错误，实际上是模块的显示框，是在布图登记申请截取交底图时没有隐去模块的显示框而造成的，一般专业技术人员都可以清晰看到并识别，仅仅是显示的问题，当隐去模块显示框后，和样品体现的布图设计是一致的，不会出现无法实现一种 MOS 器件的问题。

合议组认为：在集成电路布图设计的创作过程中，经常以分层（hierarchy）形式来设计并将底层模块逐层叠加，再在顶层综合。这样可以实现多人分工同时设计底层不同的模块。当各个模块完成后汇总形成完整的布图设计。对于分层设计完成的布图，当各个层次单独显示或顶层全部显示时，会显示下一层功能模块的显示框，从而方便分层检查和修改编辑。这些功能模块的显示框可以通过普遍使用的 Cadence 软件中显示开关的简单操作便可以消除。这些都是布图设计领域的创作者和制造者应当知晓的基本常识。

就本案而言，布图设计领域的创作者和制造者看到本布图设计的各层图样后，结合上述基本常识，便可以轻易识别 NW、Pbase、HRPS、NPLUS、PPLUS、CONT 和 PAD 中存在分层设计而留下的模块显示框，该模块显示框的形状和位置可以从不同分层的比对中轻易识别。例如，就 PAD 图层而言，除了五个用于封装的大的 PAD 窗口和上面一排用来测试用的窗口，其他多余部分和 PAD 层功能无关。通过和其他层比对后，

明显可以看出，PAD层显示出来的多余部分在每层图样中都有重复显示，那么布图设计领域的创作者和制造者根据分层设计的基本常识，可以很容易判断这是功能模块显示框，也知道如何排除掉这些功能模块显示框。因此，这些功能模块显示框的存在不会影响对整体布图设计的理解。当排除这些功能模块的显示框后，撤销意见提出人上述关于NW、Pbase、HRPS、NPLUS、PPLUS和PAD图层中的严重错误便不存在了。因此，本案的布图设计图样中NW、Pbase、HRPS、NPLUS、PPLUS和PAD图层存在的缺陷不足以使布图设计领域的创作者和制造者认为其不能实现某种电子功能。

（3）关于CONT层

合议组查明：在布图设计中，CONT层用于实现电学连接功能，其在有需要连接的地方开孔从而保证电路的连接。一般而言，CONT层接触孔的数量巨大，尺寸小且密，因此，在相同的图形显示等级的情况下，CONT层相对其他层而言，清晰度会略差。但在本布图设计中，CONT层由于显示的优先等级设定问题，导致提交的CONT层图样中仅可以看出模块的显示框。也就是说，布图设计领域的创作者和制造者如果排除了该模块显示框的干扰，则不能看出CONT层的任何图形，甚至未能显示CONT的大致的位置和轮廓。

撤销意见提出人认为：根据本布图设计的CONT层图样，大量存在器件的地方无接触孔来实现器件与金属的电学连接；在芯片外围应当为密封环（seal ring），起到隔离作用，然而，本布图设计中，CONT层在这些区域无任何图形。因此，电路的基本功能完全无法实现，不能执行“某种电子功能”。

专有权人认为：提交的布图设计显示不全，从保密的角度来说，故意把CONT层显示不全，省略CONT层，也是允许的。图样是保护的载体之一，布图就是给一个位置的参考和主要的架构思路。但具体的电路看不出来，靠比例放大也是确定不了的，一定要拿实际的芯片样品才可以确定。

合议组认为：首先，集成电路布图设计的登记过程中，复制件或者图样是法律规定的必需文件，而样品是只有在布图设计已经投入商业利用时才必须提交的。因此，在确定是否属于《条例》第2条第（一）项、第（二）项规定的集成电路以及集成电路布图设计时，应当以提交的复制件或者图样的内容为准。本案中，判断是否具有“某种电子功能”，也应该是基于登记的图样信息。因此，专有权人关于根据芯片样品来确定能否“执行某种电子功能”的意见不能成立。其次，专有权人可以通过提交的布图设计的复制件或图样信息，对专有权边界进行自我划界。如果一个集成电路布图设计包含多个相对独立的模块，而其中部分模块是其独创性所在，那么复制件或图样只需表达清楚该部分模块功能如何实现即可。就本案而言，需要判断：上述未显示CONT层是否使得布图设计领域的创作者和制造者认为专有权人声称的具有独创性的模块不能实现相应的功能。

专有权人声称的具有独创性的模块包括：

模块一：该布图设计采用了独创的开关电源中的输出线电压补偿电路，其省去了通常用于线电压补偿的外置滤波电容，并且输出线电压补偿量可以根据系统原有的电阻进行调制。

模块二：特殊的 ESD 保护结构以及独特的连接方式，提高了电路抗静电耐压等级，提高了产品可靠性。

模块三：采用了关键技术和更合理的电路，在保持芯片面积没有增加的同时，避免了激光修整（laser trimming）形式，而采用铝线修整方式实现修整输出精度和频率。

对此，合议组根据图样的信息，站位布图设计领域的创作者和制造者，判断上述各个模块是否可以实现相应的功能。逐一分析如下：

关于模块一：由于该模块中涉及开关电源中的输出线电压补偿电路，具体涉及将原来的外部电容连接改成内部电容和辅助电路的连接，因此，此处的电容和辅助电路连接为其声称的独创性的关键信息，而 CONT 层是表达该部分电路连接的必要信息载体。由于本案中未能显示 CONT 层的任何信息，布图设计领域的创作者和制造者无法知晓模块一表达的任何电路连接信息。因此，根据图样信息，模块一不能实现该输出线电压补偿电路的功能。

关于模块二：由于该模块中，专有权人声称的独创性在于特殊的 ESD 保护结构以及独特的连接方式。布图设计领域的创作者和制造者根据本布图设计给出的 ESD 器件结构和布局，结合其具有的 CONT 层设计知识，便可以确定 ESD 器件的连接关系。由于本案中的 ESD 的保护结构和布局在其他的图层中已经明确显示，因此，即便 CONT 层没有表示出该 ESD 器件的连接方式，布图设计领域的创作者和制造者也可以根据其已经给出的结构布局，而确定其连接方式。因此，本布图设计的图样已足够表达如何实现该模块的静电放电保护功能。因此，根据图样信息，模块二能实现 ESD 保护的功能。

关于模块三：采用铝线修整方式，其功能实现主要体现在基准电阻连接的具体设置上。由于执行铝线修整测试从而实现修整电路的输出精度和频率的功能并不涉及 CONT 层信息，因此，布图设计领域的创作者和制造者无须根据 CONT 层就可以直接看出连接关系。可见，即便 CONT 层未显示，图样也可以清楚表达该功能如何实现。因此，根据该图样信息，模块三能实现修整电路输出的精度和频率的功能。

由此可见，图样中未显示 CONT 层的缺陷，导致上述模块一不能实现相应的功能，但是根据图样信息，至少上述模块二、模块三分别可以实现静电保护和实现修整电路的输出精度和频率的电子功能。因此，根据本案布图设计的图样，本布图设计可以实现“执行某种电子功能”。

因此，撤销意见提出人以 CONT 层没有显示连接关系而主张本案的布图设计“不能执行某种电子功能”的意见不能成立。

综上，撤销意见提出人关于本布图设计不符合《条例》第 2 条第（一）项、第

（二）项的撤销理由不能成立。

2. 关于《条例》第4条

《条例》第4条规定："受保护的布图设计应当具有独创性，即该布图设计是创作者自己的智力劳动成果，并且在其创作时该布图设计在布图设计创作者和集成电路制造者中不是公认的常规设计。受保护的由常规设计组成的布图设计，其组合作为整体应当符合前款规定的条件。"

撤销意见提出人认为：基于该布图设计不能执行电子功能，因而该布图设计不具有独创性。

专有权人认为：该布图设计具有独创性，其包含的独创性的部分在于上文的模块一至模块三。

合议组认为：如果一个集成电路布图设计包含多个相对独立的模块，而其中部分模块根据复制件或图样的信息，不能实现相应的功能，则该部分模块不能作为判断布图设计是否具有独创性的基础。

根据图样内容，由于CONT层未能显示任何信息，导致模块一不能实现该输出线电压补偿电路的功能，因此，模块一不能作为判断该布图设计是否具有独创性的基础。

根据图样内容，本案的布图设计中，模块二可以实现ESD保护的功能，模块三可以执行修整电路输出的精度和频率的功能，因此，模块二、模块三可以作为判断该布图设计是否具有独创性的基础。

合议组关于布图设计是否具有独创性的意见如下：

由于撤销意见提出人未提供证据证明该布图设计的模块二、模块三部分不是创作者自己的智力劳动成果，也未能举证证明在其创作时该布图设计的模块二、模块三部分在布图设计创作者和集成电路制造者中是公认的常规设计，因此，本布图设计包含的模块二、模块三具有独创性。

可见，本布图设计包含了具有独创性的部分，因此，本布图设计具有独创性。撤销意见提出人关于该布图设计中不具有独创性的意见不能成立。

三、决定

维持BS14500182.2号集成电路布图设计专有权。

合议组组长：沈　丽

主　审　员：黄道许

参　审　员：孙学锋

案例5－5 "TM1635"专有权撤销案[1]

一、基本案情

2020年1月21日，撤销意见提出人无锡中某电子有限公司（以下简称撤销意见提出人）就专有权人深圳市天某电子股份有限公司（以下简称专有权人）的登记号为BS.095006249、布图设计名称为"TM1635"的集成电路布图设计专有权（以下简称本布图设计）提出撤销意见，以本布图设计相对于登记号为BS.105000779、布图设计名称为"TM1637"、专有权人为宁波市天某电子股份有限公司的布图设计（以下简称对比布图设计）不具有《条例》第4条规定的独创性为由，请求撤销本布图设计专有权。国家知识产权局经审理作出布图设计撤销案件审查决定，撤销本布图设计专有权。

二、案例评析

独创性包括两方面的判断，一个可以称为"独"的判断，即是不是创作者自己的智力劳动成果；另一个可以称为"创"的判断，即对布图设计创作者和集成电路制造者而言是否属于公认的常规设计。本案主要涉及"独"的判断。

在判断本布图设计是否满足"独"的要求，即是不是创作者自己的智力劳动成果时，需要判断本布图设计是否与现有布图设计相同，同时判断本布图设计的创作者是否存在接触上述现有布图设计的可能性。

本案中双方当事人的争议焦点主要集中于对比布图设计是否构成本布图设计的"现有"布图设计，尤其是，对比布图设计是否在其登记的首次商业利用日已投入商业利用进而构成本布图设计的现有布图设计。

在集成电路布图设计登记程序中，对已投入商业利用的布图设计申请并登记获得专有权时，除登记公告申请日、创作完成日、公告日之外，还包括一个重要的日期，即由申请人申报、经国家知识产权局审查合格后予以登记公告的首次商业利用日。从法律意义上来说，布图设计在其首次商业利用日即可以通过进口、销售或其他方式被公众获知。那么，对于法律意义上标志布图设计首次投入商业利用的日期——首次商业利用日来说，是否可以直接认定一项布图设计在其登记并公告的"首次商业利用日"即处于公众能够获知的状态？继而，在撤销程序中，如果对比布图设计的首次商业利

[1] 国家知识产权局第5号集成电路布图设计撤销程序审查决定。

用日早于本布图设计的申请日或首次商业利用日中较前日期，是否可以直接认定该对比布图设计构成本布图设计的现有布图设计?

关于这一问题，布图设计投入商业利用的日期可以认定为公众能够获知该布图设计的日期毋庸置疑。但是，布图设计在登记程序中申报并公告的“首次商业利用日”与之相比，由于该“首次商业利用日”为申请人自行填报，从表面来看，真实性有待商榷，因此将布图设计登记并公告的首次商业利用日直接认定为公众能够获知该布图设计的日期从表面上看来似有存疑。

本案中，双方当事人关于本布图设计是否具有独创性的争议焦点即在对比布图设计在登记程序中申报并公告的首次商业利用日是否真实可信，其在该首次商业利用日是否已投入商业利用从而构成本布图设计的现有布图设计。本案决定从集成电路布图设计保护制度的立法宗旨出发，从布图设计专有权登记制度的角度看以及从保护专有权人和社会公众合法利益的角度分析，认为申请人在申请登记时将首次商业利用日刻意虚报为比实际行为发生日更早的日期弊大于利，撤销程序中在没有相反证据和理由的情况下即不认可首次商业利用日的真实性将失去布图设计专有权登记程序的严肃性，对专有权人和社会公众带来不必要的疑惑，不利于布图设计保护制度的可持续发展。同时，在布图设计保护制度的不同阶段对首次商业利用日持以不同态度，将损害专有权人和社会公众的合法利益，扰乱专有权人和社会公众的合理预期。

基于上述理由，本案决定认为，对申请登记前已投入商业利用的布图设计而言，布图设计专有权的首次商业利用日即为此类布图设计处于公众能够获知状态的日期。因此，撤销程序中，在没有充分证据推翻的情况下，合议组应当认可首次商业利用日的真实性，可以直接认定布图设计在其首次商业利用日已投入商业利用，处于公众能够获知的状态。如果对比布图设计的上述日期在一项布图设计的申请日或首次商业利用日（以较前日期为准）之前，则该对比布图设计构成该布图设计的现有布图设计，最终认定对比布图设计在2009年1月5日已投入商业利用，处于能够为公众获得的状态，由于该日期早于本布图设计的申请日和首次商业利用日中的较前日期2009年5月3日，因此，对比布图设计构成本布图设计的现有布图设计。

基于上述认定，本案决定对于本布图设计是否具有独创性进行了判断。决定认为：对比布图设计构成本布图设计的现有布图设计，二者的布图设计相同，因此，本布图设计与现有布图设计相同。对比布图设计在本布图设计的创作时已投入商业利用，处于公众能够获得的状态，因此本布图设计的创作者也存在接触对比布图设计的可能性。因此，本布图设计不属于本布图设计的创作者自己的智力劳动成果，不具有独创性。

三、小　结

本案作为布图设计独创性判断中的一个典型案例，在有关独立创作性，也就是简称“独”的判断方面给出了具体的实践操作思路，即首先判断本布图设计是否与现有布图设计相同，其次判断本布图设计的创作者是否存在接触现有布图设计的可能性，如果二者的判断结论均为肯定，则本布图设计相对于对比布图设计不是创作者自己的智力劳动成果，不具有独创性。

在涉及布图设计登记时的首次商业利用日的考量时，没有相反证据和理由的情况下应当认可登记文件载明的首次商业利用日的真实性。对比布图设计在其登记并公告的首次商业利用日已投入商业利用从而处于公众可以获知的状态，如果对比布图设计的首次商业利用日早于本布图设计的申请日和首次商业利用日中较前日期，则该对比布图设计构成本布图设计的现有布图设计。

（罗崇举）

附件 5 –5：第 5 号撤销程序审查决定

案件编号：第 JC0018 号

决定日：2021 年 2 月 18 日

布图设计名称：TM1635

布图设计类别：（1）结构：MOS；（2）技术：CMOS；（3）功能：线性

法律依据：《条例》第 4 条

决定要点

如果一项布图设计与现有布图设计相同，且创作者存在接触现有布图设计的可能性，则应当认定该布图设计不属于创作者自己的智力劳动成果，不具有独创性。

判断一项对比布图设计是否构成本布图设计的现有布图设计，需要判断该对比布图设计是否在本布图设计的申请日或首次商业利用日之前（以较前日期为准）处于能够为公众获得的状态，并包含有能够使公众从中得知布图设计的版图布局。对于一项布图设计专有权登记公告的首次商业利用日，由于其与申请时机和保护期限密切相关，在布图设计登记程序中由申请人根据实际情况申报并经国务院知识产权行政部门登记公告，作为专有权人和社会公众确定各自合法权利的时间界限的依据，在没有相反证据和理由的情况下，应当视为该布图设计在该日期已投入商业利用并处于公众能够获得的状态。

决定正文

一、案由

本集成电路布图设计撤销程序审查决定（以下简称本决定）涉及深圳市天某电子股份有限公司（以下简称专有权人）向国家知识产权局提交登记的登记号为 BS. 095006249、布图设计名称为“TM1635”的集成电路布图设计专有权（以下简称本布图设计），其申请日为 2009 年 10 月 23 日，创作完成日为 2009 年 1 月 22 日，首次商业利用日为 2009 年 5 月 3 日，公告日为 2010 年 3 月 19 日，公告号为 2758。

针对本布图设计，无锡中某爱芯电子有限公司（以下简称撤销意见提出人）于 2020 年 1 月 21 日向国家知识产权局提交集成电路布图设计专有权撤销意见书，以本布图设计不符合《条例》第 4 条的规定为由，请求撤销本布图设计专有权。

撤销意见提出人随撤销意见书提交了如下证据：

附件 1：布图设计登记号为 BS. 105000779、布图设计名称为“TM1637”、专有权人为宁波市天某电子有限公司（以下简称 TM1637 布图设计）的集成电路布图设计专有权公告；

附件 2：声称为“关于 TM1637 芯片公开的网页”；

附件 3：（2019）粤 03 民初 4778 号案件专有权人的起诉状；

附件 4：北京紫图（2018）知鉴字第 32 号司法鉴定意见书；

附件 5：（2020）深先证字第 1341 号公证书；

附件 6：声称为“TM1635 和 TM1637 芯片解析对比说明”；

附件 7：企业信用信息公示报告，企业名称分别为深圳市天某电子股份有限公司、宁波市健某电子有限公司；

附件 8：本布图设计的集成电路布图设计专有权公告。

撤销意见提出人在撤销意见书中陈述如下理由：

（1）附件 1 示出，TM1637 布图设计的首次商业利用日为 2009 年 1 月 5 日，早于本布图设计的创作完成日 2009 年 1 月 22 日，TM1637 布图设计在本布图设计创作完成之前已投入商业利用，构成了本布图设计创作时的常规设计。附件 2 示出，专有权人生产的 TM1637 芯片的驱动程序以及 TM1636 芯片的说明在 2008 年 10 月 22 日公开，说明以 TM1637 布图设计制造的芯片在此之前已投入商业利用，进一步说明 TM1637 布图设计的商业利用日早于本布图设计的创作完成日。

（2）附件 3 示出，专有权人认可 TM1637 芯片和 TM1635 芯片使用的布图设计相同。

（3）附件 4、附件 5、附件 6 示出，TM1635 芯片的布图设计与 TM1637 芯片的布图设计完全相同，TM1635 芯片和 TM1637 芯片是用相同布图设计制造的芯片。

（4）撤销意见提出人请求调取 TM1637 布图设计的图样和本布图设计的图样进行比对。

（5）本布图设计和 TM1637 布图设计是同一申请人针对相同版图重复申请的布图设计，突破条例关于布图设计 10 年保护期的限制，在后商业利用的本布图设计应被撤销。

综上，撤销意见提出人认为，TM1637 布图设计属于本布图设计创作完成日之前的常规设计，且和本布图设计完全相同，因此本布图设计不符合《条例》第 4 条的规定，不具有独创性。

国家知识产权局根据《条例》的规定，启动针对本布图设计专有权的撤销程序，于2020年3月16日向撤销意见提出人和专有权人发出集成电路布图设计进入撤销程序通知书，并随该通知书向专有权人转送撤销意见提出人于2020年1月21日提交的撤销意见陈述书及其附件副本。

国家知识产权局随后成立合议组，对本布图设计的撤销程序进行审查。

为查明案情，合议组向国家知识产权局调取了本布图设计的登记申请表、图样、简要说明和TM1637布图设计的登记申请表、图样、简要说明的案卷材料（以上案卷材料和前述附件1、附件8以下统称证据1）。

专有权人于2020年7月9日提交了集成电路布图设计撤销程序意见陈述书，认为本布图设计符合《条例》第4条的规定，具有独创性。专有权人随意见陈述书提交如下反证：

反证1：（2017）粤03民初1209号民事判决书；

反证2：北京紫图（2018）知鉴字第32号司法鉴定意见书（同前述附件4）。

专有权人在意见陈述书中陈述如下理由：

（1）附件1不能作为评价本布图设计独创性的证据。TM1637布图设计的申请日为2010年2月2日，晚于本布图设计的申请日2009年10月23日，更晚于本布图设计的创作完成日和首次商业利用日。另外，TM1637布图设计的专有权人公司成立日期为2009年11月20日，晚于本布图设计的申请日。在该公司尚未成立时，无法实现TM1637布图设计的创作和商业利用。

（2）附件2不能否定本布图设计的独创性。附件2是对TM1636芯片的介绍，不能确定其上传日期是否属实，其内容跟本布图设计也没有直接关系。

（3）本布图设计具有独创性。参见反证2，深圳市中级人民法院委托北京紫图知识产权司法鉴定中心对本布图设计进行过司法鉴定，鉴定意见表明，本布图设计的区域2~7具有独创性。

合议组于2020年8月3日向撤销意见提出人发出转送文件通知书，将专有权人于2020年7月9日提交的意见陈述书及其所附附件转送给撤销意见提出人。

同日，合议组向撤销意见提出人和专有权人发出集成电路布图设计撤销程序口头审理通知书，定于2020年9月21日对本案进行口头审理。

口头审理如期举行，双方当事人均委托代理人出席了本次口头审理。在口头审理过程中，双方当事人明确如下事项：

（1）双方当事人对对方出庭人员的身份和资格没有异议，对合议组成员和书记员没有回避请求。

（2）本决定的审查基础为本布图设计专有权登记公告的布图设计。

（3）专有权人对撤销意见提出人提交的附件1~7的真实性没有异议。撤销意见提出人对专有权人提交的反证 1 ~2 的真实性没有异议。

(4) 关于本布图设计与 TM1637 布图设计的内容比对，专有权人自认二者的布图设计内容相同。

(5) 针对撤销意见提出人提出的撤销理由，双方当事人均充分发表了各自的意见。

在上述程序的基础上，合议组认为本案事实已经清楚，可以依法作出审查决定。

二、决定理由

1. 关于审查基础

本决定针对的审查基础为本布图设计专有权登记公告的布图设计。

2. 关于证据

专有权人对撤销意见提出人提交的附件 1 ~7 的真实性没有异议。撤销意见提出人对专有权人提交的反证 1 ~2 的真实性没有异议。合议组经审查，没有发现影响附件 1 ~7 和反证 1 ~2 真实性的明显瑕疵，对其真实性予以认可。

3. 关于《条例》第 4 条

关于独创性，《条例》第 4 条规定：受保护的布图设计应当具有独创性，即该布图设计是创作者自己的智力劳动成果，并且在其创作时该布图设计在布图设计创作者和集成电路制造者中不是公认的常规设计。

关于首次商业利用，《集成电路布图设计审查与执法指南（试行）》第二部分第 4 章第 2 节规定，首次商业利用，是指将布图设计、含有该布图设计的集成电路或者含有该集成电路的物品在世界任何地方首次投入商业利用的行为。

如果一项布图设计与现有布图设计相同，且创作者存在接触现有布图设计的可能性，则应当认定该布图设计不属于创作者自己的智力劳动成果，不具有独创性。

判断一项对比布图设计是否构成本布图设计的现有布图设计，需要判断该对比布图设计是否在本布图设计的申请日和首次商业利用日中较前日期之前处于能够为公众获得的状态，并包含有能够使公众从中得知布图设计的版图布局。

对于一项布图设计专有权登记公告的首次商业利用日，由于其与申请时机和保护期限密切相关，在布图设计登记程序中由申请人根据实际情况申报并经国务院知识产权行政部门登记公告，作为专有权人和社会公众确定各自合法权利的时间界限的依据，在没有相反证据和理由的情况下，应当视为该布图设计在该日期已投入商业利用并处于公众能够获得的状态。

本案中，判断本布图设计是否具有独创性涉及判断本布图设计是不是创作者自己的智力劳动成果，包括如下判断步骤：(1) 本布图设计是否与现有布图设计相同；(2) 本布图设计的创作者是否存在接触该现有布图设计的可能性；(3) 本布图设计是否具有独创性。

其中，作为证据使用的对比布图设计为前述 TM1637 布图设计。

（1）本布图设计是否与现有布图设计相同

以 TM1637 布图设计作为对比布图设计，判断本布图设计是否与现有设计相同包括如下步骤：①TM1637 布图设计是否构成本布图设计的现有布图设计；②本布图设计与 TM1637 布图设计是否相同。

① TM1637 布图设计是否构成本布图设计的现有布图设计

从双方当事人提交的书面意见以及口头审理当庭陈述的理由可知，双方当事人对于 TM1637 布图设计是否构成本布图设计的现有布图设计颇有争议：

撤销意见提出人陈述理由：附件 1 表明对比布图设计的首次商业利用日 2009 年 1 月 5 日早于本布图设计的创作完成日 2009 年 1 月 22 日，因此对比布图设计构成本布图设计创作时的现有布图设计。附件 2 可以佐证上述观点。布图设计包含在芯片中，其商业利用就是正式对外销售即对外公开，因此布图设计在其首次商业利用日即对外公开。首次商业利用日经登记并公告，应该认可其真实性和有效性，否则将失去法律规定的严肃性。撤销意见提出人已完成举证责任，专有权人若要否定自己申报的日期应提供相应的证据。

专有权人陈述理由：附件 1 所示出的 TM1637 布图设计的专有权人宁波市天某电子有限公司，其成立日期为 2009 年 11 月 20 日，晚于 TM1637 布图设计登记的首次商业利用日 2009 年 1 月 5 日，在专有权人的公司尚未成立时无法实现该布图设计的创作和商业利用，因此其首次商业利用日不真实。附件 2 显示的内容是于 2008 年 10 月 22 日在“联合开发网”上传了 TM1636 芯片的规格书，其中没有公开本布图设计的信息，内容与本布图设计也没有关系。TM1635 芯片、TM1636 芯片、TM1637 芯片采用相同的集成电路版图布局，区别仅在于管脚数量不同；包括上述布图设计的芯片均由本布图设计的专有权人深圳市天某电子股份有限公司生产，因此该系列布图设计的创作完成日和首次商业利用日应以本布图设计申请登记时所申报的为准，因此对比布图设计不能作为本布图设计的现有布图设计。

根据上述理由可知，双方当事人关于 TM1637 布图设计是否构成本布图设计的现有布图设计的争议焦点在于：TM1637 布图设计在其专有权登记程序中登记并公告的首次商业利用日是否真实可信，TM1637 布图设计在其首次商业利用日是否已投入商业利用。

关于上述争议焦点，合议组认为：

第一，从《条例》的立法宗旨看，首次商业利用日对于集成电路布图设计登记制度具有重要的法律意义。

集成电路布图设计专有权登记制度的目的是鼓励集成电路技术的创新，促进科学技术的发展。根据《条例》规定，集成电路布图设计在申请登记专有权后予以保护，以鼓励创新主体进行技术创新，但同时限定了保护期限，以促进技术发展。

为了适应我国的发展现状，《条例》第 17 条对布图设计专有权申请登记的时限规定为“布图设计自其在世界任何地方首次商业利用之日起 2 年内，未向国务院知识产权行政部门提出登记申请的，国务院知识产权行政部门不再予以登记”。可见，集成电路布图设计登记制度中对于布图设计专有权申请保护的时机有一定限制，要求在布图设计首次商业利用日起2年内申请登记，否则将不能申请登记专有权，也就不能得到保护。同时，《条例》对于布图设计专有权的保护期限在第12条中规定为“布图设计专有权的保护期为10年，自布图设计登记申请之日或者在世界任何地方首次投入商业利用之日起计算，以较前日期为准”，可见，集成电路布图设计登记制度中对于布图设计专有权的保护期限是根据其申请日或首次商业利用日计算，保护期限的起始日期以二者中较前日期为准。由此可见，布图设计专有权申请登记时申报的首次商业利用日对于限定布图设计专有权请求保护的时机和限定其保护期限具有举足轻重的作用，在集成电路布图设计保护制度中具有重要的法律意义。

第二，从集成电路布图设计专有权的登记制度看，专有权人申报并由行政机关公告的首次商业利用日具有登记程序赋予的正当性。

在布图设计专有权登记程序中，根据申请登记的日期即可以确定申请日。而对于如何确定首次商业利用日，《实施细则》第13条规定，布图设计投入商业利用的，应当在申请登记时写明首次商业利用日。可见，首次商业利用日由申请人根据实际的商业利用情况自行申报。《条例》第16条规定，申请布图设计登记时，如果布图设计已投入商业利用，应当提交含有该布图设计的集成电路样品。可见，对于申报首次商业利用日的布图设计登记申请，条例要求申请人提交可证明其投入商业利用的布图设计芯片样品。《实施细则》第16条进一步具体规定了对于已投入商业利用并申报首次商业利用日的布图设计，应当在申请登记时提交4件含有该布图设计的集成电路样品，写明申请人的姓名、申请号和集成电路名称，并要求采用适当方式固定，不得损坏，能够存放10年。专有权登记程序中，在申请人提交集成电路样品的前提下，国务院知识产权行政部门对该登记申请进行初步审查，未发现驳回理由的予以登记并公告。

登记程序中，专有权人提出登记申请，国务院知识产权行政部门依法进行审查并登记公告，相关程序合法正当，国务院知识产权行政部门认可集成电路布图设计专有权登记公告的各条事项。因此，由专有权人申报并由国务院知识产权行政部门登记并公告的首次商业利用日具有登记程序赋予的正当性。

撤销程序中，在没有相反证据和理由的情况下，也应当认可申请并公告的首次商业利用日真实有效。否则，将失去布图设计专有权登记程序的严肃性，给专有权人和社会公众带来不必要的疑惑，不利于集成电路布图设计保护制度的可持续发展。

第三，从保护专有权人和社会公众合法利益的角度看，经公告程序公示的首次商业利用日为专有权人和社会公众明晰各自的合法权利期限提供明确预期。

《条例》第18条规定，布图设计登记申请经初步审查未发现驳回理由的由国务院知识产权行政部门予以公告，专有权人依法获得布图设计专有权。布图设计专有权登记公告后，社会公众可以查询布图设计的相关图样，获知布图设计的版图布局等技术内容，社会公众由此可知悉专有权的保护内容。同时，由于布图设计公告信息中包括创作完成日、首次商业利用日、申请日和公告日期等，专有权人和社会公众根据条例相关规定可以计算出布图设计专有权的保护期限。据此，专有权人可确定其专有权所拥有的排他性权利的时间界限，社会公众亦可预测或评价自身行为以避免侵犯该专有权，同时确定在该专有权保护期满后其可合法利用该布图设计的时间界限。

首次商业利用日与专有权的保护期限息息相关，如果在计算布图设计专有权的保护期限时认可其真实性，在考量该布图设计是否可作为现有布图设计时却不认可其真实性，将损害专有权人的合法利益。同时，登记公告的首次商业利用日和申请日等信息对社会公众起到公示作用，具有公示权利的重要法律价值，可以使社会公众在明晰他人专有权期限的同时对其可以合法利用该布图设计的时间界限具有明确的预期。如果对登记公告的首次商业利用日视而不见，在没有相反证据和理由的情况下即不认可其真实性，将扰乱专有权人和社会公众的预期，对有效划分专有权人和社会公众的权利界限不利。

综上，合议组认为，在没有相反证据和理由的情况下，应当认可集成电路布图设计在其专有权登记程序中登记并公告的首次商业利用日的真实性，认定该布图设计在其首次商业利用日已投入商业利用。

关于本布图设计和TM1637 布图设计登记并公告的相关日期，合议组查明：

证据1示出，本布图设计专有权的名称为“TM1635”，申请日为2009年10月22日；其在登记申请表中登记并公告的创作完成日为2009年1月22日，首次商业利用日为2009年5月3日；申请日提交集成电路芯片样品4个。本布图设计专有权的登记号为BS.095006249，公告日为2010年3月19日，公告号为2758，专有权人为深圳市天某电子股份有限公司。

TM1637 布图设计专有权的名称为“TM1637”，申请日为2010年2月2日；其在登记申请表中登记并公告的创作完成日为2008年8月6日，首次商业利用日为2009年1月5日；申请日提交集成电路芯片样品4个。TM1637 布图设计专有权的登记号为BS.105000779，公告日为2010年8月11日，公告号为3324，专有权人为宁波市天某电子股份有限公司。

可知，TM1637 布图设计在专有权登记程序中登记并公告的首次商业利用日为2009年1月5日，同时提交了芯片样品。本布图设计的申请日为2009年10月22日，首次商业利用日为2009年5月3日，二者的较前日期为2009年5月3日。

据此，合议组认为，TM1637 布图设计在其首次商业利用日2009年1月5日已投入商业利用并处于公众能够获得的状态。由于TM1637 布图设计的首次商业利用日2009年1月5日早于本布图设计的申请日和首次商业利用日中的较前日期2009年5月3日，因此，TM1637 布图设计构成本布图设计的现有布图设计。

关于专有权人陈述的理由，合议组认为：一项布图设计的商业利用与申请该布图设计专有权登记的公司的成立日期没有必然关系，因此申请登记 TM1637 布图设计专有权的宁波市天某电子有限公司成立日期晚于 TM1637 布图设计专有权登记的首次商业利用日不能证明该首次商业利用日不真实。同时，即使 TM1635、TM1636、TM1637 三个芯片采用相同的集成电路布图设计且均由专有权人深圳市天某电子股份有限公司生产，也不能直接证明宁波市天某电子有限公司申请登记 TM1637 布图设计专有权时申报的首次商业利用日不真实。至于附件 2，由于其与确定首次商业利用日无关，在此不再赘述。

② 本布图设计与 TM1637 布图设计是否相同

撤销意见提出人陈述理由认为 TM1635 芯片的布图设计与 TM1637 芯片的布图设计相同，进而认为本布图设计与 TM1637 布图设计相同。专有权人在口头审理当庭自认本布图设计与 TM1637 布图设计相同。

对此，合议组查明：证据 1 示出，本布图设计的结构分类为 MOS，技术分类为 CMOS，功能分类为线性，包括图样第 1 ~ 9 页，依次为 active 层、metal1 层、nwell 层、nwell 层、pimp 层、cont 层、nimp 层、pad 层和 poly1 层。TM1637 布图设计的结构分类为 MOS，技术分类为 CMOS，功能分类为线性，包括图样第 1 ~ 9 页，依次为 nwell 层、nwell 层、active 层、poly1 层、nimp 层、pimp 层、cont 层、metal1 层、pad 层。

经对比可知，TM1637 布图设计和本布图设计的结构分类相同，均为 MOS 结构；技术分类相同，均为 CMOS 技术；功能分类相同，均为线性功能。二者图层总数相同，均为 9 层。将二者上述相应的 9 层图样分别对比可见，二者的整体布局、所包含的功能模块、各功能模块的布局以及连线均分别相同。

基于上述对比，合议组认定本布图设计与 TM1637 布图设计相同。

综上所述，TM1637 布图设计构成本布图设计的现有布图设计，且其布图设计内容与本布图设计内容相同。因此，本布图设计与现有布图设计相同。

（2）本布图设计的创作者是否存在接触该现有布图设计的可能性

由上文可知，TM1637 布图设计在本布图设计的申请日和首次商业利用日中的较前日期之前已投入商业利用，TM1637 布图设计的内容在此之前已处于公众可以获得的状态；因此 TM1637 布图设计的内容处于本布图设计的创作者可以获得的状态。

因此，本布图设计的创作者存在接触 TM1637 布图设计的可能性。

（3）本布图设计是否具有独创性

由上文可知，本布图设计与现有布图设计相同，本布图设计的创作者存在接触现有布图设计的可能性。本布图设计不是创作者自己的智力劳动成果。因此，本布图设计不具有《条例》第 4 条规定的独创性。

专有权人陈述理由：专有权人曾经对撤销意见提出人提出布图设计侵权诉讼，参见反证 1；案件审理过程中司法机关委托司法鉴定机构对本布图设计是否具有独创性进行过司法鉴定，参见反证 2，鉴定意见为本布图设计的区域 2 ~ 7 分别具有独创性。

对此，合议组认为：该鉴定意见为鉴定机构基于鉴定条件给出的参考意见，并非对本布图设计独创性认定的最终结论，因此合议组对该鉴定意见不予考虑。

据此，合议组依据《条例》及《实施细则》作出如下决定。

三、决定

撤销 BS. 095006249 号集成电路布图设计专有权。

合议组组长：沈　丽
主　审　员：罗崇举
参　审　员：孙学锋

案例 5－6　“图像传感器 CS3825C”专有权撤销案[1]

一、基本案情

2020 年 5 月 19 日，深圳市芯某锐光电科技有限公司（以下简称撤销意见提出人）针对登记号为 BS. 175539928、名称为“图像传感器 CS3825C”、专有权人为珠海市矽某半导体有限公司的集成电路布图设计专有权（以下简称本布图设计）向国家知识产权局提交集成电路布图设计专有权撤销意见书，以本布图设计不符合《条例》第 2 条第（一）项、第 4 条、第 17 条的规定为由，请求国家知识产权局撤销本布图设计专有权。经审理，国家知识产权局作出撤销程序审查决定，维持本布图设计专有权有效。

二、案例评析

本案中撤销意见提出人提交的撤销意见涵盖了撤销理由三个常用条款，包括有关保护客体的《条例》第 2 条，有关独创性的《条例》第 4 条，有关申请登记期限的《条例》第 17 条。双方当事人的争议焦点涉及专有权保护客体、独创性的审理范围、独创性的具体判断以及申请登记期限的判断等。

1. 独创性部分是否符合集成电路的定义

本案中，撤销意见提出人主张本布图设计独创性部分三所涉及的 SENSOR 模块中周边像素没有传感器信息输出，不执行电子功能，因此该独创性部分三不符合集成电路的定义。

[1] 国家知识产权局第 6 号集成电路布图设计撤销程序审查决定。

基于申请登记的图样，决定认为，条例对集成电路的定义是针对芯片整体，而不是针对芯片所包含的部分元器件或模块。本布图设计涉及图像传感器，其中包含形成于半导体基片上的 SENSOR 模块、PGA 模块和 ADC 模块等，SENSOR 模块包括多个 CMOS 有源元件，上述模块通过线路互连，可以执行采集信号并处理得到图像信息的功能，属于条例定义的集成电路。

2. 独创性

关于独创性，本案涉及两个方面：一是关于独创性的审理范围，二是关于独创性判断。

（1）独创性的审理范围

关于独创性的审理范围，专有权人主张本布图设计具有三个独创性部分。撤销意见提出人不认可专有权人主张的独创性部分三，认为该部分为专有权人在集成电路布图设计专有权侵权诉讼程序和专有权撤销程序中增加的独创性部分，不能被接受。

《条例》保护布图设计“具有独创性的部分”，其可以是一个独立功能模块的布局，也可以是由多个常规设计模块构成的整体布局。在侵权诉讼中，专有权人通常以其布图设计的一个或多个独创性部分为基础主张权利。在撤销程序中，撤销意见提出人通常以一个或多个独创性部分不具有独创性作为撤销理由。

在现行布图设计保护制度中，由于在申请登记阶段并未明确布图设计的独创性部分的范围，因此专有权人在专有权撤销或侵权程序中，才会明确其布图设计的独创性部分，此时审查或审判机关对其主张通常应予接受，独创性判断即以其主张的独创性部分为判断范围。

但是，为了兼顾专有权人和社会公众之间的利益，在公平原则和诚信原则的前提下，基于技术发展的普遍规律和布图设计创作者或集成电路制造者的普遍认知，专有权人所主张的独创性部分应该是客观的，而不是主观的、反复变化的。如果专有权人在各个程序中主张的独创性部分明显反复变化，超出了社会公众的合理预期，则其主张不应被接受。

具体到本案，在本布图设计专有权的申请登记阶段，简要说明中记载本布图设计的特点在于包括独创性部分一和独创性部分二。在涉及本布图设计专有权的侵权程序中，专有权人主张本布图设计还包括独创性部分三。随后，在本撤销案件中，专有权人未主张增加新的独创性部分。经审查，合议组认为，在本布图设计申请登记专有权后，专有权人对本布图设计独创性部分的主张自前述侵权程序起未发生变化。因此，本案涉及独创性的审理范围应当包括专有权人主张的独创性部分一、独创性部分二和独创性部分三。

（2）独创性的具体判断

根据《条例》对独创性的规定可知，独创性判断包括两个核心原则：第一，是创作者自己的智力劳动成果，可以称为“独立创作原则”；第二，在创作时不是公认的常规设计，可以称为“非常规设计原则”。

首先是独立创作判断。通常来说，在没有相反证据推翻的情况下，在以“现有布图设计”作为对比布图设计时，通常可直接认定创作者存在接触该现有布图设计的可能性。如果专有权人要求保护的布图设计独创性部分与现有布图设计相同或实质相同，则认为该独创性部分不属于创作者自己的智力劳动成果；如果要求保护的布图设计独创性部分与现有布图设计不同，则认为该独创性部分属于创作者自己的智力劳动成果。

其次是非常规设计判断。如果独创性部分与现有布图设计不同，该独创性部分属于创作者自己的智力劳动成果，则在其比对分析的基础上确定二者的差别。如果上述差别对布图设计创作者和集成电路制造者而言属于公认的常规设计，则该独创性部分不具有独创性；如果上述差别不属于公认的常规设计，则该独创性部分具有独创性。

本案决定从本布图设计和证据示出的技术事实出发，对独创性部分一、独创性部分二和独创性部分三分别是否具有独创性进行了判断并给出相应的判断结论。

独创性部分一对应的布图设计与证据 14 相比并不相同，属于创作者自己的智力劳动成果。在集成电路布图设计创作和制造领域，基于相同的设计原则可以做出完全不同的布图设计，独创性部分一对应的布图设计不是公认的常规设计。因此独创性部分一具有独创性。

独创性部分二对应的布图设计与证据 14 公开的布图设计相同，且本布图设计的创作者存在接触该布图设计的可能性，独创性部分二不属于创作者自己的智力劳动成果。因此独创性部分二不具有独创性。

独创性部分三对应的布图设计与证据 16 ~ 18 公开的布图设计相比明显不同，因此证据 16 ~ 18 不足以证明独创性部分三属于公认的常规设计，因此独创性部分三具有独创性。

3. 申请登记期限的审查

《条例》第 17 条规定，布图设计自其在世界任何地方首次商业利用之日起 2 年内，未向国务院知识产权行政部门提出登记申请的，国务院知识产权行政部门不再予以登记。

本案中，撤销意见提出人提交了大量证据，主张本布图设计的首次商业利用日超过了其申请日 2 年，因此不符合该规定。

决定认为，判断一项专有权是否在其首次商业利用之日起 2 年内提出登记，一方面，需要核实投入商业利用的布图设计与本布图设计是否相同，另一方面，需要核实投入商业利用的日期与本布图设计申请日的关系。合议组经比对，本布图设计与 CS3815 晶圆布图设计具有若干相同点，同时，本布图设计与 CS3815 晶圆布图设计也具有明显区别。因此，决定认为本布图设计与投入商业利用的布图设计既不相同也不实质相同，基于此，决定认为没有证据表明本布图设计的首次商业利用日超过其专有权登记申请日2年以上。

三、小　结

关于保护客体，本案阐述了《条例》对集成电路的定义是针对芯片整体，而不是针对芯片所包含的部分元器件或模块。

关于独创性，本案阐述了两个方面。一是关于独创性的审理范围，在现行保护制度中，在申请登记阶段明确独创性部分并非取得专有权的必要条件；在专有权确权或侵权程序中，专有权人通常会声明独创性部分，此时对其主张应予以接受，有关独创性的审理通常以其声明为基础；为了平衡专有权人和社会公众之间的利益，在公平原则和诚信原则的前提下，基于技术发展的普遍规律和布图设计创作者或集成电路制造者的普遍认知，专有权人在各个程序中主张的独创性部分不应明显反复变化，否则其主张不应被接受。二是关于独创性判断，如果独创性部分相对于现有证据属于创作者自己的智力劳动成果，并且不属于公认的常规设计，则其具有独创性；如果独创性部分与现有证据实质相同，不属于自己的智力劳动成果，则其不具有独创性。

关于申请登记期限，本案阐述了在判断一项专有权是否超出其首次商业利用之日起2年提出登记时，一方面，需要核实投入商业利用的布图设计与本布图设计是否相同；另一方面，需要核实投入商业利用的日期与本布图设计申请日的关系。如果商业利用的布图设计与本布图设计不同，则没有证据表明本布图设计不符合有关登记期限的要求。

（罗崇举）

附件5-6：第6号撤销程序审查决定

案件编号：第JC0019号

决定日：2021年12月2日

布图设计名称：图像传感器CS3825C

布图设计类别：（1）结构：MOS；（2）技术：CMOS；（3）功能：其他

法律依据：《条例》第2条第（一）项、第4条、第17条

决定要点

《条例》关于集成电路的定义是针对芯片整体，而不是针对芯片所包含的部分元器件或模块；如果某个产品整体中包含了形成于半导体基片上的至少一个有源元件以及互连线路，可以执行电子功能，则该产品属于《条例》定义的集成电路。

现行集成电路布图设计登记和保护制度规定了申请登记专有权时应当提交布图设

计的复制件或图样，可以提交文字说明，但在申请登记阶段明确布图设计的独创性部分并非取得布图设计专有权的必要条件；如果专有权人在各个程序中主张的独创性部分无明显变化，未超出社会公众的合理预期或损害社会公众的合法利益，则其关于独创性声明的主张通常应予以接受，有关布图设计独创性的审理以其独创性声明为基础。

在独创性判断中，如果一项布图设计与现有布图设计明显不同，属于创作者自己的智力劳动成果，且对布图设计创作者和集成电路制造者而言，该布图设计不是公认的常规设计，则该布图设计具有独创性；如果一项布图设计与现有布图设计相同，且创作者存在接触该现有布图设计的可能性，则该布图设计不属于创作者自己的智力劳动成果，因而不具有独创性。

判断一项布图设计专有权是否在其首次商业利用之日起2年内提出登记，一方面，需要核实投入商业利用的布图设计与登记获得专有权的该布图设计是否相同或实质相同；另一方面，需要核实投入商业利用的布图设计的首次商业利用日是否超过该布图设计专有权登记申请日2年以上。如果该布图设计与该投入商业利用的布图设计具有明显区别，且该区别是该布图设计具备独创性的设计，二者既不相同也不实质相同，则该布图设计未超出其首次商业利用日2年提出登记。

决定正文

一、案由

本集成电路布图设计撤销案涉及登记号为BS.175539928、名称为“图像传感器CS3825C”、专有权人为珠海市矽某半导体有限公司的集成电路布图设计专有权（以下简称本布图设计），其申请日为2017年12月8日，创作完成日为2017年10月12日，未登记首次商业利用日，公告日为2018年1月10日。

2020年5月19日，深圳市芯某锐光电科技有限公司（以下简称撤销意见提出人）针对本布图设计专有权向国家知识产权局提交集成电路布图设计专有权撤销意见书，以本布图设计不符合《条例》第2条第（一）项、第4条、第17条的规定为由，请求国家知识产权局撤销本布图设计专有权。

撤销意见提出人随撤销意见书提交了如下证据：

证据1：广东省深圳市中级人民法院（2019）粤03民初189号“质证笔录（2019年7月26日）”复印件；

证据2：广东省深圳市中级人民法院（2019）粤03民初189号“补充调查、质证笔录（2019年10月12日）”复印件；

证据3：广东省深圳市中级人民法院（2019）粤03民初189号“开庭笔录（2019年10月12日）”复印件；

证据4：广东省深圳市中级人民法院（2019）粤03民初189号“质证笔录（2019年11月29日）”复印件；

证据5：广东省深圳市中级人民法院（2019）粤03民初189号“开庭笔录2020年1月9日”复印件；

证据6：单号为094785、名称为“S8316”送货单复印件；

证据7：单号为044971、名称为“S8316”送货单复印件；

证据8：单号为044970、名称为“S8316”送货单复印件；

证据9：单号为044966、名称为“S8316”送货单复印件；

证据10：单号为006128、名称为“S8316”送货单复印件；

证据11：（2020）深坪证字第2367号公证书（以下简称证据11-1）和国家企业信用信息公示系统查询“深圳市矽某智能控制技术有限公司”相关信息的打印件（以下简称证据11-2）；

证据12：声称为“S8316芯片内部晶圆图片与本布图设计的对比图”的打印件；

证据13：声称为“S8316芯片的实物照片”的打印件；

证据14：（2020）深坪证字第2368号公证书；

证据15：声称为“对于涉案布图设计不具有独创性的对照意见”的打印件；

证据16：《光电传感器应用技术》（第2版），王庆有主编，机械工业出版社，2017年10月第2版第4次印刷，封面、书名页、版权页、第208-209页、封底；

证据17：《模拟CMOS集成电路设计》，（美）毕查德·扎拉维著，西安交通大学出版社，2003年2月第1版，2006年12月第5次印刷，封面、书名页、版权页、第524页、第534页、封底；

证据18：《图案传感器应用技术》（第2版），王庆有编著，2013年2月第2版，2015年9月第3次印刷，封面、书名页、版权页、第175页、封底。

撤销意见提出人在撤销意见书中陈述如下理由：

（1）证据1~13证明：专有权人于2013—2014年销售了S8316芯片和CS3815、CS3825晶圆，S8316芯片的布图设计与本布图设计基本相同，因此本布图设计最晚于2014年7月首次商业利用；本布图设计的申请日为2017年12月8日，因此本布图设计自其首次商业利用日超过2年才向国家知识产权局提出登记申请，不符合《条例》第17条的规定。

（2）根据专有权人所述，本布图设计独创性部分为：其一，ANALOG、PAD和DIGITAL三块空间位置布局，即PAD分布在ANALOG两边、DIGITAL布局在底下；其二，SENSOR模块、ADC模块和PGA模块在整个布图设计中的相对位置结构；其三，SENSOR的周边像素采用正常像素的1/3大小。

其中，证据14~15证明：本布图设计有关PAD往上布局分布在ANALOG两边的独创性部分一与我国台湾地区原相PAW3205相同；根据集成电路布图设计领域公认的“面积优化原则”，独创性部分一为公认的常规设计。有关ADC和PGA模块靠近SENSOR模块的独创性部分与我国台湾地区原相PAW3205相同；根据集成电路布图设计领域公认的“减少干扰原则”，独创性部分二为公认的常规设计。因此，本布图设计的独创性部分一和独创性部分二不符合《条例》第4条的规定。

证据16～18证明：本布图设计有关SENSOR周边像素为正常像素1/3大小的独创性部分三没有传感器功能信号输出，不执行电子功能，不符合集成电路的定义，不符合《条例》第2条第（一）项的规定。

国家知识产权局根据《条例》第20条的规定，启动本布图设计专有权的撤销审查，于2020年6月3日分别向撤销意见提出人和专有权人发出《集成电路布图设计进入撤销程序通知书》，并随该通知书向专有权人转送撤销意见提出人于2020年5月19日提交的撤销意见陈述书及其附件副本。

国家知识产权局随后成立合议组，对本布图设计进行撤销审查。

为查明案件事实，合议组依职权调取了本布图设计专有权登记申请的原始案卷材料，包括登记申请表、图样、简要说明。

2020年7月10日，专有权人提交了《集成电路布图设计撤销程序意见陈述书》，认为撤销意见提出人主张撤销本布图设计的理由均不成立。专有权人随意见陈述书提交如下反证：

反证1：（2019）粤03民初189号民事判决书复印件。

专有权人在意见陈述书中陈述如下理由：

（1）撤销意见提出人认为专有权人于2015年前后向其销售过S8316芯片且该芯片的布图设计与本布图设计相同的主张没有事实依据。首先，用以证明销售的送货单既没有专有权人的盖章，也无法确认其上签名为专有权人的职员签字；其次，无法证明用以比对的实物芯片为专有权人于2015年前后向其销售的S8316芯片；再次，关于S8316芯片的布图设计与本布图设计相同的主张没有提出任何实质性的证据和专业比对意见。因此，撤销意见提出人关于本布图设计不符合《条例》第17条的主张没有事实依据。

（2）撤销意见提出人提供的我国台湾地区原相PAW3205图像传感器的图片本身模糊不清；在可视范围基础上，其与本布图设计也不同。“面积优化原则”和“减少干扰原则”等属于集成电路布图设计的设计规则，《条例》仅保护集成电路布图设计的具体表达形式，基于相同规则可以有不同的表达形式，不能以一种表达基于某种公认的原则认定该表达属于公认的常规设计。因此，撤销意见提出人关于本布图设计独创性部分一和独创性部分二不具有独创性的主张不成立。

（3）SENSOR周边像素对于整体图像采集必不可少，在保留原有功能的同时，用于噪声监测、封装监测和降低边缘反光。因此，撤销意见提出人关于本布图设计独创性部分三没有实际功能、不符合集成电路定义的主张不成立。

2020年10月15日，合议组向撤销意见提出人发出《转送文件通知书》，将专有权人提交的上述意见陈述书及其所附附件副本转送给撤销意见提出人。

2020 年 11 月 20 日，撤销意见提出人提交了《集成电路布图设计撤销程序意见陈述书》，陈述如下理由：

（1）关于《条例》第 17 条

首先，撤销意见提出人提交的三份证据可以证明专有权人曾向其销售过 S8316 芯片，证据 1 中质证笔录已被专有权人当庭确认，证据 6～10 中送货单有专有权人职工的签名，证据 11 中邮件显示专有权人曾向撤销意见提出人说明 S8316 芯片价格下调。其次，撤销意见提出人曾采购过该芯片，其保留该芯片属于必然；且撤销意见提出人提供的芯片实物上有与送货单基本一致的型号，并有专有权人的注册商标；因此可以认定该实物芯片即为专有权人提供的 S8316 芯片。再次，比对意见为初步比对，证据 1 中示出了专有权人提供的本布图设计图样，其与撤销意见提出人提供的图样完全一致。

（2）关于《条例》第 4 条

关于独创性部分一：撤销意见提出人不是单独以设计原则否定具体表达，而是结合布图设计公认的内容进行否定，具体概括为：数模混合芯片中把 ANALOG 和 DIGITAL 各自分为一个区域属于业界的通行做法，PAD 均匀分布于芯片两侧是常规设计；证据 14 示出了 PAD 分布于上侧或下侧均是为了优化面积的具体行为，本布图设计将 PAD 集中上移与常规设计并无实质区别。

关于独创性部分二：撤销意见提出人是以设计原则结合公认的常规布图设计进行否定，将 SENSOR 与 PGA、ADC 分为两排摆放是版图设计通行做法；本布图设计三个模块的相对位置和证据 14 中示出的或完全一致，或只是镜像关系，实质相同。

关于独创性部分三：CIS 芯片设计要在有效像素四周加上 DUMMY 像素，通用 CIS 可能加上几排，鼠标 CIS 加半排或 1/4 可以达到效果；证据 16～18 可以证实上述结论；不认同专有权人陈述的有关 DUMMY 像素实现图像采集或噪声检测功能的意见。

2021 年 1 月 22 日，合议组向专有权人发出《转送文件通知书》，将撤销意见提出人提交的上述意见陈述书转送给专有权人。

2021 年 3 月 2 日，专有权人提交意见陈述书，陈述如下理由：

（1）关于证据

专有权人认可请求人提交的证据 1～5 的真实性、合法性，不认可关联性；不认可证据 6～10 的真实性、合法性和关联性；证据 11 与本案无关；证据 12～13 的比对没有事实依据；证据 14～15 的图片模糊不清，不能作为现有布图设计；不认可证据 16～18 的关联性。

（2）关于《条例》第 17 条

针对证据 11，该证据对应的发件人和收件人主体均不确定，即使是矽某公司发送，也不能证明专有权人曾向撤销意见提出人销售过 S8316 芯片和 CS3815 晶圆。撤销意见提出人无法证明其用于对比的 S8316 芯片于 2014 年购自专有权人，也无法证明该芯片的布图设计与本布图设计相同。

（3）关于《条例》第4条

关于独创性部分一，在可视范围内，撤销意见提出人提供的网络图片中芯片的布图设计与本布图设计明显不同；PAW3305和PAW3205只能证明本布图设计是否属于现有设计，而不能证明是否属于常规设计。关于独创性部分二，撤销意见提出人提出的“原则”将布图设计需要考虑的主要因素剔除不合理；证据14中PAW3305的模块及布局均模糊不清。关于独创性部分三，本布图设计SENSOR周边像素为正常像素1/3设计是在保障功能、性能前提下进行的优化设计，其本身属于独创性因素；1/3像素功能是设计者可以赋予的，并非不具有功能属性，且其具体实现什么功能不是布图设计独创性的必然要求。

2021年3月19日，合议组向撤销意见提出人发出《转送文件通知书》，将专有权人提交的上述意见陈述书转送给撤销意见提出人。同日，合议组向撤销意见提出人和专有权人发出《集成电路布图设计撤销程序口头审理通知书》，定于2021年4月26日对本案进行口头审理。

口头审理如期举行，双方当事人均委托代理人出席了本次口头审理。在口头审理过程中，双方当事人明确如下事项：

（1）双方当事人对对方出庭人员的身份和资格没有异议，对合议组成员的变更没有异议，对合议组成员和书记员没有回避请求。

（2）本案审查基础为本布图设计专有权登记公告的布图设计。

（3）撤销意见提出人当庭补充提交证据：案号为（2019）粤03民初189号的广东省深圳市中级人民法院质证笔录复印件（以下简称证据A）。

（4）撤销意见提出人提交了证据1～19的原件，专有权人对撤销意见提出人提交的证据1～5、证据11、证据14、证据16～18及证据A的真实性没有异议，对证据6～10、证据12～13、证据15的真实性有异议。撤销意见提出人对专有权人提交的反证1的真实性没有异议。

（5）撤销意见提出人当庭出示一颗表面标识有“Simean S8316DB110DDR”字样的芯片，打开其表面封盖后用显微镜展示其中封装的CS3815晶圆的顶层图像。专有权人认同撤销意见提出人展示的该层部图像与其曾销售的S8316芯片中CS3815晶圆的顶层图样实质相同。

关于专有权人制造的S8316芯片中封装有CS3815晶圆，双方当事人均无异议。

撤销意见提出人表示庭后提交有关S8316芯片商业行为的进一步证据。

专有权人表示庭后提交CS3815晶圆的布图设计的具体图样。

（6）针对撤销意见提出人提出的撤销理由，双方当事人均充分发表了各自的意见。

2021年4月30日，撤销意见提出人提交庭后补充证据：

证据19：合同编号为B00020150716001，签订日期为2015年7月16日，加盖有供方“深圳市矽某半导体有限公司”和需方“深圳市芯某锐光电科技有限公司”公章的有关“集成电路 IC”的购销合同复印件；

单号为 446275、加盖“深圳市矽某半导体有限公司”公章的有关“集成电路 IC”的送货单复印件；

单号分别为 08123243 和 08123244、加盖“深圳市矽某半导体有限公司发票专用章”的有关“集成电路 IC”的 2 份深圳增值税专用发票复印件。

证据 20：合同编号为 B0002015081102、签订日期为 2015 年 8 月 11 日，合同编号为 B00020150417003、签订日期为 2015 年 8 月 21 日，合同编号为 B00020151020001、签订日期为 2015 年 10 月 20 日，分别加盖有供方“深圳市矽某半导体有限公司”和需方“深圳市芯某锐光电科技有限公司”公章的 3 份有关“集成电路 IC”购销合同复印件；

单号分别为 446321、446303，加盖有“深圳市矽某半导体有限公司”和“深圳市芯某锐光电科技有限公司”公章的 2 份“集成电路 IC”送货单复印件；

单号分别为 07629615、07629632，加盖“深圳市矽某半导体有限公司发票专用章”的有关“集成电路 IC”的 2 份深圳增值税专用发票复印件；

单号分别为 07629677、07629676，加盖“深圳市矽某半导体有限公司发票专用章”的有关“集成电路、有线鼠标 IC 软件 V1.0”的 2 份深圳增值税专用发票复印件。

证据 21：盖有“上海浦东发展银行深圳福永支行 受理业务专用章”、交易日期为 2015 年 7 月 10 日—2015 年 12 月 31 日的交易对手打印单复印件。

证据 22：具有郭某、孙某恩、李某华、吴某时个人签名的“投资入股协议书”复印件。

证据 23：国家企业信用信息公示系统查询“深圳市矽某智能控制技术有限公司”有关信息的打印件。

2021 年 5 月 18 日，专有权人提交庭后意见陈述，其中，提交了 CS3815 晶圆的布图设计总图以及该布图设计与本布图设计的比对观点，确认撤销意见提出人在口头审理当庭展示的 S8316 芯片上标识批号“DB110DDR”表示该芯片的封装日期为 2014 年 11 月 11 日。专有权人同时提交了表面标识有“S8316 FA140DL”、声称于 2016 年制造、封装有 CS3815 晶圆的 S8316 芯片实物。

2021 年 6 月 2 日，合议组将撤销意见提出人和专有权人提交的上述意见或证据副本分别转送给对方当事人。

2021 年 6 月 17 日，针对专有权人的上述庭后意见陈述，撤销意见提出人提交了意见陈述书，认为：（1）专有权人确认于 2014 年 11 月 11 日向案外人销售了载有 CS3815 晶圆的 S8316 芯片，且从 CS3815 晶圆并封装为 S8316 芯片看，其与本布图设计基本一致，因此本布图设计不符合《条例》第 17 条的规定；（2）专有权人所陈述的 CS3815 布图设计与 CS3825C 的区别点不属于其之前所确定的独创性部分，即使存在上述区别也不能认定其具有独创性；（3）专有权人陈述的 CS3815 与 CS3825C 之间各区域面积大小、比例优化的区别，Sensor 像素优化、光罩实际层数不同的区别没有事实依据，不能作为定案依据；（4）本案中比对的对象应该是 CS3815 晶圆的布图与本布图设计的图样，而不应是 CS3815 晶圆的布图与专有权人自行拿出的 CS3825C 晶圆的照片；（5）专有权人在布图设计专有权登记申请时、在侵权诉讼时、在本次撤销程序的意见陈述时随时补充、变更独创性部分，不能接受。

2021 年 6 月 22 日，针对撤销意见提出人的上述庭后补充证据，专有权提交了意见陈述书，认为：（1）撤销意见提出人补充的证据与本案无关，购销合同、送货单、发票及交易流水只能说明撤销意见提出人与专有权人曾有芯片交易，不能证明专有权人曾向撤销意见提出人销售过 S8316 芯片；（2）有关 S8316 销售行为的证据中没有销售合同和发票，发货单没有盖章，不符合正常交易习惯；（3）有关专有权人与案外人的投资入股协议书没有证明力。

在上述程序的基础上，合议组认为本案事实已经清楚，可以依法作出审查决定。

二、决定理由

1. 关于审查基础

本决定针对的审查基础为本布图设计专有权登记公告的布图设计。

2. 关于证据

专有权人对撤销意见提出人提交的证据 1 ~ 5、证据 11、证据 14、证据 16 ~ 18 及证据 A 的真实性没有异议，对证据 6 ~ 10、证据 12 ~ 13、证据 15 的真实性有异议。另外，专有权人对撤销意见提出人提交的证据 19 ~ 23 的关联性有异议。

撤销意见提出人对专有权人提交的反证 1 的真实性没有异议。

合议组经审查，没有发现影响证据 1 ~ 5、证据 11、证据 14、证据 16 ~ 18 及证据 A、反证 1 真实性的明显瑕疵，对其真实性予以认可。

证据 14、证据 16 ~ 18 的公开日期均早于本布图设计的申请日，可以作为评价本布图设计独创性的证据。

3. 关于《条例》第 2 条第（一）项

《条例》第 2 条第（一）项规定："本条例下列用语的含义：（一）集成电路，是指半导体集成电路，即以半导体材料为基片，将至少有一个是有源元件的两个以上元件和部分或者全部互连线路集成在基片之中或者基片之上，以执行某种电子功能的中间产品或者最终产品。"

撤销意见提出人主张：本布图设计独创性部分三所涉及的 SENSOR 模块中周边像素没有传感器信息输出，不执行电子功能，因此该独创性部分三不符合集成电路的定义。

经调取本布图设计专有权登记申请的案卷，合议组查明：

本布图设计的名称为"图像传感器 CS3825C 布图"，结构类别为"MOS"，技术类别为"CMOS"，功能类别为"其他"；申请登记时提交了布图设计图样 3 页，简要说明 3 页；其中 3 页复制件均为总图且图样相同。

根据上述图样和简要说明可知，本布图设计包括 ANALOG 部分（模拟部分）和 DIGITAL 部分（数字部分）；其中，PAD（焊垫）分布在 ANALOG 部分的两边，DIGITAL 部分的两边没有 PAD；在 ANALOG 部分中，PGA 模块（可编程增益放大器模块）和 ADC 模块（数模转换模块）基本平齐且分别位于 SENSOR 模块（图像感应模块）的左下方和正下方；SENSOR 模块包括位于模块中部的中间像素阵列（16 行×16 列）和位于模块周部且在该中间像素阵列上、下、左、右各一行/列的周边像素，其中，该周边像素的尺寸明显小于该正常像素的尺寸。

关于本布图设计是否属于《条例》第 2 条第（一）项所定义的集成电路布图设计，合议组认为:《条例》对受其保护的集成电路以及集成电路布图设计进行了定义，其中对集成电路的定义是针对芯片整体，而不是针对芯片所包含的部分元器件或模块。如果某个产品整体中包含了形成于半导体基片上的至少一个有源元件以及互连线路，可以执行电子功能，则该产品属于《条例》定义的集成电路。

对本案而言，布图设计创作者和集成电路制造者可以理解，本布图设计涉及图像传感器，其中包含形成于半导体基片上的 SENSOR 模块、PGA 模块和 ADC 模块等，SENSOR 模块包括多个 CMOS 有源元件，上述模块通过线路互连，可以执行采集信号并处理得到图像信息的功能，属于《条例》定义的集成电路。

因此，撤销意见提出人主张的本布图设计不符合《条例》第 2 条第（一）项的理由不成立。

4. 关于《条例》第 4 条

《条例》第 4 条规定，受保护的布图设计应当具有独创性，即该布图设计是创作者自己的智力劳动成果，并且在其创作时该布图设计在布图设计创作者和集成电路制造者中不是公认的常规设计。

（1）关于本布图设计独创性部分的审理范围

专有权人主张：本布图设计具有三个独创性部分，其中，独创性部分一为 ANALOG、PAD 和 DIGITAL 的相对位置结构，PAD 往上收分布在 ANALOG 部分的两边，DIGITAL 部分可以充分利用底下的空间，节省面积；独创性部分二为 SENSOR 模块、ADC 模块和 PGA 模块的相对位置结构，PGA 模块和 ADC 模块尽量靠近 SENSOR 模块，缩短微弱信号到 ADC 模块的距离，减少干扰；独创性部分三为 SENSOR 模块中周边非完整像素边框设计，周边像素为正常像素 1/3 的尺寸，是在保障功能、性能及良品率前提下的优化设计。

撤销意见提出人主张：专有权人在集成电路布图设计专有权侵权诉讼程序、专有权撤销程序中增加的独创性部分三不能被接受。

对此，合议组认为：

《条例》第 16 条规定："申请布图设计登记，应当提交：（一）布图设计登记申请表；（二）布图设计的复制件或者图样；（三）布图设计已投入商业利用的，提交含有该布图设计的集成电路样品；（四）国务院知识产权行政部门规定的其他材料。"《实施细则》第 14 条规定了按照《条例》第 16 条提交布图设计的复制件或者图样时应当符合若干要求，其中第（四）项规定，复制件或者图样可以附具简单的文字说明，说明该集成电路布图设计的结构、技术、功能和其他需要说明的事项。

由此可知，现行《条例》及《实施细则》规定了在申请登记时应当提交布图设计的复制件或图样，同时可以提交文字说明。在申请登记实践中，部分申请人会在该文字说明中对其布图设计的独创性部分予以声明。但是，现行《条例》及《实施细则》均没有明确规定申请人在申请登记时必须声明其主张的布图设计的独创性部分，也就是说，现行集成电路布图设计登记和保护制度中，在申请登记阶段明确布图设计的独创性部分并非取得布图设计专有权的必要条件。

在布图设计专有权确权或侵权程序中，专有权人通常会声明并主张其布图设计所包括的具有独创性的部分，此时对其主张应予以接受，有关布图设计独创性的审理通常以其独创性声明为基础。

当然，为了平衡专有权人和社会公众之间的利益，在公平原则和诚信原则的前提下，基于技术发展的普遍规律和布图设计创作者或集成电路制造者的普遍认知，专有权人所主张的独创性部分应该是客观的，而不是主观的、反复变化的。因此，布图设计专有权的独创性部分应在其登记程序、首次确权程序或首次侵权程序中予以固定，后续程序中仅限于减少，而不应增加。如果专有权人在各个程序中主张的独创性部分明显反复变化，超出了社会公众的合理预期，损害了社会公众的合法利益，则其主张不应被接受。

具体到本案，在本布图设计专有权的申请登记阶段，专有权人在提交布图设计总图图样的基础上提交了有关"图像传感器 CS3825C 布图设计整体布局"、"图像传感器 CS3825C 模拟、数字和 PAD 布局图"和"图像传感器 CS3825C 关键模块布局图"的说明，通过该说明主张本布图设计的独创性部分包括前述独创性部分一和独创性部分二。

在涉及本布图设计专有权的侵权程序中，如证据 1 ~5 以及反证 1 所示，专有权人主张本布图设计的独创性部分包括前述独创性部分一、独创性部分二和独创性部分三。

此后，在本次布图设计专有权撤销程序中，专有权人未主张增加新的独创性部分，即专有权人仍主张本布图设计的独创性部分包括前述独创性部分一、独创性部分二和独创性部分三。

可见，在本布图设计申请登记专有权后，专有权人对本布图设计独创性部分的主张自首次侵权程序起未发生变化，未超出社会公众的合理预期，也未损害社会公众的合法利益，应当予以接受。

综上，本案涉及独创性的审理范围包括专有权人主张的三个独创性部分，其中，独创性部分一为 ANALOG 模块、PAD 模块和 DIGITAL 模块的相对位置结构；独创性部分二为 SENSOR 模块、ADC 模块和 PGA 模块的相对位置结构；独创性部分三为 SENSOR 模块中中间像素和周边像素的尺寸关系。

(2) 关于独创性部分一的独创性

撤销意见提出人主张：证据 14 的第 47、79 页公开了我国台湾地区原相 PAW3205 的布图设计，第 75 页公开了我国台湾地区原相 PAW3305 的布图设计，上述布图设计与本布图设计独创性部分一对应的布图设计相同；根据集成电路布图设计领域公认的"面积优化原则"，独创性部分一对应的布图设计为公认的常规设计；因此独创性部分一对应的布图设计不具有独创性。

专有权人主张：证据 14 中 PAW3205 和 PAW3305 图像传感器的布图设计本身模糊不清，且公开的布图设计与本布图设计明显不同。同一种原则有不同表达，某布图设计基于公认原则，不能认为该布图设计属于公认的常规设计。

对此，合议组认为：本布图设计独创性部分一为 ANALOG 模块、PAD 模块和 DIGITAL 模块的相对位置结构。合议组经查本布图设计专有权申请登记时提交的图样可见，本布图设计独创性部分一对应的布图为：所有 PAD 模块分布在位于芯片上部的 ANALOG 模块的两侧，在芯片下部的 DIGITAL 模块两侧没有 PAD 模块，如图 5－2（a）所示。

证据 14 是由广东省深圳市坪山公证处出具的编号为（2020）深坪证字第 2368 号的公证书，公证内容是网址为"http：//mouse. zol. com. cn/384/3841650"、标题为"鼠标发烧友必看，主流鼠标引擎最强解密"的网页截屏文件。证据 14 的第 47 页公开了名称为"PAW3205 光学引擎内部高清特写"的图片，第 79 页为该图片的放大图，该图片示出了 PAW3205 芯片内部的顶视图像。证据 14 的第 38、39 页公开了名称为"PAW3305 光学引擎内部高清特写"的图片，第 75 页为该图片的放大图，该图片示出了 PAW3305 芯片内部的顶视图像，如图 5－2（b）所示。从上述图片可以看出，PAW3205 芯片和 PAW3305 芯片中，在芯片上部的模拟电路和下部的数字电路两侧均设置有 PAD，也就是说 PAD 位于整个芯片的两侧。

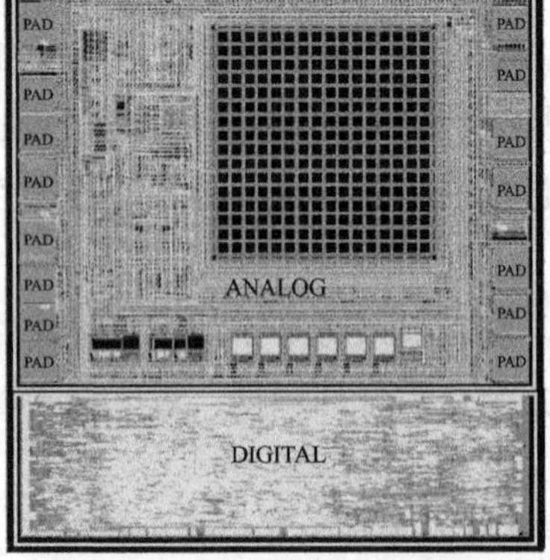

（a）本布图设计独创性部分一

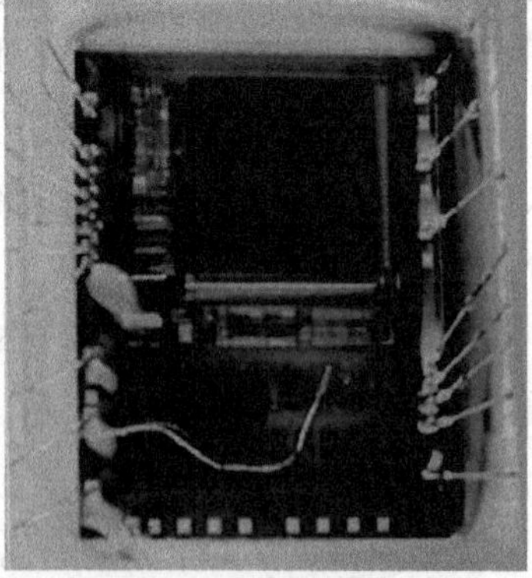

（b）PAW3305 顶部图像

图 5－2　本布图设计与我国台湾地区原相 PAW3305 芯片布图设计对比

经对比可见，证据 14 中 PAW3205 芯片和 PAW3305 芯片的 PAD 模块分布与本布图设计的 PAD 模块分布明显不同，即与本布图设计独创性部分一对应的布图设计明显不同。因此，本布图设计独创性部分一对应的布图设计相对于现有证据而言是创作者自己的智力劳动成果。

在集成电路布图设计创作和制造领域，基于提高集成电路性能或降低集成电路成本等目的，布图设计创作者和集成电路制造者通常会遵循一些设计原则。但是，对于不同的创作者或制造者，考量相同的设计原则时可以做出完全不同的布图设计，基于公认的设计原则（如面积优化原则）并不意味着所做出的所有布图设计均属于常规设计。对布图设计创作者和集成电路制造者而言，将所有 PAD 模块分布在位于芯片上部的 ANALOG 模块的两侧、在芯片下部的 DIGITAL 模块两侧没有 PAD 模块的具体设计不属于常规设计，因此本布图设计独创性部分一对应的布图设计不是公认的常规设计。

综上，本布图设计独创性部分一具有独创性，符合《条例》第 4 条的规定。

（3）关于独创性部分二的独创性

撤销意见提出人主张：证据 14 第 47 页和第 75 页的我国台湾地区原相 PAW3205 和 PAW3305 公开的 ADC 模块和 PGA 模块靠近 SENSOR 模块的布图设计与本布图设计独创性部分二对应的布图设计相同；根据集成电路布图设计领域公认的“减少干扰原则”，独创性部分二为公认的常规设计；因此，本布图设计的独创性部分二不具有独创性。

专有权人主张：证据 14 中 PAW3205 图像传感器的示意图不清楚，而且与本布图设计相比也有明显区别；遵循常规设计原则的布图设计属于常规设计是对布图设计的错误理解。

对此，合议组认为：本布图设计独创性部分二为 SENSOR 模块、ADC 模块和 PGA 模块的相对位置布局。合议组经查本布图设计专有权申请登记时提交的图样可见，本布图设计独创性部分二对应的布图为：PGA 模块和 ADC 模块基本平齐，分别位于 SENSOR 模块的左下方和正下方且靠近 SENSOR 模块，如图 5－3（a）所示。

证据 14 第 38、39 页公开了名称为“PAW3305 光学引擎内部高清特写”的图片，第 75 页为该图片的放大图，该图片示出了 PAW3305 芯片内部的顶视图像，如图 5－3（b）所示。从第 75 页图片所示的 SENSOR 模块、ADC 模块和 PGA 模块的相对位置可知，PAW3305 芯片中 PGA 模块和 ADC 模块基本平齐，分别位于 SENSOR 模块的左下方和正下方且靠近 SENSOR 模块，这与本布图设计独创性部分二对应的布图设计相同。

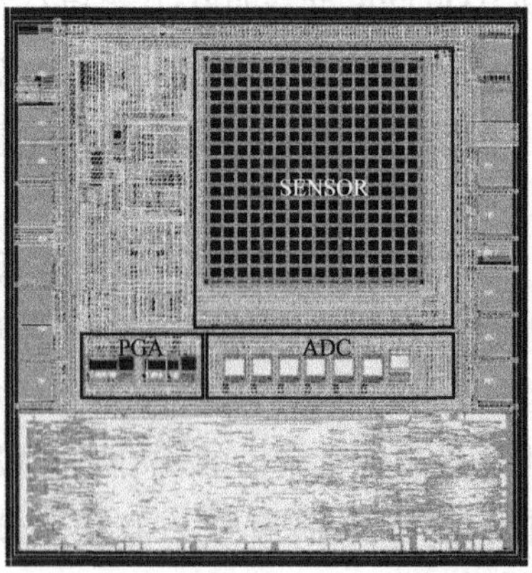

(a) 本布图设计独创性部分二

(b) PAW3305 顶部图像

图 5-3　本布图设计独创性部分二与 PAW3035 布图设计对比

由于 PAW3305 芯片布图设计属于本布图设计的现有布图设计，本布图设计独创性部分二与该现有布图设计相同，且创作者存在接触该 PAW3305 布图设计的可能性，因此独创性部分二对应的布图设计不是创作者自己的智力劳动成果。

综上，本布图设计独创性部分二不具有独创性，不符合《条例》第 4 条的规定。

(4) 关于独创性部分三的独创性

撤销意见提出人主张：证据 16～18 可以证明独创性部分三属于公认的常规设计。

对此，合议组认为：本布图设计独创性部分三为 SENSOR 模块的中间像素和周边像素的尺寸关系。合议组经查本布图设计专有权申请登记时提交的图样可见，本布图设计独创性部分三对应的布图为：SENSOR 模块包括位于模块中部的中间像素阵列和位于模块周部且在该中间像素阵列上、下、左、右各一行/列的周边像素，其中，该周边像素的尺寸明显小于该正常像素的尺寸（图 5-4）。

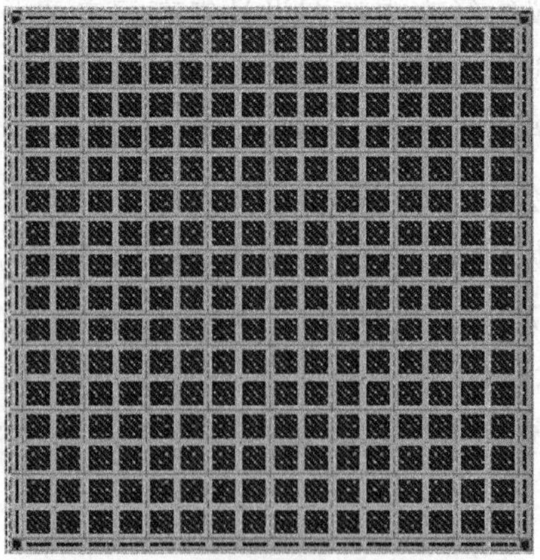

图 5-4　本布图设计独创性部分三

证据 16 公开了 CMOS 图像传感器，其第 208、209 页公开了 IBIS46600 型 CMOS 图

像传感器的像敏单元分布，如图 5 -5 所示，像敏单元总数为 3014 ×2222，其中有效像敏单元数为 3002 ×2210，在它周围设置两个单元宽的虚设单元环，它能接收光照；在上述单元块外，还有一条 4 个单元宽的虚设单元环，它由黑色遮光层覆盖，不能接收光照。根据证据 16 的文字及附图可知，其仅公开了图像传感器的正常像素单元周围可以设置虚设像素单元。

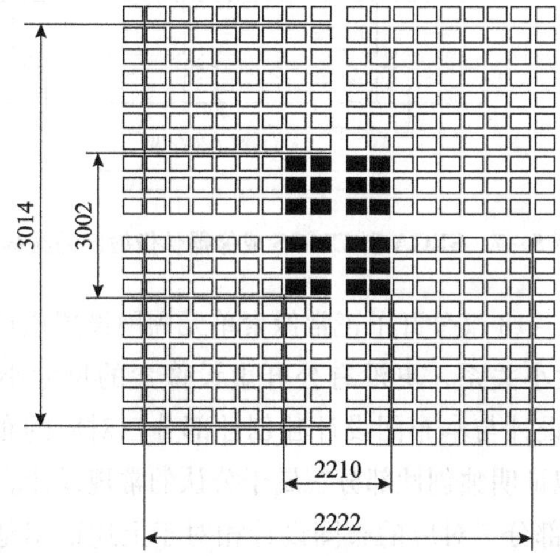

图 5 -5　IBIS46600 型 CMOS 图像传感器的像敏单元分布

证据 17 公开了模拟 CMOS 集成电路设计，其第 524、534 页公开了其示意图。结构所固有的不对称性可以通过在晶体管两边加两个“虚拟”MOS 管的办法加以改进，因为这可使 M_1 和 M_2 管周围的环境几乎相同；环绕总的电容阵列，放置一圈虚拟单位电容，使 C_1 的各单位电容周围的环境和 C_2 的一样（图 5 -6）。根据证据 17 的文字及附图可知，其仅公开了在晶体管周围设置虚拟 MOS 管，或在电容周围设置虚拟单位电容。

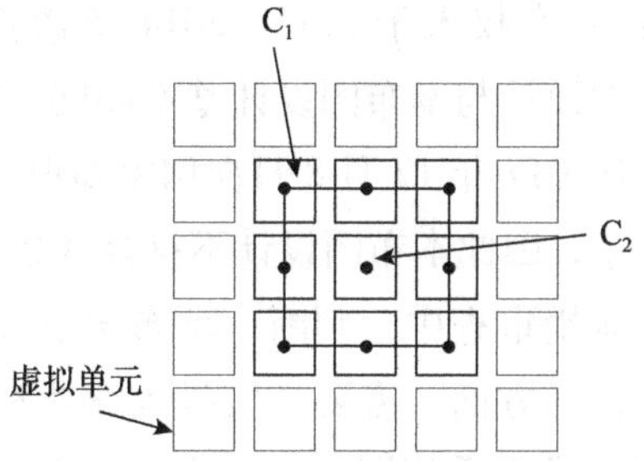

图 5 -6　电容阵列分布

证据 18 公开了图像传感器应用技术，其第 175 页公开了 SXGA 型 CMOS 成像器件像敏区的结构，如图 5 -7 所示；该器件的像敏单元总数是 1286 ×1030 个，其中在每行和每列的起始及末尾各有 3 个像敏单元为虚设单元。根据证据 18 的文字及附图可知，其仅公开了 CMOS 成像器件的像敏单元阵列周围设置虚设单元。

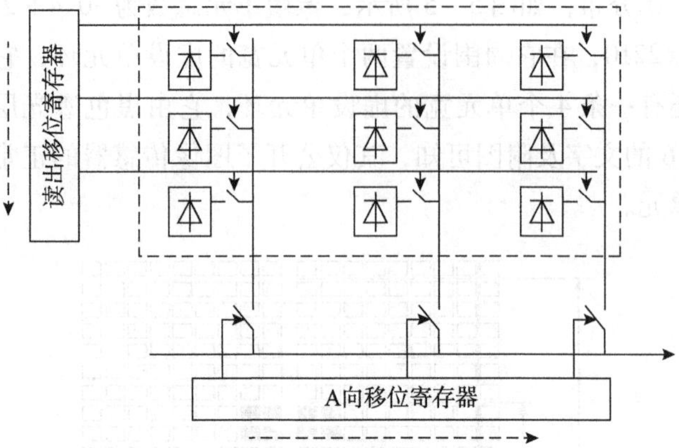

图 5-7 SXGA 型 CMOS 成像器件像敏区的结构

综上可见，证据 16~18 仅公开了正常像素单元周围设置虚设像素，但没有公开虚设像素与正常像素的大小关系，更没有公开虚设像素的尺寸小于正常像素，即证据 16~18公开的上述布图设计与本布图设计独创性部分三对应的布图设计明显不同，因此，证据 16~18 不足以证明独创性部分三属于公认的常规设计。

本布图设计独创性部分三对应的布图设计相对于上述证据是创作者自己的智力劳动成果；且对布图设计创作者和集成电路制造者而言，本布图设计独创性部分三对应的布图设计不是公认的常规设计。

因此，本布图设计的独创性部分三具有独创性，符合《条例》第 4 条的规定。

5. 关于《条例》第 17 条

《条例》第 17 条规定，布图设计自其在世界任何地方首次商业利用之日起 2 年内，未向国务院知识产权行政部门提出登记申请的，国务院知识产权行政部门不再予以登记。

撤销意见提出人主张：专有权人于 2013—2014 年销售了封装有 CS3815 晶圆的 S8316 芯片，CS3815 晶圆布图设计与本布图设计基本相同，本布图设计最晚于 2014 年 7 月已进行首次商业利用，于 2017 年 12 月 8 日向国家知识产权局提出登记申请，申请日超过了首次商业利用日 2 年，因此本布图设计不符合《条例》第 17 条的规定。

对此，合议组认为：在撤销审查中，判断一项布图设计专有权是否在其首次商业利用之日起 2 年内提出登记，一方面，需要核实投入商业利用的布图设计与该登记获得专有权的布图设计是否相同或实质相同，另一方面，需要核实投入商业利用的布图设计的首次商业利用日是否超过该布图设计专有权登记申请日 2 年以上。

具体到本案，判断本布图设计专有权是否在其首次商业利用日 2 年以内提出登记，首先需要核实 CS3815 晶圆布图设计与本布图设计是否相同或实质相同；如果二者相同或实质相同，则再核实本布图设计专有权登记申请日是否超过 CS3815 晶圆的首次商业利用日期 2 年以上。

（1）CS3815 晶圆布图设计的图样

撤销意见提出人在口头审理当庭出示了 S8316 芯片并打开其表面封盖后用显微镜展示其中封装的 CS3815 晶圆的顶层图像，合议组当庭拍摄了该顶层图像的照片。专有权人认同撤销意见提出人展示的该顶层图像与其曾销售的 CS3815 晶圆布图设计的顶层图样相同。

专有权人在 2021 年 5 月 18 日提交的庭后意见陈述中提交了 CS3815 晶圆布图设计的顶层图样。撤销意见提出人在 2021 年 6 月 17 日提交的针对该意见陈述的答复意见中对该图样未提异议。

合议组经比对，撤销意见提出人在口头审理当庭展示的 CS3815 晶圆的顶层图像与专有权人于 2021 年 5 月 18 日提交的 CS3815 晶圆布图设计的顶层图样一致。基于此，合议组对 CS3815 晶圆布图设计的图样予以确认如下：

CS3815 晶圆布图设计包括 ANALOG 部分和 DIGITAL 部分；其中，PAD 分布在 ANALOG 部分的两边，DIGITAL 部分的两边没有 PAD；在 ANALOG 部分中，PGA 模块和 ADC 模块基本平齐且分别位于 SENSOR 模块的左下方和正下方；SENSOR 模块包括 18 行 ×18 列的像素阵列，该像素阵列中各个像素的尺寸没有明显差异。

（2）本布图设计与 CS3815 晶圆布图设计的比对

由上文所查明事实可知，本布图设计与 CS3815 晶圆布图设计具有若干相同点，包括：PAD 分布在 ANALOG 部分的两边，DIGITAL 部分的两边没有 PAD，ANALOG 部分中 PGA 模块和 ADC 模块基本平齐且分别位于 SENSOR 模块的左下方和正下方；同时，本布图设计与 CS3815 晶圆布图设计也具有明显区别，主要在于本布图设计的 SENSOR 模块中位于模块周边部的周边像素的尺寸明显小于位于模块中部的正常像素的尺寸，而 CS3815 晶圆布图设计的周边像素的尺寸和中间像素的尺寸没有明显差异。

由此可见，本布图设计与 CS3815 晶圆布图设计具有明显区别，根据上文所述，本布图设计的 SENSOR 模块中位于模块周边部的周边像素的尺寸明显小于位于模块中部的正常像素的尺寸是其具备独创性的设计，因此本布图设计与 CS3815 晶圆布图设计既不相同也不实质相同。

综上，没有证据表明本布图设计的首次商业利用日超过其专有权登记申请日 2 年以上，因此，撤销意见提出人有关本布图设计不符合《条例》第 17 条的规定的主张不成立。

据此，合议组作出如下决定。

三、决定

维持 BS. 175539928 号集成电路布图设计专有权有效。

合议组组长：樊晓东
主　审　员：罗崇举
参　审　员：王伟艳

案例5-7 “集成控制器与开关管的单芯片负极保护的锂电池保护芯片”专有权撤销案之一[1]

一、基本案情

2019年5月21日，上海晶某电子科技有限公司针对苏州赛某电子科技股份有限公司登记号为BS.12500520.2、名称为“集成控制器与开关管的单芯片负极保护的锂电池保护芯片”的布图设计专有权向国家知识产权局提交集成电路布图设计专有权撤销意见书，以本布图设计不符合《条例》第2条第（二）项、第4条、第5条的规定为由，请求撤销本布图设计专有权。国家知识产权局经审理作出撤销程序审查决定，认为撤销意见提出人的意见不成立。

2019年6月4日，富某微电子集团股份有限公司针对苏州赛某电子科技股份有限公司的前述布图设计专有权向国家知识产权局提交集成电路布图设计专有权撤销意见书，以本布图设计不符合《条例》第4条的规定为由，请求撤销本布图设计专有权。国家知识产权局经审理作出撤销程序审查决定，认为撤销意见提出人的意见不成立。

二、案例评析

上述案件中，撤销意见涵盖了撤销理由三个常用条款，包括有关保护客体的《条例》第2条，有关独创性的《条例》第4条，有关保护对象的《条例》第5条。双方当事人的争议焦点涉及独创性部分的认定、专有权保护客体的整体判断、独创性的具体判断以及专有权保护对象等。

1. 独创性部分的认定

虽然布图设计应当具有独创性的要求是在《条例》第4条予以体现，但独创性部分的认定是贯穿在撤销的各常用条款中，例如《条例》第2条、第4条、第5条等。独创性部分的认定主要包括两个难点，其一为独创性部分主张的确认，其二为独创性部分的主张能否成立的判断。

（1）独创性部分主张的确认

独创性部分通常体现了布图设计的主要创新点，通常也是撤销或者侵权程序中的争议焦点。但是，由于目前布图设计在申请时并未要求专有权人必须提交独创性部分

[1] 国家知识产权局第7号、第8号集成电路布图设计撤销程序审查决定。

的说明，未对独创性部分说明的形式进行限定，未对独创性部分的说明能否修改、修改时机和修改方式进行限定，导致在目前的撤销或者侵权程序中，独创性部分的说明进行多次修改，无法确定布图设计的主要争议范围，双方当事人对布图设计的理解不同而无法对独创性部分的说明达成一致意见等审理困境。

本案中，撤销意见提出人根据专有权人在相关侵权案件中明确的独创点1～6提出了撤销意见，专有权在本案审理过程中更改了上述独创点。撤销意见提出人认为，专有权不应更改其独创点。在口头审理中，各方当事人同意以在先的独创点1～6作为审理基础，合议组对此予以认可。

（2）独创性部分的主张能否成立的判断

根据《条例》中关于“具有独创性的部分”的规定，该“部分”不应是个别元件或者个别连接，而应是相对独立的模块。具体而言，相对独立的模块一般应具备以下两个条件：①相对于其他部分而言，该部分具有某种相对独立的电子功能；②该部分在复制件或图样中，相对于其他部分应具有相对清晰、可以划分的边界。只有具备上述两个条件，才能成为“具有独创性的部分”的判断客体。

由此可见，在对专有权人独创性部分的主张能否成立进行判断时，需要同时考虑该部分是否具有相对独立的电子功能以及是否具有相对清晰、可以划分的边界。如果专有权人主张的独创性部分不能实现相对独立的电子功能，需要与其他部分配合才能完成某电子功能；或者该部分不具备相对清晰、可以划分的边界，其与其他部分具有必需的电连接，共同完成某电子功能，则该部分单独不能构成独创性部分。但是，如果该部分与其他相关部分整体上能够具有相对独立的电子功能并且整体上具有相对清晰、可以划分的边界，则该各关联部分的整体可以作为独创性部分。

具体到本案，专有权人明确了6个独创点：独创点1～4均是对布图设计中相应部位进行的描述、概括或抽象，布图设计创作者和集成电路制造者结合本布图设计的图样和独创点1～4的内容可以确定其在本布图设计中对应的部分。独创点1～4均涉及单开关NMOS管Mo和衬底切换MOS管Mc、Mf的三维配置关系，独创点2～4是在独创点1的基础上进行的进一步设计。虽然独创点1～4中的每一点单独来看都不能实现独立的电子功能，但独创点1～4整体在本布图设计中对应的部分具有相对清晰的边界，其对应部分可以实现单开关NMOS管对锂电池的过流、过充等保护的功能，属于能够相对独立的执行某种电子功能的部分，可以成为布图设计保护的“独创性的部分”。因此，在本案中，将独创点1～4在本布图设计中所对应的部分作为一个整体考虑。针对独创点5～6，其中限定的控制电路和过温保护电路并不能单独由独创点5～6的元件及其互连实现，其不具备相对清晰的边界，且独创点5或独创点6单独或两者整体均不能实现独立的电子功能，因此独创点5～6或其整体均不能构成独创性部分。专有权人当庭确认不再主张独创点5～6。

2. 专有权保护客体的整体判断

《条例》第2条第（二）项对受其保护的集成电路布图设计进行了定义，其中对集成电路布图设计的定义是针对整个布图设计而言，而不是针对布图设计中的部分区域。如果某项布图设计整体上包含集成电路中至少有一个是有源元件的两个以上元件和部分或者全部互连线路的三维配置或者为制造集成电路而准备的上述三维配置，则该布图设计属于《条例》定义的集成电路布图设计。

本案中，撤销意见提出人主张，独创点1～4单独不能实现电子功能，不涉及元件和线路的三维配置，其内容不应当作为布图设计保护的对象，不属于布图设计保护的内容，不符合《条例》第2条第（二）项的规定。

对于本案而言，布图设计创作者和集成电路制造者可以理解，本布图设计涉及一种集成控制器与开关管的单芯片负极保护的锂电池保护芯片，其中包含形成于半导体基片上的开关NMOS管、衬底切换MOS管等有源元件和控制电路、过温保护电路等模块，上述元件和模块通过线路互连，可以执行保护电池的电子功能，并且，本布图设计整体上也包含了上述有源元件、模块以及相应互连线路的三维配置，因此属于《条例》第2条第（二）项定义的集成电路布图设计。

3. 独创性的具体判断

《条例》第4条规定，受保护的布图设计应当具有独创性，即该布图设计是创作者自己的智力劳动成果，并且在其创作时该布图设计在布图设计创作者和集成电路制造者中不是公认的常规设计。受保护的由常规设计组成的布图设计，其组合作为整体应当符合前款规定的条件。

具体到本案，将独创点1～4整体所对应的布图设计与证据6[1]公开的布图设计进行对比是否具备独创性的判断。

证据6是现有布图设计，其可以用于与本布图设计进行三维配置关系的对比。但是，证据6中公开的是PMOS的布图设计，与本布图设计中NMOS的布图设计三维配置结构存在实质差别。

且独创点1～4整体所对应的布图设计中限定的细节特征，即衬底切换MOS管均匀镶嵌到功率MOS管以及衬底切换MOS管与功率MOS管的比例关系等，在证据6中并未公开，该细节特征也不属于本领域公认的常规设计。因此，证据6并未公开本布图设计独创点1～4整体所对应的布图设计。

4. 关于专有权保护对象

《条例》第5条规定："本条例对布图设计的保护，不延及思想、处理过程、操作方法或者数学概念等。"

撤销意见提出人主张，独创点1～4单独看不能实现电子功能，属于设计思想，不应当作为布图设计保护的内容，不符合《条例》第5条的规定。

《条例》第5条规定了布图设计的保护对象是包括元件、线路的三维配置的具体表

---

[1] 证据6：集成电路布图设计专有权公告，BS.09500036.4（PS002），公告日期为2009年9月9日。

达，而非思想、概念等。本布图设计涉及一种集成控制器与开关管的单芯片负极保护的锂电池保护芯片，其中包含形成于半导体基片上的开关NMOS管、衬底切换MOS管等有源元件和控制电路、过温保护电路等模块以及线路互连；相应地，本布图设计整体上包含了上述元件、模块以及相应互连线路的三维配置，本布图设计的图样中也显示出了上述三维配置的具体表达，并不属于设计思想的范畴，上述三维配置可以作为布图设计的保护对象。因此，本布图设计符合《条例》第5条的规定。

三、小　　结

《条例》第2条明确了集成电路及其布图设计的概念，其内涵和外延都很清晰。在对布图设计是否符合《条例》第2条进行判断时，可以紧扣定义，从基片材料，是否包含有源元件，是否构成线路互连，互连线路与基片是否存在集成关系，所形成的产品是否能够执行某种电子功能，其所形成的机构是否体现三维配置等角度进行整体考量。

此外，在审查实践中，撤销意见提出人往往会以某孤立的独创点不符合《条例》第2条为由提出撤销请求。因此，在相关理由的审查中更应注重布图设计方案的整体性。从定义出发，从布图设计保护的整体结构出发，从上述定义中明确限定的角度进行审查，而不应局限于布图设计中部分或孤立的某一或某些独创点进行判断。

在关于《条例》第4条独创性的判断中，首先，应当明确布图设计中的独创性部分，从边界是否清晰以及能否完成独立的电子功能的角度进行独创性部分的确定；其次，应当剥离其中思想的内容，仅保留其中思想的表达；最后，在将独创性部分与现有设计进行对比时，应当注重现有设计的证据形式，从三维配置的底层逻辑进行分析比对，如果现有设计的证据仅公开了一种电路设计思想，并没有从三维配置的角度公开布图设计的独创性部分，不能认定其公开了布图设计中对于思想的具体表达设计。

《条例》第5条中思想与表达的二分法逻辑不仅适用于本布图设计保护对象的约束，同样也适用于对比设计公开内容的界定。在进行独创性比对时，同样应当剥离对比设计中思想的内容，仅就其公开思想的表达的内容进行比对，即实质上对比本布图设计与现有设计三维配置之间的区别与联系。

（林静）

附件5－7－1：第7号撤销程序审查决定

案件编号：JC0014

决定日：2021年12月31日

布图设计名称：集成控制器与开关管的单芯片负极保护的锂电池保护芯片

布图设计类别：（1）结构：其他；（2）技术：CMOS；（3）功能：其他

法律依据：《条例》第2条第（二）项、第4条、第5条

决定要点

如果某项布图设计整体上包含集成电路中至少有一个是有源元件的两个以上元件和部分或者全部互连线路的三维配置或者为制造集成电路而准备的上述三维配置，则该布图设计属于《条例》定义的集成电路布图设计。

如果布图设计的独创点整体所对应的布图设计没有被现有布图设计披露，目前也没有证据表明该独创点整体所对应的布图设计属于公认的常规设计，则该独创点整体所对应的布图设计具备独创性。

如果布图设计整体上包含了元件、模块以及相应互连线路的三维配置，且布图设计的图样中也显示出了上述三维配置的具体表达，并不属于设计思想的范畴，则该三维配置可以作为布图设计的保护对象。

决定正文

一、案由

本集成电路布图设计专有权撤销案件审查决定（以下简称本决定）涉及苏州赛某电子科技有限公司，后变更为苏州赛某电子科技股份有限公司（以下简称专有权人）向国家知识产权局提交登记的登记号为BS. 12500520. 2、布图设计名称为“集成控制器与开关管的单芯片负极保护的锂电池保护芯片”的集成电路布图设计专有权（以下简称本布图设计），其创作完成日为2011年8月1日，首次商业利用日为2011年12月20日，申请日为2012年4月22日，登记日为2012年6月8日，公告日为2012年6月27日，证书号为6087。

针对本布图设计，上海晶某电子科技有限公司（以下简称撤销意见提出人）于2019年5月21日向国家知识产权局提交集成电路布图设计专有权撤销意见书，以本布图设计不符合《条例》第4条的规定为由，请求撤销本布图设计专有权。撤销意见提出人随撤销意见书同时提交了如下附件：

证据1：侵权应诉通知书；

证据2：专有权人在侵权诉讼中的证据清单和独创点说明；

证据3：本专有权登记证书及图样复印件；

证据4：中国专利申请CN1877946A；

证据5：美国专利文献US6670790B2；

证据6：集成电路布图设计专有权公告，BS. 09500036. 4（PS002），公告日期为2009年9月9日；

证据7：集成电路布图设计专有权公告，BS. 11500385. 1（SDC6085），公告日期为2011年10月19日；

证据8：集成电路布图设计专有权公告，BS.07500163.2（CR6002），公告日期为2008年1月16日；

证据9：科圆半导体，CR6002数据手册，TinyShield™内置MOSFET的锂电池保护芯片（版本V1.6），声称发布时间2006年7月。

证据10：《集成电路原理与设计》，甘学温等编著，北京大学出版社，2006年2月第1版，2006年2月第1次印刷，封面页、版权页、正文第15页。

撤销意见提出人在撤销意见书中陈述如下理由：

本布图设计的独创点为：（1）单个NMOS与锂电池控制电路布图于同一晶圆衬底上；（2）实现单功率NMOS Mo的衬底切换的衬底切换电路；（3）衬底切换MOS管Mc和Mf均匀镶嵌到功率NMOS管Mo；（4）衬底切换MOS管Mc、Mf与功率NMOS管Mo大小比例，Mc：Mo：Mf大小的比例在1：4：1至1：12：1之间；（5）控制电路中，只有一个NMOS管，该NMOS管只有一个栅极信号由内部控制电路中的栅极控制电路给出，这个栅极信号与衬底切换电路匹配；（6）包含有过温保护电路，且过温保护电路与NMOS布图于同一晶圆衬底上。

撤销意见提出人认为：

（1）独创点1被证据4或证据7公开，属于现有设计；或者根据证据10可知该独创点1是本领域公认的常规设计；

（2）独创点2被证据5或证据6公开，属于现有设计；

（3）独创点3、4被证据6公开，属于现有设计；

（4）独创点5被证据5或证据7或证据8公开，属于现有设计；

（5）独创点6被证据4或证据8或证据9公开，属于现有设计；

因此，独创点1~6不符合《条例》第4条的规定。

国家知识产权局根据《条例》的规定，启动针对本布图设计专有权的撤销程序，于2019年8月5日向撤销意见提出人和专有权人发出集成电路布图设计进入撤销程序通知书，并随该通知书向专有权人转送撤销意见提出人于2019年5月21日提交的撤销意见陈述书及其附件副本。

国家知识产权局随后成立合议组，对本布图设计的撤销程序进行审查。

2019年9月9日，专有权人提交意见陈述书，同时提交如下附件：

附件1：本布图设计的独创性区域及其独创设计点说明；

反证1：北京紫图知识产权司法鉴定中心出具的司法鉴定意见书，编号：北京紫图（2017）知鉴字第28号；

反证2：增值税专用发票（号码01764708）和银行转账凭证、苏州赛某电子科技有限公司营业执照、无锡帅某科技有限公司营业执照；

反证3：增值税专用发票（号码20470783）和银行转账凭证；

反证4：XB5351A芯片产品销售发票（号码26687922）和银行转账凭证；

反证 5：增值税专用发票（号码 00373372）和银行电子转账凭证（号码 11950185）。

专有权人在意见陈述书中认为：

专有权人主张的独创点如下：

独创点 1'：独创性区域 A 中的衬底切换 MOS 管 A2 与单开关 NMOS 管 A1 衔接；

独创点 2'：独创性区域 A 中的衬底切换 MOS 管 A2 镶嵌在单开关 NMOS 管 A1 中；

独创点 3'：独创性区域 A 中的衬底切换 MOS 管 Mc 和 Mf 均匀镶嵌到单开关 NMOS 管 Mo 内的电路布图结构；

独创点 4'：独创性区域 A 中的衬底切换 MOS 管 Mc 和 Mf 与单开关 NMOS 管 Mo 大小比例在 1 : 4 : 1 至 1 : 12 : 1 之间；

独创点 5'：独创性区域 A 中的单开关 NMOS 的源极与 GND 连接，漏极与 VM 连接，栅极与控制电路中的栅极控制电路的输出端连接的电路布图结构；

独创点 6'：独创性区域 B 中包含有 B1 部分，即过温保护电路；

独创点 7'：独创性区域 A 中的 PAD 区域错位镶嵌在单开关 NMOS 管中。

本布图设计制造的芯片产品（型号 XB5351），专有权人于 2011 年 7 月就已经向晶圆代工厂提供了用于制作该芯片的掩膜版，投入生产并推进市场销售；专有权人在申请本布图设计登记时提交了 XB5351 型号芯片样品，北京紫图知识产权司法鉴定中心对该样品进行了鉴定，分析得出芯片样品的布图设计结构和独创性均与本布图设计登记的复制件一致的结论。

2019 年 9 月 27 日，合议组将专有权人于 2019 年 9 月 9 日提交的意见陈述书及所附附件转给撤销意见提出人。

2019 年 10 月 29 日，撤销意见提出人提交第一次补充意见陈述书，并补充证据 11 ~ 16 如下：

证据 11：《集成电路版图设计》，曾庆贵编著，机械工业出版社，封面页、目录页、正文第 238、239 页；

证据 12：《模拟电路版图的艺术》（第二版），（美）Alan Hastings 著，张为等译，电子工业出版社，封面页、目录页、正文第 395、467、399 - 401 页；

证据 13：集成电路布图设计专有权公告，BS. 06500302. 0（CR6003）；

证据 14：集成电路布图设计专有权公告，BS. 10500463. 4（PT4115BAB）；

证据 15：集成电路布图设计专有权公告，BS. 08500231. 3（PT4115）；

证据 16：（2015）深中法知民初字第 1106 号判决书。

撤销意见提出人补充了如下理由：

（1）专有权人主张的布图设计独创点，不能随意更改，应以专有权人向法院起诉时主张的独创点为准；专有权人向法院起诉时主张的独创点 1 ~ 5 被证据 6 公开；独创点 6 被证据 4 或证据 8 或证据 9 公开，而且属于现有设计；

（2）证据11～12可以证明PMOS和NMOS的版图设计实质相同；

（3）证据13～15均公开了功率管处的PAD布置，功率管处的PAD布置属于现有布图设计。

2020年3月1日，合议组将撤销意见提出人于2019年10月29日提交的撤销意见书及所附附件转给专有权人。

为查明案情，合议组向国家知识产权局调取了本布图设计及上述证据6～8、证据13～15的登记申请表、复制件、简要说明的案卷材料（证据6～8、证据13～15的相关案卷材料与撤销意见提出人提交的上述证据6～8、证据13～15的公告页一起，以下统称为证据6～8、证据13～15）。

2020年7月22日，撤销意见提出人提交第二次补充意见陈述书，补充了如下理由：

（1）独创点1～6每一点单独看不能实现电子功能，属于设计思想，不涉及元件和线路的三维配置，其内容不应当作为布图设计保护的对象；

（2）独创点4没有在复制件或图样中体现，无法区分Mc、Mf、Mo，更无法明确大小比例，不应当作为布图设计保护的内容。

因此，本布图设计不符合《条例》第2条、第4条、第5条、第16条的规定。

2020年10月14日，撤销意见提出人提交第三次补充意见陈述书，并补充证据17如下：

证据17：（2019）粤03民初843号案中权利人的新的独创点说明。

撤销意见提出人补充了如下理由：

（1）本布图设计申请时提交的图样，即便放大也无法区分功率NMOS管Mo、衬底切换MOS管Mc与Mf的位置，更不能确定CELL单元中的功率NMOS管Mo、衬底切换MOS管Mc与Mf的比例关系及金属线连接关系，专有权人主张的独创点3～5及新主张的CELL单元的布图设计，不能确认样品与图样是否一致，不是在申请文件的图样中体现的图层等信息，不应当作为布图设计保护的内容；

（2）根据《条例》第2条第（一）项，单个CELL单元无法实现相对独立的电子功能，不能作为具有独创性的部分；

（3）权利人主张的CELL单元的布图设计，被证据6公开或属于常规设计，不符合《条例》第4条的规定。

2021年4月3日，专有权人提交意见陈述书，同时提交如下反证和附件：

反证6：（2019）最高法知民终490号民事判决书；

附件2：本布图设计独创性说明。

专有权人在意见陈述书中认为：

（1）证据6公开的是PMOS管的设计，其与NMOS管是不同器件，本布图设计中的NMOS管是隔离型的NMOS管，其布图设计必须增加DNwell隔离层，在布图设计中

PMOS 管与 NMOS 管两者各有特性，不能等同替换，因此证据 6 没有公开本布图设计和独创性区域；

（2）本布图设计的复制件已经明确呈现了独创点 1 的布图设计方案，体现出其中的三维配置关系，应属于集成电路的保护范围；

（3）本布图设计中的 CELL 单元与 A 区域同样可以实现对锂电池的过流、过充等保护功能，可以作为独创性部分，且可以实现特定的电子功能；因此，CELL 单元满足《条例》第 2 条关于电子功能的要求。

2021 年 4 月 19 日，合议组将撤销意见提出人于 2020 年 7 月 22 日和 2020 年 10 月 14 日提交的撤销意见书及所附附件转给专有权人。并于同日将专有权人于 2021 年 4 月 3 日提交的意见陈述书及所附附件转给撤销意见提出人。

2021 年 4 月 30 日，撤销意见提出人提交第四次补充意见陈述书，补充了如下理由：

（1）专有权人通常只能在提出独创性部分的同时对独创性部分进行说明，不能随意更改独创性部分；

（2）证据 6 的图样复印件能体现在布图上为开关管 Mo 和衬底切换选择管 Mc 与 Mf 一起组成 CELL 单元，多个 CELL 单元重复排列的特征。

因此，本布图设计的独创点均属于现有布图设计或常规设计，不具有独创性，不符合《条例》第 4 条的规定。

2021 年 4 月 30 日，合议组向双方发出集成电路布图设计撤销程序口头审理通知书，定于 2021 年 6 月 3 日举行口头审理。

口头审理如期举行，双方当事人均委托代理人出席了本次口头审理。在口头审理过程中：

（1）专有权人当庭提交了企业名称变更的相关证明材料，双方当事人对对方出庭人员的身份和资格没有异议，对合议组成员及书记员没有回避请求。

（2）合议组当庭将撤销意见提出人于 2021 年 4 月 30 日提交的第四次补充意见陈述书转交给专有权人，专有权人当庭签收。

（3）关于审查基础：确定本次口头审理的审查基础是本布图设计专有权登记公告的布图设计；如果申请登记时提交的布图设计的复制件或者图样存在个别无法识别的细节，可以参考申请布图设计登记时提交的集成电路样品进行确定。

关于本布图设计的独创性部分，专有权人当庭明确以撤销意见提出人于 2019 年 5 月 21 日提出撤销意见时明确的独创点为准，并明确表示放弃对其中独创点 5 ~ 6 的主张，仅坚持撤销意见提出人于 2019 年 5 月 21 日提出撤销意见时明确的独创点 1 ~ 4。双方当事人对此均表示认可。

（4）关于撤销意见提出人提交的证据 1 ~ 17：撤销意见提出人在口头审理当庭明确只使用证据 4 ~ 7、10 ~ 12，证据 16 ~ 17 供合议组参考，其他证据均不再作为证据使用。

证据4～5是专利文献，专有权人对证据4～5的真实性和公开日期无异议，撤销意见提出人当庭明确证据5未提交中文译文，仅坚持主张证据5的图2中SW1、SW2公开了转换电路。

专有权人在口头审理当庭核实证据6～7、10～12的原件，对其真实性和公开日期无异议，对证据10～12的原件与复印件的一致性无异议。

（5）关于专有权人提交的反证：专有权人放弃使用反证2～5。撤销意见提出人对反证1的真实性没有异议。

专有权人主张反证6作为证据使用。撤销意见提出人对反证6的真实性没有异议，但不认可其关联性。

（6）关于撤销理由：撤销意见提出人当庭放弃有关本布图设计不符合《条例》第2条第（一）项和第16条的撤销理由，具体撤销理由为：本布图设计独创点1～4不符合《条例》第2条第（二）项、第4条、第5条的规定。具体理由及使用证据如下：

① 独创点1～4单独看不能实现电子功能，属于设计思想，不涉及元件和线路的三维配置，其内容不应当作为布图设计保护的对象；独创点4没有在复制件或图样中体现，无法区分Mc、Mf、Mo，更无法明确大小比例，不应当作为布图设计保护的内容；不符合《条例》第2条第（二）项和第5条的规定。

② 关于《条例》第4条：独创点1被证据4或证据7或证据6公开，属于现有设计；或者根据证据10可知该独创点1是本领域公认的常规设计；独创点2被证据5或证据6公开，属于现有设计；独创点3～4被证据6公开，属于现有设计。

合议组针对上述理由及相关证据进行了详细调查，双方当事人均充分发表了意见。

在上述程序的基础上，合议组认为本案事实已经清楚，可以依法作出审查决定。

二、决定理由

1. 关于审查基础

本决定针对的审查基础为本布图设计专有权登记公告的布图设计。

2. 关于证据

本布图设计的首次商业利用日为2011年12月20日，申请日为2012年4月22日，因此本布图设计的申请日和首次商业利用日中的较前日期为首次商业利用日2011年12月20日。

证据4～5是专利文献，专有权人对证据4～5的真实性和公开日期无异议，撤销意见提出人在口头审理当庭明确证据5未提交中文译文，仅坚持主张证据5的图2中SW1、SW2公开了转换电路。合议组经核实，认可证据4～5的真实性。证据4～5的公开日均早于本布图设计的首次商业利用日。因此，证据4～5可以作为本布图设计的现有布图设计。

证据6～7为在国家知识产权局登记公告的集成电路布图设计，专有权人经口头审理核实原件，对其真实性和公开日期无异议，经合议组核实，对证据 6 ~ 7 真实性予以认可。证据 6 ~ 7 的公告日均早于本布图设计的首次商业利用日。因此，证据 6 ~ 7 可以作为现有布图设计评价本布图设计的独创性。

证据 10 是公开出版的书籍。撤销意见提出人当庭出示证据 10 的原件，专有权人当庭核实，认可原件和复印件的一致性，对证据 10 的真实性和公开日期无异议，合议组经核实未发现影响其真实性的明显瑕疵，对其真实性予以认可。证据 10 的公开日期为 2006 年 2 月，早于本布图设计的首次商业利用日，在其版权页“内容提要”部分记载了“本书可作为电子科学与技术类特别是微电子专业高年级本科生或研究生的教材”，因此证据 10 可作为证明公认的常规设计的证据使用。

证据 11 ~ 12 是公开出版的书籍。撤销意见提出人当庭出示证据 11 ~ 12 的原件，专有权人当庭核实，认可原件和复印件的一致性，对证据 11 ~ 12 的真实性和公开日期无异议，合议组经核实未发现影响其真实性的明显瑕疵，对其真实性予以认可。经核实，证据 11 的公开日期为 2008 年 2 月，证据 12 的公开日期为 2007 年 4 月，证据 11 ~ 12 的公开日均早于本布图设计的首次商业利用日，可以作为本布图设计的现有布图设计。

反证 1 是北京紫图知识产权司法鉴定中心出具的司法鉴定意见书，反证 6 是最高人民法院的判决书，撤销意见提出人对反证 1 和反证 6 的真实性没有异议。合议组认可反证 1 和反证 6 的真实性，对反证 1 和反证 6 予以接受。

3. 关于本布图设计的独创点 1 ~ 4

针对在口头审理中双方当事人确认的独创点 1 ~ 4，合议组经查，本布图设计涉及的集成电路所要实现的功能是由单开关 NMOS 来实现锂电池的保护功能，其中包括单开关 NMOS 管 Mo、衬底切换 MOS 管 Mc 和 Mf 及其之间的连线等，以实现本集成电路中以单开关 NMOS 管实现对锂电池的过流、过充等保护的电子功能。

上述独创点 1 ~ 4 均是对布图设计中相应部位进行的描述、概括或抽象，布图设计创作者和集成电路制造者结合本布图设计的图样和独创点 1 ~ 4 的内容可以确定其在本布图设计中对应的部分。独创点 1 ~ 4 均涉及单开关 NMOS 管 Mo 和衬底切换 MOS 管 Mc、Mf 的三维配置关系，独创点 2 ~ 4 是在独创点 1 的基础上进行的进一步设计。虽然独创点 1 ~ 4 中的每一点单独来看都不能实现独立的电子功能，但独创点 1 ~ 4 整体在本布图设计中对应的部分具有相对清晰的边界，其对应部分可以实现单开关 NMOS 管对锂电池的过流、过充等保护的功能，属于能够相对独立的执行某种电子功能的部分，可以成为布图设计保护的“独创性的部分”，因此，在本案中，将独创点 1 ~ 4 在本布图设计中所对应的部分作为一个整体考虑。

4.《条例》第 2 条第（二）项

《条例》第 2 条第（二）项规定：“集成电路布图设计（以下简称布图设计），是指集成电路中至少有一个是有源元件的两个以上元件和部分或者全部互连线路的三维配置，或者为制造集成电路而准备的上述三维配置。”

撤销意见提出人主张：独创点 1 ~4 单独看不能实现电子功能，不涉及元件和线路的三维配置，其内容不应当作为布图设计保护的对象，不属于布图设计保护的内容，不符合《条例》第 2 条第（二）项的规定。

对此，合议组认为：《条例》第 2 条第（二）项对受其保护的集成电路布图设计进行了定义，其中对集成电路布图设计的定义是针对整个布图设计而言，而不是针对布图设计中的部分区域。如果某项布图设计整体上包含集成电路中至少有一个是有源元件的两个以上元件和部分或者全部互连线路的三维配置或者为制造集成电路而准备的上述三维配置，则该布图设计属于《条例》定义的集成电路布图设计。

对本案而言，布图设计创作者和集成电路制造者可以理解，本布图设计涉及一种集成控制器与开关管的单芯片负极保护的锂电池保护芯片，其中包含形成于半导体基片上的开关 NMOS 管、衬底切换 MOS 管等有源元件和控制电路、过温保护电路等模块，上述元件和模块通过线路互连，可以执行保护电池的电子功能，并且，本布图设计整体上也包含了上述有源元件、模块以及相应互连线路的三维配置，因此属于《条例》第 2 条第（二）项定义的集成电路布图设计。

因此，本布图设计符合《条例》第 2 条第（二）项的规定。

5. 关于《条例》第 5 条

《条例》第 5 条规定："本条例对布图设计的保护，不延及思想、处理过程、操作方法或者数学概念等。"

撤销意见提出人主张：独创点 1 ~4 单独看不能实现电子功能，属于设计思想，不应当作为布图设计保护的内容，不符合《条例》第 5 条的规定。

对此，合议组认为：《条例》第 5 条规定了布图设计的保护对象是包括元件、线路的三维配置的具体表达，而非思想、概念等。参见前述第 4 点中的评述，本布图设计涉及一种集成控制器与开关管的单芯片负极保护的锂电池保护芯片，其中包含形成于半导体基片上的开关 NMOS 管、衬底切换 MOS 管等有源元件和控制电路、过温保护电路等模块以及线路互连；相应地，本布图设计整体上包含了上述元件、模块以及相应互连线路的三维配置，本布图设计的图样中也显示出了上述三维配置的具体表达，并不属于设计思想的范畴，上述三维配置可以作为布图设计的保护对象。因此，本布图设计符合《条例》第 5 条的规定。

6. 关于《条例》第 4 条

《条例》第 4 条规定，受保护的布图设计应当具有独创性，即该布图设计是创作者自己的智力劳动成果，并且在其创作时该布图设计在布图设计创作者和集成电路制造者中不是公认的常规设计。

依据《条例》第 7 条规定，布图设计中可以有一个或多个独创性部分，布图设计整体也可以具有独创性。

对于《条例》中规定的"具有独创性的部分"，该"部分"不应是个别元件或者个别连接，而应是相对独立的模块。具体而言，相对独立的模块一般应具备以下两个条件：①相对于其他部分而言，该部分具有某种相对独立的电子功能；②该部分在复制件或图样中，相对于其他部分应具有相对清晰、可以划分的边界。只有具备上述两个条件，才能成为“具有独创性的部分”的判断客体。

专有权人在提出独创性部分的同时，可以对独创性部分进行说明，并根据专有权人的独创性说明将专有权人指明部分中含有的元件和线路的具体三维配置作为判断对象。具体到本案，结合前述第3节的评述，将针对独创点1~4的整体所对应的布图设计判断其是否具备独创性。

（1）独创点1~4整体所对应的布图设计相对于证据6的独创性

关于证据6，撤销意见提出人认为：证据6中公开了集成单个PMOS和锂电池控制电路到同一晶圆衬底上，而在此基础上将其中的PMOS替换为NMOS只是简单常规替换（其中证据11~12用以佐证PMOS和NMOS的版图设计实质相同）；证据6还公开了将衬底选择电路穿插到开关管内部、将衬底切换MOS管均匀镶嵌到功率MOS管、衬底切换MOS管Mc/Mf与功率MOS管Mo的大小比例为Mc：Mo：Mf在1：4：1至1：12：1之间。

对此，合议组认为：证据6是名称为“集成开关管的单节锂电池保护芯片（PS002）”的布图设计，其简要说明部分记载了“将传统保护芯片所需的外部开关管集成到芯片内部”“将衬底选择电路穿插入开关管内部”，结合图样，布图设计创作者和集成电路制造者能得出证据6中公开了PMOS开关管和锂电池的控制电路集成于同一衬底且衬底选择电路穿插入开关管内部。

但是，证据6中的开关管是PMOS管而非NMOS管，这两种MOS管特性互补而非相似，无论是在电路设计和布图设计中，PMOS管和NMOS管之间都不能随意简单替换。在电路设计中这两种MOS管的替换需要重新设计电路连接关系，在布图设计中这两种MOS管的三维配置和版图层次都不相同。因此，证据6中并未公开单个NMOS与锂电池控制电路布图于同一晶圆衬底上，也没有公开NMOS的衬底切换电路。

证据11~12中公开了PMOS与NMOS的电路结构及其特性，但并未公开PMOS与NMOS在具体集成电路布图设计中三维配置的具体情况。基于证据11~12公开的内容，布图设计创作者和集成电路制造者并不能直接认定PMOS和NMOS的布图设计实质相同。撤销意见提出人的上述理由不成立。

另外，从撤销意见提出人主张的证据6的图样第3层、第8层和第9层也并不能直接唯一确定衬底切换MOS管均匀镶嵌到功率MOS管以及衬底切换MOS管与功率MOS管的比例关系。因此，证据6并未公开本布图设计独创点1~4整体所对应的布图设计。

（2）独创点1~4整体所对应的布图设计相对于其他证据的独创性

撤销意见提出人还主张：独创点1被证据4或证据7公开，属于现有设计；或者根据证据10可知该独创点1是本领域公认的常规设计；独创点2被证据5公开属于现有设计。

关于证据 4，合议组认为：证据 4 公开了一种充电电池保护芯片，其是一种充电电池的保护集成电路芯片（参见摘要），证据 4 权利要求 3 记载了“第一控制 IC 部分和第二 MOS 功率开关管集成在同一块芯片上，不需外接功率元件，既可用单一 NMOS 管或单一 PMOS 管做 MOSFET 功率开关管代替双 MOSFET 管芯片做控制开关，也可用两个或多个 NMOS 管，或者两个或多个 PMOS 管做 MOSFET 功率开关管代替双 MOSFET 管做控制开关，对过放电、过充电、短路和温度过高等现象进行控制”，说明书第 3 页第 3 段公开了“本发明将功率开关元件与控制 IC 集成在单一集成电路芯片内部，可用单一 NMOS 管或单一 PMOS 管做 MOSFET 功率开关管代替双 MOSFET 管芯片做控制开关；或者可用两个或多个 NMOS 管，或者两个或多个 PMOS 管做 MOSFET 功率开关管代替双 MOSFET 管做控制开关，对过放电、过充电或短路等现象进行控制”。由此可见，证据 4 文字上虽然公开了功率开关元件与控制 IC 集成在单一集成电路芯片内部的技术内容，但上述相关文字记载所披露的仅仅是设计思想。而基于同样的设计思想可能作出完全不同的布图设计。即证据 4 并未公开功率开关元件与控制 IC 相应集成电路结构在布图设计上具体的三维配置。证据 4 的附图也均是电路结构图或系统结构图，布图设计创作者和集成电路制造者根据证据 4 公开的上述文字内容和附图无法直接唯一确定其对应的布图设计。因此，证据 4 并未公开“单个 NMOS 与锂电池控制电路布图于同一晶圆衬底上”所对应的布图设计，也未公开本布图设计独创点 1 ~4 整体所对应的布图设计。

关于证据 7，撤销意见提出人主张证据 7 的第 4 层和第 5 层可以看出控制电路和衬底切换电路，单个 NMOS 与锂电池控制电路布图于同一晶圆衬底上。专有权人认可证据 7 公开了 NMOS，但认为证据 7 中公开的是双 NMOS，而非本布图设计中的单 NMOS。对此，合议组认为：证据 7 公开了一种复合式高精度单节锂离子/锂聚合物电池保护 IC，SDC6085 内置先进的功率 MOSFET，高精度电压检测电路和延迟电路；SDC6085 具备锂电池应用中需要的各类保护功能，包括过充、过防、过流和负载短路保护等（参见证据 7 简要说明）。结合图样，布图设计创作者和集成电路制造者能够看出证据 7 中公开了双 NMOS 与控制电路布图于同一晶圆衬底上的三维配置，但并未公开本布图设计中单个 NMOS 与锂电池控制电路布图于同一晶圆衬底上的三维配置。因此，证据 7 并未公开“单个 NMOS 与锂电池控制电路布图于同一晶圆衬底上”所对应的布图设计，也未公开本布图设计独创点 1 ~4 整体所对应的布图设计。

关于证据 10，合议组认为：证据 10 的第 15 页记载了“目前集成电路绝大多数是在单晶硅衬底上制作的”，即公开了集成电路布图于衬底。然而证据 10 中并未公开单开关 NMOS 管和衬底切换 MOS 管的相关特征及其在布图设计上的三维配置。因此，证据 10 并未公开“单个 NMOS 与锂电池控制电路布图于同一晶圆衬底上”所对应的布图设计，也不能证明上述布图设计属于本领域公认的常规设计，也未公开本布图设计独创点 1 ~4 整体所对应的布图设计。

关于证据 5，合议组认为：撤销意见提出人仅坚持主张证据 5 的图 2 中 SW1、SW2 公开了转换电路，但证据 5 的附图 2 是电路图，该附图所披露的仅仅是设计思想，而基于同样的设计思想可能作出不同的布图设计，布图设计创作者和集成电路制造者根据证据 5 的上述附图无法直接唯一确定图 2 中 SW1、SW2 的转换电路相对应布图设计的具体三维配置。因此，证据 5 并未公开“实现单功率 NMOS Mo 的衬底切换的衬底切换电路”所对应的布图设计，也未公开本布图设计独创点 1 ~4 整体所对应的布图设计。

综上所述，本布图设计独创点 1 ~4 整体所对应的布图设计没有被现有布图设计披露，目前也没有证据表明本布图设计独创点 1 ~4 整体所对应的布图设计属于公认的常规设计。因此独创点 1 ~4 整体所对应的布图设计具备独创性，符合《条例》第 4 条的规定。

据此，合议组作出如下决定。

三、决定

维持 BS. 12500520. 2 号集成电路布图设计专有权有效。

合议组组长：沈　丽
主　审　员：林　静
参　审　员：倪光勇

附件 5 -7 -2：第 8 号撤销程序审查决定

案件编号：JC0015

决定日：2021 年 12 月 31 日

布图设计名称：集成控制器与开关管的单芯片负极保护的锂电池保护芯片

布图设计类别：（1）结构：其他；（2）技术：CMOS；（3）功能：其他

法律依据：《条例》第 4 条

决定要点

如果布图设计的独创点整体所对应的布图设计没有被现有布图设计披露，目前也没有证据表明该独创点整体所对应的布图设计属于公认的常规设计，则该独创点整体所对应的布图设计具备独创性。

决定正文

一、案由

本集成电路布图设计专有权撤销案件审查决定（以下简称本决定）涉及苏州赛某

电子科技有限公司，后变更为苏州赛某电子科技股份有限公司（以下简称专有权人）向国家知识产权局提交登记的登记号为BS.12500520.2、布图设计名称为“集成控制器与开关管的单芯片负极保护的锂电池保护芯片”的集成电路布图设计专有权（以下简称本布图设计），其创作完成日为2011年8月1日，首次商业利用日为2011年12月20日，申请日为2012年4月22日，登记日为2012年6月8日，公告日为2012年6月27日，证书号为6087。

针对本布图设计，深圳市富某电子集团股份有限公司，后变更为富某微电子集团股份有限公司（以下简称撤销意见提出人）于2019年6月4日向国家知识产权局提交集成电路布图设计专有权撤销意见书，以本布图设计不符合《条例》第4条的规定为由，请求撤销本布图设计专有权。撤销意见提出人随撤销意见书同时提交了如下附件：

证据1：侵权应诉通知书；

证据2：专有权人在侵权诉讼中的证据清单和独创点说明；

证据3：集成电路布图设计专有权公告，BS.105007005；

证据4：中国专利申请CN1877946A；

证据5：美国专利文献US6670790B2；

证据6：集成电路布图设计专有权公告，BS.095000364（PS002），公告日期为2009年9月9日；

证据7：集成电路布图设计专有权公告，BS.115003851（SDC6085），公告日期为2011年10月19日；

证据8：集成电路布图设计专有权公告，BS.075001632（CR6002），公告日期为2008年1月16日；

证据9：科圆半导体，CR6002数据手册，TinyShield™内置MOSFET的锂电池保护芯片（版本V1.6），声称发布时间2006年7月；

证据10：《集成电路原理与设计》，甘学温等编著，北京大学出版社，2006年2月第1版，2006年2月第1次印刷，封面页、版权页、正文第15页。

撤销意见提出人在撤销意见书中陈述如下理由：

本布图设计的独创点为：（1）单个NMOS与锂电池控制电路布图于同一晶圆衬底上；（2）实现单功率NMOS Mo的衬底切换的衬底切换电路；（3）衬底切换MOS管Mc和Mf均匀镶嵌到功率NMOS管Mo；（4）衬底切换MOS管Mc、Mf与功率NMOS管Mo大小比例，Mc：Mo：Mf大小的比例在1：4：1至1：12：1之间；（5）控制电路中，只有一个NMOS管，该NMOS管只有一个栅极信号由内部控制电路中的栅极控制电路给出，这个栅极信号与衬底切换电路匹配；（6）包含有过温保护电路，且过温保护电路与NMOS布图于同一晶圆衬底上。

撤销意见提出人认为：

（1）独创点1被证据4或证据7或证据3公开，属于现有设计；或者根据证据10

可知该独创点 1 是本领域公认的常规设计；

（2）独创点 2 被证据 5 或证据 6 公开，属于现有设计；

（3）独创点 3、4 被证据 6 公开，属于现有设计；

（4）独创点 5 被证据 5 或证据 7 或证据 8 公开，属于现有设计；

（5）独创点 6 被证据 4 或证据 8 或证据 9 公开，属于现有设计；

因此，独创点 1 ~6 不符合《条例》第 4 条的规定。

国家知识产权局根据《条例》的规定，启动针对本布图设计专有权的撤销程序，于 2019 年 8 月 5 日向撤销意见提出人和专有权人发出集成电路布图设计进入撤销程序通知书，并随该通知书向专有权人转送撤销意见提出人于 2019 年 6 月 4 日提交的撤销意见陈述书及其附件副本。

国家知识产权局随后成立合议组，对本布图设计的撤销程序进行审查。

2019 年 9 月 9 日，专有权人提交意见陈述书，同时提交如下附件：

附件 1：本布图设计的独创性区域及其独创设计点说明；

反证 1：北京紫图知识产权司法鉴定中心出具的司法鉴定意见书，编号：北京紫图（2017）知鉴字第 28 号；

反证 2：增值税专用发票（号码 01764708）和银行转账凭证、苏州赛某电子科技有限公司营业执照、无锡帅某科技有限公司营业执照；

反证 3：增值税专用发票（号码 20470783）和银行转账凭证；

反证 4：XB5351A 芯片产品销售发票（号码 26687922）和银行转账凭证；

反证 5：增值税专用发票（号码 00373372）和银行电子转账凭证（号码 11950185）。

专有权人在意见陈述书中认为，专有权人主张的独创点如下：

独创点 1'：独创性区域 A 中的衬底切换 MOS 管 A2 与单开关 NMOS 管 A1 衔接；

独创点 2'：独创性区域 A 中的衬底切换 MOS 管 A2 镶嵌在单开关 NMOS 管 A1 中；

独创点 3'：独创性区域 A 中的衬底切换 MOS 管 Mc 和 Mf 均匀镶嵌到单开关 NMOS 管 Mo 内的电路布图结构；

独创点 4'：独创性区域 A 中的衬底切换 MOS 管 Mc 和 Mf 与单开关 NMOS 管 Mo 大小比例在 1∶4∶1 至 1∶12∶1 之间；

独创点 5'：独创性区域 A 中的单开关 NMOS 的源极与 GND 连接，漏极与 VM 连接，栅极与控制电路中的栅极控制电路的输出端连接的电路布图结构；

独创点 6'：独创性区域 B 中包含有 B1 部分，即过温保护电路；

独创点 7'：独创性区域 A 中的 PAD 区域错位镶嵌在单开关 NMOS 管中。

本布图设计制造的芯片产品（型号 XB5351），专有权人于 2011 年 7 月就已经向晶圆代工厂提供了用于制作该芯片的掩膜版，投入生产并推进市场销售；专有权人在申请本布图设计登记时提交了 XB5351 型号芯片样品，北京紫图知识产权司法鉴定中心对该样品进行了鉴定，分析得出芯片样品的布图设计结构和独创性均与本布图设计登记的复制件一致的结论。

2019 年 9 月 27 日，合议组将专有权人于 2019 年 9 月 9 日提交的意见陈述书及所附附件转给撤销意见提出人。

2019 年 11 月 6 日，撤销意见提出人提交第一次补充意见陈述书，并补充证据 11 ~ 16 如下：

证据 11：《集成电路版图设计》，曾庆贵编著，机械工业出版社，封面页、目录页、正文第 238 – 239 页；

证据 12：《模拟电路版图的艺术》（第二版），（美）Alan Hastings 著，张为等译，电子工业出版社，封面页、目录页、正文第 395、467、399 – 401 页；

证据 13：集成电路布图设计专有权公告，BS. 065003020（CR6003）；

证据 14：集成电路布图设计专有权公告，BS. 105004634（PT4115BAB）；

证据 15：集成电路布图设计专有权公告，BS. 085002313（PT4115）；

证据 16：（2015）深中法知民初字第 1106 号判决书。

撤销意见提出人补充了如下理由：

（1）专有权人主张的布图设计独创点，不能随意更改，应以专有权人向法院起诉时主张的独创点为准；专有权人向法院起诉时主张的独创点 1 ~ 5 被证据 6 公开；独创点 6 被证据 4 或证据 8 或证据 9 公开，而且属于现有设计；

（2）证据 11 ~ 12 可以证明 PMOS 和 NMOS 的版图设计实质相同；

（3）证据 13 ~ 15 均公开了功率管处的 PAD 布置，功率管处的 PAD 布置属于现有布图设计。

2020 年 3 月 1 日，合议组将撤销意见提出人于 2019 年 11 月 6 日提交的撤销意见书及所附附件转给专有权人。

为查明案情，合议组向国家知识产权局调取了本布图设计及上述证据 3、证据 6 ~ 8、证据 13 ~ 15 的登记申请表、图样、简要说明的案卷材料（证据 3、证据 6 ~ 8、证据 13 ~ 15 的相关案卷材料与撤销意见提出人提交的上述证据 3、证据 6 ~ 8、证据 13 ~ 15 的公告页一起，以下统称为证据 3、证据 6 ~ 8、证据 13 ~ 15）。

2021 年 4 月 3 日，专有权人提交意见陈述书，同时提交如下反证和附件：

反证 6：（2019）最高法知民终 490 号民事判决书；

附件 2：本布图设计独创性说明。

专有权人在意见陈述书中认为：

（1）证据 6 公开的是 PMOS 管的设计，其与 NMOS 管是不同器件，本布图设计中的 NMOS 管是一个隔离型的 NMOS 管，其布图设计必须增加 DNwell 隔离层，在布图设计中 PMOS 管与 NMOS 管两者各有特性，不能等同替换，因此证据 6 没有公开本布图设计和独创性区域。

（2）证据 4、证据 11、证据 12 无法证实公开本布图设计和独创性区域。

2021 年 4 月 19 日，合议组将专有权人于 2021 年 4 月 3 日提交的意见陈述书及所附附件转给撤销意见提出人。

2021 年 4 月 28 日，撤销意见提出人提交第二次补充意见陈述书，并补充了如下证据：

证据 17：国家知识产权局集成电路布图设计行政执法委员会行政裁决书，集侵字〔2019〕001 号；

证据 18：西安民某通讯科技有限公司的最高院判决。

撤销意见提出人补充了如下理由：

（1）CELL 单元是对单个元件的改进，不应将其作为本布图设计专有权的保护范围，详见证据 18 的判例；

（2）本布图设计独创性区域不是 CELL 单元，在先判例应引用证据 17；

（3）PMOS 与 NMOS 只是功能不同，布图设计不涉及功能。

2021 年 4 月 30 日，合议组向双方发出集成电路布图设计撤销程序口头审理通知书，定于 2021 年 6 月 3 日举行口头审理。

口头审理如期举行，双方当事人均委托代理人出席了本次口头审理。在口头审理过程中：

（1）撤销意见提出人、专有权人当庭提交了企业名称变更的相关证明材料，双方当事人对对方出庭人员的身份和资格没有异议，对合议组成员及书记员没有回避请求。

（2）合议组当庭将撤销意见提出人于 2021 年 4 月 28 日提交的第二次补充意见陈述书及其附件转交给专有权人，专有权人当庭签收。

（3）关于审查基础：确定本次口头审理的审查基础是本布图设计专有权登记公告的布图设计；如果申请登记时提交的布图设计的复制件或者图样存在个别无法识别的细节，可以参考申请布图设计登记时提交的集成电路样品进行确定。

关于本布图设计的独创性部分，专有权人当庭明确以撤销意见提出人于 2019 年 5 月 21 日提出撤销意见时明确的独创点为准，并明确表示放弃对其中独创点 5～6 的主张，仅坚持撤销意见提出人于 2019 年 5 月 21 日提出撤销意见时明确的独创点 1～4。双方当事人对此均表示认可。

（4）关于撤销意见提出人提交的证据 1～18：撤销意见提出人在口头审理当庭明确只使用证据 4～7、证据 10～12，证据 16～18 供合议组参考，其他证据均放弃。

证据 4～5 是专利文献，专有权人对证据 4～5 的真实性和公开日期无异议，撤销意见提出人当庭明确证据 5 未提交中文译文，仅坚持主张证据 5 的图 2 中 SW1、SW2 公开了转换电路。

专有权人在口头审理当庭核实证据 6～7、证据 10～12 的原件，对其真实性和公开日期无异议，对证据 10～12 的原件与复印件的一致性无异议。

（5）关于专有权人提交的反证：专有权人放弃使用反证2～5。撤销意见提出人对反证1的真实性没有异议。

专有权人主张反证6作为证据使用。撤销意见提出人对反证6的真实性没有异议，但不认可其关联性。

（6）关于撤销理由，撤销意见提出人当庭明确其主张的撤销理由为本布图设计独创点1～4不符合《条例》第4条的规定，具体地：

独创点1被证据4或证据7或证据6公开，属于现有设计；或者根据证据10可知该独创点1是本领域公认的常规设计；

独创点2被证据5或证据6公开，属于现有设计；

独创点3～4被证据6公开，属于现有设计；

合议组针对上述理由及相关证据进行了详细调查，双方当事人均充分发表了意见。

在上述程序的基础上，合议组认为本案事实已经清楚，可以依法作出审查决定。

二、决定理由

1. 关于审查基础

本决定针对的审查基础为本布图设计专有权登记公告的布图设计。

2. 关于证据

本布图设计的首次商业利用日为2011年12月20日，申请日为2012年4月22日，因此本布图设计的申请日和首次商业利用日中的较前日期为首次商业利用日2011年12月20日。

证据4～5是专利文献，专有权人对证据4～5的真实性和公开日期无异议，撤销意见提出人在口头审理当庭明确证据5未提交中文译文，仅坚持主张证据5的图2中SW1、SW2公开了转换电路。合议组经核实，认可证据4～5的真实性。证据4～5的公开日均早于本布图设计的首次商业利用日。因此，证据4～5可以作为本布图设计的现有布图设计。

证据6～7为在国家知识产权局登记公告的集成电路布图设计，专有权人经口头审理核实原件，对其真实性和公开日期无异议，经合议组核实，对证据6～7的真实性予以认可。证据6～7的公告日均早于本布图设计的首次商业利用日。因此，证据6～7可以作为现有布图设计评价本布图设计的独创性。

证据10是公开出版的书籍。撤销意见提出人当庭出示证据10的原件，专有权人当庭核实，认可原件和复印件的一致性，对证据10的真实性和公开日期无异议，合议组经核实未发现影响其真实性的明显瑕疵，对其真实性予以认可。证据10的公开日期为2006年2月，早于本布图设计的首次商业利用日，在其版权页“内容提要”部分记载了“本书可作为电子科学与技术类特别是微电子专业高年级本科生或研究生的教材”，因此证据10可作为证明公认的常规设计的证据使用。

证据11～12是公开出版的书籍。撤销意见提出人当庭出示证据11～12的原件，专有权人当庭核实，认可原件和复印件的一致性，对证据11～12的真实性和公开日期无异议，合议组经核实未发现影响其真实性的明显瑕疵，对其真实性予以认可。经核实，证据11的公开日期为2008年2月，证据12的公开日期为2007年4月，证据11～12的公开日均早于本布图设计的首次商业利用日，可以作为本布图设计的现有布图设计。

反证1是北京紫图知识产权司法鉴定中心出具的司法鉴定意见书，反证6是最高人民法院的判决书，撤销意见提出人对反证1和反证6的真实性没有异议。合议组认可反证1和反证6的真实性，对反证1和反证6予以接受。

3. 关于本布图设计的独创点1～4

针对在口头审理中双方当事人确认的独创点1～4，合议组经查，本布图设计涉及的集成电路所要实现的功能是由单开关NMOS来实现锂电池的保护功能，其中包括单开关NMOS管Mo、衬底切换MOS管Mc和Mf及其之间的连线等，以实现本集成电路中以单开关NMOS管实现对锂电池的过流、过充等保护的电子功能。

上述独创点1～4均是对布图设计中相应部位进行的描述、概括或抽象，布图设计创作者和集成电路制造者结合本布图设计的图样和独创点1～4的内容可以确定其在本布图设计中对应的部分。独创点1～4均涉及单开关NMOS管Mo和衬底切换MOS管Mc、Mf的三维配置关系，独创点2～4是在独创点1的基础上进行的进一步设计。虽然独创点1～4中的每一点单独来看都不能实现独立的电子功能，但独创点1～4整体在本布图设计中对应的部分具有相对清晰的边界，其对应部分可以实现单开关NMOS管对锂电池的过流、过充等保护的功能，属于能够相对独立地执行某种电子功能的部分，可以成为布图设计保护的“独创性的部分”。因此，在本案中，将独创点1～4在本布图设计中所对应的部分作为一个整体考虑。

4. 关于《条例》第4条

《条例》第4条规定，受保护的布图设计应当具有独创性，即该布图设计是创作者自己的智力劳动成果，并且在其创作时该布图设计在布图设计创作者和集成电路制造者中不是公认的常规设计。

依据《条例》第7条规定，布图设计中可以有一个或多个独创性部分，布图设计整体也可以具有独创性。

对于《条例》中规定的“具有独创性的部分”，该“部分”不应是个别元件或者个别连接，而应是相对独立的模块。具体而言，相对独立的模块一般应具备以下两个条件：①相对于其他部分而言，该部分具有某种相对独立的电子功能；②该部分在复制件或图样中，相对于其他部分应具有相对清晰、可以划分的边界。只有具备上述两个条件，才能成为“具有独创性的部分”的判断客体。

专有权人在提出独创性部分的同时，可以对独创性部分进行说明，并根据专有权人的独创性说明将专有权人指明部分中含有的元件和线路的具体三维配置作为判断对象。具体到本案，结合前述第3节的评述，将针对独创点1～4的整体所对应的布图设计判断其是否具备独创性。

（1）独创点1~4整体所对应的布图设计相对于证据6的独创性

关于证据6，撤销意见提出人认为：证据6中公开了集成单个PMOS和锂电池控制电路到同一晶圆衬底上，而在此基础上将其中的PMOS替换为NMOS只是简单常规替换（其中证据11~12用以佐证PMOS和NMOS的版图设计实质相同）；证据6还公开了将衬底选择电路穿插到开关管内部、将衬底切换MOS管均匀镶嵌到功率MOS管、衬底切换MOS管Mc/Mf与功率MOS管Mo的大小比例为Mc：Mo：Mf在1：4：1至1：12：1之间。

对此，合议组认为：证据6是名称为“集成开关管的单节锂电池保护芯片（PS002）”的布图设计，其简要说明部分记载了“将传统保护芯片所需的外部开关管集成到芯片内部”“将衬底选择电路穿插入开关管内部”，结合图样，布图设计创作者和集成电路制造者能得出证据6中公开了PMOS开关管和锂电池的控制电路集成于同一衬底且衬底选择电路穿插入开关管内部。

但是，证据6中的开关管是PMOS管而非NMOS管，这两种MOS管特性互补而非相似，无论是在电路设计和布图设计中，PMOS管和NMOS管之间都不能随意简单替换。在电路设计中这两种MOS管的替换需要重新设计电路连接关系，在布图设计中这两种MOS管的三维配置和版图层次都不相同。因此，证据6中并未公开单个NMOS与锂电池控制电路布图于同一晶圆衬底上，也没有公开NMOS的衬底切换电路。

证据11~12中公开了PMOS与NMOS的电路结构及其特性，但并未公开PMOS与NMOS在具体集成电路布图设计中三维配置的具体情况。基于证据11~12公开的内容，布图设计创作者和集成电路制造者并不能直接认定PMOS和NMOS的布图设计实质相同。撤销意见提出人的上述理由不成立。

另外，从撤销意见提出人主张的证据6的图样第3层、第8层和第9层也并不能直接唯一确定衬底切换MOS管均匀镶嵌到功率MOS管以及衬底切换MOS管与功率MOS管的比例关系。因此，证据6并未公开本布图设计独创点1~4整体所对应的布图设计。

（2）独创点1~4整体所对应的布图设计相对于其他证据的独创性

撤销意见提出人还主张：独创点1被证据4或证据7公开，属于现有设计；或者根据证据10可知该独创点1是本领域公认的常规设计；独创点2被证据5公开属于现有设计。

关于证据4，合议组认为：证据4公开了一种充电电池保护芯片，其是一种充电电池的保护集成电路芯片（参见摘要），证据4权利要求3记载了“第一控制IC部分和第二MOS功率开关管集成在同一块芯片上，不需外接功率元件，既可用单一NMOS管或单一PMOS管做MOSFET功率开关管代替双MOSFET管芯片做控制开关，也可用两个或多个NMOS管，或者两个或多个PMOS管做MOSFET功率开关管代替双MOSFET管做控制开关，对过放电、过充电、短路和温度过高等现象进行控制”，说明书第3页第3段公开了“本发明将功率开关元件与控制IC集成在单一集成电路芯片内部，可用单一NMOS管或单一PMOS管做MOSFET功率开关管代替双MOSFET管芯片做控制开关；或者可用两个或多个NMOS管，或者两个或多个PMOS管做MOSFET功率开关管代替双MOSFET管做控制开关，对过放电、过充电或短路等现象进行控制”。由此可见，证据4文字上虽然公开了功率开关元件与控制IC集成在单一集成电路芯片内部的技术内容，但上述相关文字记载所披露的仅仅是设计思想。而基于同样的设计思想可能作出完全不同的布图设计，即证据4并未公开功率开关元件与控制IC相应集成电路结构在布图设计上具体的三维配置。证据4的附图也均是电路结构图或系统结构图，布图设计创作者和集成电路制造者根据证据4公开的上述文字内容和附图无法直接唯一确定其对应的布图设计。因此，证据4并未公开“单个NMOS与锂电池控制电路布图于同一晶圆衬底上”所对应的布图设计，也未公开本布图设计独创点1~4整体所对应的布图设计。

关于证据7，撤销意见提出人主张证据7的第4层和第5层可以看出控制电路和衬底切换电路，单个NMOS与锂电池控制电路布图于同一晶圆衬底上。专有权人认可证据7公开了NMOS，但认为证据7中公开的是双NMOS，而非本布图设计中的单NMOS。对此，合议组认为：证据7公开了一种复合式高精度单节锂离子/锂聚合物电池保护IC，SDC6085内置先进的功率MOSFET，高精度电压检测电路和延迟电路；SDC6085具备锂电池应用中需要的各类保护功能，包括过充、国防、过流和负载短路保护等（参见证据7简要说明）。结合图样，布图设计创作者和集成电路制造者能够看出证据7中公开了双NMOS与控制电路布图于同一晶圆衬底上的三维配置，但并未公开本布图设计中单个NMOS与锂电池控制电路布图于同一晶圆衬底上的三维配置。因此，证据7并未公开“单个NMOS与锂电池控制电路布图于同一晶圆衬底上”所对应的布图设计，也未公开本布图设计独创点1~4整体所对应的布图设计。

关于证据10，合议组认为：证据10的第15页记载了“目前集成电路绝大多数是在单晶硅衬底上制作的”，即公开了集成电路布图于衬底。然而证据10中并未公开单开关NMOS管和衬底切换MOS管的相关特征及其在布图设计上的三维配置。因此，证据10并未公开“单个NMOS与锂电池控制电路布图于同一晶圆衬底上”所对应的布图设计，也不能证明上述布图设计属于本领域公认的常规设计，也未公开本布图设计独创点1~4整体所对应的布图设计。

关于证据5，合议组认为：撤销意见提出人仅坚持主张证据5的图2中SW1、SW2公开了转换电路，但证据5的附图2是电路图，该附图所披露的仅仅是设计思想，而基于同样的设计思想可能作出不同的布图设计，布图设计创作者和集成电路制造者根据证据5的上述附图无法直接唯一确定图2中SW1、SW2的转换电路相对应布图设计的具体三维配置。因此，证据5并未公开“实现单功率NMOS Mo的衬底切换的衬底切换电路”所对应的布图设计，也未公开本布图设计独创点1~4整体所对应的布图设计。

综上所述，本布图设计独创点 1 ~4 整体所对应的布图设计没有被现有布图设计披露，目前也没有证据表明本布图设计独创点 1 ~4 整体所对应的布图设计属于公认的常规设计。因此独创点 1 ~4 整体所对应的布图设计具备独创性，符合《条例》第 4 条的规定。

据此，合议组作出如下决定。

三、决定

维持 BS. 12500520. 2 号集成电路布图设计专有权有效。

合议组组长：沈　丽
主　审　员：林　静
参　审　员：倪光勇

案例 5 -8 “集成控制器与开关管的单芯片负极保护的锂电池保护芯片”专有权撤销案之二[1]

一、基本案情

2019 年 8 月，成都蕊某半导体科技有限公司针对苏州赛某电子科技有限公司的登记号为 BS. 12500520. 2、名称为“集成控制器与开关管的单芯片负极保护的锂电池保护芯片”的布图设计专有权向国家知识产权局提交集成电路布图设计专有权撤销意见书，以本布图设计不符合《条例》第 2 条第（一）项、第 2 条第（二）项、第 4 条、第 5 条的规定为由，请求撤销本布图设计专有权。国家知识产权局经审理作出撤销程序审查决定，认为撤销意见提出人的意见不成立。

二、案例评析

本案中撤销意见提出人提交的撤销意见涵盖了撤销理由三个常用条款，包括有关保护客体的《条例》第 2 条，有关独创性的《条例》第 4 条，有关保护对象的《条例》第 5 条。双方当事人的争议焦点涉及专有权保护客体、专有权保护对象、“具有独创性的部分”的判断客体等。

---

[1] 国家知识产权局第 9 号集成电路布图设计撤销程序审查决定。

1. 专有权保护客体的整体判断

《条例》第2条第（一）项规定了集成电路的定义，《条例》第2条第（二）项规定了集成电路布图设计的定义。

本案中，专有权人主张本布图设计专有权包含以下4个独创点：（1）单个NMOS与锂电池控制电路布图于同一晶圆衬底上；（2）实现单功率MOS Mo的衬底切换的衬底切换电路；（3）衬底切换MOS管Mc和Mf均匀镶嵌到功率NMOS管Mo内；（4）衬底切换MOS管Mc、Mf与功率NMOS管Mo大小比例，即Mc∶Mo∶Mf在1∶4∶1至1∶12∶1之间。

撤销意见提出人主张：独创点3不属于执行某种电子功能的中间产品或者最终产品，不符合《条例》第2条第（一）项的规定；独创点1属于对集成电路布图设计整体效果的描述，而非对布图的元件和互联线路的三维配置的描述，不符合《条例》第2条第（二）项的规定。

从立法本意来看，《条例》第2条第（一）、（二）项对集成电路的定义是针对芯片整体，而不是针对芯片所包含的部分元器件或模块；对集成电路布图设计的定义也是针对整个布图设计而言，而不是针对布图设计中的部分区域。如果产品整体中包含了形成于半导体基片上的至少一个有源元件以及互连线路，可以执行电子功能，则该产品属于《条例》定义的集成电路；相应地，如果涉案布图设计整体上包含满足上述定义的集成电路的三维配置或者为制造满足上述定义的集成电路而准备的三维配置，则该布图设计属于《条例》定义的集成电路布图设计。

就本案而言，布图设计创作者和集成电路制造者可以理解，本布图设计涉及一种集成控制器与开关管的单芯片负极保护的锂电池保护芯片，其中包含形成于半导体基片上的开关NMOS管、衬底切换MOS管、控制电路、过温保护电路等元件和模块，上述元件和模块通过线路互连，可以执行保护电池的电子功能，因此属于《条例》定义的集成电路。相应地，本布图设计整体上也包含了上述元件、模块以及相应互连线路的三维配置，属于《条例》定义的集成电路布图设计。因此，本布图设计符合《条例》第2条第（一）、（二）项的规定。

2. 专有权保护对象的整体判断

《条例》第5条规定了对布图设计的保护对象，主要是针对元件、线路的三维配置进行保护，而非思想、概念等。

本案中，撤销意见提出人主张独创点1的表述属于一种设计思想，非集成电路的三维配置，因此独创点1不符合《条例》第5条的规定。

而《条例》第5条的规定也是针对整个布图设计而言，而不是针对布图设计中的部分区域。如果布图设计整体上包含了元件、模块以及相应互连线路的三维配置，布图设计的图样中也显示出了上述三维配置，上述三维配置可以成为《条例》对布图设计的保护对象。

就本案而言，本布图设计涉及一种集成控制器与开关管的单芯片负极保护的锂电池保护芯片，其中包含形成于半导体基片上的开关 NMOS 管、衬底切换 MOS 管、控制电路、过温保护电路等元件和模块以及线路互连；相应地，本布图设计整体上也包含了上述元件、模块以及相应互连线路的三维配置，本布图设计的图样中也显示出了上述三维配置，上述三维配置可以成为《条例》对布图设计的保护对象。因此，本布图设计符合《条例》第 5 条的规定。

3. “具有独创性的部分”的判断客体

依据《条例》第 7 条和第 30 条的规定，布图设计权利人享有的专有权包括对受保护的布图设计的全部或者其中任何具有独创性的部分进行复制，而其他人复制受保护的布图设计的全部或者其中任何具有独创性的部分的行为均构成侵权。由此可知，受保护的布图设计的独创性，可以体现在布图设计任何具有独创性的部分中，也可以体现在布图设计整体中。布图设计中任何具有独创性的部分均受到法律保护，而无论其在整体设计中是否占有主要部分。

《审查与执法指南》对是否能够成为“具有独创性的部分”的判断客体已经作出相关规定：对于《条例》中规定的“具有独创性的部分”，该“部分”不应是个别元件或者个别连接，而应是相对独立的模块。具体而言，相对独立的模块一般应具备以下两个条件：①相对于其他部分而言，该部分具有某种相对独立的电子功能；②该部分在复制件或图样中，相对于其他部分应具有相对清晰、可以划分的边界。只有具备上述两个条件，才能成为“具有独创性的部分”的判断客体。

但在实践中，经常可以见到，专有权人针对自己的专有权提出若干“独创点”或“创新设计点”的声明来主张其专有权的成立，而这些独创点或创新设计点可能仅为分散描述的某些元件的排布、大小、连接关系等。则在案件的审理过程中，需要根据专有权人的独创点声明将其对应到涉案布图设计中的符合“具有独创性的部分”判断客体规定的具体部分，再判断该部分布图设计内容是否具有独创性。

本案中，撤销意见提出人认为独创点 1 ~4 各自都不具有独创性。合议组经审查认定，虽然专有权人对这些独创点的说明不是对三维配置的具体描述，但均是从不同角度对布图设计中相应部位进行的概括或抽象，本领域技术人员结合本布图设计的图样和独创点 1 ~4 的内容可以确定其在本布图设计中对应的部分。独创点 1 ~4 应视为一个整体，独创点 2 ~4 是在独创点 1 的基础上进行的进一步设计。独创点 1 ~4 均涉及单开关 NMOS 管 Mo 和衬底切换 MOS 管 Mc、Mf 的三维配置关系，将其作为一个整体，其在本布图设计中对应的部分具有相对清晰的边界，其对应部分可以实现单开关 NMOS 管对锂电池的过流、过充等保护的功能，属于能够相对独立的执行某种电子功能的部分，可以成为布图设计保护的“具有独创性的部分”，而独创点 1 ~4 中的每一点单独来看都不能实现任何有意义的功能。因此，在本案中，应该将独创点 1 ~4 作为一个整体考虑，其整体内容在本布图设计中所对应的部分包括单开关 NMOS 管 Mo、衬底切换 MOS

管 Mf/Mc 以及相关互连线，将其整体内容在本布图设计中所对应的部分作为“具有独创性的部分”的判断客体。

三、小　结

《条例》第2条第（一）、（二）项对受其保护的集成电路以及集成电路布图设计进行了定义，其中对集成电路的定义是针对芯片整体，而不是针对芯片所包含的部分元器件或模块；对集成电路布图设计的定义也是针对整个布图设计而言，而不是针对布图设计中的部分区域。

《条例》第5条规定了对布图设计的保护对象，主要是针对元件、线路的三维配置进行保护，而非思想、概念等。该规定也是针对整个布图设计而言，而不是针对布图设计中的部分区域。

《条例》中规定的“具有独创性的部分”，该“部分”不应是个别元件或者个别连接，而应是相对独立的模块，一般应具备以下两个条件：①相对于其他部分而言，该部分具有某种相对独立的电子功能；②该部分在复制件或图样中，相对于其他部分应具有相对清晰、可以划分的边界。只有具备上述两个条件，才能成为“具有独创性的部分”的判断客体。在案件的审理过程中，需要根据专有权人的独创点声明将其对应到涉案布图设计中的符合“具有独创性的部分”判断客体规定的具体部分，再判断该部分布图设计内容是否具有独创性。

（刘利芳）

附件5-8：第9号撤销程序审查决定

案件编号：JC0016

决定日：2021年12月31日

布图设计名称：集成控制器与开关管的单芯片负极保护的锂电池保护芯片

布图设计类别：（1）结构：其他；（2）技术：CMOS；（3）功能：其他

法律依据：《条例》第2条第（一）项、第（二）项，第4条，第5条

决定要点

《条例》第2条第（一）、（二）项对受其保护的集成电路以及集成电路布图设计进行了定义，其中对集成电路的定义是针对芯片整体，而不是针对芯片所包含的部分元器件或模块；对集成电路布图设计的定义也是针对整个布图设计而言，而不是针对布图设计中的部分区域。如果某个产品整体中包含了形成于半导体基片上的至少一个有源元件以及互连线路，可以执行电子功能，则该产品属于《条例》定义的集成电路；如果某项布图设计整体上包含集成电路中至少有一个是有源元件的两个以上元件和部

分或者全部互连线路的三维配置或者为制造集成电路而准备的上述三维配置，则该布图设计属于《条例》定义的集成电路布图设计。

《条例》第 5 条规定了对布图设计的保护对象，主要是针对元件、线路的三维配置进行保护，而非思想、概念等。如果布图设计整体上包含了元件、模块以及相应互连线路的三维配置，布图设计的图样中也显示出了上述三维配置，上述三维配置就可以成为《条例》对布图设计的保护对象。

在本案中，应该将独创点 1 ~4 作为一个整体考虑，将其整体内容在本布图设计中所对应的部分作为“具有独创性的部分”的判断客体。独创点 1 ~4 整体内容在本布图设计中所对应的部分没有被现有证据披露。此外，也没有证据显示独创点 1 ~4 整体内容在本布图设计中所对应的部分属于公认的常规设计，独创点 1 ~4 整体内容在本布图设计中所对应的部分为具有独创性的部分。因此，本布图设计具有独创性，符合《条例》第 4 条的规定。

决定正文

一、案由

本集成电路布图设计专有权撤销案件审查决定（以下简称本决定）涉及苏州赛某电子科技有限公司（以下简称专有权人）向国家知识产权局提交登记的登记号为 BS. 12500520. 2、布图设计名称为“集成控制器与开关管的单芯片负极保护的锂电池保护芯片”的集成电路布图设计专有权（以下简称本布图设计），其创作完成日为 2011 年 8 月 1 日，首次商业利用日为 2011 年 12 月 20 日，申请日为 2012 年 4 月 22 日，登记日为 2012 年 6 月 8 日，公告日为 2012 年 6 月 27 日，证书号为第 6087 号。

针对本布图设计，成都蕊某半导体科技有限公司（以下简称撤销意见提出人）于 2019 年 8 月 16 日向国家知识产权局提交集成电路布图设计专有权撤销意见书，以本布图设计不符合《条例》第 2 条第（二）项、第 4 条、第 5 条的规定为由，请求撤销本布图设计专有权。

撤销意见提出人随撤销意见书提交了本布图设计的登记证书及登记簿副本，同时提交了如下证据：

证据 1：《集成电路原理与设计》，甘学温等编著，北京大学出版社，2006 年 2 月第 1 版第 1 次印刷，封面、书名页、版权页、正文第 15 页；

证据 2：集成电路布图设计专有权公告，BS. 09500036. 4，公告日期为 2009 年 9 月 9 日；

证据 3：集成电路布图设计专有权公告，BS. 07500163. 2，公告日期为 2008 年 1 月 16 日；

证据 4：集成电路布图设计专有权公告，BS. 11500385. 1，公告日期为 2011 年 10 月 19 日；

证据5：US2003/0122525A1，公开日为2003年7月3日；

证据6：CN1877946B，授权公告日为2011年5月18日；

证据7：立锜科技，RT9703－09规格书，名称：80mΩ，3A Smart Universal Power Switch with Flag，发布时间2011年8月；

证据8：AnalogicTech（研诺），AAT4685规格书（版本4685.2009.03.1.0），名称：Over－Voltage Protection Switch with OCP and BOVP，发布时间2009年3月；

证据9：CN100423131C，授权公告日为2008年10月1日；

证据10：CN102005734B，授权公告日为2013年9月18日；

证据11：CN101588168B，授权公告日为2011年9月28日；

证据12：CN201708529U，授权公告日为2011年1月12日；

证据13：科圆半导体，CR6002数据手册，TinyShield™内置MOSFET的锂电池保护芯片（版本V1.6），发布时间2006年7月。

撤销意见提出人在撤销意见书中陈述如下理由：

专有权人主张的本布图设计的独创点包含以下6点：（1）单个NMOS与锂电池控制电路布图于同一晶圆衬底上；（2）实现单功率MOS Mo的衬底切换的衬底切换电路；（3）衬底切换MOS管Mc和Mf均匀镶嵌到功率NMOS管Mo内；（4）衬底切换MOS管Mc、Mf与功率NMOS管Mo大小比例，即Mc：Mo：Mf在1：4：1至1：12：1之间；（5）控制电路中，只有一个NMOS管，MOS管的源极与GND连接，漏极与WM极连接，栅极与内部控制电路中的栅极控制电路连接，并且栅极与衬底切换电路匹配；（6）包含有过温保护电路，且过温保护电路与MOS布图于同一晶圆衬底上。

撤销意见提出人认为：

（1）独创点1属于布图设计创作者和集成电路创造者中的常规设计，不符合《条例》第4条的规定，使用证据1～10；独创点1不是具有独创性的部分的判断客体，因此不具有独创性，不符合《条例》第4条的规定；独创点1属于一种设计思想，非三维配置的具体布图方案，不符合《条例》第2条第（二）项和第5条的规定；

（2）独创点2属于布图设计创作者和集成电路制造者中的常规设计，不符合《条例》第4条的规定，使用证据2、证据5、证据11、证据12；

（3）独创点3属于布图设计创作者和集成电路制造者中的常规设计，不符合《条例》第4条的规定，使用证据2；

（4）独创点4属于布图设计创作者和集成电路制造者中的常规设计，不符合《条例》第4条的规定，使用证据2；

（5）独创点5属于布图设计创作者和集成电路制造者中的常规设计，不符合《条例》第4条的规定，使用证据5、证据3、证据4；

（6）独创点6属于布图设计创作者和集成电路制造者中的常规设计，不符合《条例》第4条的规定，使用证据6、证据3、证据13；

国家知识产权局根据《条例》的规定，启动针对本布图设计专有权的撤销程序，于2019年8月27日向撤销意见提出人和专有权人发出集成电路布图设计进入撤销程序通知书，并随该通知书向专有权人转送撤销意见提出人于2019年8月16日提交的撤销意见陈述书及其附件副本。

国家知识产权局随后成立合议组，对本布图设计的撤销程序进行审查。

为查明案情，合议组向国家知识产权局调取了本布图设计及上述证据2～4的登记申请表、图样、简要说明的案卷材料（证据2/3/4的相关案卷材料与撤销意见提出人提交的上述证据2/3/4的公告页一起，以下统称为证据2/3/4）。

2019年9月12日，撤销意见提出人重新提交撤销意见书，提交上述证据5的部分中文译文，并补充证据14～17如下：

证据14：《模拟CMOS集成电路设计》，（美）拉扎维著，陈贵灿等译，西安交通大学出版社，2003年2月第1版第1次印刷，封面、版权页、目录页、正文第5、517页；

证据15：《模拟电路版图的艺术》（第二版），（美）Alan Hastings著，张为等译，电子工业出版社，2011年9月第1次印刷，封面、封底、版权页、目录页、正文第81、396、401页；

证据16："Impact of Layout Pickups to ESD Robustness of MOS Transistors in sub 100－nm CMOS Process"，Ming－Dou ker等，2010 IEEE，第100－103页，及其部分中文译文；

证据17：《集成电路版图设计》，曾庆贵编著，机械工业出版社，2012年9月第1版第3次印刷，封面、版权页、目录页、正文第238－241页。

撤销意见提出人在此次撤销意见书中陈述如下理由：专有权人主张的本布图设计的上述6个独创点不符合《条例》第2条第（一）项、第2条第（二）项、第4条、第5条的规定，应予撤销本布图设计专有权：

（1）独创点1属于布图设计创作者和集成电路创造者中的常规设计，不符合《条例》第4条的规定，使用证据1～10、证据14、证据15、证据17；独创点1不是具有独创性的部分的判断客体，因此不具有独创性，不符合《条例》第4条的规定；独创点1属于一种设计思想，非三维配置的具体布图方案，不符合《条例》第2条第（二）项和第5条的规定，使用证据14；

（2）独创点2属于布图设计创作者和集成电路制造者中的常规设计，不符合《条例》第4条的规定，使用证据2、证据5、证据11、证据12；

（3）独创点3属于布图设计创作者和集成电路制造者中的常规设计，不符合《条例》第4条的规定，使用证据2；独创点3不属于执行某种电子功能的中间产品或者最终产品，不符合《条例》第2条第（一）项的规定，使用证据15；

（4）独创点4属于布图设计创作者和集成电路制造者中的常规设计，不符合《条例》第4条的规定，使用证据2、证据15、证据16；

（5）独创点5属于布图设计创作者和集成电路制造者中的常规设计，不符合《条例》第4条的规定，使用证据5、证据3、证据4；

（6）独创点6属于布图设计创作者和集成电路制造者中的常规设计，不符合《条例》第4条的规定，使用证据6、证据3、证据13。

2019年9月27日，合议组将撤销意见提出人于2019年9月12日提交的撤销意见书及所附附件转给专有权人。

2019年10月23日，专有权人提交意见陈述书，同时提交如下反证：

反证1：北京紫图知识产权司法鉴定中心出具的司法鉴定意见书，编号：北京紫图（2017）知鉴字第28号；

反证2：增值税专用发票（号码01764708）和银行转账凭证、苏州赛某电子科技有限公司营业执照、无锡帅某科技有限公司营业执照；

反证3：增值税专用发票（号码20470783）和银行转账凭证；

反证4：增值税专用发票（号码00373372）和银行电子转账凭证（号码11950185）；

反证5：XB5351芯片产品销售发票（号码26687922）和银行转账凭证。

专有权人在意见陈述书中认为：

（1）撤销意见提出人关于独创点1～6的撤销理由均不成立；

（2）本布图设计存在以下创新设计点1～7，与惯常设计有很大区别（引入反证1佐证）：

创新设计点1：独创性区域A中的衬底切换MOS管A2与单开关NMOS管A1衔接；

创新设计点2：独创性区域A中的衬底切换MOS管A2镶嵌在单开关NMOS管A1中；

创新设计点3：独创性区域A中的衬底切换MOS管Mc和Mf均匀镶嵌到单开关NMOS Mo内的电路布图结构；

创新设计点4：独创性区域A中的衬底切换MOS管Mc、Mf与单开关NMOS Mo大小比例Mc∶Mo∶Mf在1∶4∶1至1∶12∶1之间；

创新设计点5：独创性区域A中的单开关NMOS的源极与GND连接、漏极与VM连接、栅极与控制电路中栅极控制电路的输出端连接的电路布图结构；

创新设计点6：独创性区域B中包含有B1部分，即过温保护电路；

创新设计点7：独创性区域A中的PAD区域错位镶嵌在单开关NMOS管中。

2019年11月4日，合议组将专有权人于2019年10月23日提交的意见陈述书及所附附件转给撤销意见提出人。

2021年4月21日，合议组向双方发出集成电路布图设计撤销程序口头审理通知书，定于2021年5月21日举行口头审理。

口头审理如期举行，双方当事人均委托代理人出席了本次口头审理。在口头审理过程中：

（1）双方当事人对对方出庭人员的身份和资格没有异议，对书记员没有回避请求，撤销意见提出人对合议组成员没有回避请求，专有权人对主审员、参审员没有回避请求。

（2）专有权人请求合议组组长沈丽回避，并当庭提交回避申请书。经休庭请示，国家知识产权局复审和无效审理部作出《关于苏州赛某电子科技股份有限公司提出的回避申请的答复》的书面答复，认定合议组组长沈丽不需回避。专有权人当庭签收该书面答复。

（3）关于审查基础：确定本次口头审理的审查基础是本布图设计专有权登记公告的布图设计；如果申请登记时提交的布图设计的复制件或者图样存在个别无法识别的细节，可以参考申请布图设计登记时提交的集成电路样品进行确定。

至于审理所针对的本布图设计的具有独创性的部分，合议组经审理，明确以撤销意见提出人在两次提交的撤销意见书中列出的专有权人主张的独创点1~4为准；专有权人明确在本案中放弃对独创点5~6的主张。

对于以上审查基础的确定，双方均表示认可。

（4）关于撤销意见提出人提交的证据1~17：专有权人对证据1的真实性提出异议，认为撤销意见提出人未出示其原件。撤销意见提出人表示原件已在在先案件中提交给国家知识产权局。合议组表示将代为核实证据1的真实性，双方均表示认可。

证据2~4是已授权公告的布图设计，合议组调取了相关案卷材料供当庭查看。专有权人对这些证据无异议。

证据5~6、证据9~12是专利文献，专有权人对这些证据的真实性和公开日期无异议，对证据5的中文译文的准确性无异议。

撤销意见提出人放弃使用证据7~8。

证据13是企业发布的数据手册，证据14、15、17是公开出版的书籍。专有权人对这些证据的真实性提出异议，撤销意见提出人表示不能提供证据13的相关公证认证文件，也不能提供证据14、15、17的原件。合议组当庭表示对这些证据不予采纳，撤销意见提出人表示认可。

证据16是技术论文，专有权人对证据16的真实性、公开日期无异议，对其中文译文的准确性无异议。

（5）关于专有权人提交的反证：专有权人放弃使用反证2~5。撤销意见提出人对反证1的真实性和公开日期没有异议。

专有权人当庭提交（2019）最高法知民终490号民事判决书（以下简称反证6）作为证据使用，合议组当庭转给撤销意见提出人，撤销意见提出人当庭签收。撤销意见提出人对反证6的真实性没有异议，但不认可其关联性。

（6）关于撤销理由：撤销意见提出人明确撤销理由以其于2019年9月12日提交的撤销意见书中的意见为准。撤销理由为：本布图设计不符合《条例》第2条第（一）项、第2条第（二）项、第4条、第5条的规定。具体理由及使用证据如下：

① 关于《条例》第2条第（一）项和第（二）项：独创点3不属于执行某种电子功能的中间产品或者最终产品，不符合《条例》第2条第（一）项的规定；独创点1属于对集成电路布图设计整体效果的描述，非三维配置的具体布图方案，不符合《条例》第2条第（二）项的规定。

② 关于《条例》第5条：独创点1属于一种设计思想，非三维配置的具体布图方案，不符合《条例》第5条的规定。

③ 关于《条例》第4条：独创点1不是具有独创性的部分的判断客体，因此不具有独创性；独创点1属于布图设计创作者和集成电路创造者中的常规设计（使用证据1～6、9～10），独创点2属于布图设计创作者和集成电路制造者中的常规设计（使用证据2、证据5、证据11、证据12），独创点3属于布图设计创作者和集成电路制造者中的常规设计（使用证据2），独创点4属于布图设计创作者和集成电路制造者中的常规设计（使用证据2、证据16），因此独创点1～4均不具有独创性。

合议组针对上述理由及相关证据进行了详细调查，双方当事人均充分发表了意见。

在上述程序的基础上，合议组认为本案事实已经清楚，可以依法作出审查决定。

二、决定理由

1. 关于审查基础

本决定针对的审查基础为本布图设计专有权登记公告的布图设计。

2. 关于证据

证据1是公开出版的书籍。合议组经核实，撤销意见提出人在国家知识产权局集成电路布图设计行政执法委员会审理的集侵字〔2019〕001号案件中提交过证据1的原件，合议组调取了证据1的原件并核实，未发现影响其真实性的明显瑕疵，对其真实性予以认可。证据1的公开日期早于本布图设计的首次商业利用日，在其版权页“内容提要”部分记载了“本书可作为电子科学与技术类特别是微电子专业高年级本科生或研究生的教材”，因此证据1中若有公开的布图设计的内容可作为证明公认的常规设计的证据使用。

证据2～4是已授权公告的布图设计。合议组向国家知识产权局调取了证据2～4的登记申请表、图样、简要说明的案卷材料，供双方当庭进行了查看。专有权人对证据2～4均无异议。证据2～4的公告日期均早于本布图设计的首次商业利用日，可以作为评价本布图设计独创性的现有布图设计使用。

证据5～6、证据9、证据11～12是专利文献，专有权人对这些证据的真实性和公开日期均无异议，对证据5的中文译文的准确性无异议。合议组经核实未发现影响这些证据真实性的明显瑕疵，对其真实性予以认可。证据5～6、证据9、证据11～12的公开日期均早于本布图设计的首次商业利用日，其中若有公开的布图设计的内容则可作为评价本布图设计独创性的现有布图设计使用。其中证据5的公开内容以其中文译文为准。

证据10是专利文献，专有权人对其真实性和公开日期无异议。合议组经核实，撤销意见提出人提交的证据10是201010514232.0号发明专利的授权公告文本（CN102005734B），其授权公告日为2013年9月18日，晚于本布图设计的首次商业利用日；但其公布文本（CN102005734A）的公布日为2011年4月6日，早于本布图设计的首次商业利用日，而且其说明书及附图与证据10的说明书及附图内容一致。基于此，合议组依职权引入CN102005734A取代CN102005734B作为实际使用的证据10（以下证据10都是指CN102005734A）。合议组经核实未发现影响证据10真实性的明显瑕疵，对其真实性予以认可，证据10的公开日期早于本布图设计的首次商业利用日，其中若有公开的布图设计的内容则可作为评价本布图设计独创性的现有布图设计使用。

证据16是技术论文，专有权人对证据16的真实性、公开日期无异议，对其中文译文的准确性无异议。合议组经核实未发现影响其真实性的明显瑕疵，对其真实性予以认可。证据16的公开日期早于本布图设计的首次商业利用日，其中若有公开的布图设计的内容则可作为评价本布图设计独创性的现有布图设计使用，其公开内容以其中文译文为准。

反证1是北京紫图知识产权司法鉴定中心出具的司法鉴定意见书，撤销意见提出人对反证1的真实性和公开日期没有异议。合议组对反证1予以接受。

反证6是最高院的判决书，撤销意见提出人对反证6的真实性没有异议，合议组对反证6予以接受。

3. 关于《条例》第2条第（一）、（二）项

《条例》第2条第（一）、（二）项规定："本条例下列用语的含义：（一）集成电路，是指半导体集成电路，即以半导体材料为基片，将至少有一个是有源元件的两个以上元件和部分或者全部互连线路集成在基片之中或者基片之上，以执行某种电子功能的中间产品或者最终产品；（二）集成电路布图设计（以下简称布图设计），是指集成电路中至少有一个是有源元件的两个以上元件和部分或者全部互连线路的三维配置，或者为制造集成电路而准备的上述三维配置。"

撤销意见提出人主张：独创点3不属于执行某种电子功能的中间产品或者最终产品，不符合《条例》第2条第（一）项的规定；独创点1属于对集成电路布图设计整体效果的描述，而非对布图的元件和互联线路的三维配置的描述，不符合《条例》第2条第（二）项的规定。

合议组认为：《条例》第2条第（一）、（二）项对受其保护的集成电路以及集成电路布图设计进行了定义，其中对集成电路的定义是针对芯片整体，而不是针对芯片所包含的部分元器件或模块；对集成电路布图设计的定义也是针对整个布图设计而言，

而不是针对布图设计中的部分区域。如果某个产品整体中包含了形成于半导体基片上的至少一个有源元件以及互连线路，可以执行电子功能，则该产品属于《条例》定义的集成电路；如果某项布图设计整体上包含集成电路中至少有一个是有源元件的两个以上元件和部分或者全部互连线路的三维配置或者为制造集成电路而准备的上述三维配置，则该布图设计属于《条例》定义的集成电路布图设计。

对本案而言，布图设计创作者和集成电路制造者可以理解，本布图设计涉及一种集成控制器与开关管的单芯片负极保护的锂电池保护芯片，其中包含形成于半导体基片上的开关NMOS管、衬底切换MOS管、控制电路、过温保护电路等元件和模块，上述元件和模块通过线路互连，可以执行保护电池的电子功能，因此属于《条例》定义的集成电路。相应地，本布图设计整体上也包含了上述元件、模块以及相应互连线路的三维配置，因此属于《条例》定义的集成电路布图设计。

因此，本布图设计符合《条例》第2条第（一）、（二）项的规定。

4. 关于《条例》第5条

《条例》第5条规定：本条例对布图设计的保护，不延及思想、处理过程、操作方法或者数学概念等。

撤销意见提出人主张：独创点1的表述属于一种设计思想，非集成电路的三维配置，因此独创点1不符合《条例》第5条的规定。

合议组认为：《条例》第5条规定了对布图设计的保护对象，主要是针对元件、线路的三维配置进行保护，而非思想、概念等。参见前述第3点中的评述，本布图设计涉及一种集成控制器与开关管的单芯片负极保护的锂电池保护芯片，其中包含形成于半导体基片上的开关NMOS管、衬底切换MOS管、控制电路、过温保护电路等元件和模块以及线路互连；相应地，本布图设计整体上也包含了上述元件、模块以及相应互连线路的三维配置，本布图设计的图样中也显示出了上述三维配置，上述三维配置可以成为《条例》对布图设计的保护对象。

因此，本布图设计符合《条例》第5条的规定。

5. 关于《条例》第4条

《条例》第4条规定：受保护的布图设计应当具有独创性，即该布图设计是创作者自己的智力劳动成果，并且在其创作时该布图设计在布图设计创作者和集成电路制造者中不是公认的常规设计。

依据《条例》第7条规定，布图设计中可以有一个或多个独创性部分，布图设计整体也可以具有独创性。

对于《条例》中规定的“具有独创性的部分”，该“部分”不应是个别元件或者个别连接，而应是相对独立的模块。具体而言，相对独立的模块一般应具备以下两个条件：①相对于其他部分而言，该部分具有某种相对独立的电子功能；②该部分在复制件或图样中，相对于其他部分应具有相对清晰、可以划分的边界。只有具备上述两个条件，才能成为“具有独创性的部分”的判断客体。

专有权人在提出独创性部分的同时，可以对独创性部分进行说明。专有权人的独创性说明可能是从不同角度对独创性部分的概括或者抽象，在对专有权人指明的部分进行独创性判断时，应根据专有权人的独创性说明将专有权人指明部分中含有的元件和线路的具体三维配置作为判断对象。

（1）关于本案“具有独创性的部分”的判断客体

专有权人主张本布图设计具有以下独创点：①单个 NMOS 与锂电池控制电路布图于同一晶圆衬底上；②实现单功率 MOS Mo 的衬底切换的衬底切换电路；③衬底切换 MOS 管 Mc 和 Mf 均匀镶嵌到功率 NMOS 管 Mo 内；④衬底切换 MOS 管 Mc、Mf 与功率 NMOS 管 Mo 大小比例，即 Mc：Mo：Mf 在 1：4：1 至 1：12：1 之间。

撤销意见提出人认为以上独创点 1 ~4 各自都不具有独创性。

合议组认为：专有权人提出本布图设计具有独创点 1 ~4，将这些独创点与现有设计进行了对比，并对这些独创点进行了相关说明。虽然专有权人对这些独创点的说明不是对三维配置的具体描述，但均是从不同角度对布图设计中相应部位进行的概括或抽象，本领域技术人员结合本布图设计的图样和独创点 1 ~4 的内容可以确定其在本布图设计中对应的部分。独创点 1 ~4 应视为一个整体，独创点 2 ~4 是在独创点 1 的基础上进行的进一步设计。独创点 1 ~4 均涉及单开关 NMOS 管 Mo 和衬底切换 MOS 管 Mc、Mf 的三维配置关系，将其作为一个整体，其在本布图设计中对应的部分具有相对清晰的边界，其对应部分可以实现单开关 NMOS 管对锂电池的过流、过充等保护的功能，属于能够相对独立的执行某种电子功能的部分，可以成为布图设计保护的“具有独创性的部分”，而独创点 1 ~4 中的每一点单独来看都不能实现任何有意义的功能。因此，在本案中，应该将独创点 1 ~4 作为一个整体考虑，其整体内容在本布图设计中所对应的部分包括单开关 NMOS 管 Mo、衬底切换 MOS 管 Mf/Mc 以及相关互连线，将其整体内容在本布图设计中所对应的部分作为“具有独创性的部分”的判断客体。

（2）关于独创性

撤销意见提出人使用了证据 1 ~6、证据 9 ~12、证据 16 来评价本布图设计不具有独创性。

① 证据 1 是公开出版的书籍《集成电路原理与设计》。撤销意见提出人认为：其正文第 15 页记载了“目前集成电路绝大多数是在单晶硅衬底上制作的”，即公开了集成电路布图于衬底。

对此，合议组认为：首先，撤销意见提出人并未主张证据 1 公开了单个 NMOS 与锂电池控制电路布图于同一晶圆衬底上、实现单功率 MOS Mo 的衬底切换的衬底切换电路、功率 MOS 管和衬底切换 MOS 管之间均匀镶嵌的位置关系及其大小比例；其次，经合议组对比核实，证据 1 中并未公开单开关 NMOS 管和衬底切换 MOS 管，更不涉及其位置关系和大小比例，明显未公开独创点 1 ~4 整体内容在本布图设计中所对应的部分。

② 证据 2 ~4 是已授权公告的布图设计。

关于证据 2，撤销意见提出人认为：证据 2 设计了集成单个 PMOS 和锂电池控制电路到同一晶圆衬底上，而在此基础上将其中的 PMOS 替换为 NMOS 只是简单常规替换；证据 2 还设计了将衬底选择电路穿插到开关管内部、将衬底切换 MOS 管均匀镶嵌到功率 MOS 管、衬底切换 MOS 管 Mc/Mf 与功率 MOS 管 Mo 的大小比例为 Mc：Mo：Mf 在 1：4：1 至 1：12：1 之间，虽然从证据 2 的图样里看不出均匀镶嵌的位置排布，也看不出比例关系，但若将证据 2 对应芯片经反向工程放大之后就能看出来。

对此，合议组认为：证据 2 是名称为“集成开关管的单节锂电池保护芯片（PS002）”的布图设计，其简要说明部分记载了“将传统保护芯片所需的外部开关管集成到芯片内部”“将衬底选择电路穿插入开关管内部”，结合图样，本领域技术人员能得出证据 2 中公开了 PMOS 开关管和锂电池的控制电路集成于同一衬底且衬底选择电路穿插入开关管内部。但是，证据 2 中的开关管是 PMOS 管而非 NMOS 管，这两种 MOS 管特性互补而非相似，无论是在电路设计和布图设计中，PMOS 管和 NMOS 管之间都不能随意简单替换，在电路设计中这两种 MOS 管的替换需要重新设计电路连接关系，在布图设计中这两种 MOS 管的三维配置和版图层次都不相同。因此，证据 2 中并未公开单个 NMOS 与锂电池控制电路布图于同一晶圆衬底上。另外，从证据 2 的图样中并不能看出衬底切换 MOS 管均匀镶嵌到功率 MOS 管以及衬底切换 MOS 管与功率 MOS 管的比例关系。综上所述，证据 2 并未公开独创点 1 ~4 整体内容在本布图设计中所对应的部分。

关于证据 3 和证据 4，撤销意见提出人认为：证据 3 设计了集成单个 PMOS 和锂电池控制电路到同一晶圆衬底上，且将其中的 PMOS 替换为 NMOS 只是简单常规替换；证据 4 设计了集成单个 NMOS 和锂电池控制电路到同一晶圆衬底上。

对此，合议组认为：首先，撤销意见提出人并未主张证据 3 和证据 4 公开了功率 MOS 管和衬底切换 MOS 管之间均匀镶嵌的位置关系及其大小比例；其次，经当庭调查以及合议组对比核实，证据 3 和证据 4 中也并没有公开独创点 1 ~4 整体内容在本布图设计中所对应的部分。

③ 证据 5 ~6、证据 9 ~12 是专利文献。撤销意见提出人认为：证据 5 ~6、证据 9 ~10 的说明书中有相关文字记载公开了将单个 NMOS 与锂电池控制电路集成于同一衬底上，证据 5、证据 11 ~12 的说明书中有相关文字记载公开了实现单功率 MOS 的衬底切换的衬底切换电路。

对此，合议组认为：首先，撤销意见提出人并未主张证据 5 ~6、证据 9 ~12 公开了功率 MOS 管和衬底切换 MOS 管之间均匀镶嵌的位置关系及其大小比例；其次，上述相关文字记载所披露的仅仅是设计思想，而基于同样的设计思想可能作出完全不同的布图设计；再次，上述证据中虽然包含有若干附图，但这些附图中也明显并未公开独创点 1 ~4 整体内容在本布图设计中所对应的部分。因此，证据 5 ~6、证据 9 ~12 中并没有公开独创点 1 ~4 整体内容在本布图设计中所对应的部分。

④ 证据 16 是技术论文，关于在对 MOS 管布图时插入衬底接触以提高 MOS 管的防静电效果。撤销意见提出人认为：证据 16 公开了将 MOS 管分成不同的比例插入背栅衬底接触，还公开了 1∶2∶1、1∶4∶1、1∶6∶1、1∶12∶1 的比例关系。

对此，合议组认为：首先，撤销意见提出人并未主张证据 16 公开了单个 NMOS 与锂电池控制电路布图于同一晶圆衬底上、实现单功率 MOS Mo 的衬底切换的衬底切换电路、衬底切换 MOS 管 Mc 和 Mf 均匀镶嵌到功率 NMOS 管 Mo 内；其次，虽然证据 16 中包含有若干附图，其中还有一些是布图设计的图片，但经合议组对比核实，证据 16 中并没有公开独创点 1 ~4 整体内容在本布图设计中所对应的部分。

综上所述，独创点 1 ~4 整体内容在本布图设计中所对应的部分没有被现有证据披露。此外，也没有证据显示独创点 1 ~4 整体内容在本布图设计中所对应的部分属于公认的常规设计。因此独创点 1 ~4 整体内容在本布图设计中所对应的部分为具有独创性的部分。

因此，本布图设计具有独创性，符合《条例》第 4 条的规定。

据此，合议组作出如下决定。

三、决定

维持 BS. 12500520. 2 号集成电路布图设计专有权有效。

合议组组长：沈　丽
主　审　员：刘利芳
参　审　员：马姗姗

案例 5 -9 “YH169B” 专有权撤销案[1]

一、基本案情

2021 年 11 月，上海国某集成电路设计有限公司（以下简称撤销意见提出人）针对南京沁某微电子股份有限公司（以下简称专有权人）的登记号为 BS. 175006423、名称为“YH169B”的布图设计专有权向国家知识产权局提交集成电路布图设计专有权撤销意见书，以本布图设计不符合《条例》第 17 条的规定为由，请求撤销本布图设计专有

[1] 国家知识产权局第 10 号集成电路布图设计撤销程序审查决定。

权。国家知识产权局经审理作出撤销程序审查决定，认为撤销意见提出人的意见不成立。

二、案例评析

本案中撤销意见提出人提交的撤销意见主要涉及《条例》第17条，即布图设计应在首次商业利用之日起2年内提出登记申请。双方当事人的争议焦点主要在于如何确定本布图设计的首次商业利用日。撤销意见提出人认为，根据证据，本布图设计的产品资料已于2006—2009年上传，本布图设计的CH340芯片最迟于2013年4月已上市销售，但本布图设计的申请日为2017年7月24日，超过了最早商业利用日起两年，因此不符合《条例》第17条的规定。专有权人认为，证据的网站显示的“CH340”芯片的资料并非对应本布图设计，早期生产资料中的“CH340”芯片的尺寸与证据中的芯片尺寸不同，布局也不相同；CH340不仅是一个芯片，还是一个系统；作为成品的CH340多年来实际是基于多款不同晶圆的裸片封装实现。因此不能仅根据“CH340”这一型号就断定其对应于本布图设计。

第10号决定指出，判断一项布图设计是否在其首次商业利用日2年内提出登记申请，核心是确定该布图设计首次商业利用的时间，通常应当核实两个基本事实：一是投入商业利用的布图设计与该布图设计的关系；二是确定该商业利用行为发生的时间。

1. 投入商业利用的布图设计与该布图设计的关系

在本案中，撤销意见提出人提交的证据为其他案件中对CH340G芯片的封装信息、芯片基本信息和芯片顶层布图布局的分析，并未完整呈现CH340G芯片的完整布图设计，据此并不能确定CH340G芯片与本布图设计的关系。

2. 确定该商业利用行为发生的时间

无论上述其他案件中呈现的事实是否可以确定CH340G芯片的商业利用时间，但由于不能确定CH340G芯片的布图设计是本布图设计，因此不能据此确定本布图设计的商业利用时间。

三、小　　结

本案明确了判断布图设计首次商业利用日的主要考虑因素：一是商业利用的布图设计是否为本布图设计，二是如果上述答案为是，则应确定首次商业利用的时间。本案中由于不能确定首次商业利用的布图设计就是本布图设计，因此也就不必再判断商业利用的具体时间。

（孙学锋）

附件 5 - 9：第 10 号撤销程序审查决定

案件编号：JC0024

决定日：2023 年 10 月 8 日

布图设计名称：YH169B

布图设计类别：（1）结构：MOS；（2）技术：CMOS；（3）功能：逻辑 - 其他

法律依据：《条例》第 17 条

决定要点

判断一项布图设计是否在其首次商业利用日 2 年内提出登记申请，核心是确定该布图设计首次商业利用的时间，通常应当核实两个基本事实：一是投入商业利用的布图设计与该布图设计的关系；二是确定该商业利用行为发生的时间。

决定正文

一、案由

本集成电路布图设计撤销案件涉及南京沁某微电子股份有限公司（曾用名：南京异某科技有限公司，以下简称专有权人）向国家知识产权局提交登记的登记号为 BS. 175006423、布图设计名称为"YH169B"的集成电路布图设计专有权（以下简称本布图设计），其申请日为 2017 年 7 月 24 日，创作完成日为 2015 年 11 月 22 日，首次商业利用日为 2016 年 3 月 25 日，颁证日为 2017 年 9 月 14 日，登记证书号为 15607。

针对本布图设计，上海国某集成电路设计有限公司（以下简称撤销意见提出人）于 2021 年 11 月 25 日向国家知识产权局提出撤销意见，以本布图设计不符合《条例》第 17 条的规定为由请求撤销本布图设计。撤销意见提出人认为：本布图设计的产品资料已于 2006—2009 年上传，没有在其首次商业利用日起两年内提出登记申请，不符合《条例》第 17 条的规定。

撤销意见提出人随撤销意见提交了如下证据：

证据 1：南京沁某微电子股份有限公司起诉上海国某集成电路设计有限公司侵犯计算机软件著作权及集成电路布图设计专有权的民事起诉状复印件；

证据 2：在专有权人的网站搜索"CH340"所显示的文件列表及上传时间的网页打印件。

国家知识产权局根据《条例》第 20 条的规定，启动对本布图设计专有权的撤销程序，于 2021 年 12 月 21 日向撤销意见提出人和专有权人发出集成电路布图设计进入撤销程序通知书，并将撤销意见及其附件转送给专有权人。

国家知识产权局随后成立合议组，对本案进行审查。

为查明案情，合议组调取了本布图设计的登记申请表、图样、简要说明。

专有权人于2021年12月29日提交了集成电路布图设计撤销程序意见陈述书，认为撤销意见提出人的撤销理由不成立，本布图设计符合《条例》第17条的规定，具体理由如下：

（1）网站显示的“CH340”芯片的资料并非对应本布图设计；专有权人的早期生产资料中“CH340”芯片尺寸为2.57mm×2.57mm；根据（2021）苏0114刑初148号刑事案件中的《知识产权鉴定意见书》的记载，本布图设计的芯片尺寸为1.883mm×1.881mm，两款芯片尺寸、晶体管数量、PAD数量、内部ROM和RAM的大小和布局也不相同。因此，撤销意见提出人仅从型号相同就推定本布图设计早年间就投入商业利用的理由与事实不符。

（2）CH340不仅是一个芯片，还是一个系统；作为成品的CH340多年来实际是基于多款不同晶圆的裸片封装实现的。

（3）撤销意见提出人2016年下半年发现专有权人的CH340芯片销售良好因此进行了仿制，由此也可以看出本布图设计是在2016年后才商业利用。

专有权人随意见陈述书提交了如下反证：

反证1：江苏长某科技股份有限公司的图号为YYKN－007的《焊线图》复印件1页；

反证2：声称为上海硅知识产权交易中心有限公司出具的《知识产权鉴定意见书》第8/21页复印件1页，及其对应的芯片布图对比图2页；

反证3：媒体报道网页截图打印件1页。

合议组于2022年1月21日向撤销意见提出人发出转送文件通知书，将专有权人提交的上述意见陈述书及反证转送给撤销意见提出人。

撤销意见提出人于2022年2月22日提交意见陈述，认为：相关刑事案件中涉及的撤销意见提出人的GC9034芯片与CH340芯片产生权利冲突，相关刑事案件中的证据可以证明，CH340芯片最迟于2013年4月已经上市销售。

撤销意见提出人于2022年3月23日再次提交意见陈述，认为：根据专有权人在相关刑事案件和（2021）苏01民初2032号民事案件中提交的证据可知，CH340芯片最迟于2013年4月已上市销售。撤销意见提出人随此次意见陈述书补充提交了如下证据（编号续前）：

证据3：沪硅所（2021）鉴字第015号《知识产权鉴定意见书》；

证据4：（2021）苏0114刑初148号案件《刑事判决书》。

合议组于2022年4月14日向双方当事人发出口头审理通知书，定于2022年5月9日举行在线口头审理，同时将撤销意见提出人于2022年2月22日和3月23日提交的意见陈述转送给专有权人。

口头审理如期举行，双方当事人均出席了口头审理。在口头审理中，双方当事人对对方出庭人员的身份和资格没有异议，对合议组成员和书记员没有回避请求，对合议组成员变更没有异议。口头审理中：

（1）专有权人当庭再次提交了反证1～3的电子件，并补充提交了反证4～7的电子件如下：

反证4：（2022）苏宁玄武证字第923号《公证书》；

反证5：增值税专用发票4张；

反证6：沪硅所〔2020〕鉴字第015号《知识产权鉴定意见书》部分，共8页；

反证7：声称为撤销意见提出人侵犯专有权人软件著作权案的相关报告、报道等。

合议组当庭将上述文件转送给撤销意见提出人。

（2）专有权人对撤销意见提出人提交的证据1～4的真实性没有异议，对关联性有异议；撤销意见提出人对专有权人提交的反证1～7的真实性没有异议，对关联性、证据所载明的内容或其证明力有异议。

（3）撤销意见提交人明确其撤销理由为本布图设计不符合《条例》第17条的规定。

（4）双方当事人均明确在当庭已充分陈述意见，庭后不再提交任何书面意见。

至此，合议组认为本案事实已经清楚，可以做出审查决定。

二、决定的理由

1. 关于审查基础

本决定针对的审查基础为本布图设计专有权登记公告的布图设计。

2. 关于证据

双方当事人对对方提交的证据真实性均无异议，合议组亦未发现影响这些证据真实性的明显瑕疵，对这些证据的真实性予以认可。对于所有证据的关联性、证明力和证明内容等在下文结合案情具体评述。

3. 关于《条例》第17条

《条例》第17条规定：布图设计自其在世界任何地方首次商业利用之日起2年内，未向国务院知识产权行政部门提出登记申请的，国务院知识产权行政部门不再予以登记。

判断一项布图设计是否在其首次商业利用日2年内提出登记申请，核心是确定该布图设计首次商业利用的时间，通常应当核实两个基本事实：一是投入商业利用的布图设计与该布图设计的关系；二是确定该商业利用行为发生的时间。

本案中，撤销意见提出人认为：证据1显示专有权人认可CH340芯片的布图设计即为本布图设计；证据2显示编号为CH340芯片的诸多资料已经在2006—2009年上传至互联网；由证据3、证据4可知，专有权人在相关刑事案件中所提交的用于证明CH340芯片主要生产销售时间节点、销售合同的证据均可说明CH340芯片最迟应在2013年4月上市销售。

对此，合议组认为：首先，证据4为涉及本案双方当事人著作权侵权诉讼的刑事判决书，证据3为证据4中所使用的证据。由证据3和证据4可知，该刑事案件中并未对已经商业利用的CH340G芯片的完整布图设计进行提取。证据3虽然给出了GC9034芯片与专有权人的CH340G芯片的布图布局基本相同的鉴定意见，但其比对分析仅涉及 CH340G 芯片和 GC9034 芯片的封装信息、芯片基本信息和芯片顶层布图布局，并未完整呈现 CH340G 芯片的完整布图设计，据此并不能确定 CH340G 芯片与本布图设计的关系。因此，无论通过该刑事案件呈现的事实是否可以确定 CH340G 芯片的商业利用时间，但由于不能确定 CH340G 芯片的布图设计是本布图设计，因此不能据此确定本布图设计的商业利用时间。

其次，从反证 1 可知，CH340T 芯片已于 2006 年被设计出来，其芯片尺寸约为 2.57mm×2.57mm；从反证 6 和证据 3 可知，CH340G 芯片尺寸为 1.88mm×1.88mm。专有权人在口头审理当庭亦称，CH340 是系列产品，其型号后面的字母表明其具有不同的引脚数。可见，CH340 芯片作为系列产品，不同时期、不同型号的 CH340 芯片的布图设计存在不同的可能。撤销意见提出人既没有对任何一款 CH340 芯片的布图设计进行提取并与本布图设计进行比对，也没有明确其主张用于证明商业利用时间早于本布图设计申请日 2 年的 CH340 芯片具体型号。

最后，证据 1 是专有权人在相关民事案件中提交的民事起诉状，其中记载了沁某微公司于 2011 年 10 月 20 日开发并发表“沁某微 USB 转串口芯片 CH340 内置固件软件程序 V3.0”，并逐步运用于 CH341、CH340 等多个芯片产品中；CH340 芯片于 2016 年 3 月大规模商业使用，并于 2017 年 9 月 14 日通过登记获得本布图设计专有权。可见，证据 1 仅可表明专有权人自述本布图设计登记申请日在其商业利用日 2 年内，并不能用于证明本布图设计在其商业利用 2 年后登记。至于软件程序，2011 年完成开发的软件程序可用于多款芯片中，其不足以证明 CH340 芯片系列中具体某一个型号的芯片的商业利用日期。证据 2 是在专有权人网站上检索“CH340”关键词得到的结果，其显示专有权人最早在 2009 年即发布了涉及“CH340”的驱动程序等资料，结合证据 1 中专有权人所称的“2011 年 10 月 20 日完成开发并首次发表了‘……固件程序 V3.0’”的主张可知，CH340 相关的驱动程序处于动态开发的状态，无法证明这些不同版本的驱动程序具体对应 CH340 系列芯片的具体型号。也就是说，该信息仅显示驱动程序的发布，并不清楚该驱动程序对应的芯片及其型号，亦不清楚相应芯片的布图设计，因此，不足以证明本布图设计的商业利用时间。

综上，撤销意见提出人所提交的证据 1~4 不足以证明本布图设计在其首次商业利用之日起 2 年后进行登记申请，其关于本布图设计不符合《条例》第 17 条的规定的主张，因证据不足，合议组不予支持。

据此，合议组作出如下决定。

三、决定

维持 BS.175006423 号集成电路布图设计专有权有效。

合议组组长：沈　丽
主　审　员：孙学锋
参　审　员：罗崇举、倪光勇、马姗姗

案例5-10 “GLF71301”专有权撤销案[1]

一、基本案情

2023年8月，杰某微电子（四川）有限公司针对西安华某科技有限公司的登记号为BS.185008003、名称为“GLF71301”的布图设计专有权向国家知识产权局提交集成电路布图设计专有权撤销意见书，以本布图设计不符合《条例》第17条、第4条、第2条、第5条的规定为由，请求撤销本布图设计专有权。国家知识产权局经审理作出决定，撤销意见提出人的上述主张不成立。

二、案例评析

本案的上述争议焦点在于如何理解《条例》第30条规定的“以其他方式提供”布图设计、集成电路或物品的行为的判断。决定从文义、体系、立法解释三个方面进行分析。

从文义解释的角度，以其他方式提供布图设计、集成电路或物品的行为，关键词在于“提供”的含义，应指实际完成提供的行为，类似于进口或销售行为中实际交付这种确定行为，而不是可能提供或者能够提供而未提供的状态。本案专有权人在其官网上发布了产品资讯，称其在美国正式发布具有突破性能的GLF71301负载开关，并介绍了其性能、参数和电路图等。但上述信息均不包括布图设计的具体内容，也不能证明已经实际提供具体的集成电路及包含电路的产品。上述产品资讯更多的考虑应该是提前对未上市的产品进行市场宣传，而不能等同为已经上市销售。根据反证可知，按照商业惯例，一款产品发布之后还需要过一段时间才可能实际上市销售该产品，而间隔的时间并不固定，从几天到几个月甚至更长时间都有可能。因此，撤销意见提出人的证据无法证明专有权人“提供”了布图设计、集成电路或物品。

从体系解释的角度，从本法条及其他知识产权法的类似规定进行分析。如前所述，本法条与其他方式提供相并列的方式只有进口和销售，而进口通常是指从国外采购到国内，销售通常是指已经完成出售，二者均是实际的提供产品的行为，因此与其并列的“其他行为”，也应理解为实际发生的提供行为。从其他知识产权法如专利法的类似法条的规定来看，《专利法》第11条规定的“实施”专利的行为，包括为生产经营目

---

[1] 国家知识产权局第11号集成电路布图设计撤销程序审查决定。

的制造、使用、许诺销售、销售和进口，可见，从知识产权法的大体系来看，条例规定的商业利用行为并未包括许诺销售、制造和使用，则上述行为也应排除在“其他行为”之外。因此，本案中，类似于广告行为的许诺销售并不属于条例所规定的商业利用。

从立法解释的角度，《条例》第17条之所以规定商业利用日2年之内的登记期限，一方面在于防止对上市时间较长的陈旧技术进行保护会阻碍技术发展和创新，另一方面在于鼓励对布图设计积极申请登记以受到保护，同时也要考虑平衡专有权人与社会公众的利益。对于布图设计来说，如果将许诺销售行为认为属于商业利用行为，当产品发布日期与产品实际上市销售日期之间的间隔过长时，相当于变相缩短了专有权人根据实际市场反馈来考虑是否将该布图设计予以登记的两年期限，而实践中，从产品发布到实际销售，如前所述，从几天到几个月甚至更长时间都有可能，而且影响因素较多，并不是可控的，因此如果将“其他行为”扩大解释，则可能导致专有权人利益与公众利益的不平衡。

综上分析，现行条例规定的商业利用行为中的以其他方式提供布图设计、集成电路或物品的行为，并不包括许诺销售，而应理解为类似进口或销售中的实际提供行为。

三、小　结

判断布图设计的商业利用日时，应当根据相关行为的性质和后果，对相应的布图设计是否实际进行了商业利用来判断。“提供”应当理解为实际已经上市销售、处于随时可以获取的状态。发布、广告等行为不能证明布图设计及其产品处于随时可以获得的状态，其时间点不能直接认定为商业利用的时间。

（周亚娜）

附件5－10：第11号撤销程序审查决定

案件编号：JC0027

决定日：2024年12月20日

布图设计名称：GLF71301

布图设计类别：(1) 结构：MOS；(2) 技术：CMOS；(3) 功能：其他

法律依据：《条例》第2条、第4条、第5条、第17条

决定要点

《条例》中所规定的“商业利用行为”包括“以其他方式提供”布图设计、集成电路或物品的行为，其通常是指类似于进口或销售等实际提供的行为，不包括发布产品信息、产品规格书、许诺销售等未实际发生提供布图设计、集成电路或物品的行为。

在没有相关证据可以佐证上述所发布的产品信息或产品规格书所涉及的布图设计与本布图设计相同或实质性相同时，仅根据产品型号推定二者所包括的布图设计必然相同的主张通常不能得到支持。

为了平衡专有权人和社会公众之间的利益，在诚信原则和公平原则的前提下，专有权人对其布图设计所主张的独创性部分应该是客观且相对固定的，而不应该是主观或反复变化的；如果专有权人在登记、确权、侵权等程序或时期中主张的独创性部分明显反复变化，超出社会公众的合理预期且损害其合法利益，则上述变化不应被接受；如果其主张的独创性部分与在先程序或时期中主张的独创性部分相比存在一定变化，但二者密切关联且在合理范围内，则上述变化可以被接受；上述独创性部分被确认后，在后续相关程序中原则上不应再主张发生变化。

独创性部分不是指个别分立元件或者个别元件的连接关系，而是指由多个元件构成的相对独立的模块，该相对独立的模块一般应具备两个条件，一是相对于其他部分而言，该独创性部分具有相对独立的电子功能；二是在布图设计复制件或图样中，该独创性部分相对于其他部分应具有相对清晰、可以划分的边界。

在判断布图设计的独创性时，首先应当关注对比布图设计与本布图设计的创作者之间的关系。如果对比布图设计与本布图设计的创作者相同，二者均属于创作者自己的智力劳动成果，本布图设计属于专有权人的独立创作，此时应当综合考虑该对比设计的创作时间是否早于本布图设计、该对比设计是否已经登记获得专有权，本布图设计与该对比设计是否相同或实质相同，以及如果存在区别，在本布图设计创作时二者的区别是否属于公认的常规设计等因素，以判断本布图设计的独创性。

同一专有权人的一项布图设计，应当仅享有一项专有权。在专有权人就其布图设计已经取得一项专有权的前提下，该专有权人在后申请登记的布图设计欲取得专有权，应当与该已取得专有权的布图设计具有实质性区别，即应当具备独创性，否则就会出现同一个布图设计享有多项专有权的情形。

如果对比布图设计与本布图设计的创作者不同，则需要判断本布图设计的创作者是否存在接触对比布图设计的可能性，在存在接触可能性的情况下，判断本布图设计相对于对比布图设计是否属于创作者自己的智力劳动成果，当本布图设计属于创作者自己的智力劳动成果时，再判断本布图设计相对于对比布图设计是否属于公认的常规设计。

如果对比布图设计与本布图设计的创作者不同，则需要判断本布图设计的创作者是否存在接触对比布图设计的可能性，在存在接触可能性的情况下，判断本布图设计相对于对比布图设计是否属于创作者自己的智力劳动成果，当本布图设计属于创作者自己的智力劳动成果时，再判断本布图设计相对于对比布图设计是否属于公认的常规设计。

决定正文

一、案由

本集成电路布图设计专有权撤销案件审查决定（以下简称本决定）涉及杰某微电子（四川）有限公司（以下简称专有权人）向国家知识产权局提交登记的登记号为BS. 185008003、名称为“GLF71301”的集成电路布图设计专有权（以下简称本布图设计），其声称的创作完成日为2017年5月15日，声称的首次商业利用日为2017年11月15日，申请日为2018年7月5日，公告日为2018年8月30日，登记证书号为18977。

（一）针对本布图设计，西安华某半导体科技有限公司（以下简称撤销意见提出人）于2023年8月25日向国家知识产权局提交集成电路布图设计专有权撤销意见书，以本布图设计不符合《条例》第2、4、5、17条的规定为由，提出撤销本布图设计专有权的意见。撤销意见提出人随撤销意见书同时提交了证据1~7，并于2023年9月25日提交了补充意见以及如下证据1~14。

证据1：（2023）京方圆内经证字第13437号公证书及部分译文，用于证明本布图设计实际的商业利用日早于其申请日两年；

证据2：（2023）京方圆内经证字第16307号公证书及部分译文，用于证明GLF71311产品的布图设计在本布图设计申请日前已商业利用；

证据3：（2023）京方圆内经证字第16306号公证书，为GLF71311产品购买过程的聊天记录公证；

证据4：（2023）京方圆内经证字第16308号公证书，为GLF71311产品的收货公证；

证据5：第三方检测机构北京芯某景软件技术股份有限公司出具的GLF7131产品的质量检测报告及补充报告，用于证明本布图设计与GLF71311产品的布图设计相同；

证据6：IP360取证数据保全证书、保全内容及部分译文，保全内容包括论文“Design and Optimization of Power MOSFET Output Stage for High - frequency Integrated DC - DC Converters”（高频集成DC - DC转换器功率MOSFET输出级的设计与优化），公开日为2014年6月18日，网址为tspace. library. utoronto. ca/bitstream/1807/65440/3/LeeJunmin_20126_MASc_thesis. pdf；

证据7：《模拟电路版图的艺术》，Alan Hastings著，张为等译，电子工业出版社，2007年4月第1次印刷；

证据8：IP360取证数据保全证书及保全内容，保全内容包括IC交易网（ic. net. cn）部分网页内容，网址为https：//www. ic. net. cn/search/GLF71311. html；

证据9：（2023）陕证民字第5649号公证书，为购买不同批次的产品GLF71311、GLF71301的聊天记录公证；

证据 10：（2023）京方圆内经证字第 25390 号公证书，为购买不同批次的产品 GLF71311、GLF71301 的收货公证；

证据 11：第三方检测机构北京芯某景软件技术股份有限公司出具的对证据 10 公证购买的芯片进行拆封拍照的产品拆封报告；

证据 12：IP360 取证数据保全证书、保全内容及部分译文，保全内容包括专有权人官方网站（glfpower. com）发布的有关 GLF71311 产品的网页资料；

证据 13：专有权人在（2023）川 01 知民初 99 号的侵害集成电路布图设计专有权纠纷中提交的 GLF71301 布图设计独创性说明；

证据 14：IP360 取证数据保全证书、保全内容及部分译文，其中保全内容包括从多伦多大学图书馆建立的数据库 TSpace 下载证据 6 论文的过程，网址为 tspace. library. utoronto. ca/bitstream/1807/65440/3/Lee. Junmin_20126_MASc_thesis. pdf，用于证明 6 的真实性和公开日期。

撤销意见提出人在撤销意见书以及补充意见中陈述如下意见：

1. 关于本布图设计的具备独创性的部分（以下简称独创性部分）

根据专有权人在涉及本布图设计专有权的侵权纠纷中所明确的内容（参见证据 13），本布图设计包括功率晶体管（Power MOSFET）、静电放电电路（ESD）及下拉电路（Pull - Down）等主要组成部分，其相关元件分配、布置，各元部件间的互联，信息流向关系，组合效果等要素至少涉及 12 个独创性部分。

2. 关于撤销意见

（1）本布图设计不符合《条例》第 17 条的规定：本设计的申请日为 2018 年 7 月 5 日，专有权人所声称的首次商业利用日为 2017 年 11 月 15 日，然而，本布图设计早在 2016 年 5 月就已投入商业利用（参见证据 1），其布图设计申请日已超过实际的首次商业利用日 2 年，应予撤销。

（2）本布图设计不符合《条例》第 2 条和第 5 条的规定：布图设计是指集成电路中元件和互连线路的三维配置，对布图设计的保护，不延及思想、处理过程、操作方法或者数学概念等，具体而言，电路的功能、电路的原理、要实现的效果、处理过程、设计思想、尺寸参数等，都不应作为确定保护范围的依据，专有权人主张的独创性部分 1 ~ 12 均不应认为是本布图设计的保护范围。

（3）本布图设计不符合《条例》第 4 条的规定：关于独创性部分 1 ~ 12：GLF71311 系专有权人持有的与本布图设计用途和设计均相同的另一款布图设计（参见证据 2），属于本布图设计的对比设计，经公证购买及产品检测（参见证据 5），可以确认该对比设计已经公开了本布图设计的独创性部分 1 ~ 12；若认为二者存在 MOSFET 阵列数量等差异，这些差异与集成电路中元件和互连线路的三维配置无关，系设计思想和尺寸参数，不应被认为属于本布图设计的保护范围；退一步讲，这些差异也是本领域公认的常规设计（参见证据 7）。

关于独创性部分 1 ~5：证据 6 为从学术搜索引擎下载的在先公开的论文，公开了本布图设计的独创性部分 1 ~5；若认为二者存在 MOSFET 阵列数量等差异，这些差异与集成电路中元件和互连线路的三维配置无关，属于设计思想和尺寸参数，不应被认为属于本布图设计的保护范围；退一步讲，这些差异也是本领域公认的常规设计（参见证据 7）。

（二）国家知识产权局根据《条例》规定，启动针对本布图设计专有权的撤销程序，于 2023 年 10 月 31 日向撤销意见提出人和专有权人发出集成电路布图设计进入撤销程序通知书，并随该通知书向专有权人转送撤销意见提出人于 2023 年 8 月 25 日及 9 月 25 日提交的撤销程序请求书、撤销程序意见陈述书及其证据副本。

国家知识产权局随后成立合议组，对本布图设计的撤销程序进行审查。

2023 年 12 月 14 日，专有权人提交撤销程序意见陈述书，同时提交如下附件：

反证 1 -1：网页截屏，“全新高性能显卡品牌‘英特尔锐炫 TM’震撼发布，首款显卡将于 2022 年上市”；

反证 1 -2：网页截屏，“英特尔推出第十三代智能英特尔酷睿处理器家族以及新的英特尔 Unison 解决方案”；

反证 1 -3：网页截屏，“Apple 发布 iPhone 15 Pro 和 iPhone 15 Pro Max”；

反证 1 -4：网页截屏，“荣耀 100 系列满分升级：影像、护眼、性能全面突破体验再升维”；

反证 2：网页截屏，涉及苹果公司官方网站对“release”的翻译；

反证 3：ESP8684 系列芯片的技术规格书；

反证 4 -1：瑞某杰创公司和杰某微电子公司关于 GLF71301 的采购单原文及译文；

反证 4 -2：爱某公司和瑞某杰创公司关于 GLF71301 的采购单；

反证 5：GLF71301 最新产品规格书；

参考反证 1：网页截屏，国家知识产权局指导案例 5 号的理解与适用；

参考反证 2：南京微某电子有限公司、泉某电子技术（深圳）有限公司等侵害集成电路布图设计专有权纠纷民事二审民事判决书。

专有权人在意见陈述书中陈述如下意见：

（1）本布图设计符合《条例》第 17 条的规定：证据 1 无法证明本布图设计于申请日的两年前进行首次商业利用，专有权人 2016 年 5 月对 GLF71301 产品的发布行为不属于《条例》第 2 条第（五）项所规定的商业利用行为；撤销意见提交人提交的 GLF71301 产品信息以及数据手册公布信息的译文有误，且该产品信息无法证明上述产品已经进行首次商业利用；GLF71301 产品的数据手册（datasheet）的公开时间不能确定，且该公开行为不属于《条例》第 2 条第（五）项所规定的商业利用行为；反证 4 可以证明 GLF71301 布图设计的首次商业利用发生在 2017 年 11 月。

（2）专有权人提出新的独创性部分 13 和 14：

独创性部分 13：下拉电路 MOSFET 的总宽度为 240μm，该下拉电路包含 M1 层和 VIA1 层，VIA1 层每组的数量为 $6 \times 18 = 108$ 个，并且 M1 层采用规整的矩形图形。

独创性部分 14：包含三个相同的静电放电电路（ESD）单元，每个静电放电电路（ESD）单元的尺寸均为 1512μm，具体地，每个静电放电电路（ESD）单元中的 MOSFET 由 36 个宽度（W）为 42μm 的 NMOS 并联连接构成，MOSFET 总宽度为 1512μm。

（3）本布图设计的独创性部分 1、4、5、13、14 具备独创性：证据 2～4、证据 8～11 无法证明 GLF71311 产品的布图设计于本布图设计的首次商业利用日之前已经商业利用，属于现有设计；独创性部分 1、4、5 相比于 GLF71311 的布图设计不同，区别也不属于公认的常规设计；本布图设计独创性部分 1、4、5 相比于证据 6 的布图设计不同，区别也不属于公认的常规设计。

（4）独创性部分 1～12 符合《条例》第 2 条、第 5 条的规定。

2024 年 1 月 30 日，合议组将专有权人于 2023 年 12 月 14 日提交的意见陈述书及所附附件转给撤销意见提出人，并向双方当事人发出集成电路布图设计撤销程序口头审理通知书，定于 2024 年 3 月 8 日举行口头审理。

为查明案情，合议组向国家知识产权局调取了本布图设计的登记申请表、图样、简要说明等案卷材料。

（三）口头审理如期举行，双方当事人均委托代理人出席了本次口头审理。在口头审理过程中，明确了如下事项：

（1）撤销意见提出人、专有权人对对方出庭人员的身份和资格没有异议，对合议组成员变更没有异议，对变更后的合议组成员及书记员没有回避请求。

（2）关于审查基础，合议组当庭明确：本次口头审理针对的审查基础为本布图设计专有权登记公告的布图设计。

关于本布图设计的独创性部分，专有权人当庭明确包括如下：独创性部分 1、4、5，独创性部分 1～5 整体，独创性部分 6～9、14 整体，独创性部分 10～13 整体，以及本布图设计的整体。撤销意见提出人认为：独创性部分 1、4、5 作为单独的部分提出不符合三维配置的要求，不予认可；不认可独创性部分 1～5 中从布图设计看不到的部分作为保护范围；根据诚信原则，在本布图设计相关的侵权诉讼中未主张的独创性部分 13、14 以及布图设计整体也应不予认可。

（3）关于证据，撤销意见提出人当庭提交如下证据及参考证据（编号续前）：

证据 15：《集成电路版图基础——实用指南》，（美）Christopher Saint 等著，清华大学出版社，李伟华等译，2006 年 10 月第 1 版第 1 次印刷；

证据 16：IP360 取证数据保全证书及保全内容，保全内容包括 360doc.com 个人图书馆的网页，“版图中 Metal 专题——线宽选择”，发布日期为 2016 年 11 月 6 日；

证据 17：电子科技大学硕士毕业论文，单节锂电池保护芯片的设计，吴张玉，公开日期为 2014 年 6 月；

证据 18：Semantic Scholar 网站的文章及中文译文，High speed CMOS output stage for integrated DC – DC converters（用于集成 DC – DC 转换器的高速 CMOS 输出级），Wai Tung Ng 等，2008 年 12 月 30 日；

参考证据 1：制造工艺规则；

参考证据 2：R3D 软件介绍。

专有权人当庭提交如下证据作为参考（编号续前）：

参考反证 3：1.5A Ultra – small Load Switch with Slew Rate Control（具有变化率控制的 1.5A 超小负载开关），上海艾某电子技术股份有限公司，2023 年 1 月，V1.1；

参考反证 4：TPS22916xx 1V 至 5.5V、2A 60mΩ 超低泄漏负载开关，TEXAS INSTRμmENTS 德州仪器，ZHCSGV0F – JULY 2017 – REVISED，2021 年 1 月。

合议组当庭将上述证据转送给双方当事人。双方当事人对本案的证据进行了核实，并陈述如下意见：

撤销意见提出人认可反证 1、反证 2、反证 3、反证 4 – 2、反证 5 的真实性，不认可反证 4 – 1 的真实性，认为其时间戳与提交的复印件中订单的芯片型号、订单号和芯片价格等信息均不一致。

专有权人认可证据 1 ~ 18 的真实性，但认为证据 5 所附光盘中的内容需再次验证，需使用专有软件才能查看，并对证据 1 中“production released”的译文有异议；关于反证 4 – 1，认为可以庭后提交证据予以补强。

双方当事人当庭明确参考证据 1、证据 2 和参考反证 1 ~ 5 仅供合议组参考。

（4）关于撤销理由，撤销意见提出人当庭明确其主张的撤销理由见表 5 – 2。

表 5 – 2　撤销意见提出人当庭主张的撤销理由

	撤销理由	使用的证据
本布图设计	《条例》第 17 条	证据 1
独创性部分 1 ~ 12、13、14	《条例》第 4 条	证据 5 证据 5 结合证据 7 证据 5 结合证据 15 ~ 18
独创性部分 1 ~ 5	《条例》第 4 条	证据 6 证据 6 结合证据 7 证据 6 结合证据 15 ~ 18
独创性部分 1 ~ 12	《条例》第 2 条	证据 13
独创性部分 1 ~ 12	《条例》第 5 条	证据 13

合议组针对上述理由及证据进行了详细调查，双方当事人均充分发表了意见。

（四）专有权人于 2024 年 3 月 22 日提交了意见陈述书及证据 4 – 1 的时间戳证书，主要意见如下：（1）关于独创性。独创性定义中“创作者自己的劳动成果”的含义是指不是抄袭别人的，而是创作者自己设计完成，作为比对基础的现有布图设计不应当是创作者自己的布图设计，而应当是他人的现有布图设计。因此，撤销意见提出人所主张的 GLF71311 的布图设计不应当作为现有布图设计评价本布图设计的独创性，更不能与其他公认的常规设计相结合使用；独创性定义中“创作者自己的劳动成果”与“公认的常规设计”之间的连接词为“并且”，可知二者之间应当为并列的考量关系，需要布图设计分别满足这两种情况，但是并没有可以将二者结合评价的含义。对于他人的现有技术，应当考量本布图设计的独创性部分与之相比是否相同或者实质性相同，如果不属于他人的现有布图设计，则应当整体考量该独创性部分是否属于公认的常规设计。撤销意见提出人提交的新补充证据 15 ~ 18 并不能影响独创性部分 1、4、5、13 的独创性，专有权人请求保护的独创性部分 1 ~ 5 整体，独创性部分 6 ~ 9、14 整体，独创性部分 10 ~ 13 整体，以及本布图设计整体也具备独创性。（2）通过对专有权人所主张的独创性部分 1 ~ 14 的内容与登记时提交的图样进行比对，可以明确基于登记文件可以得到的内容，对于其他不能得到的内容可以通过检测样品的方式获得，如有必要，专有权人可申请对提交的样品进行检测。（3）证据 16 和证据 18 均为论文，不属于公认的常规设计，且证据 16 为个人图书馆的文章，其内容真实性无法确定，也不能确定文章内容是否在 2016 年后编辑修改过，即无法确定其公开时间。

撤销意见提出人于 2024 年 3 月 25 日提交了意见陈述书，主要意见如下：（1）专有权人主张的独创性部分 1 ~ 4、独创性部分 7 ~ 14 均无法从本布图设计的图样中知晓，其主张的权利基础无法获知其真实性，不应受到保护；独创性部分 13、14 中 MOSFET 的宽度及数量、总宽度、VIA1 的数量、M1 的形状，均与集成电路中元件和互连线路的三维配置无关，系设计思想和尺寸参数，不应认为本布图设计的保护范围；（2）GLF71311 和本布图设计均系专有权人创作，且专有权人登记了该两件布图设计，并声明 GLF71311 创造完成日早于涉案布图设计。退一步讲，在本布图设计首次商业利用日之前，GLF71311 已处于能够为公众获得的状态，系本布图设计的现有布图设计；（3）即便认为专有权人关于独创性部分的主张有效，与现有布图设计 GLF71311 或证据 6 相比，本布图设计独创性部分 1 ~ 14 均不符合《条例》第 4 条关于独创性的规定。

合议组于 2024 年 4 月 15 日分别将上述意见陈述书及证据副本转送给双方当事人。

在上述程序的基础上，合议组认为本案事实已经清楚，可以依法作出审查决定。

二、决定理由

1. 关于审查基础

本决定针对的审查基础为本布图设计专有权登记公告的布图设计。

2. 关于证据

本布图设计声称的首次商业利用日为 2017 年 11 月 15 日，申请日为 2018 年 7 月 5 日，因此本布图设计的申请日和首次商业利用日中的较前日期为首次商业利用日 2017 年 11 月 15 日。

证据 1 ~ 4、证据 9、证据 10 为公证书，专有权人认可其真实性，但不认可证明目的。合议组对上述证据的真实性予以认可。

证据 5、证据 11 产品质量检测报告、产品拆封报告，专有权人认可其真实性，但不认可证明目的。合议组对上述证据的真实性予以认可。

证据 6 为从网站 semanticscholar. com 下载的论文 “Design and Optimization of Power MOSFET Output Stage for High – frequency Integrated DC – DC Converters”（高频集成 DC – DC 转换器功率 MOSFET 输出级的设计与优化），第 20 页显示该论文的公开日期为 2014 年 6 月 18 日；证据 14 为多伦多大学图书馆的数据库 TSpace（网址：tspace. library. utoronto. ca）下载证据 6 论文过程的公证，第 6 页显示论文的发表时间为 2014 年 6 月 18 日。专有权人认可证据 6 的真实性和公开日期。合议组对证据 6 的真实性和公开日期予以认可。证据 6 中该论文的公开日期早于本布图设计的首次商业利用日 2017 年 11 月 15 日，因此可以作为本布图设计的现有布图设计。

证据 7、证据 15 为书籍，公开日期分别为 2007 年 4 月及 2006 年 10 月，专有权人认可其真实性和公开日期。合议组对其真实性和公开日期予以确认。上述证据的公开日期均早于本布图设计的首次商业利用日，且在其版权页记载了可以作为教材或了解理论和设计基础知识的书籍，因此证据 7、证据 15 可作为公认的常规设计证据使用。

证据 8、证据 12 为经 IP360 取证数据保全的 ic 交易网（ic. net. cn）的网页内容。专有权人认可其真实性。合议组对上述证据的真实性予以认可。

证据 13 为专有权人在（2023）川 01 知民初 99 号的侵害集成电路布图设计专有权纠纷中提交的本布图设计 GLF71301 的独创性说明。专有权人认可其真实性。合议组对上述证据的真实性予以认可。

证据 16 为 360doc 网站论文，“版图中 Metal 专题—线宽选择”，公开日期为 2016 年 11 月 30 日；证据 17 为电子科技大学论文，“单节锂电池保护芯片的设计”，公开日期为 2014 年 6 月 30 日；证据 18 为 IEEE 网站论文，“High speed CMOS output stage for integrated DC – DC converters”（用于集成 DC – DC 转换器的高速 CMOS 输出级），公开日期为 2008 年 12 月 30 日。专有权人不认可证据 16 的真实性和公开日期，认可证据 17 和证据 18 的真实性和公开日期，并认为证据 16 和证据 17 不属于公认的常规设计。合议组认为，公认的常规设计是指，在创作布图设计时布图设计创作者和集成电路制造者能够从布图设计领域的教科书、技术词典、技术手册、通用标准、通用模块等资料中获取的设计以及根据基本的设计原理容易想到的设计，而证据 16 ~ 18 均属于学术论文，不属于公认的常规设计的证据载体，在案证据也不能表明证据 16 ~ 18 中记载的内容属于根据基本的设计原理容易想到的设计，因此本案中在判定公认常规设计时对证据 16 ~ 18 不予考虑。反证 1（包括反证 1 – 1 至反证 1 – 4）、反证 2、反证 3、反证 4 – 1、反证 4 – 2、反证 5 均为网络证据，撤销意见提出人于口头审理时认可反证 1、反证 2、反证 3、反证 4 – 2、反证 5 的真实性，不认可反证 4 – 1 的真实性，认为其时间戳与提交的复印件中订单的芯片型号、订单号和芯片价格等信息均不一致。专有权人口头审理后补交了反证4-1的时间戳证书。撤销意见人收到上述文件后未提出异议。合议组对上述反证的真实性予以认可。

3. 关于《条例》第17条

《条例》第17条规定，布图设计自其在世界任何地方首次商业利用之日起2年内，未向国务院知识产权行政部门提出登记申请的，国务院知识产权行政部门不再予以登记。

《条例》中所规定的“商业利用行为”包括“以其他方式提供”布图设计、集成电路或物品的行为，其通常是指类似于进口或销售等实际提供的行为，不包括发布产品信息、产品规格书、许诺销售等未实际发生提供布图设计、集成电路或物品的行为。在没有相关证据可以佐证上述所发布的产品信息或产品规格书所涉及的布图设计与本布图设计相同或实质性相同时，仅根据产品型号推定二者所包括的布图设计必然相同的主张通常不能得到支持。撤销意见提出人主张：本布图设计的申请日为2018年7月5日，专有权人在登记时主张首次商业利用日为2017年11月15日，但有多份证据表明本布图设计早在2016年5月就已商业利用，其布图设计申请日已超过实际商业利用日2年，因此不符合《条例》第17条的规定。具体地，证据1第16-17页为专有权人在其中文官方网站于2016年5月5日发布的新闻，记载了2016年5月4日GLF公司在美国正式发布GLF71301负载开关，该型号与本布图设计的名称相同，即本布图设计对应的芯片产品，本行业惯例为产品型号相同则结构相同，如果同样型号对应不同结构，应由专有权人进行举证。证据1第26页为专有权人英文官方网站2016年5月5日发布的与上述中文官方网站相同内容的新闻。证据1第36-37页为专有权人英文官方网站在2016年3月18日发布的本布图设计产品的产品信息，信息包括“production released（量产发布）”，且虽然证据1中未显示，但该产品信息页面具有“buy now”按钮，即“立即购买”。证据1第51-58页为第三方网站“产品手册网”（datasheets. com）在2016年5月3日公开的本布图设计的产品手册，产品手册中的发布日期为2016年4月18日。芯片产品与反证1中的手机等终端产品不同，其属于中间产品，专有权人在其官方网站上发布与布图设计名称相同的产品，表示该产品随时可以提供，或至少有一些库存可以提供，任何对该产品有兴趣的人均可以购买，至少已经构成了许诺销售，属于《条例》第2条第（五）项规定的“以其他方式提供含有该集成电路的物品的行为”，而且其官方网站和第三方网站上均公布了该产品的数据手册，也足以证明该产品已投入商业利用。反证4仅能证明其是一个采购单，而不能证明其为首个采购单。

专有权人主张：上述证据1中的产品或产品数据手册发布行为不属于《条例》第2条第（五）项所规定的商业利用行为，其既不属于进口或销售行为，也不属于与上述两种行为并列的以其他方式提供布图设计、集成电路或物品的行为，上述发布行为仅是对公司研发能力的宣传，不构成许诺销售，且许诺销售也不属于《条例》第2条第（五）项所规定的商业利用行为；撤销意见提出人声称的“buy now”按钮并没有出现在证据1中，且该按钮是后期随时可以添加至产品信息页面的，没有证明表明在证据1所示的时间点即2016年5月产品信息发布即可购买，并且也没有证据表明当时发布已经被提供的产品与本布图设计相同或实质性相同；证据1产品手册的公开时间不能确定，意见陈述书和证据1中多处“最后查验日期”不一致。专有权人提交了多份反证，其中，反证1用于说明英特尔、苹果、荣耀等公司的产品从官方网站发布到上市销售存在几天至几个月不等的时间差。反证2用于说明证据1对“production released”的译文翻译有误。反证3用于说明从产品手册或规格书（datasheet）发布到产品量产还有较长时间。反证4用于证明其首次商业利用日确为登记时声明的日期2017年11月15日。

对此，合议组认为：本案的上述争议焦点在于如何理解布图设计保护制度中的“以其他方式提供”布图设计、集成电路或物品的行为的含义，以下从文义、体系、立法解释三个方面进行分析。

根据《条例》第2条第（五）项规定，商业利用，是指为商业目的进口、销售或者以其他方式提供受保护的布图设计、含有该布图设计的集成电路或者含有该集成电路的物品的行为。

从文义解释的角度，对于“以其他方式提供”布图设计、集成电路或物品的行为的理解，关键在于对“提供”一词的理解，根据其文字表达的含义，其表示供给、供应资料或物资等的行为，通常指实际完成了提供的行为，对布图设计而言，类似于进口或销售行为中针对布图设计发生实际交付的确定行为，而不应指可能提供或者能够提供而未提供布图设计的不确定状态。

本案中，专有权人在其官方网站上发布了产品资讯，称其在美国正式发布具有突破性能的GLF71301负载开关，能够提供突破性的导通电阻，并配有产品的实物图片和电路简图，其产品手册中包括若干产品实物图片和性能、参数及电路图。但是，一方面，上述资讯和资料均不包括布图设计的具体版图信息；另一方面，上述资讯和资料也不能证明专有权人已经实际提供包含布图设计的集成电路以及包含该集成电路的产品。因此，上述资讯和资料可以被认为是对拟上市产品提前进行的市场宣传，体现公司研发能力的同时进行产品预告，并不能证明该产品已经上市销售。

由反证1可知，根据行业实际，一款产品发布之后可能还需要经过一段时间才能实际上市销售，而该间隔的时间并不固定，从几天到几个月甚至更长时间都有可能。虽然芯片作为中间产品，其商业模式与反证1-3和反证1-4中手机等终端产品可能有所差别，但反证1-1和反证1-2涉及显卡、处理器及芯片，与本布图设计的负载开关芯片领域更为接近甚至相同，上述产品的发布时间和上市时间相隔近1个月或3~6个月，因此，撤销意见提出人的在案证据无法证明专有权人在前述产品信息或技术手册发布时即“提供”了布图设计、集成电路或物品。此外，撤销意见提出人虽主张产品信息页面具有“buy now”即“立即购买”按钮，但证据1中的页面并未显示该按钮，即没有证明表明在证据1所示的时间点即2016年5月产品信息发布时，该网页已经添加了“立即购买”的按钮。关于证据1中官方网站及第三方网站发布产品手册的行为，本领域中，芯片从设计到最终生产制造需要经过规格制定、电路设计、布图设计、流片、封装、测试等流程。其中，产品手册 datasheet 在公布后可能会经历多次修改，到量产可能还会经历较久的时间，如反证3第38页记载了 ESP8684 系列芯片技术规格书 datasheet 的修订历史，该系列产品预发布了技术规格书 V1.0 版本后，经历多次修改，近两年后实现量产并更新技术规格书至 V1.4 版本。综上，撤销意见提出人的证据不能证明在2016年3—5月，本布图设计的产品已经能够在公开市场实际获取，即不能认为在上述时间内完成了本布图设计产品的“提供”行为。

从体系解释的角度，在布图设计保护制度中，根据《条例》第2款第（五）项的规定，与“以其他方式提供”相并列的方式为进口和销售，而进口通常是指将外国商品或服务引进到国内，销售通常是指提供商品或服务，二者均是实际引进或提供布图设计以及产品的行为，因此与其并列的“其他方式”也应指实际的提供行为，而不应理解为未实际提供布图设计及产品的行为。从其他知识产权保护制度，例如专利保护制度的相关规定看，《专利法》第11条规定的“实施”专利的行为包括为生产经营目的制造、使用、许诺销售、销售和进口，其中明确包括许诺销售，因此其“实施”应理解为包括未实际提供专利的许诺销售的行为。可见，从各个知识产权保护体系看，布图设计保护制度和专利保护制度中对于相关概念的规定并不相同，现行布图设计保护制度中规定的“商业利用行为”不包括许诺销售，其应排除在“以其他方式提供”的行为之外，换句话说，现行保护制度中发布产品资讯等类似于许诺销售的行为不属于《条例》所规定的商业利用。

从立法解释的角度，《条例》第17条之所以规定在商业利用日2年之内提出登记申请的相关期限，一方面在于防止对上市时间较长的陈旧技术进行保护会阻碍技术发展和创新，另一方面在于鼓励对布图设计积极申请登记以受到保护，同时也要考虑平衡专有权人与社会公众的利益。对于布图设计来说，如果将许诺销售等类似的行为归于商业利用，则当产品发布日期与其实际上市销售日期的间隔过长时，相当于变相缩短了专有权人根据实际市场反馈来考虑是否将该布图设计予以登记的两年期限。而实践中，从产品发布到实际销售，如前所述，从几天到几个月甚至更长时间都有可能，而且影响因素较多，并不是可控的。因此，如果将“其他行为”扩大解释，则可能导致专有权人利益与公众利益的不平衡。具体到本案，从本布图设计 GLF71301 产品发布日期（2016年5月）到申请日的两年前（2016年7月4日）相差仅有2个月，基于撤销意见提出人所提供的在案证据，无法证明从 GLF71301 产品发布日当时以及之后的2个月内专有权人对该产品实施了进口或者销售及等同的提供本布图设计的行为。

综上所述，布图设计保护制度中所规定的“以其他方式提供”布图设计、集成电路或物品的行为通常是指类似于进口或销售等实际提供布图设计的行为，不包括发布产品信息、产品规格书、许诺销售等未实际发生提供布图设计的行为。同时，在没有其他证据可证明证据1中所发布的产品信息或产品规格书所涉及的布图设计与本布图设计相同或实质性相同的情况下，撤销意见提出人仅根据产品型号推定二者所包括的布图设计必然相同的主张缺乏说服力。因此，对于撤销意见提出人关于本布图设计不符合《条例》第17条的撤销理由，合议组不予支持。

4. 关于《条例》第2、5条

《条例》第2条第（一）、（二）项规定：“（一）集成电路，是指半导体集成电路，即以半导体材料为基片，将至少有一个是有源元件的两个以上元件和部分或者全部互连线路集成在基片之中或者基片之上，以执行某种电子功能的中间产品或者最终产品；（二）集成电路布图设计，是指集成电路中至少有一个是有源元件的两个以上元件和部分或者全部互连线路的三维配置，或者为制造集成电路而准备的上述三维配置。”

《条例》第5条规定：“本条例对布图设计的保护，不延及思想、处理过程、操作方法或者数学概念等。”

撤销意见提出人认为，根据《条例》第2条和第5条的规定，布图设计是指集成电路中元件和互连线路的三维配置，对布图设计的保护，不延及思想、处理过程、操作方法或者数学概念等，电路的功能、电路的原理、要实现的效果、处理过程、设计思想、尺寸参数等，都不应作为确定保护范围的依据，而本案中专有权人声明的独创性部分1、3、4、7~14中，涉及阵列的具体大小，阵列中MOS器件的具体数量，MOS器件的宽度，栅极、源极、漏极的具体数量，金属层、电阻的具体宽度，电容的具体尺寸等，与集成电路中元件和互连线路的三维配置无关，系设计思想和尺寸参数，不应认为本布图设计的保护范围。

专有权人认为，根据独创性部分1~14中涉及的器件数量、排布方式以及尺寸参数可知，其属于对布图设计元件的保护以及元件之间布局的设计，其最终必然会影响元件互联后的三位配置整体结构，因此，属于布图设计的保护客体。且参考反证1的指导案例并未将尺寸参数类的内容排除在布图设计的保护范围之外；参考反证2的判决中认为涉及器件尺寸的区域具备独创性。

对此，合议组认为：《条例》第2条第（一）、（二）项对受其保护的集成电路以及集成电路布图设计进行了定义，其中对集成电路的定义是针对芯片整体，而不是针对芯片所包含的部分元器件或模块；对集成电路布图设计的定义也是针对整个布图设计而言，而不是针对布图设计中的部分区域。如果某个产品整体中包含了形成于半导体基片上的至少一个有源元件以及互连线路，可以执行电子功能，则该产品属于《条例》定义的集成电路；如果某项布图设计整体上包含集成电路中至少有一个是有源元件的两个以上元件和部分或者全部互连线路的三维配置或者为制造集成电路而准备的上述三维配置，则该布图设计属于《条例》定义的集成电路布图设计。《条例》第5条规定了对布图设计的保护对象，是针对元件、线路的三维配置进行保护，而非思想、概念等。经调取本布图设计专有权登记申请的案卷，结合证据13即本布图设计专有权侵权纠纷中专有权人提交的独创性声明，合议组查明：本布图设计的名称为“GLF71301”，结构类别为“MOS”，技术类别为“CMOS”，功能类别为“其他”；申请登记时提交了布图设计图样22页，简要说明4页。布图设计创作者和集成电路制造者根据上述案卷可以理解，本布图设计涉及一种负载开关芯片，其中包含形成于半导体基片上的功率晶体管、静电放电电路、下拉电路等元件和模块，上述元件和模块通过金属层M1、M2、TOP METAL等线路互连，可以执行负载开关的电子功能，因此属于《条例》定义的集成电路。相应地，本布图设计整体上包含了上述元件、模块以及相应互连线路的三维配置，因此，对于撤销意见提出人关于本布图设计不符合《条例》第2条、第5条的撤销理由，合议组不予支持。

5. 关于《条例》第4条

《条例》第4条规定，受保护的布图设计应当具备独创性，即该布图设计是创作者自己的智力劳动成果，并且在其创作时该布图设计在布图设计创作者和集成电路制造者中不是公认的常规设计。

（1）关于独创性部分的审理范围

① 关于撤销程序中专有权人新主张的独创性部分及整体。

针对本布图设计的独创性部分，专有权人在本布图设计相关的侵权纠纷案件中，主张独创性部分1～12；在本次撤销程序中，于2023年12月14日提交意见陈述书时主张本布图设计还包括独创性部分13和14；在口头审理当庭，主张本布图设计的独创性部分包括：独创性部分1、4、5，独创性部分1～5整体，独创性部分6～9、14整体，独创性部分10～13整体，以及本布图设计的整体。

针对其口头审理时明确的上述独创性部分，专有权人陈述如下意见：专有权人在相关侵权案件中基于尽快解决纠纷的目的，仅提出了被控侵权产品涉及的独创性部分1～12。撤销程序作为确权程序，可以提出未在侵权程序中说明的独创性部分，不应被限制，因此在本次撤销程序中提出的独创性部分13、14以及各个独创性部分组成的整体应该被接受。

撤销意见提出人认为：专有权人对自己的产品和设计最为了解，在侵权程序主张的独创性部分就应当是其认为的独创性所在，基于对专有权人的信任，本布图设计的独创性部分在侵权程序中被确认后不能随意改变。专有权人在本布图设计相关的侵权诉讼中仅主张了独创性部分1～12，并未主张独创性部分13、14以及上述独创性部分的整体。根据诚信原则，对于上述侵权诉讼之后新主张的独创性部分不予认可。对于新提出的独创性部分或整体，撤销意见提出人亦没有时间准备相应的理由和证据。

对此，合议组认为：《条例》及《实施细则》规定了在申请登记时应当提交布图设计的复制件或图样，同时可以提交简单地说明该集成电路布图设计的结构、技术、功能和其他需要说明的事项。由此可见，《条例》及《实施细则》尚没有明确规定申请人在申请登记时必须声明其主张的布图设计的独创性部分。在布图设计专有权确权或侵权程序中，专有权人通常会声明并主张其布图设计所包括的具备独创性的部分，此时对其主张应予以接受，有关布图设计独创性的审理通常以其独创性声明为基础。为了平衡专有权人和社会公众之间的利益，在诚信原则和公平原则的前提下，专有权人对其布图设计所主张的独创性部分应该是客观的、相对稳定的，而不是主观的、反复变化的。因此，基于现行保护制度的相关规则、各方利益平衡以及集成电路技术发展的客观性，布图设计专有权的独创性部分应在其登记程序、首次确权程序或首次侵权程序中予以固定，如果专有权人在各个程序中主张的独创性部分明显反复变化，对于社会公众而言，超出其合理预期，损害其合法利益，则上述变化不应被接受；反之，如果上述变化与已经在先提出的独创性部分关系密切、在一定的合理范围内，则可以接受，但在后续的撤销或侵权程序中，在撤销程序中被确认的独创性部分原则上不应再变化。

具体到本案，在本布图设计的申请登记阶段，专有权人提交了本布图设计的结构设计、技术、功能简要说明，其中未说明具体的独创性部分。

在本布图设计的侵权程序中，专有权人明确本布图设计包括独创性部分 1 ~ 12（参见证据 13）：本布图设计包括“功率晶体管（Power MOSFET）”“静电放电电路（ESD）”及“下拉电路（Pull - down）”等主要组成部分，其相关元件分配、布置，各元部件间的互联，信息流向关系，组合效果等要素至少涉及 12 个独创性部分，其中，独创性部分 1 ~ 5 均涉及“功率晶体管”的相关元件及线路的三维配置，功率晶体管作为本案集成电路电源开关器件，能够单独控制主电源信号通路的通断；独创性部分 6 ~ 9 均涉及“静电放电电路”的相关元件及线路的三维配置，静电放电电路作为本案集成电路的静电保护电路，能够独立实现释放高压静电从而保护主电路的功能；独创性部分 10 ~ 12 均涉及“下拉电路”的相关元件及线路的三维配置，下拉电路能够独立执行断电后快速复位案涉集成电路输出端（Vout）的电位，防止后级电路异常的功能。

在本次撤销程序中，专有权人于 2023 年 12 月 14 日提交意见陈述书时主张本布图设计还包括独创性部分 13、14，其中独创性部分 13 为：下拉电路 MOSFET 的总宽度为 240μm，该下拉电路包含 M1 层和 VIA1 层，VIA1 层每组的数量为 6 × 18 = 108 个，并且 M1 层采用规整的矩形图形；独创性部分 14 为：三个相同的静电放电电路（ESD）单元，每个静电放电电路（ESD）单元的尺寸均为 1512μm，具体地，每个静电放电电路（ESD）单元中的 MOSFET 由 36 个宽度（W）为 42μm 的 NMOS 并联连接构成，

MOSFET 总宽度为 1512μm。

专有权人在口头审理当庭主张本布图设计的独创性部分包括：独创性部分 1、4、5，独创性部分 1 ~ 5 的整体，独创性部分 6 ~ 9、14 的整体，独创性部分 10 ~ 13 的整体，以及本布图设计的整体。

综上可见，专有权人在登记程序中未明确其独创性部分，在侵权程序中提出独创性部分 1 ~ 12，在本次撤销程序中，在侵权程序中明确的独创性部分的基础上，减少了若干独立的独创性部分，增加了若干独创性部分的整体。在本布图设计图样的基础上对上述独创性部分具体分析可知，新增加的独创性部分 6 ~ 9、14 的整体，独创性部分 10 ~ 13 的整体中分别涉及新增加的独创性部分 14 和 13，而独创性部分 14 位于静电放电电路，与独创性部分 6 ~ 9 涉及的位置相同，独创性部分 13 位于下拉电路，与独创性部分 10 ~ 12 涉及的位置相同，而上述两个“整体”，以及独创性部分 1 ~ 5 的整体和本布图设计的整体，虽然在数量和内容上有所增加，但均与侵权程序中已主张的独创性部分密切相关，未超出合理预期，可以接受。撤销程序作为确权程序，专有权人对其布图设计独创性部分进行进一步明确是该程序的应有之义。合议组亦通过转送文件、口头审理等方式给予撤销意见提出人充分的时间进行答辩和补充证据，撤销意见提出人亦在书面意见及口头审理时发表了相关意见。综上，对于专有权人明确的上述独创性部分和整体，合议组纳入本决定的审查范围。但在本次撤销程序之后，其本布图设计的独创性部分应当已经确定，原则上专有权人不应再次主张发生改变。

② 关于各独创性部分的内容。

撤销意见提出人认为，专有权人主张的独创性部分中，有多处涉及具体尺寸的内容不能从登记的图样中确定，不属于本布图设计保护的内容。

专有权人将其主张的独创性部分 1 ~ 14 的内容与登记时提交的图样进行比对，明确了基于登记的图样可以得到的内容，而对于其他内容主张可以通过检测样品的方式获得，如有必要其可以申请鉴定登记的芯片样品。

对此，合议组认为：布图设计复制件或者图样作为获得专有权登记必须提交的文件，其法律地位高于芯片样品，在复制件或者图样中没有相应体现的布图设计信息，不应属于专有权保护的范围。但是，芯片样品作为已投入商业利用的布图设计登记申请专有权应提交的申请材料，由于可以通过技术手段精确还原出其所包含的布图设计详细信息，如果基于客观原因，在复制件或图样中的确存在某些无法识别的设计细节，可以参考芯片样品予以确认。

在本案审理过程中，专有权人未提交芯片样品鉴定报告，专有权人主张的上述独创性部分也不主要依赖芯片样品予以确认。因此，对于其主张的独创性部分中无法从图样确定出的具体参数和尺寸，不作为本案评判独创性的主要考虑因素。本布图设计独创性部分 1 ~ 14 的具体设计信息见表 5 - 3。

表5-3 本布图设计独创性部分1~14的具体设计信息

序号	可以从图样中确认的设计内容	无法从图样中确认的设计内容
独创性部分1	功率晶体管为大尺寸MOSFET器件，由26（列）×8（行）个MOSFET阵列等效构成	每个MOSFET阵列单元由20个MOSFET并联组成，（组成阵列的）各个MOSFET宽（W）为75μm
独创性部分2	组成阵列的各个MOSFET的栅极（G）通过网状Poly相互连接	
独创性部分3	金属层Metal1（M1）纵向连通各列共8行的MOSFET的栅极（G）	
独创性部分4	金属层Metal2（M2）横向连通各行（共8行）26列的MOSFET的源极（S）或漏极（D）	
独创性部分5	金属层Top Metal（M3）为叉指状，分别连接连通MOSFET源极（S）的金属层Metal2（M2）以及连通MOSFET漏极（D）的金属层Metal2（M2）	
独创性部分6	静电放电电路（ESD）包括MOSFET、Poly注入电阻1、Poly注入电阻2和金属间（MIM）电容，Poly注入电阻1和Poly注入电阻2布置在MOSFET的两侧，金属间（MIM）电容布置在Poly注入电阻1的一侧	
独创性部分7		静电放电电路中的MOSFET由36个宽度（W）为42μm的NMOS并联连接构成，总宽度为1512μm
独创性部分8	静电放电电路的金属间（MIM）电容由Metal2（M2）和Metal3（M3）构成	Metal2（M2）和Metal3（M3）尺寸为22×23 μm
独创性部分9	静电放电电路的Poly注入电阻2由2个尺寸相同的Poly注入电阻串联构成	Poly注入电阻1的尺寸（L/W）为4/25μm；Poly注入电阻2的尺寸（L/W）为53/2μm
独创性部分10	下拉电路（Pull-down）的下拉电阻由两个宽度相同的Poly注入电阻并联构成	Poly注入电阻的宽度为16μm
独创性部分11	下拉电路（Pull-down）的线路由金属层Metal2（M2）构成	Metal2（M2）的线宽大于40μm
独创性部分12	下拉电路（Pull-down）的开关MOSFET由10个MOSFET并联构成	等效总宽度（W）为240μm
独创性部分13	下拉电路包含M1层和VIA1层，M1层采用规整的矩形图形	下拉电路MOSFET的总宽度为240μm，VIA1层每组的数量为6×18=108个
独创性部分14	包含三个相同的静电放电电路（ESD）单元	每个静电放电电路（ESD）单元的尺寸均为1512μm，具体地，每个静电放电电路（ESD）单元中的MOSFET由36个宽度（W）为42μm的NMOS并联连接构成，MOSFET总宽度为1512μm

（2）关于独创性部分的划分

依据《条例》第 7 条规定，布图设计中可以有一个或多个独创性部分，布图设计整体也可以具备独创性。

独创性部分不是指个别分立元件或者个别元件的连接关系，而是指由多个元件构成的相对独立的模块，该相对独立的模块一般应具备两个条件，一是相对于其他部分而言，该独创性部分具有相对独立的电子功能；二是在布图设计复制件或图样中，该独创性部分相对于其他部分应具有相对清晰、可以划分的边界。针对本布图设计的独创性部分，专有权人在口头审理当庭主张包括：独创性部分 1、4、5，独创性部分 1 ~ 5 的整体，独创性部分 6 ~ 9、14 的整体，独创性部分 10 ~ 13 的整体，以及本布图设计的整体。

经查，本布图设计涉及的集成电路实现的功能为负载开关，其中独创性部分 1 ~ 5 均涉及“功率晶体管”的相关元件及线路的三维配置，功率晶体管作为本案集成电路电源开关器件，能够单独控制主电源信号通路的通断；独创性部分 6 ~ 9、14 均涉及“静电放电电路”的相关元件及线路的三维配置，静电放电电路作为本案集成电路的静电保护电路，能够独立实现释放高压静电从而保护主电路的功能；独创性部分 10 ~ 13 均涉及“下拉电路”的相关元件及线路的三维配置，下拉电路能够独立执行断电后快速复位涉案集成电路输出端（Vout）的电位，防止后级电路异常的功能。

专有权人对独创性部分 1 ~ 5，独创性部分 6 ~ 9、14，独创性部分 10 ~ 13 的说明均是对布图设计中上述三个相应部位的描述或概括，布图设计创作者和集成电路制造者结合本布图设计的图样和针对独创性部分 1 ~ 5，独创性部分 6 ~ 9、14，独创性部分 10 ~ 13 的说明内容可以确定各个独创性部分在本布图设计图样中对应的部分。独创性部分 1 ~ 5 组成的整体，独创性部分 6 ~ 9、14 组成的整体，独创性部分 10 ~ 13 组成的整体在本布图设计图样中对应的部分具有相对清晰的边界，其对应部分分别可以实现控制信号通路通断、静电保护、电位复位的功能，属于能够相对独立的执行某种电子功能的部分，可以成为布图设计保护的“独创性的部分”，因此，在本案中，将独创性部分 1 ~ 5，独创性部分 6 ~ 9、14，独创性部分 10 ~ 13 在本布图设计中所对应的部分分别作为一个整体来考虑。

（3）本布图设计相对于 GLF71311 的布图设计的独创性

撤销意见提出人认为，布图设计 GLF71311 和本布图设计 GLF71301 均系专有权人创作，且专有权人对两件布图设计都进行了登记，并声明 GLF71311 创造完成日早于本布图设计，且在本布图设计首次商业利用日之前，GLF71311 已处于能够为公众获得的状态，经公证购买及产品检测（参见证据 3 ~ 5），可以确认该 GLF71311 的布图设计已经公开了本布图设计的独创性部分 1 ~ 14，相对于专有权人持有的在先设计，在后设计至少应具备独创性的劳动成果，而非在在先设计上做简单的改进，就可以获得新的申请，因为如此则相当于原有的布图设计可以无限期地延续，不满足布图设计作为专有权，有一定的保护期限的要求；无论从公开还是未公开的角度，GLF71311 的布图设计都可以作为本布图设计的对比设计，若认为二者存在 MOSFET 阵列数量、线宽、叉指具体图案等差异，这些差异与集成电路中元件和互连线路的三维配置无关，系设计思想和尺寸参数，不应认为本布图设计的保护范围；退一步讲，晶体管的数量和尺寸是根据要求排布的，金属层的宽度根据需要设置，而叉指也是根据电阻阻值的需要设计图案，这些差异也是本领域公认的常规设计（参见证据 7、15 ~ 18 及参考证据 1、2）。

专有权人认为，《条例》第 4 条独创性定义中"创作者自己的劳动成果"的含义是指不是抄袭别人的，而是创作者自己设计完成的，因此作为比对基础的现有布图设计不应当是创作者自己的布图设计，而应当是他人的现有布图设计。因此，GLF71311 不应当作为对比设计评价本布图设计的独创性，更不能与其他公认的常规设计相结合使用；独创性定义中"创作者自己的劳动成果"与"公认的常规设计"之间的连接词为"并且"，可知，二者之间应当为并列的考量关系，需要布图设计分别满足这两种情况，但并没有可以将二者结合评价的含义。对于他人的现有技术，应当考量本布图设计的独创性部分与之相比是否相同或者实质性相同，如果不属于他人的现有布图设计，则应当整体考量该独创性部分是否属于公认的常规设计；证据 2 ~ 4、证据 8 ~ 11 无法证明 GLF71311 产品的布图设计于本布图设计的首次商业利用日之前已经投入商业利用，即属于本布图设计的现有布图设计，退一步讲，即使认为该布图设计可以作为对比设计，本布图设计的独创性部分相对于该设计以及证据 7、证据 15 ~ 18 也具备独创性。

对此，合议组认为：在判断布图设计的独创性时，首先应当关注对比布图设计与本布图设计的创作者之间的关系。如果对比布图设计与本布图设计的创作者相同，二者均属于创作者自己的智力劳动成果，本布图设计属于专有权人的独立创作，此时应当综合考虑该对比设计的创作时间是否早于本布图设计、该对比设计是否已经登记获得专有权，本布图设计与该对比设计是否相同或实质相同，以及如果存在区别，在本布图设计创作时二者的区别是否属于公认的常规设计等因素，以判断本布图设计的独创性。同一专有权人的一项布图设计，应当仅享有一项专有权。在专有权人就其布图设计已经取得一项专有权的前提下，该专有权人在后申请登记的布图设计欲取得专有权，应当与该已取得专有权的布图设计具有实质性区别，即应当具备独创性，否则就会出现同一个布图设计享有多项专有权的情形。

具体到本案，经查，撤销意见提出人用于独创性判断的对比设计 GLF71311 于 2017 年 2 月 15 日创作完成，2017 年 12 月 16 日申请，登记号为 BS. 175012229，布图设计名称为 GLF71311，布图设计权利人为杰某微电子（四川）有限公司，与本布图设计权利人相同。本布图设计的创作完成日为 2017 年 5 月 15 日，晚于对比设计的创作完成日，即对比设计 GLF71311 与本布图设计同为专有权人创作的本布图设计，属于专有权人的智力劳动成果。此处需要注意的是，由于该在先创作的对比设计和本布图设计均属于专有权人所创作，本布图设计的创作者天然可以获知该对比设计，因此并不要求在先设计必须处于任何公众均可以获知的状态，合议组将比较本布图设计相对于 GLF71311 的布图设计是否具备独创性，从而确定本布图设计专有权是否成立。

① 独创性部分 1 ~5 的整体所对应的布图设计。

撤销意见提出人认为，将独创性部分 1、4、5 单独或整体作为独创性部分都不具备独创性，无论与 GLF71311 的布图设计单独比对或整体比对，区别都是相同的，且区别均为公认的常规设计。与独创性部分 1 相比，区别仅在于阵列的列数不同和宽度不同、边缘两列中 MOSFET 数量不同；与独创性部分 4 相比，区别仅在于金属层 2 的总线宽不同，本布图设计线宽小、金属线上没有设置槽，GLF71311 线宽更宽、金属线上设置有槽；与独创性部分 5 相比，区别仅在于叉指的数量略有不同，而上述这些不同均是基本设计规则下的常规设计手段，均属于公认的常规设计，证据 7、15 用于证明上述区别属于公认的常规设计。

专有权人认为，关于独创性部分 1，功率晶体管的尺寸、排布均不相同，即，二者的区别体现在布图设计的元件、布图设计的布局等方面。GLF71311 的布图设计采用上述特殊的两侧最外的两列与中间不同的布局设计，可以更有效利用空间，增大 MOSFET 的总尺寸，达到低导通电阻的效果。而本布图设计采用减少列数、宽度以及整体规则的排布方式，实现了芯片尺寸减小 36% 的同时，仍可达到与 GLF71311 相同的 2A 输出电流的效果。关于独创性部分 4，二者的金属层模块分布和结构均不同，体现在布图设计的图层结构、布图设计的模块划分等方面，本布图设计以更小的面积实现更大的过电流能力的效果。关于独创性部分 5，GLF71301 金属层 Top Metal（M3）为叉指状接法处理，本布图设计具有叉指状的 M3 布图方式，使得 MOSFET 的源极（S）与漏极（D）交替出现连接；而 GLF71311 的金属层 Top Metal（M3）与其连接方式明显不同，无法实现上述交替的连接，上述区别体现在布图设计连接方式方面，本布图设计的交替连接方式可以在采用更小芯片面积时明显降低导通电阻，提高芯片过电流能力，起到均衡电流的效果。证据 7、15 也并未证明上述区别属于公认的常规设计。

对此，合议组认为：上述独创性部分 1 ~5 整体涉及“功率晶体管”的相关元件及线路配置的布图设计，其中，根据前述所确定的本案所审理的各独创性部分的内容，独创性部分 1 包括功率晶体管为大尺寸 MOSFET 器件，由 26（列）×8（行）个 MOSFET 阵列等效构成；独创性部分 2 包括组成阵列的各个 MOSFET 的栅极（G）通过网状 Poly 相互连接；独创性部分 3 包括金属层 Metal1（M1）纵向连通各列共 8 行的 MOSFET 的栅极（G）；独创性部分 4 包括金属层 Metal2（M2）横向连通各行（共 8 行）26 列的 MOSFET 的源极（S）或漏极（D）；独创性部分 5 包括金属层 Top Metal（M3）为叉指状，分别连接连通 MOSFET 源极（S）的金属层 Metal2（M2）以及连通 MOSFET 漏极（D）的金属层 Metal2（M2）。

关于独创性部分 1，其涉及功率晶体管的排布，功率晶体管由 26（列）×8（行）个 MOSFET 阵列等效构成，每个阵列的大小相同。GLF71311 的布图设计中，功率晶体管除左右边缘两列，中间主体部分由32（列）×8（行）个MOSFET阵列等效构成，每个阵列的大小相同，左右两列在水平方向的宽度比中间32列中各列的宽度小，约为其1/2强。可见，二者相同之处在于均采用整体为矩形的设计，行数均为8行，区别在于本布图设计为26列，每个阵列大小均相同，GLF71311的布图设计共34列，左右边缘的两列比中间32列各列的宽度略窄。对于上述区别，合议组认为，首先，对于布图设计创作者和集成电路制造者而言，矩形是设计紧凑型器件的惯常图形，较之于不均匀排布等特殊设计而言，将器件均匀排布更属于惯常设计。其次，在芯片的有效面积一定的情形下，尽量多布局器件属于基本的设计知识。在不同的芯片有效面积下，有的可以布局正好相同数量器件的阵列，有的在布局正好相同数量器件阵列之余还有多余空间，则可布局稍少数量的器件，如此既能满足工艺规则，也能更好利用芯片面积，亦属于公认的常规设计知识。因此，相对于GLF71311的布图设计而言，本布图设计的布局属于有效面积正好与阵列数量匹配时的常规设计。再者，即使考虑到专有权人所主张的具体尺寸差异，如本布图设计每个单元阵列竖直方向的长度比对比设计小，使得整个功率晶体管的面积比GLF71311的布图设计小。但布图设计创作者和集成电路制造者普遍知晓，功率器件管的宽长比W/L与其导通电流密切相关，根据需求不同，当需要减小芯片的有效面积时，通过减少阵列数量、减小器件尺寸来适应器件尺寸的减小，属于公认的常规设计手段；相应地，器件数量变少、器件尺寸变小，电流也会减小。本布图设计的面积比GLF71311的布图设计小，实际上，根据本布图设计简要说明中记载的其输出电流为1.5A，可知其亦小于GLF71311布图设计的2.0A。因此，专有权人关于本布图设计通过功率器件的布局、尺寸的不同设计而获得与GLF71311相同的输出电流的主张亦不具有说服力。综上，独创性部分1相对于GLF71311的布图设计不具有独创性。

关于独创性部分2和3，结合证据5中对GLF71311芯片的补充测试报告第2、11页，专有权人主张的上述独创性部分2和3与GLF71311的布图设计的对应部分完全相同，因此不具有独创性。

关于独创性部分4和5，包括金属层Metal2（M2）横向连通各行（共8行）26列的MOSFET的源极（S）或漏极（D），以及金属层Top Metal（M3）为叉指状，分别连接连通MOSFET源极（S）的金属层Metal2（M2）以及连通MOSFET漏极（D）的金属层Metal2（M2）。可见，独创性部分4和5不仅包括金属层M2和M3的结构、形状和配置，还涉及两层之间的互连线路的三维配置，应予以整体考虑。本布图设计图样第14页涉及顶层金属层M3，第13页涉及顶层金属层M3和第二层金属层M2之间的通孔层（Viatop），第12页涉及第二层金属层M2，上述三层图样示出，第二层金属层M2水平方向共8条，上部的5条设计了叉指，叉指相互交错的部分较长，下部3条的位置没有设计叉指，可见，顶层金属层M3和第二层金属层M2的设计是考虑了层间互连线路的三维配置之后做出的设计。GLF71311的布图设计中，顶层金属层M3虽然也有类似于叉指的设计，但叉指的数量只有位于上部的两条，交错程度也与本布图设计不同。并且，其第二层金属层 M2 为 4 行，行数与本布图设计不同，且其每层还设置了多个金属槽。可见，虽然目的均是连通 8 行 MOSFET，但两个布图设计采用了不同设计的顶层金属层 M3 和不同设计的第二层金属层 M2，进而两层之间的互连关系也不同。因此，GLF71311 的布图设计并未公开本布图设计独创性部分 4 ~5 整体所对应的布图设计。

撤销意见提出人还主张两个布图设计之间的不同均属于公认的常规设计。经查，证据 7 为书籍《模拟电路版图的艺术》，介绍了场效应晶体管的不同结构、功率 MOS 晶体管，常规 MOS 功率晶体管、金属连接栅叉指等的设计原理、电路图模型或金属连线版图（参见证据 7 第 395 -396、423、428 -430、477 页等）；证据 15 为书籍《集成电路版图基础——实用指南》，介绍了集成电路版图的基本理论，如多晶硅能够作为引线使用。在设计紧凑型器件时尽量使用矩形，源漏共用、器件分裂以及减小寄生是贯穿整个 CMOS 版图涉及的基本技术。对于选择电阻的密度，电流密度是设计的重要依据（参见证据 15 第 106 -108、165 -168 页等)。证据 7、15 虽然公开了一些器件的设计版图，但并没有公开上述独创性部分 4、5 整体所涉及的具体设计，上述书籍还公开了若干版图的设计思想，但也不足以证明独创性部分 4、5 的整体属于公认的常规设计。因此，独创性部分 4、5 的整体相对于该对比设计具有独创性。

基于独创性部分 4、5 的整体相对于 GLF71311 的布图设计具有独创性，包含独创性部分 4、5 的独创性部分 1 ~5 的整体相对于 GLF71311 的布图设计也具有独创性。

② 独创性部分 6 ~9、14 的整体所对应的布图设计。

撤销意见提出人认为，由证据 5 中 GLF71311 芯片的补充测试报告可知，专有权人主张的独创性部分 6 ~9、14 中，包括从本布图设计图样中不能确定的尺寸参数也均相同，因此上述独创性部分涉及的布图设计不具有独创性。

专有权人对上述理由未做回应。

对此，合议组认为：独创性部分 6 ~9、14 涉及“静电放电电路”的相关元件及线路配置的布图设计，其中，根据前文所确定的本案所审理的各独创性部分的内容，独创性部分 6 包括 MOSFET、Poly 注入电阻 1、Poly 注入电阻 2 和金属间（MIM）电容，Poly 注入电阻 1 和 Poly 注入电阻 2 布置在 MOSFET 的两侧，金属间（MIM）电容布置在 Poly 注入电阻 1 的一侧；独创性部分 7 没有可以从图样中确定专有权人主张的设计内容；独创性部分 8 包括静电放电电路的金属间（MIM）电容由 Metal2（M2）和 Metal3（M3）构成；独创性部分 9 为静电放电电路的 Poly 注入电阻 2 由 2 个尺寸相同的 Poly 注入电阻串联构成；独创性部分 10 为下拉电路（Pull - down）的下拉电阻由两个宽度相同的 Poly 注入电阻并联构成；独创性部分 14 包含三个相同的静电放电电路（ESD）单元。而结合证据 5 中对 GLF71311 芯片的补充测试报告第 4 - 15 页，专有权人主张的上述独创性部分 6 ~9 均与 GLF71311 的设计相同。关于独创性部分 14，虽然证据 5 中的三个静电放电电路单元水平方向的长度可能稍有不同，但设置相同形状和大小的静电放电电路单元，属于公认的常规设计。因此独创性部分 6 ~ 9、14 的整体对应的布图设计相对于 GLF71311 的布图设计不具有独创性。

③ 独创性部分 10 ~ 13 的整体所对应的布图设计。

撤销意见提出人认为，由证据 5 中 GLF71311 芯片的补充测试报告可知，专有权人主张的独创性部分 10 ~ 13 中，包括从本布图设计图样中不能确定的尺寸参数也均相同，因此上述独创性部分涉及的布图设计相对于 GLF71311 的布图设计不具有独创性。

专有权人对上述理由未做回应。

对此，合议组认为：独创性部分 10 ~ 13 涉及"下拉电路"的相关元件及线路配置的布图设计，其中，根据前文所确定的本案所审理的各独创性部分的内容，独创性部分 10 包括下拉电路（Pull - down）的下拉电阻由两个宽度相同的 Poly 注入电阻并联构成；独创性部分 11 包括下拉电路（Pull - down）的线路由金属层 Metal2（M2）构成；独创性部分 12 包括下拉电路（Pull - down）的开关 MOSFET 由 10 个 MOSFET 并联构成；独创性部分 13 包括下拉电路包含 M1 层和 VIA1 层，M1 层采用规整的矩形图形。而结合证据 5 中对 GLF71311 芯片的补充测试报告第 9、18 页，专有权人主张的上述独创性部分均与 GLF71311 的设计相同，因此独创性部分 10 ~ 13 的整体对应的布图设计相对于 GLF71311 的布图设计不具有独创性。

④ 本布图设计的整体。

基于前文，独创性部分 1 ~ 5 的整体相对于 GLF71311 的布图设计具有独创性，因此，包含独创性部分 1 ~ 5 的本布图设计的整体相对于 GLF71311 的布图设计也具有独创性。

（4）本布图设计相对于证据 6 的布图设计的独创性

如果对比布图设计与本布图设计的创作者不同，则需要判断本布图设计的创作者是否存在接触对比布图设计的可能性。如果存在接触可能性的情况，判断本布图设计相对于对比布图设计是否属于创作者自己的智力劳动成果。如果本布图设计属于创作者自己的智力劳动成果，再判断本布图设计相对于对比布图设计是否属于公认的常规设计。

① 独创性部分 1 ~ 5 的整体所对应的布图设计。

撤销意见提出认为，证据 6 为从学术搜索引擎下载的在先公开的论文，已经公开了本布图设计的独创性部分 1 ~ 5；若认为二者存在 MOSFET 阵列数量等差异，这些差异与集成电路中元件和互连线路的三维配置无关，系设计思想和尺寸参数，不应认为本布图设计的保护范围；退一步讲，这些差异也是本领域公认的常规设计（参见证据 7、证据 15）。

专有权人认为，本布图设计涉及负载开关产品，证据 6 则属于 DC - DC 转换器的布图设计，二者的应用领域完全不同，分别属于具有不同功能、不同类型的布图设计，二者在 MOSFET 阵列的布局方式、金属层分区及连接方式等方面存在明显区别，证据 7、证据 15 也无法证明上述区别属于公认的常规设计。

对此，合议组认为：证据 6 属于公众可以从互联网下载得到的论文，其公开日期为 2014 年 6 月 18 日，早于本布图设计的商业利用日，本布图设计的创作者存在接触对比布图设计的可能性，证据 6 的作者为 Junmin Lee，与本布图设计的创作者不同，因此属于他人创作的布图设计，因此证据 6 可以作为现有布图设计评价本布图设计的独创性。

关于独创性部分 1，本布图设计的功率晶体管由 26（列）×8（行）个 MOSFET 阵列等效构成，证据 6 的布图设计中，功率晶体管由 5（列）×4（行）个 MOSFET 阵列等效构成。首先，与前文关于独创性部分 1 的分析同理，虽然本布图设计和证据 6 在功率晶体管的行数和列数上存在区别，但对于布图设计创作者和集成电路制造者而言，矩形是设计紧凑型器件的惯常图形，将器件均匀排布也是较之于其他特殊设计而言更为惯常的设计。其次，即便考虑到器件类型和尺寸的不同，根据不同应用需求，小功率情形下选用 MOS，大功率应用下选用 LDMOS，属于布图设计领域常规的选择；而至于阵列的多少、每个阵列中器件的多少以及器件宽度等主要尺寸，是在一定的芯片有效面积下，基于工艺规则作出的常规选择，因此专有权人主张的独创性部分 1 不应视为本布图设计具备独创性的部分。

关于独创性部分 2，本布图设计的各个 MOSFET 的栅极（G）通过网状 Poly 相互连接，而证据 6 的布图设计公开了栅极 Gate 采用网状 Gate Poly 连接（参见证据 6 第 69 页图 3.4），且证据 15 的书籍也公开了多晶硅能够作为引线使用，对非常短的距离采用多晶硅连线，在栅连接线上开出接触孔并覆盖了金属以便进一步地连接，即采用 Poly 或金属连接，均属于本领域的常规设计。因此专有权人主张的独创性部分 2 不应视为本布图设计具备独创性的部分。

关于独创性部分 3，本布图设计的金属层 Metal1（M1）纵向连通各列共 8 行的 MOSFET 的栅极（G），而证据 6 的布图设计中，金属层 M1 与金属层 M2 纵横分布，金属层 M1 的漏极与金属层 M2 的漏极连接，金属层 M1 的源极与金属层 M2 的源极连接，且第 83 页公开了金属 1 流道与多晶硅栅极平行放置，以提供与源极和漏极器件端子的连接。证据 6 的布图设计中，行列数仅为示意性质，行列数的选择属于适应具体需求的常规设计。因此专有权人主张的独创性部分 3 不应视为具备独创性的部分。

关于独创性部分 4，本布图设计的金属层 Metal2（M2）横向连通各行（共 8 行）26 列的 MOSFET 的源极（S）或漏极（D），而证据 6 的布图设计示出 4 行金属层 Metal2 横向连通各 2 行 Metal3 的 MOSFET 的源极 source 或漏极 drain，且证据 6 第 83 页公开了顶部 Metal（金属 3）源极/漏极流道垂直于金属 2 流道布置，并连接至 Metal3 的源极/漏极总线，该总线将电流传送至接合线。如前所述，证据 6 的布图设计中，行列数仅为示意性质，行列数的选择属于适应具体需求的常规设计。因此专有权人主张的独创性部分 4 不应视为具备独创性的部分。

关于独创性部分 5，本布图设计的金属层 Top Metal（M3）为叉指状，分别连接连通 MOSFET 源极（S）的金属层 Metal2（M2）以及连通 MOSFET 漏极（D）的金属层 Metal2（M2）。证据 6 公开了如下内容：由于互连电阻的贡献很大程度上取决于布局和焊盘排列，因此使用 R3D 仿真工具对金属布局设计进行了彻底分析和优化；为了最大限度地减少金属寄生电阻，3μm 超厚采用顶部金属层和焊盘下电路设计优化后的顶部金属布局和焊盘位置如图 4.7 所示（参见证据 6 第 106 页）；图 4.6 和图 4.7 示出顶部金属布局和 CUP 焊盘位置和布局。经对比可知，本布图设计金属层 Top Metal（M3）为插指状接法处理，分别连通 MOSFET 源极（S）的金属层 Metal2（M2）以及连通 MOSFET 源极（S）的金属层 Metal2（M2），且金属层 Top Metal（M3）整体形状为规整的近似于正方形的矩形结构。而证据 6 为金属层与焊盘的布置，图中蓝色区域焊盘分别连通 VIN 以及 GND，而棕红色区域焊盘连通 VSW，上述的三个连接端并不对应连通 MOSFET 源极（S）的金属层 Metal2（M2）以及连通 MOSFET 漏极（D）的金属层 Metal2（M2），并且其金属层的整体形状为“凹”字形的异形结构。可见，本布图设计此部分和证据 6 的设计区别较大，证据 6 并未公开本布图设计独创性部分 5 所对应的布图设计。

撤销意见提出人还主张两个设计之间的不同均属于公认的常规设计。如前文所述，证据 7 和证据 15 的书籍中虽然公开了金属连接栅叉指等的设计原理、电路图模型或金属连线版图，但并没有公开上述独创性部分 5 所涉及的具体设计，上述书籍还公开了若干版图的设计思想，而基于同样的设计思想可能做出完全不同的布图设计，即证据 7、证据 15 不足以证明独创性部分 5 属于公认的常规设计。

综上所述，包含独创性部分 5 的独创性部分 1～5 的整体相对于证据 6 的布图设计具有独创性。

② 本布图设计的整体。

基于前文所述，独创性部分 1～5 的整体相对于证据 6 具有独创性，因此，包含独创性部分 1～5 的本布图设计的整体相对于证据 6 也具有独创性。

综上，关于撤销意见提出人提出的关于独创性的多个理由，专有权人所主张的本布图设计的独创性部分 1～5 整体所对应的布图设计以及包含上述独创性部分 1～5 整体的本布图设计整体相对于撤销意见提出人的证据具有独创性，符合《条例》第 4 条的规定；专有权人所主张的独创性部分 6～9、独创性部分 14 的整体所对应的布图设计、独创性部分 10～13 的整体所对应的布图设计相对于撤销意见提出人的证据不具有独创性，不符合《条例》第 4 条的规定。

因此，撤销意见提出人关于《条例》第 2 条、第 5 条、第 17 条的撤销理由不成立，关于第 4 条有关独创性的部分理由成立，部分理由不成立。

基于上述理由，合议组作出如下决定。

三、决定

维持 BS. 185008003 号集成电路布图设计专有权有效。

合议组组长：孙学锋
主 审 员：周亚娜
参 审 员：罗崇举、刘利芳、熊 洁

案例 5－11 "IP5328" 专有权撤销案[1]

一、基本案情

2023 年 3 月 31 日，张某东针对深圳英某芯科技有限公司的一件登记号为 BS. 175531811、名称为"IP5328"的布图设计专有权向国家知识产权局提交集成电路布图设计专有权撤销意见书，以本布图设计不符合《条例》第 2 条第（一）、（二）项为由，请求撤销本布图设计专有权。国家知识产权局成立合议组，经审理作出撤销程序审查决定，维持专有权有效。

二、案例评析

《条例》第 2 条第（一）、（二）项分别给出了集成电路和集成电路布图设计的法律含义。其中，集成电路专指半导体集成电路，所针对的是集成电路产品的整体，而不是针对产品所包含的部分元器件或特定层结构。如果基于布图设计创作者和集成电路制造者的理解，可以判断出本布图设计对应的产品集成在半导体材料基片之中，具备有源元件且能够执行某种电子功能，应认为本布图设计所保护的产品符合《条例》对集成电路的定义。集成电路布图设计的定义与集成电路不同，是体现在集成电路中的三维配置或者为制造集成电路而准备的三维配置。《条例》对于布图设计的保护与《专利法》对集成电路产品的保护不同，《条例》的立法目的在于保护独立创作的布图设计，因此并不要求提交所有布图设计图样，以达到依据该三维配置图样实现生产该集成电路产品的程度。因此，上述法条的规定并非对布图设计申请文件的公开程度的要求，也不是对布图设计申请文件形式要件的规范。如果根据当前的 TOP 层、器件层以及文字说明可以判断得出其用于半导体器件，包含一个或多个有源器件并形成三维

[1] 国家知识产权局第 12 号集成电路布图设计撤销程序审查决定。

配置，最终产品可以执行诸如充电或者放电这样的电子功能，则符合《条例》第2条第（二）项的规定。

对本案而言，首先，本布图设计申请文件中已声明本布图设计集成了充电、升压功能，适用于多种快充协议，且包括总图，也就是TOP层，以及分层图，也就是器件层、第一层金属层、第二层金属层、第三层金属层、第四层PAD层。其中，器件层是基于0.18μm 1P4M CMOS工艺制程，其与其他四层金属层形成整体结构，布图设计创作者和集成电路制造者可以确定，该整体结构是形成在半导体基板上的具备有源器件的集成电路，可以执行充电、放电等基本电子功能，符合《条例》第2条第（一）项的规定。其次，本布图设计除了提交了四层金属层，还提交了底层的器件层。而器件层中各个模块必然具有有源器件及其相互连接，且为了形成基本的充电和放电集成电路结构，各个金属层、器件层之间存在对应关系，通过通孔实现各层之间的互连，能够形成三维配置，执行充电和放电的电子功能。因此，本布图设计符合《条例》第2条第（二）项的规定。

三、小　结

《条例》第2条第（一）、（二）项是对布图设计保护客体的规定，其一，布图设计所保护的三维配置本身就是一个整体，其分层图、各结构图层都是其设计的组成部分，相互关联；其二，布图设计申请登记的主要作用是确定保护范围，总图和各分层图是权利的基础，在登记时没有提交的图层，不能作为保护的基础。

最高人民法院在相关司法裁判中明确指出，如果人民法院在相关诉讼程序中忽略复制件或图样的法律地位，直接依据样品确定布图设计保护内容，极有可能引发轻视复制件或图样法律地位的错误倾向，使现行法律关于申请资料的相关要求无法落实，引发登记行为失范，产生不良导向作用。无论是基于对现行法规的理解，还是在行政执法和司法实践中，都体现了以复制件或图样作为基础、以芯片样品为参考的原则。因此，登记图样作为确定布图设计保护范围的主要依据，应当引起创新主体的重视。

（马姗姗）

附件5-11：第12号撤销程序审查决定

案件编号：JC0026

决定日：2024年12月30日

布图设计名称：IP5328

布图设计类别：（1）结构：MOS；（2）技术：CMOS；（3）功能：其他

法律依据：《条例》第2条第（一）、（二）项

决定要点

如果某个产品整体上包含了集成于半导体基片上的至少一个有源元件以及互连线路，可以执行某种电子功能，则该产品属于《条例》定义的集成电路；如果某项布图设计整体上包含集成电路中至少有一个是有源元件的两个以上元件和部分或者全部互连线路的三维配置或者为制造集成电路而准备的上述三维配置，则该布图设计属于《条例》定义的集成电路布图设计。

决定正文

一、案由

本集成电路布图设计专有权撤销案件审查决定（以下简称本决定）涉及深圳英某芯科技有限公司（以下简称专有权人）向国家知识产权局提交登记的登记号为BS.175531811、布图设计名称为“IP5328”的集成电路布图设计专有权（以下简称本布图设计），其声称的创作完成日为2017年6月20日，申请日为2017年8月29日；布图设计颁证日为2017年9月30日，证书号为15777。

针对本布图设计，张某东（以下简称撤销意见提出人）于2023年3月31日向国家知识产权局提交集成电路布图设计专有权撤销意见书，以本布图设计不符合《条例》第2条第（一）、（二）项以及第16条的规定为由，请求撤销本布图设计专有权。

撤销意见提出人随撤销意见书提交了如下证据：

证据1：深圳英某芯科技有限公司在（2022）粤03民初5206号诉讼中提交的“布图设计样图”及“IP5328布图设计图层目录及结构、技术、功能简要说明”；

证据2：《模拟CMOS集成电路设计》，（美）拉扎维著，陈贵灿等译，西安交通大学出版社，2003年2月第1版第1次印刷，封面、版权页、目录页、正文第5－18页；

证据3：可信时间戳认证证书，证书编号为TSA－02－20221110612506346，充电头网站的文章，“英某芯发布IP5328电源芯片，首款单芯片集成9大快充全协议”；

证据4：可信时间戳认证证书，证书编号为TSA－04－20221219399260889，微信公众号“充电头网”的文章，“中国厂商打破行业纪录：单芯片集成9大快充电源协议”；

证据5：国家知识产权局官网，集成电路布图设计专有权公告（2018年3月16日），包含本布图设计的公告信息；

证据6：最高人民法院第（2015）民申字第745号民事裁定书。

撤销意见提出人在撤销意见书中陈述如下理由：本布图设计所提供的申请文件中只有TOP层、器件层（device）、金属层（metal1～metal4），缺少其他结构图层，导致该布图设计完成的集成电路无法执行某种电子功能，进而根据本布图设计中仅有的图层的互连、组合方式不明，无法形成对应的三维配置，不符合《条例》第2条的规定；

在本布图设计已经投入商业利用的情况下，因其在申请时未按照《条例》第16条的规定提交集成电路样品，因此不符合《条例》第16条的规定。

国家知识产权局根据《条例》的规定，启动针对本布图设计专有权的撤销程序，于2023年5月18日向撤销意见提出人和专有权人发出集成电路布图设计进入撤销程序通知书，并随该通知书向专有权人转送撤销意见提出人于2023年3月31日提交的撤销意见陈述书及其附件副本。

国家知识产权局随后成立合议组，对本布图设计的撤销程序进行审查。

2023年6月16日，专有权人提交了答辩意见，附带附件1~4：

附件1：IP5328集成电路布图设计登记证书；

附件2：IP5328集成电路布图设计简要说明；

附件3：IP5328集成电路布图设计图样；

附件4：IP5328集成电路布图设计图样说明。

为查明案情，合议组调取了本布图设计的登记申请表、图样、简要说明的案卷材料。

2024年1月26日，撤销意见提出人补充提交如下证据7：

证据7（编号续前）：国家工业信息安全发展研究中心第2023JSJD0302号鉴定意见书。

2024年1月29日，合议组向双方当事人发出集成电路布图设计撤销程序口头审理通知书，定于2024年2月20日举行口头审理。

口头审理如期举行，双方当事人均委托代理人出席了本次口头审理。在口头审理过程中：

（1）双方当事人对对方出庭人员的身份和资格没有异议，对合议组成员没有回避请求，对书记员没有回避请求。

（2）合议组将撤销意见提出人提交的证据7转给了专利权人，专利权人当庭签收。

（3）关于审查基础：确定本次口头审理的审查基础是本布图设计专有权登记公告的布图设计。

（4）关于撤销意见提出人提交的证据1~7：专有权人当庭核实时间戳文件、鉴定意见、书籍的原件，对证据1~7的真实性和公开日期没有异议，对于证据2、证据7的关联性有异议。

（5）关于专有权人提交的附件1~4：专有权人当庭明确附件1~4与撤销意见提出人提交的证据1一致。撤销意见提出人对于附件1~4无异议。

（6）关于撤销理由：撤销意见提出人当庭主张，本布图设计不符合《条例》第2条第（一）、（二）项的规定，以证据1、证据2、证据7作为佐证；本布图设计也不符合《条例》第16条的规定，以证据3~6作为佐证。撤销意见提出人认为，《条例》第16条规定布图设计申请登记时应当提交样品。

专有权人认为，《条例》第 16 条规定，“布图设计已投入商业利用的，提交含有该布图设计的集成电路样品”，对于没有投入商业利用的布图设计，并不需要在提交申请时提交样品。

合议组当庭告知双方当事人，根据《实施细则》第 29 条的规定，第 2 条第（一）、（二）项属于可撤销的理由，而《条例》第 16 条并不属于可撤销的理由，行政法规有相关规定的应遵照执行，无相关规定的合议组不能主动引入。因此，合议组对于撤销意见提出人关于本布图设计不符合《条例》第 16 条的撤销理由不予审理。

合议组针对关于《条例》第 2 条的理由及相关证据进行了详细调查，双方当事人均充分发表了意见。

在上述程序的基础上，合议组认为本案事实已经清楚，可以依法作出审查决定。

二、决定理由

1. 关于审查基础

本决定针对的审查基础为本布图设计专有权登记公告的布图设计。

2. 关于证据

证据 1 为专有权人在（2022）粤 03 民初 5206 号诉讼中提交的本布图设计的“布图设计图样”以及“IP5328 布图设计图层目录及结构、技术、功能简要说明”的复印件，包含本布图设计的简要说明、图样 1 ~6 以及图样说明。合议组调取了证据 1 的原件并核实，未发现影响其真实性的明显瑕疵，对其真实性予以认可，证据 1 是本布图设计申请文件的复印件。

证据 2 为书籍，专有权人当庭核实证据原件，对其真实性和公开日期均无异议。合议组未发现影响其真实性的明显瑕疵，对其真实性予以认可。证据 2 的公开日期早于本布图设计的申请日，在其版权页“内容提要”部分记载了“本书是现代模拟集成电路设计的理想教材或参考书，可供与集成电路领域有关的各电类专业的高年级使用和研究生使用”，因此证据 2 中涉及布图设计的相关内容可作为证明公认的常规设计的证据使用。

证据 7 是国家工业信息安全发展研究中心第 2023JSJD0302 号鉴定意见书，委托人为广东省深圳市中级人民法院，委托事项为对深圳英某芯科技股份有限公司要求保护的 7 个独创性布图设计部分与其在国家知识产权局登记备案的布图设计部分是否相同进行鉴定，被鉴定物为深圳市中级人民法院封存的 U 盘，其内存储有本布图设计文件的电子版。证据 7 包含 6 个附件，其中附件 3 为专有权人在（2022）粤 03 民初 5206 号案件中，也就是本布图设计专有权侵权纠纷案件中，所提交的文件“集成电路布图设计的独创性说明和侵权比对”的复印件。请求人仅主张证据 7 的附件 3 第 2 页图 1 和图 2 的内容，用于证明本布图设计不符合《条例》第 2 条第（二）项的规定。

专有权人对于证据 7 的真实性和公开性无异议，对于证据 7 与本案关联性不予认可。

合议组未发现影响证据 7 的真实性和公开性的明显瑕疵，对其真实性和公开性予以认可。对于证据 7 的关联性，专有权人当庭明确，证据 7 的附件 3 的图 1 和图 2 与本布图设计相符。合议组认可证据 7 的附件 3 中图 1、图 2 与本布图设计具备关联性。

3. 关于《条例》第 2 条第（一）、（二）项

《条例》第 2 条第（一）、（二）项规定："本条例下列用语的含义：（一）集成电路，是指半导体集成电路，即以半导体材料为基片，将至少有一个是有源元件的两个以上元件和部分或者全部互连线路集成在基片之中或者基片之上，以执行某种电子功能的中间产品或者最终产品；（二）集成电路布图设计（以下简称布图设计），是指集成电路中至少有一个是有源元件的两个以上元件和部分或者全部互连线路的三维配置，或者为制造集成电路而准备的上述三维配置。"

撤销意见提出人主张：

（1）本布图设计不符合《条例》第 2 条第（一）项的规定。具体而言，证据 1 第 7 页记载，本布图设计包括 TOP 层、器件层、金属层 1 ~ 4 层，具体对应图层 1 ~ 6；而结合证据 2 中第 7 页第 17.3 节提到：版图由代表不同类型"层"的多边形组成，如图 17.2 所示，每一层都要在晶片上以很高的精度加工出来，图层（a）是 n 阱层，图层（b）是有源区层，图层（c）是多晶层，图层（d）接触窗口，图层（e）是金属层。而对于本布图设计而言，遗漏了有源区层、多晶硅栅层，仅仅提交了金属层，在提交的图层里不能形成有源器件，不能实现电子功能。

（2）本布图设计不符合《条例》第 2 条第（二）项的规定。首先，证据 2 第 18 - 19 页提及，当晶体管的基本结构加工出来以后，下一步晶片必须进行"后端"工艺，主要通过接触孔和连线实现芯片上各种各样的电气连接。后端工艺中的下一步是在多晶硅和有源区上做接触孔。而后在整个芯片上淀积第一层金属互连层，上层金属互连可以用相同的工序完成。对每一附加的金属层来说，都需要两块掩膜版，一块用于形成接触孔，另一块用于金属本身。而本布图设计仅有一个金属层，没有接触孔层，无法实现互连，不能实现三维配置。其次，证据 7 附件 3 第 2 页有图 1 和图 2，图 1 的 5 张图是本布图设计提交的平面图，图 2 是将几张图叠加在一起的三维图，M1 ~ M4 均为金属层，在拼接的时候有金属通孔互通才能形成三维配置，而且金属层和器件层也需要接触孔层才能实现互连的三维配置，结合教科书及专有权人自认的也能够证明，本布图设计缺少通孔层、接触孔层，不能实现三维配置。

专有权人主张：教科书的内容不能代替法律的规定，不能否定集成电路布图设计提交的合法性，本布图设计提交了简要说明，简要说明里详细说了布图设计的功能，可知器件层中必然具备有源器件才能实现这些功能，符合《条例》第 2 条第（一）项的规定；而且布图设计的图样提交了 6 幅，包括金属层 4 个，TOP 层 1 个，器件层 1 个，之间均为通孔互连，能够构成三维配置，这在证据 7 的附件 3 图 2 中也能够体现，因此本布图设计符合《条例》第 2 条第（二）项的规定。

对此，合议组认为，《条例》第2条第（一）、（二）项分别给出了集成电路和集成电路布图设计的法律含义。其中，集成电路专指半导体集成电路，所针对的是集成电路产品的整体，而不是针对产品所包含的部分元器件或特定层结构。如果基于布图设计创作者和集成电路制造者的理解，可以判断出本布图设计对应的产品集成在半导体材料基片之中，具备有源元件且能够执行某种电子功能，应认为本布图设计所保护的产品符合《条例》对集成电路的定义。集成电路布图设计的定义与集成电路不同，是体现在集成电路中的三维配置或者为制造集成电路而准备的三维配置，《条例》规定布图设计的保护与集成电路产品本身的专利保护不同，《条例》规定布图设计的目的在于保护独立创作的布图设计，并非要求对布图设计所有图样全部提交，以达到依据该三维配置即能够对该集成电路产品进行量产的程度，亦即公开充分的程度。因此，上述法条的规定并非对于布图设计申请文件的公开程度的要求，也不是对布图设计申请文件形式要件的规范。如果根据当前的TOP层、器件层以及文字说明可以判断得出其用于半导体器件，包含一个或多个有源器件并形成三维配置，最终产品可以执行诸如充电或者放电这样的电子功能，则符合《条例》第2条第（二）项的规定。

对本案而言，首先，本布图设计申请文件中已声明本布图设计集成了充电、升压功能，适用于多种快充协议，且包括总图，也就是TOP层，以及分层图，也就是器件层、第一层金属层、第二层金属层、第三层金属层、第四层PAD层。其中，器件层是基于0.18μm 1P4M CMOS工艺制程，其与其他四层金属层形成整体结构。布图设计创作者和集成电路制造者可以确定，该整体结构是形成在半导体基板上的具备有源器件的集成电路，可以执行充电、放电等基本电子功能，符合《条例》第2条第（一）项的规定。其次，本布图设计除了提交了四层金属层，还提交了底层的器件层。而器件层中各个模块必然具有有源器件及其相互连接，且为了形成基本的充电和放电集成电路结构，各个金属层、器件层之间存在对应关系，通过通孔实现各层之间的互连，能够形成三维配置，执行充电和放电的电子功能。因此，本布图设计符合《条例》第2条第（二）项的规定。

针对撤销意见提出人的意见，合议组认为：

（1）证据2所公开内容的目的是了解集成电路生产工序以及它们与电路设计和版图之间的关系，该部分内容介绍了基本的制作工序，详细阐述了晶片工艺、光刻、淀积与刻蚀、有源器件制造及其后端工艺、无源器件制造的基本原理。其中第7页、第10页、第11页记载了一个普通的CMOS集成电路设计应包含哪些基本的图层结构，如何实现相互连通构成三维配置，这些确实属于布图设计领域公知的技术。但对于本布图设计是否属于条例所保护的客体而言，则需要站位布图设计创作者和集成电路制造者来判断。专有权人提交的申请文件均为版图复印件，由于版图制作的流程工艺，专有权人提交的版图一般包括分层图和总图。而对于分层图也并不限于一定从最底层开始，或每一层均要提交。对于本布图设计而言，器件层为开始形成金属层的最底层，专有权人没有提交器件层内更细致的分层结构并不代表没有形成如公知技术中所提及的版层结构。而且，布图设计申请登记的主要作用是保存证据，各图层结构是专有权人主张其权利的基础。反之，未提交的图层结构不能成为其主张权利的基础。

（2）首先，金属层本身的常规功能就是建立器件层内模块之间以及器件层与外部的电连接，金属层本身即为接线层；而接线层之间是需要绝缘的，其相互连接的位置才不需要绝缘，因此通孔或接触孔在金属层或半导体层中以特定形式代表，如“+”，或是斑点挖孔设计，即能够由布图设计申请文件获得。

其次，对于证据7的附件3中的图1、图2。图1为本布图设计各层示意图，图2为专有权人主张的本布图设计剖层横截面示意图，示意性指出各图层之间设置有绝缘填充物、金属通孔连接，用于说明本布图设计中各图层之间建立电连接的基本原理和构造。即使缺少各图层之间绝缘填充物、金属通孔的版图结构，布图设计创作者和集成电路制造者仍然能够由本布图设计申请文件的图样获得本布图设计的三维配置。

因此，本布图设计符合《条例》第2条第（一）、（二）项的规定。

据此，合议组作出如下决定。

三、决定

维持BS. 175531811号集成电路布图设计专有权有效。

合议组组长：樊晓东
主　审　员：马姗姗
参　审　员：周亚娜、刘利芳、熊　洁

案例5－12　“5. 8GHz射频收发器ET6602S”专有权撤销案[1]

一、基本案情

2022年10月12日，深圳成某科技有限公司（以下简称撤销意见提出人）针对斯某科技有限公司（以下简称专有权人）的登记号为BS. 13500397. 0、名称为“5. 8GHz射频收发器ET6602S”的布图设计专有权向国家知识产权局提交集成电路布图设计专有权撤销意见书，以本布图设计不符合《条例》第2条第（一）、（二）项，第4条，第5条的规定为由，请求撤销本布图设计专有权。国家知识产权局经审理作出撤销程序审查决定，撤销意见提出人的意见不成立。

[1] 国家知识产权局第13号集成电路布图设计撤销程序审查决定。

二、案例评析

本案中撤销意见提出人提交的撤销意见涵盖了《条例》的三个条款，包括有关保护客体的第2条，有关独创性的第4条，有关保护对象的第5条。双方当事人的争议焦点涉及专有权保护客体、专有权保护对象、“具有独创性的部分”的判断客体等。

1. 撤销案件的审查基础及专有权保护客体的整体判断

《条例》第2条第（一）项规定了集成电路的定义，《条例》第2条第（二）项规定了集成电路布图设计的定义。

本案中，专有权人主张本布图设计专有权包含10个独创性部分撤销意见提出人主张：独创性部分1~10模糊不清，无法通过图样确认各部分可执行电子功能，不符合《条例》第2条第（一）项的规定；独创性部分1仅涉及整体规划，没有元件及其间的互连结构，不构成至少有一个是有源元件的两个以上元件和部分或者全部互连线路的三维配置，不符合《条例》第2条第（二）项的规定。

首先关于布图设计撤销案件审查的基础，是基于专有权人在申请登记时提交的复制件或图样。在案件审理过程中，如果申请登记时提交的布图设计的复制件或者图样存在一些无法识别的细节，应该允许参考申请布图设计登记时提交的集成电路样品进行确定。

就本案而言，专有权人在申请登记时提交了符合“至少放大到用该布图设计生产的集成电路的20倍以上”规定的比较清晰的图样纸件以及图样目录和简要说明，同时提交了装有图样数据的光盘1张以及芯片样品4个。在本案的证据中还包括对于本布图设计的图样、电子件以及芯片样品的剖片图像进行的更加清晰、详细的描述，且双方当事人对于这些证据均予认可。因此，可以结合这些证据理解布图设计所包含内容。

其次关于布图设计专有权的保护客体，《条例》第2条第（一）、（二）项对受其保护的集成电路以及集成电路布图设计进行了定义，其中对集成电路的定义是针对集成电路产品整体。如果产品整体中包含了形成于半导体基片上的至少一个有源元件以及互连线路，可以执行电子功能，则该产品属于《条例》定义的集成电路；相应地，如果涉案布图设计整体上包含满足上述定义的集成电路的三维配置或者为制造满足上述定义的集成电路而准备的三维配置，则该布图设计属于《条例》定义的集成电路布图设计。

就本案而言，本布图设计的图样、样品的剖片图像以及已有证据中对于图样、电子件以及芯片样品的剖片图像进行的更加清晰、详细的描述能够确定，本布图设计涉及一种射频收发器芯片，其中包含形成于半导体基片上的多个N元件和模块，上述元件和模块通过线路互连，可以执行射频信号产生和发射的电子功能，因此属于《条例》

定义的集成电路。相应地，本布图设计整体上也包含了上述元件、模块以及相应互连线路的三维配置，因此属于《条例》定义的集成电路布图设计。因此，本布图设计符合《条例》第2条第（一）、（二）项的规定。

2. 专有权保护对象的整体判断

《条例》第5条规定了对布图设计的保护对象，主要是针对元件、线路的三维配置进行保护，而非思想、概念等。

本案中，撤销意见提出人主张独创性部分1仅为四个功能模块的平面布局，对其保护延及思想，其不属于布图设计的保护客体，不符合《条例》第5条的规定。

决定指出，《条例》第5条的规定也是针对整个布图设计而言，而不是针对布图设计中的部分区域，也不是针对部分区域的总结描述。如果布图设计整体上包含了元件、模块以及相应互连线路的三维配置，布图设计的图样中也显示出了上述三维配置，上述三维配置可以成为《条例》对布图设计的保护对象。因此，基于上述同样的理由，本布图设计符合《条例》第5条的规定。

3. "具有独创性的部分"的判断客体以及独创性判断

《审查与执法指南》中对于是否能够成为"具有独创性的部分"的判断客体有相关规定：对于《条例》中规定的"具有独创性的部分"，该"部分"不应是个别元件或者个别连接，而应是相对独立的模块。具体而言，相对独立的模块一般应具备以下两个条件：①相对于其他部分而言，该部分具有某种相对独立的电子功能；②该部分在复制件或图样中，相对于其他部分应具有相对清晰、可以划分的边界。只要具备上述两个条件，即可以成为"具有独创性的部分"的判断客体。

专有权人在提出独创性部分的同时，可以对独创性部分进行说明，专有权人的独创性说明可以是从不同角度对独创性部分的概括或者抽象描述，在对专有权人指明的部分进行独创性判断时，应根据专有权人的独创性说明将专有权人指明部分中含有的元件和线路的具体三维配置作为判断对象，与该判断对象进行对比的也应该是所涉及证据中记载的具体三维配置。

本案中，撤销意见提出人主张独创性部分1、2、8、9、10不具备独创性，不符合《条例》第4条的规定。撤销意见提出人在评述某个独创性部分不具备独创性时，先给出一个证据中的版图图片或者器件排布示意图作为最接近的对比设计，然后指出其他一些证据中也公开了相关内容，例如相关的版图图片，或者相关的设计思想。但如前所述，独创性判断对比的是具体的三维配置，须得具体的三维配置相同才认为被披露，尤其是一些证据仅仅记载了关于电路或版图的设计思想或经验规则，而基于同样的设计思想或经验规则可能做出完全不同的布图设计，因此这样的设计思想或经验规则不能被认为披露了具体的布图设计的内容。

就本案而言，独创性部分1、2、8、9、10均具有相对独立的电子功能以及相对清晰、可以划分的边界，可以作为"具有独创性的部分"的判断客体，而撤销意见提出人所提供的证据均无法证明这些独创性部分不具有独创性，因此，独创性部分1、2、8、9、10均具有独创性，符合《条例》第4条的规定。

三、小　　结

《条例》第2条第（一）、（二）项对受其保护的集成电路以及集成电路布图设计进行了定义，其中对集成电路的定义是针对集成电路产品整体，而不是针对产品所包含的部分元器件或模块；对集成电路布图设计的定义也是针对整个布图设计而言，而不是针对布图设计中的部分区域，也不是针对部分区域的总结描述。如果产品整体中包含了形成于半导体基片上的至少一个有源元件以及互连线路，可以执行电子功能，则该产品属于《条例》定义的集成电路；相应地，如果涉案布图设计整体上包含满足上述定义的集成电路的三维配置或者为制造满足上述定义的集成电路而准备的三维配置，则该布图设计属于《条例》定义的集成电路布图设计。

《条例》第5条规定了对布图设计的保护对象，是指该《条例》保护的是元件、线路的三维配置的具体表达，而非构思或技术方案。该条规定也是针对整个布图设计而言，而不是针对布图设计中的部分区域，也不是针对部分区域的总结描述。

专有权人在提出独创性部分的同时，可以对独创性部分进行说明，专有权人的独创性说明可以是从不同角度对独创性部分的概括或者抽象描述。在对专有权人指明的部分进行独创性判断时，应根据专有权人的独创性说明将专有权人指明部分中含有的元件和线路的具体三维配置作为判断对象。判断时应基于登记时提交的复制件或图样所载内容，但如果申请登记时提交的布图设计的复制件或者图样存在一些无法识别的细节，可以参考申请布图设计登记时提交的集成电路样品进行确定。

（刘利芳）

附件5-12：第13号撤销程序审查决定

案件编号：JC0025

决定日：2025年1月13日

布图设计名称：5.8GHz射频收发器ET6602S

布图设计类别：（1）结构：MOS；（2）技术：CMOS；（3）功能：线性

法律依据：《条例》第2条第（一）、（二）项，第4条，第5条

决定要点

《条例》第2条第（一）、（二）项对受其保护的集成电路以及集成电路布图设计进行了定义，其中对集成电路的定义是针对集成电路产品整体，而不是针对产品所包含的某一部分；对集成电路布图设计的定义也是针对整个布图设计而言，而不是针对

布图设计中的部分区域，也不是针对部分区域的总结描述。如果产品整体中包含了形成于半导体基片上的至少一个有源元件以及互连线路，可以执行电子功能，则该产品属于《条例》定义的集成电路；相应地，如果涉案布图设计整体上包含满足上述定义的集成电路的三维配置或者为制造满足上述定义的集成电路而准备的三维配置，则该布图设计属于《条例》定义的集成电路布图设计。

《条例》第5条规定了布图设计保护的客体，是指该《条例》保护的是元件、线路的三维配置的具体表达，而非构思或技术方案。该条规定也是针对整个布图设计而言，而不是针对布图设计中的部分区域，也不是针对部分区域的总结描述。

专有权人在提出独创性部分的同时，可以对独创性部分进行说明，专有权人的独创性说明可以是从不同角度对独创性部分的概括或者抽象描述。在对专有权人指明的部分进行独创性判断时，应根据专有权人的独创性说明将专有权人指明部分中含有的元件和线路的具体三维配置作为判断对象。判断时应基于登记时提交的复制件或图样所载内容，但如果申请登记时提交的布图设计的复制件或者图样存在一些无法识别的细节，可以参考申请布图设计登记时提交的集成电路样品进行确定。

决定正文

一、案由

本集成电路布图设计专有权撤销案件审查决定（以下简称本决定）涉及斯某瑞利（北京）科技有限公司（以下简称专有权人）向国家知识产权局提交登记的登记号为BS. 13500397. 0、布图设计名称为“5. 8GHz 射频收发器 ET6602S”的集成电路布图设计专有权（以下简称本布图设计），其声称的创作完成日为2012年3月19日，首次商业利用日为2012年10月9日，申请日为2013年4月27日，公告日为2013年8月21日。

针对本布图设计，深圳成某科技有限公司（以下简称撤销意见提出人）于2022年10月12日向国家知识产权局提交集成电路布图设计专有权撤销意见书，以本布图设计不符合《条例》第4条的规定为由，请求撤销本布图设计专有权。撤销意见提出人随撤销意见书提交了如下证据：

证据1：（2020）鲁01民初210号侵权纠纷一审程序中法院调取的本布图设计申请文件和图样；

证据2：专有权人在（2020）鲁01民初210号侵权纠纷程序中主张的本布图设计独创性部分；

证据3：国家工业信息安全发展研究中心第2021JSJD0410号鉴定意见书；

证据4：“A 5. 8 GHz Integrated CMOS Dedicated Short Range Communication Transceiver for the Korea/Japan Electronic Toll Collection System”，Kuduck Kwon 等，IEEE TRANSACTIONS ON MICROWAVE THEORY AND TECHNIQUES，Vol. 58，No. 11，2010年11月；

证据5："A VERY LOW NOISE WIDEBAND CLASS - C CMOS LC VCO"，FATEMEH ATAEI 等，Journal of Circuits，Systems，and Computers，Vol. 21，No. 4（2012），公开日期为 2012 年 7 月 24 日；

证据6：《集成电路版图基础——实用指南》，Christopher Saint 等著，李伟华等译，清华大学出版社，2006 年 10 月第 1 版第 1 次印刷，封面、书名页、版权页、序言页、目录页、正文第 108 - 109 页；

证据7：CN101741326A，公布日为 2010 年 6 月 16 日。

2022 年 11 月 11 日，撤销意见提出人提交意见陈述书，并声明撤销意见以此次提交的意见陈述书为准。撤销意见提出人随意见陈述书补充提交了如下证据：

证据8：《模拟 CMOS 集成电路设计》，拉扎维著，陈贵灿等译，西安交通大学出版社，2003 年 2 月第 1 版第 1 次印刷，封面、封底、书名页、版权页、作者简介页、正文第 434 - 435 页、第 523 - 527 页；

证据9："A 5 GHz Differential Colpitts CMOS VCO Using the Bottom PMOS Cross - Coupled Current Source"，Jian - An Hou 等，IEEE MICROWAVE AND WIRELESS COMPONENTS LETTERS，Vol. 19，No. 6，2009 年 6 月，及其中文译文；

证据10："CMOS 电感电容压控振荡器"，黄丞权，北京交通大学硕士学位论文，公开日期为 2008 年 12 月 31 日；

证据11："数字 CMOS 工艺实现的单片本振电路"，苏彦锋，复旦大学博士学位论文，公开日期为 2004 年 12 月 31 日；

证据12："A 2.2 GHz High - Swing Class - C VCO with Wide Tuning Range"，Fatemeh Ataei 等，公开日期为 2011 年 12 月 31 日，及其中文译文；

证据13："新型 CMOS 射频接收机低噪声电源管理系统的研究与设计"，欧阳翔，上海交通大学硕士学位论文，公开日期为 2008 年 12 月 31 日；

证据14：US2008/0315957A1，公开日为 2008 年 12 月 25 日；

证据15："3 - 10GHz Ultra - Wideband Low - Noise Amplifier Utilizing Miller Effect and Inductive Shunt - Shunt Feedback Technique"，Yu - Tso Lin 等，IEEE TRANSACTIONS ON MICROWAVE THEORY AND TECHNIQUES，Vol. 55，No. 9，2007 年 9 月，及其中文译文；

证据16：前述证据 4 的中文译文；

证据17：前述证据 5 的中文译文。

撤销意见提出人还申请调取以下布图设计作为证据：

证据18：BS. 11500227. 8 号布图设计，"XBAND 射频前端芯片版图"，公开日期为 2011 年 8 月 10 日。

撤销意见提出人在撤销意见书中陈述如下意见：

1. 证据 1 ~ 3 用以说明专有权人在涉及本布图设计的（2020）鲁 01 民初 210 号侵

权纠纷一审程序中主张的本布图设计的独创性部分。证据 4 ~ 18 构成现有布图设计或公认的常规设计，用来评价本布图设计的独创性。

2. 专有权人在（2020）鲁 01 民初 210 号侵权纠纷程序中提交了本布图设计的独创性说明（证据 2），据此主张在撤销程序中本布图设计存在以下 10 个独创性部分：

独创性部分 1：5.8GHz 射频信号产生及发射链路主体设计；

独创性部分 2：频率产生压控振荡器（VCO）设计；

独创性部分 3：缓冲器设计；

独创性部分 4：2 分频器设计；

独创性部分 5：5.8GHz 混频器设计；

独创性部分 6：射频波形整形器设计；

独创性部分 7：VCO 电源噪声滤波器设计；

独创性部分 8：第一级射频功率放大器驱动单元设计；

独创性部分 9：第一级射频功率放大器负载单元设计；

独创性部分 10：第二级射频功率放大器设计。

3. 针对上述专有权人声明的独创性部分，撤销意见提出人认为：

（1）独创性部分 3、6、7 的技术信息未在其提交的本布图设计的图样和芯片样品拆解版图中体现，专有权人针对该三部分的独创性部分说明并非针对本布图设计的客观描述，其独创性主张不能成立；

（2）本案独创性部分的审理范围应当仅涉及独创性部分 1、2、8、9、10，这些独创性部分均不具备独创性，不符合《条例》第 4 条的规定。

根据《条例》的规定，国家知识产权局启动针对本布图设计专有权的撤销程序，于 2022 年 11 月 15 日向撤销意见提出人和专有权人发出集成电路布图设计进入撤销程序通知书，并随该通知书向专有权人转送撤销意见提出人于 2022 年 10 月 12 日提交的撤销意见陈述书及证据。

国家知识产权局随后成立合议组，对本布图设计的撤销程序进行审查。

为查明案情，合议组向国家知识产权局调取了本布图设计及上述证据 18 的登记申请表、图样、简要说明的案卷材料。

2022 年 12 月 30 日，专有权人针对撤销意见提出人于 2022 年 10 月 12 日提交的撤销意见陈述书及证据提交意见陈述书，认为：本案审理范围应是本布图设计全部具有独创性的内容，包括独创性部分 1 ~ 10；独创性部分 1、2、8、9、10 均具备独创性。

2023 年 2 月 23 日，合议组将撤销意见提出人于 2022 年 11 月 11 日提交的意见陈述书及证据转给专有权人，并将专有权人于 2022 年 12 月 30 日提交的意见陈述书转给撤销意见提出人。同日，合议组向双方当事人发出口头审理通知书，定于 2023 年 4 月 7 日举行口头审理。

2023 年 3 月 20 日，专有权人到国家知识产权局现场查阅本布图设计和证据 18 的案卷材料。

2023 年 4 月 3 日，专有权人针对撤销意见提出人于 2022 年 11 月 11 日提交的撤销意见陈述及证据提交意见陈述书，认为：本案审理范围应是本布图设计全部具有独创性的内容，包括独创性部分 1～10；独创性部分 1、2、8、9、10 均具备独创性。同时，专有权人提交以下反证 1～3。合议组于当日将专有权人提交的上述意见陈述书及证据以电子邮件的方式转给撤销意见提出人。

反证 1:（2020）鲁 01 民初 210 号民事判决书；

反证 2:（2022）最高法知民终 1596 号民事案件开庭传票；

反证 3:（2022）最高法知民终 1596 号成谷公司证据清单。

2023 年 4 月 4 日，撤销意见提出人提交意见陈述书，补充如下撤销意见：独创性部分 1 不属于保护客体，不符合《条例》第 2 条第（二）项的规定；独创性部分 2～10 中的多个特征属于不予保护的情形，不符合《条例》第 5 条的规定；独创性部分 3～10 在图样中模糊不清、未体现，不应属于布图设计保护的内容，应当不予审理。撤销意见提出人同时还提交了参考资料并明确供合议组参考。合议组于 2023 年 4 月 5 日将撤销意见提出人提交的上述意见陈述书及参考资料以电子邮件的方式转给专有权人。

口头审理如期举行，双方当事人均委托代理人出席了本次口头审理。在口头审理过程中：

1. 双方当事人对对方出庭人员的身份和资格没有异议，对合议组成员和书记员没有回避请求。

2. 专有权人明确在本案程序中主张的独创性部分同前述独创性部分 1～10。

3. 合议组明确，本次口头审理的审查基础是本布图设计专有权登记公告的布图设计；审理所针对的本布图设计的具有独创性的部分，以专有权人在涉及本布图设计的（2020）鲁 01 民初 210 号侵权纠纷一审程序中明确的本布图设计的前述独创性部分 1～10 为准。对此双方均无异议。

4. 合议组将撤销意见提出人于 2023 年 4 月 4 日提交的意见陈述书当庭转给专有权人。双方明确已经收到对方提交的所有意见陈述书及证据。

5. 撤销意见提出人当庭明确放弃证据 18 的使用。专有权人对证据 1～3 的真实性、合法性、关联性和公开日期均无异议，对证据 4～15 的真实性、合法性和公开日期均无异议，对所有译文的准确性无异议。撤销意见提出人对反证 1～3 的真实性、合法性和公开日期均无异议。

6. 撤销意见提出人明确撤销理由如下：

（1）独创性部分 1～10 模糊不清，无法通过图样确认各部分可执行电子功能，不符合《条例》第 2 条第（一）项的规定。

（2）独创性部分 1 仅涉及整体规划，没有元件及其之间的互连结构，不构成至少有一个是有源元件的两个以上元件和部分或者全部互连线路的三维配置，不符合《条例》第2条第（二）项的规定。

（3）独创性部分1仅为四个功能模块的平面布局，对其保护延及思想，其不属于布图设计的保护客体，不符合《条例》第5条的规定。

（4）独创性部分1、2、8、9、10不具备独创性，不符合《条例》第4条的规定。

7. 撤销意见提出人还认为，根据证据3中的鉴定意见，独创性部分3、6、7的内容未在本布图设计的芯片样品拆解版图中体现，应不予审理和保护。

8. 合议组给予专有权人一个月期限针对撤销意见提出人于2023年4月4日提交的意见陈述书陈述意见。

2023年5月5日，专有权人针对撤销意见提出人于2023年4月4日提交的补充撤销意见提交意见陈述书，认为撤销意见提出人提出的撤销理由均不成立。合议组于2023年5月17日将该意见陈述书转给撤销意见提出人。

2023年5月26日，撤销意见提出人针对专有权人于2023年5月5日提交的意见陈述书提交意见陈述书，认为专有权人的意见不成立，本布图设计应予撤销。

在上述程序的基础上，合议组认为本案事实已经清楚，可以依法作出审查决定。

二、决定理由

1. 关于审查基础

本决定针对的审查基础为本布图设计专有权登记公告的布图设计。

2. 关于证据

（1）证据1～3

证据1为本布图设计涉及的（2020）鲁01民初210号侵权纠纷程序中法院调取的本布图设计申请文件和图样，证据2为专有权人在该侵权纠纷程序中提交的本布图设计的独创性说明，证据3为在该侵权纠纷程序中法院委托国家工业信息安全发展研究中心作出的鉴定意见书。

专有权人对证据1～3的真实性、合法性、关联性和公开日期均无异议。

合议组未发现证据1～3的明显瑕疵，对这些证据予以认可。

（2）证据4～17

证据4、5、9、12、15是技术论文，证据10、11、13是学位论文。专有权人对上述证据的真实性、合法性和公开日期均无异议，对含证据16、17的所有译文的准确性无异议。合议组未发现上述证据的明显瑕疵，对上述证据予以认可。上述证据的公开日期均早于本布图设计的首次商业利用日，其中若有公开的布图设计的内容则可作为评价本布图设计独创性的现有布图设计使用。其中证据4、5、9、12、15为外文文献，其公开内容以其中文译文为准。

证据6、8是国内公开出版的中文书籍，专有权人对上述证据的真实性、合法性和公开日期均无异议。合议组未发现上述证据的明显瑕疵，对上述证据予以认可。证据6、8的公开日期均早于本布图设计的首次商业利用日，证据6封面记载了“国外大学优秀教材——微电子类系列（翻译版）”，证据8封面记载了“国外名校最新教材精选”，因此若证据6、8中有公开的布图设计的内容，则可作为证明公认的常规设计的证据使用。

证据7、14是专利文献，专有权人对上述证据的真实性、合法性和公开日期均无异议，对证据14的中文译文的准确性无异议。合议组未发现上述证据的明显瑕疵，对上述证据予以认可。证据7、14的公开日期均早于本布图设计的首次商业利用日，其中若有公开的布图设计的内容则可作为评价本布图设计独创性的现有布图设计使用。其中证据14的公开内容以其中文译文为准。

(3) 反证1～3

反证1为本布图设计涉及的（2020）鲁01民初210号侵权纠纷程序的一审判决，反证2为该侵权纠纷程序的二审开庭传票，反证3为撤销意见提出人在该侵权纠纷程序中提交的二审证据清单。撤销意见提出人对反证1～3的真实性、合法性和公开日期均无异议。合议组未发现上述证据的明显瑕疵，对上述证据予以认可。

3. 关于《条例》第2条第（一）、（二）项

《条例》第2条第（一）、（二）项规定：“本条例下列用语的含义：（一）集成电路，是指半导体集成电路，即以半导体材料为基片，将至少有一个是有源元件的两个以上元件和部分或者全部互连线路集成在基片之中或者基片之上，以执行某种电子功能的中间产品或者最终产品；（二）集成电路布图设计（以下简称布图设计），是指集成电路中至少有一个是有源元件的两个以上元件和部分或者全部互连线路的三维配置，或者为制造集成电路而准备的上述三维配置。”

撤销意见提出人主张，独创性部分1～10模糊不清，无法通过图样确认各部分可执行电子功能，不符合《条例》第2条第（一）项的规定；独创性部分1仅涉及整体规划，没有元件及其之间的互连结构，不构成至少有一个是有源元件的两个以上元件和部分或者全部互连线路的三维配置，不符合《条例》第2条第（二）项的规定。

专有权人认为，本布图设计在申请登记时提交了清晰的图样纸件以及图样的电子件，并提交了4件芯片样品，在（2020）鲁01民初210号侵权纠纷一审程序中还经由法院委托对芯片样品进行了剖片及鉴定，通过上述资料能够清楚体现独创性部分1～10的内容；独创性部分1包括4个有源元件的三维配置，符合布图设计的定义。

合议组认为，《条例》第2条第（一）、（二）项对受其保护的集成电路以及集成电路布图设计进行了定义，其中对集成电路的定义是针对集成电路产品整体，而不是针对产品所包含的某一部分；对集成电路布图设计的定义也是针对整个布图设计而言，而不是针对布图设计中的部分区域，也不是针对部分区域的总结描述。如果产品整体中包含了形成于半导体基片上的至少一个有源元件以及互连线路，可以执行电子功能，则该产品属于《条例》定义的集成电路；相应地，如果涉案布图设计整体上包含满足上述定义的集成电路的三维配置或者为制造满足上述定义的集成电路而准备的三维配

置，则该布图设计属于《条例》定义的集成电路布图设计。另外，审查的基础是专有权人在申请登记时提交的复制件或图样，《条例》第 14 条第（一）项规定复制件或者图样的纸件应当至少放大到用该布图设计生产的集成电路的 20 倍以上，但如果申请登记时提交的布图设计的复制件或者图样存在一些无法识别的细节，可以参考申请布图设计登记时提交的集成电路样品进行确定。

对本案而言，专有权人在申请登记时提交了符合“至少放大到用该布图设计生产的集成电路的 20 倍以上”规定的比较清晰的图样纸件以及图样目录和简要说明，同时提交了装有图样数据的光盘 1 张以及芯片样品 4 个。在本案的上述证据 2 和证据 3 中，还包括对于本布图设计的图样、电子件以及上述芯片样品的剖片图像进行的更加清晰、详细的描述，且双方当事人对于上述证据 2 和证据 3 均予认可。

布图设计创作者和集成电路制造者基于本布图设计登记申请时提交的以上资料能够确定，本布图设计涉及一种射频收发器芯片，其中包含形成于半导体基片上的多个 NMOS 管、PMOS 管、压控振荡器、混频器等元件和模块，上述元件和模块通过线路互连，可以执行射频信号产生和发射的电子功能。因此，属于《条例》定义的集成电路。相应地，本布图设计整体上也包含了上述元件、模块以及相应互连线路的三维配置。因此，属于《条例》定义的集成电路布图设计。

因此，本布图设计符合《条例》第 2 条第（一）、（二）项的规定。

4. 关于《条例》第 5 条

《条例》第 5 条规定，本条例对布图设计的保护，不延及思想、处理过程、操作方法或者数学概念等。

撤销意见提出人主张，独创性部分 1 仅为四个功能模块的平面布局，对其保护延及思想，其不属于布图设计的保护客体，不符合《条例》第 5 条的规定。

专有权人认为，独创性部分 1 包括 4 个有源元件的具体三维配置，并不属于思想领域。

合议组认为，《条例》第 5 条规定了布图设计保护的客体，是指该条例保护的是元件、线路的三维配置的具体表达，而非构思或技术方案。该条规定也是针对整个布图设计而言，而不是针对布图设计中的部分区域，也不是针对部分区域的总结描述。

参见前述第 3 点中的评述，本布图设计涉及一种射频收发器芯片，其中包含形成于半导体基片上的多个 NMOS 管、PMOS 管、压控振荡器、混频器等元件和模块，上述元件和模块通过线路互连；相应地，本布图设计整体上也包含了上述元件、模块以及相应互连线路的三维配置，本布图设计的图样中也显示出了上述三维配置，上述三维配置可以成为《条例》对布图设计的保护对象。

因此，本布图设计符合《条例》第 5 条的规定。

5. 关于《条例》第 4 条

《条例》第 4 条规定，受保护的布图设计应当具有独创性，即该布图设计是创作者自己的智力劳动成果，并且在其创作时该布图设计在布图设计创作者和集成电路制造者中不是公认的常规设计。

依据《条例》第7条规定，布图设计中可以有一个或多个独创性部分，布图设计整体也可以具有独创性。

对于《条例》中规定的“具有独创性的部分”，该“部分”不应是个别元件或者个别连接，而应是相对独立的模块。具体而言，相对独立的模块一般应具备以下两个条件：①相对于其他部分而言，该部分具有某种相对独立的电子功能；②该部分在复制件或图样中，相对于其他部分应具有相对清晰、可以划分的边界。只要具备上述两个条件，即可以成为“具有独创性的部分”的判断客体。

专有权人在提出独创性部分的同时，可以对独创性部分进行说明，专有权人的独创性说明可以是从不同角度对独创性部分的概括或者抽象描述，在对专有权人指明的部分进行独创性判断时，应根据专有权人的独创性说明将专有权人指明部分中含有的元件和线路的具体三维配置作为判断对象。判断时应基于登记时提交的复制件或图样所载内容，但如果申请登记时提交的布图设计的复制件或者图样存在一些无法识别的细节，可以参考申请布图设计登记时提交的集成电路样品进行确定。

（1）关于独创性部分2

撤销意见提出人使用证据5、6、8～12来评价独创性部分2不具有独创性。撤销意见提出人认为，证据5公开了一种压控振荡器的设计，包括螺旋电感、金属板MIM电容、小型变容晶体管等；证据6公开了紧凑型版图的经验规则，应当尽量将版图设计为矩形，还证明了版图对称设计是常见的；证据8证明了版图对称设计是常见的；证据10、11证明压控振荡器的版图应尽量设置为对称；证据9、12公开了压控振荡器的版图，说明MIM电容、可变电容、PMOS管元件都是常用元件；证据5基础上结合其他证据证明了独创性部分2不具有独创性。

专有权人认为，证据5、9、12均未公开独创性部分2中的多处内容，证据6、8、10仅提出了通用原则，证据11未清楚公开器件具体布局，这些证据不能证明独创性部分2不具有独创性。

合议组认为，独创性部分2为频率产生压控振荡器（VCO）设计，该模块具有相对独立的电子功能以及相对清晰、可以划分的边界，可以作为“具有独创性的部分”的判断客体。

证据5附图6公开了一种高摆幅C类压控振荡器的布局，从附图6中可见，八边形螺旋电感和其下方的电路模块排成“1”字形，轮廓大致呈矩形，所有元件整体呈左右对称布局，下方的电路模块内部的布线呈左右对称布局，螺旋电感具有上、下两个引出端。再结合文字记载，可以得知下方的电路模块里可能包括一组4位二进制加权投切电容器、一组NMOS变容二极管以及电阻器（取代PMOS开关）。

独创性部分2的布图与证据5附图6的布图相比较，存在一些相同之处，如八边形螺旋电感和其上方的电路模块排成“1”字形，所有元件整体呈左右对称布局，上方的电路模块内部的布线呈左右对称布局。但独创性部分2的布图相对于证据5附图6的布图也存在诸多不同之处，如螺旋电感圈数为2圈（证据5中为3圈），电感引出端只在电路模块一侧（证据5中电感引出端在相对的两侧），与电感配合的电路模块主要包括6个金属板MIM电容、4组MOS型可变电容、3组带晶体管开关的金属板MIM电容、驱动晶体管（证据5中未公开电路模块中包含上述元件）。相应地，电路模块里的元件的布局、三维配置以及相应的互连都与证据5不同。即独创性部分2的布图存在诸多未被证据5所披露部分。

关于结合使用的其他证据，首先，撤销意见提出人提出的上述证据6、8~12的相关部分所披露的仅仅是关于电路或版图的设计思想或经验规则，而基于同样的设计思想或经验规则可能作出完全不同的布图设计；其次，证据6、8~12中虽然包含有若干附图，但如前所述独创性部分2的布图相对于证据5存在诸多未被披露部分，证据6、8~12所包含的附图中并未公开这些未被披露部分；再次，也没有证据显示这些未被披露部分属于公认的常规设计。

因此，独创性部分2的布图具有独创性，符合《条例》第4条的规定。

（2）关于独创性部分8

撤销意见提出人使用证据7、6、8、13~15来评价独创性部分8不具有独创性。撤销意见提出人认为，证据7公开了一种射频功率放大器，公开了线圈结构及其驱动单元的相关内容，包括两个金属板MIM电容、8组晶体管和偏置晶体管等；证据14、15证明放大电路中包含MIM电容和MOS管电容是常规选择，对称排布也是常规设计；证据6、8、13证明与差分走线相连接的相关器件进行对称排布是常规设计；证据7基础上结合其他证据证明了独创性部分8不具有独创性。

专有权人认为，证据7、13~15均未公开独创性部分8中的多处内容，这些证据不能证明独创性部分8不具有独创性。

合议组认为，独创性部分8为第一级射频功率放大器驱动单元设计，该模块具有相对独立的电子功能以及相对清晰、可以划分的边界，可以作为“具有独创性的部分”的判断客体。

证据7附图5（A）公开了一种RF功率放大器的基本构造图，其中在八边形变压器下方显示有两个N型晶体管和一个电容的电路图，本领域技术人员可以明确该两个N型晶体管和一个电容可以视为一个驱动模块。证据7附图15示出了上述两个N型晶体管和一个电容的布局，可见两个N型晶体管分别列在左右两侧，一个MIM电容位于两个N型晶体管的上方中间。

独创性部分8的布图与证据7附图15的布图相比较，相同之处仅在于都包含电容和晶体管、电容和晶体管分别位于上下两端、有晶体管分列于左右两侧，其余均不相同。首先，所包含元件即不相同，独创性部分8的布图包括两个金属MIM电容（证据

7 中为一个 MIM 电容)、8 组预驱动晶体管（证据 7 中为两个晶体管)、一个偏置晶体管（证据 7 中没有)；相应地，独创性部分 8 所包含元件的布局、三维配置以及相应的互连都与证据 7 不同。即独创性部分 8 的布图存在诸多未被证据 7 所披露部分。

关于结合使用的其他证据，首先，撤销意见提出人提出的上述证据 6、8、13～15 的相关部分所披露的仅仅是关于电路或版图的设计思想或经验规则，而基于同样的设计思想或经验规则可能做出完全不同的布图设计；其次，证据 6、8、13～15 中虽然包含有若干附图，但如前所述独创性部分 8 的布图相对于证据 7 存在诸多未被披露部分，证据 6、8、13～15 所包含的附图中并未公开这些未被披露部分；再次，也没有证据显示这些未被披露部分属于公认的常规设计。

因此，独创性部分 8 的布图具有独创性，符合《条例》第 4 条的规定。

（3）关于独创性部分 9

撤销意见提出人使用证据 5、6 来评价独创性部分 9 不具有独创性。撤销意见提出人认为，证据 5 公开了射频功率放大器负载单元的相关设计，包括八边形螺旋电感、金属板 MIM 电容等；证据 6 公开了紧凑型版图的经验规则，应当尽量将版图设计为矩形；证据 5 结合证据 6 证明了独创性部分 9 不具有独创性。

专有权人认为，证据 5 未公开独创性部分 9 中的多处内容，证据 6 仅提到了紧凑型的布局原则但并未公开具体结构，这些证据不能证明独创性部分 9 不具有独创性。

合议组认为，独创性部分 9 为第一级射频功率放大器负载单元设计，该模块具有相对独立的电子功能以及相对清晰、可以划分的边界，可以作为“具有独创性的部分”的判断客体。

证据 5 附图 6 公开了一种高摆幅 C 类压控振荡器的布局，从附图 6 中可见，八边形螺旋电感和其下方的电路模块排成“1”字形，整体轮廓大致呈矩形，所有元件整体呈左右对称布局，下方的电路模块内部的布线呈左右对称布局，螺旋电感具有上、下两个引出端。再结合文字记载，可以得知下方的电路模块里可能包括一组 4 位二进制加权投切 MIM 电容器、一组 NMOS 变容二极管以及电阻器（取代 PMOS 开关)。

独创性部分 9 的布图与证据 5 附图 6 的布图相比较，存在一些相同之处，如八边形螺旋电感和其右侧的电路模块排成“1”字形，所有元件整体呈上下对称布局，右侧的电路模块内部的布线呈上下对称布局。但独创性部分 9 的布图相对于证据 5 附图 6 的布图也存在诸多不同之处：首先，从功能上来说二者即不相同，独创性部分 9 是电感电容构成的射频功率放大器的负载单元，而证据 5 附图 6 所示是一种压控振荡器；其次，从布图上来说，独创性部分 9 中的与电感配合的电路模块包括 2 个金属板 MIM 电容和 3 组带晶体管开关的金属板 MIM 电容，与证据 5 电路模块中所包含元件不同，相应地，电路模块里的元件的布局、三维配置以及相应的互连都与证据 5 不同。即独创性部分 9 的布图存在诸多未被证据 5 所披露部分。

关于证据 6，首先，撤销意见提出人提出的上述证据 6 的相关部分所披露的仅仅是关于版图的设计思想或经验规则，而基于同样的设计思想或经验规则可能做出完全不同的布图设计；其次，证据6中虽然包含有若干附图，但如前所述独创性部分9的布图相对于证据5存在诸多未被披露部分，证据6所包含的附图中并未公开这些未被披露部分；最后，也没有证据显示这些未被披露部分属于公认的常规设计。

因此，独创性部分9的布图具有独创性，符合《条例》第4条的规定。

(4) 关于独创性部分10

撤销意见提出人使用证据7来评价独创性部分10不具有独创性。撤销意见提出人认为，证据7公开了一种射频功率放大器，公开了线圈结构及其驱动单元的相关内容，包括金属板MIM电容、八边形螺旋电感、两个差分通路等；证据7证明了独创性部分10不具有独创性。

专有权人认为，证据7未公开独创性部分10中的多处内容，证据7不能证明独创性部分10不具有独创性。

合议组认为，独创性部分10为第二级射频功率放大器设计，该模块具有相对独立的电子功能以及相对清晰、可以划分的边界，可以作为“具有独创性的部分”的判断客体。

证据7附图5（A）公开了一种RF功率放大器的基本构造图，其中在八边形变压器下方显示有两个N型晶体管和一个电容的电路图。证据7附图15示出了上述两个N型晶体管和一个电容的布局，可见两个N型晶体管分别列在左右两侧，一个MIM电容位于两个N型晶体管的上方中间。

独创性部分10的布图与证据7上述附图相比较，相同之处仅在于都包含螺旋状线圈以及由晶体管和MIM电容构成的电路模块、电路模块中的晶体管和MIM电容及相应布线呈左右对称分布，其余均不相同。首先，所包含元件即不相同，独创性部分10的布图包括8个金属板MIM电容（证据7中为一个MIM电容）、6组功率放大晶体管和24组ASK调制晶体管（证据7中有两个晶体管）、负载螺旋电感（证据7中的螺旋状线圈是变压器）；相应地，独创性部分10所包含元件的布局、三维配置以及相应的互连都与证据7不同。即独创性部分10的布图存在诸多未被证据7所披露部分。

没有证据显示独创性部分10布图的未被证据7所披露部分属于公认的常规设计。

因此，独创性部分10的布图具有独创性，符合《条例》第4条的规定。

(5) 关于独创性部分1

撤销意见提出人使用证据4、8来评价独创性部分1不具有独创性。撤销意见提出人认为，证据4公开了一种5.8GHz收发机，包括射频信号产生以及发射链路、两级射频功率放大器、锁相环PLL等，PLL内部包含频率产生压控振荡器VCO，还公开了各模块的布局；证据8公开了锁相环PLL内部包含频率产生压控振荡器VCO；证据4结合证据8证明了独创性部分1不具有独创性。

专有权人认为，证据4中的模块类型和布局均与本布图设计不同，证据4未公开独创性部分 1 中的多处内容，证据 8 中的锁相环 PLL 也并未公开独创性部分 1 的内容，这些证据不能证明独创性部分 1 不具有独创性。

合议组认为，独创性部分 1 为 5.8GHz 射频信号产生及发射链路主体设计，其包括第一级射频功率放大器（A1）、第二级射频功率放大器（A2）、频率产生压控振荡器（VCO）（B1）、1.5 倍倍频器（B2）四个子模块。由上述四个子模块构成的独创性部分 1 整体模块具有相对独立的电子功能以及相对清晰、可以划分的边界，可以作为“具有独创性的部分”的判断客体。而且进行独创性判断时应将独创性部分 1 整体模块含有的元件和线路的具体三维配置作为判断对象。

证据 4 附图 15 公开了一种 5.8GHz 收发机的显微照片，其中显示该收发机包含片上巴伦、低噪声放大器 LNA、功率放大器 PA、锁相环 PLL、混频器 TXM 等模块。比较独创性部分 1 整体模块的布图与证据 4 附图 15 所示图片，首先从上层整体布局即明确可见，证据 4 附图 15 并未公开独创性部分 1 整体模块所包含的排布为特定布局和特定相对位置关系的 A1、A2、B1、B2 四个子模块；进一步地，独创性部分 1 整体模块含有的元件和线路的具体三维配置也并未在证据 4 中公开。即独创性部分 1 整体模块布图存在诸多未被证据 4 所披露部分。

证据 8 中虽然包含有若干附图，但如前所述独创性部分 1 整体模块布图存在诸多未被证据 4 所披露部分，证据 8 所包含的附图中并未公开这些未被披露部分，而且也没有证据显示这些未被披露部分属于公认的常规设计。

因此，独创性部分 1 整体模块的布图具有独创性，符合《条例》第 4 条的规定。

（6）关于独创性部分 3、6、7

撤销意见提出人还认为，根据证据 3 第 180－181 页的鉴定意见可见，独创性部分 3、6、7 的技术信息并未在其提交的芯片样品的拆解版图中体现，因此也不会在其登记的本布图设计的图样中体现，专有权人对这三部分的独创性说明并非针对本布图设计的客观描述，因此独创性部分 3、6、7 不属于本布图设计保护的内容，应当不予审理、不予保护。

专有权人认为，证据 3 鉴定报告比对的是被诉侵权产品和本布图设计样品的版图，从证据 3 的鉴定意见不能推知独创性部分 3、6、7 的技术信息与本布图设计图样不符。

关于独创性部分 3、6、7，证据 3 第 180－181 页给出的鉴定意见是：被鉴定物版图与独创性说明中记载的技术信息相同，但被鉴定物版图与布图设计样品版图不同。

关于上述鉴定意见，合议组认为，独创性说明中记载的技术信息是文字描述，而针对同一文字描述可能做出不同的布图设计，因此从上述鉴定意见中并不能直接推知独创性部分 3、6、7 的技术信息并未在其提交的芯片样品拆解版图和登记的本布图设计的图样中体现。撤销意见提出人的理由不成立。

综上所述，撤销意见提出人所提出的撤销理由均不成立。据此，合议组作出如下决定。

三、决定

维持 BS. 13500397.0 号集成电路布图设计专有权有效。

合议组组长：马　昊
主　审　员：刘利芳
参　审　员：樊晓东、林　静、马姗姗

案例 5-13　“GMM674 芯片”专有权撤销案[1]

一、基本案情

2021 年 4 月 30 日，无锡中某电子有限公司针对凌某科技股份有限公司的一件登记号为 BS. 175535280、名称为“GMM674 芯片”的布图设计专有权向国家知识产权局提交集成电路布图设计专有权撤销意见书，以本布图设计不符合《条例》第 2 条第（二）项、第 17 条的规定为由，请求撤销本布图设计专有权。国家知识产权局成立合议组，经审理作出审查决定，撤销 BS. 175535280 号集成电路布图设计专有权。

二、案例评析

本案中撤销意见提出人提交的撤销意见涵盖了撤销理由两个常用条款，包括有关保护客体的《条例》第 2 条，有关商业利用的《条例》第 17 条。但是，双方当事人的争议主要焦点为布图设计商业利用行为的具体判断。

关于本案的商业利用行为，撤销意见提出人主张如下：（1）布图设计虽然已经获得授权，但专有权人早在 2014 年 12 月已经对外正式推出本布图设计对应的芯片产品，任何人都可以通过购买获得实物，即本布图设计至少在 2014 年 12 月已经进入商业利用。而本布图设计的申请日为 2017 年 10 月 24 日，超过申请日 2 年，属于《条例》第 17 条规定的不予登记的情形。（2）撤销意见提出人公证购买了几十颗专有权人生产的 GMM674 芯片，通过对批号为 NACKC 的一颗芯片进行解析，与专有权人芯片的布图相同，而且该芯片放大后显示 LOGO 为“G674”，即本布图设计 GMM674。可见本布图设计对应的芯片至少在 2015 年第 13 周已经完成封装并投入商业利用，进一步证明本布图设计的申请日 2017 年 10 月 24 日距其商业利用日超过 2 年。（3）在 2015 年 10 月 24 日

[1] 国家知识产权局第 14 号集成电路布图设计撤销程序审查决定。

之前，芯片代工厂和舰公司受专有权人委托，总共生产了 25 批次产品并交付给专有权人。根据芯片的合理研发流程，这些批次中前 7 批（Lot – No 为 N953K 和 N953L）应该属于实验批次，用于量产前测试芯片参数及功能，其余 17 批次（其中 NC3TY 和 NC3TY. 02 是一批）属于正式销售的量产产品。专有权人在 2014 年 12 月正式推出 GPM8F3132C 马达控制 IC（即使用本图设计制造的芯片）。专有权人最后一批试验批次 N953K. 02 的出货时间为 2014 年 12 月 17 日，证明专有权在 2014 年 12 月已经完全完成本布图设计的设计、生产、测试等研发工作，集成电路产品已正式研发成功。所以，专有权人才会在 2014 年 12 月对外宣称推出 GPM8F3132C 的马达控制 IC。因此，本布图设计在 2014 年已经开始进行试生产、测试等研发工作，2014 年 12 月试验完成并对外公开可提供集成电路产品，2015 年 3 月完成第一批量产产品 NACKC 的制造，并且该产品也正式投入商业利用。（4）撤销意见提出人为进一步证明公证购买的专有权人的芯片与本布图设计技术方案一致，另将芯片邮寄给首都知识产权服务业协会鉴定，鉴定结论显示，委托人提供的电动车驱动板卡上主芯片的相应图层形貌结构与委托人提供的“布图设计结构、技术、功能简要说明：MCU 产品（GMM674）”文件中的图 1 ~ 图 23 中图层形貌结构相同或实质相同。综上，本布图设计对应的芯片产品在 2015 年 10 月 24 日前已经完成生产并投入商业利用中，可以证明本布图设计的申请日 2017 年 10 月 24 日距离首次商业利用已经超过 2 年。

专有权人提出的理由如下：（1）专有权人的公司的官网于 2014 年 12 月所述的“推出”只是新开发芯片的市场宣传，并非商业利用的证明。专有权人投入了大量的人力和物力进行 GMM674 芯片的研发，专有权人亦提出相关内部历史邮件，以证明 GMM674 芯片在投入商业利用之前一直处于测试、发现问题和解决问题的状态。专有权人的“设计流程管控卡”是专有权人内部的研究开发计划，是专有权人进行芯片设计研发的过程控制文件，与商业利用无关。撤销意见提出人依据与规格书有关的时间来推理商业利用时间不能成立，该规格书已明确载明是“初版”，产品规格书只是芯片进入商业利用的准备，将该初级版本的规格书解释为商业利用没有依据。GMM674B 版芯片不具备商业利用的技术条件，也无法投入商业利用。专有权人直至 2016 年 4 月（申请日 2017 年 10 月 24 日两年以内）尚在解决 GMM674 核心技术问题。专利权人提交补充证据 1 证明 GMM674B 版为研发测试版本，专有权人从未计划将 GMM674B 版芯片推向市场，该补充证据 1 可以证明撤销意见提出人 2021 年取得的 GMM674B 版废旧芯片未进行商业利用。（2）关于撤销意见提出人自述的源自废品市场的 GMM674B 版废旧芯片，其 Mark 为 NACKC，该批次号总计 25 片晶元于 2015 年 3 月从制造厂全部回到专有权人处，并不是流向市场。GMM674B 版晶圆于 2019 年 10 月向我国台湾地区税务机构申请报废的官方记录；第三方公司为专有权人处理废旧芯片的证据。综上，从专有权人的研发计划、晶圆制造并回到专有权人控制之中，到研发测试过程中的核心技术问题的解决，最终到问题芯片的报废等全过程，这些证据形成了完整及合理的证据链，可以证明撤销意见提出人自述于2021年从废旧市场取得的GMM674B版芯片，不能作为专有权人市场利用的证据。(3) 撤销意见提出人对商业利用的理解存在问题，专有权人在自己的官网上进行宣传、委托和舰公司进行芯片代工生产、和舰公司出货并不算是商业利用行为。撤销意见提出人所谓的证据并不成立，专有权人研发的产品具有A、B、C、D、E共5个版本。撤销意见提出人采购了废旧的芯片，是通过非正常的渠道获得的，因此其获得的废旧芯片的源头不可信，在被鉴定材料的真实性无法确定的情况下做出的鉴定报告不能作为证据使用。

对于上述撤销意见提出人和专有权人的意见，本案合议组认为：专有权人在申请日2年内是否进行了“商业利用”是本案的争议焦点，因此首先必须明确“商业利用”的具体含义。《条例》第2条第（五）项规定：商业利用，是指为商业目的进口、销售或者以其他方式提供受保护的布图设计、含有该布图设计的集成电路或者含有该集成电路的物品的行为。

合议组查明，根据证据11，在2015年10月24日之前，和舰公司受专有权人委托，总共生产了25批次产品并交付给专有权人。根据芯片的合理研发过程，这些批次中前7批应该属于实验批次，用于量产前测试芯片参数及功能。其余17批次属于用于正式销售的量产产品，每批次包含25片晶圆。即便去除流片阶段所需的批次，其他批次以行业惯例单次25片晶圆，每片晶圆7000颗芯片计算，总计芯片数量应在300万颗左右，显然远超流片、验证所需的芯片数量。因此，有理由相信这些芯片已经投入了商业利用。集成电路布图设计完成以后确需通过流片以检查和验证性能，但因单次流片成本较高，通常情况下流片次数不会太频繁，单次流片的晶圆数量不可能过多。专有权人在19个月左右的时间内持续委托和舰公司制造含有权利布图设计的芯片，从委托次数和芯片数量上看明显超出了测试流片所需，故应当认定本布图设计于2015年10月24日前已投入商业利用。

鉴于本布图设计在2017年10月24日申请登记时距其首次商业利用已超过2年，本布图设计自其首次商业利用之日起2年内未向国务院知识产权行政部门提出登记申请，因此不能获得登记和保护。综上所述，本布图设计的首次商业利用日超过了其专有权登记申请日2年以上，因此，本布图设计不符合《条例》第17条的规定，应当予以撤销。

三、小　结

本案的争议焦点为芯片设计公司委托芯片代工厂生产芯片并且芯片代工厂将生产后的芯片出货给芯片设计公司的行为是不是商业利用行为。

对于上述争议焦点，决定指出：集成电路布图设计完成后需要通过流片以检查和验证性能，但因单次流片成本较高，通常情况下流片次数不会太频繁，单次流片的晶圆数量也不可能过多。如果专有权人在较短一段时间内持续委托芯片代工厂制造了大量含有权利布图设计的芯片，从委托次数和芯片数量上看已经明显超出了测试流片所需，则应当认定这种委托芯片代工厂制造大量含有布图设计芯片的行为为商业利用行为且应当认定该权利布图设计已投入商业利用。

综上所述，本案对布图设计商业利用行为的判断标准给出清晰明确的结论，对于社会公众和业内相关人士了解集成电路布图设计商业利用行为的审理思路能够提供一定的借鉴意义。

（熊　洁）

附件 5 - 13：第 14 号撤销程序审查决定

案件编号：第 JC0022 号

决定日：2025 年 1 月 20 日

布图设计名称：GMM674 芯片

布图设计类别：（1）结构：MOS；（2）技术：CMOS；（3）功能：逻辑 - 存储

法律依据：《条例》第 17 条

决定要点

集成电路布图设计完成后需要通过流片以检查和验证性能，但因单次流片成本极高，通常情况下流片次数不会太频繁，单次流片的晶圆数量也不可能过多。如果专有权人在较短一段时间内持续委托芯片代工厂制造了大量含有权利布图设计的芯片，从委托次数和芯片数量上看已经明显超出了测试流片所需，则应当认定，这种委托芯片代工厂制造大量含有布图设计芯片的行为属于商业利用行为，且应当认定该权利布图设计已投入商业利用。

决定正文

一、案由

本集成电路布图设计撤销案涉及登记号为 BS. 175535280、名称为“GMM674 芯片”、专有权人为凌某科技股份有限公司的集成电路布图设计专有权（以下简称本布图设计），其申请日为 2017 年 10 月 24 日，创作完成日为 2016 年 3 月 17 日，首次商业利用日为 2016 年 10 月 28 日。

2021 年 4 月 30 日，无锡中某电子有限公司（以下简称撤销意见提出人）针对本布图设计专有权向国家知识产权局提交集成电路布图设计专有权撤销意见书，以本布图设计不符合《条例》第 2 条第（二）项、第 17 条的规定为由，请求国家知识产权局撤销本布图设计专有权。

撤销意见提出人随撤销意见书提交了如下证据：

证据1：专有权人在（2021）苏05民初63号案件中提交的证据目录；

证据2：专有权人在（2021）苏05民初63号案件中提交的（2020）苏公协核字第825号证明书；

证据3：专有权人在（2021）苏05民初63号案件中提交的（2019）宁秦证经内字第3691号公证书，以及GPM8F3132C微控制器说明书；

证据4：（2021）苏锡江南证字第1304号公证书；

证据5：《半导体制造技术》，（美）Quirk M. 等著，韩郑生等译，电子工业出版社，2008年5月第7次印刷；

证据6：GMM674芯片申请布图设计的简要说明及图样目录。

撤销意见提出人在撤销意见书中陈述如下理由：

（1）专有权人在申请本布图设计时，其仅仅提供了部分布图设计图层，但对于最关键的，在半导体材料衬底上形成有源器件的三维配置的布图设计图层，却几乎没有提交。仅依据专有权人提交的12层图层，无法呈现有源器件的三维配置。因此，本布图设计不符合《条例》第2条第（二）项的规定，其缺少实现有源器件三维配置所必需的图层，本布图设计应当被撤销。

（2）本布图设计虽然已经获得授权，但专有权人早在2014年12月已经对外正式推出本布图设计对应的芯片产品，任何人都可以通过购买获得实物，即本布图设计至少在2014年12月已经进入商业利用。而本布图设计的申请日为2017年10月24日，距离2014年12月已经超过2年，属于《条例》第17条规定的不予登记的情形，应当被撤销。

国家知识产权局根据《条例》第20条的规定，启动本布图设计专有权的撤销审查，于2021年5月17日分别向撤销意见提出人和专有权人发出集成电路布图设计进入撤销程序通知书，并随该通知书向专有权人转送撤销意见提出人于2021年4月30日提交的撤销意见陈述书及其附件副本。

国家知识产权局随后成立合议组，对本布图设计进行撤销审查。

为查明案件事实，合议组依职权调取了本布图设计专有权登记申请的原始案卷材料，包括登记申请表、图样、简要说明。

2021年7月1日，专有权人提交了集成电路布图设计撤销程序意见陈述书，并随意见陈述书提交如下反证：

反证1：专有权人公司内部邮件，主题为：GMM674 BootCode，专有权人声称日期为2014年12月17日；

反证2：专有权人公司内部邮件，主题为：关于GMM674 wafer高温SPEED fail的问题，专有权人声称日期为2015年3月3日；

反证3：专有权人公司内部邮件，主题为：GMM674 LQ44可靠度分析bootcode，专有权人声称日期为2015年10月8日；

反证4：专有权人公司内部邮件，主题为：GMM674上电测试400us，专有权人声称日期为2015年11月16日；

反证5：专有权人公司内部邮件，主题为：GMM674 Power On GPIO State，专有权人声称日期为2016年4月25日。

专有权人在意见陈述书中陈述如下理由：

（1）《条例》只是要求包含有源器件，而并没有要求必须披露有源器件自身的具体结构。MCU产品GMM674内含：①中央处理器（CPU），1T8051，最高64MHz clock operation；②256 - byte SRAM；③32K - byte Flash（最低20年资料保存）。由此可见，GMM674芯片完全符合《条例》中关于有源元件的要求。专有权人已经完全按《条例》要求提交了布图设计登记所需的文件。本布图设计符合《条例》第2条第（二）项的规定。

（2）专有权人的公司官网于2014年12月所述的“推出”只是新开发芯片的市场宣传，并非商业利用的证明。专有权人投入了大量的人力和物力进行GMM674芯片的研发，专有权人在本次答复中亦提出相关内部历史邮件，以证明GMM674芯片在投入商业利用之前一直处于测试、发现问题和解决问题的状态。专有权人的“设计流程管控卡”是专有权人内部的研究开发计划，是专有权人进行芯片设计研发的过程控制文件，计划类别是“一般计划”，与商业利用无关。撤销意见提出人依据与规格书有关的时间来推理商业利用时间是完全不能成立的。该规格书已明确载明是“初版”，专有权人在侵权诉讼案件中提供证据也明确说明：该证据是用来证明专有权人早在2015年3月16日就有了该规格书，该时间在撤销意见提出人规格书的时间之前，撤销意见提出人的规格书抄袭自专有权人规格书。产品规格书只是芯片进入商业利用的准备，把一个初级版本的规格书解释为商业利用无任何法律和事实依据。综上，撤销意见提出人撤销布图登记的请求不能成立，专有权人的布图设计权应该维持有效。

2021年8月5日，合议组向撤销意见提出人发出转送文件通知书，将专有权人2021年7月1日提交的上述意见陈述书及其所附附件副本转送给撤销意见提出人。

2021年8月25日，撤销意见提出人第二次提交了集成电路布图设计撤销程序意见陈述书，并提交了以下证据（编号续前）：

证据7：（2021）苏锡江南证字第4413号公证书；

证据8：专有权人在（2021）苏05民初63号案件中提交的专有权人的GMM674芯片的解析图片；

证据9：证据7中批号为NACKC芯片实物的解析。

撤销意见提出人在上述意见陈述书中陈述如下理由：

参见证据7，撤销意见提出人通过公证购买的方式，购买取得几十个专有权人的GMM674芯片。参见证据9，撤销意见提出人通过对批号为NACKC的一颗芯片进行解析，该芯片的图样与专有权自己的芯片完全相同，而且该芯片放大后显示 LOGO 为“G674”，即本布图设计 GMM674。根据以上证据分析，本布图设计对应的芯片至少在 2015 年第 13 周已经完成封装并投入商业利用，充分证明本布图设计的申请日 2017 年 10 月 24 日距离商业利用日（至少在 2015 年第 13 周之前）已经超过 2 年，不符合《条例》第 17 条的规定。

2021 年 9 月 13 日，合议组向专有权人发出转送文件通知书，将撤销意见提出人提交的上述意见陈述书及其所附附件副本转送给专有权人。

2021 年 10 月 27 日，合议组向双方当事人发出口头审理通知书，定于 2021 年 11 月 24 日举行远程在线口头审理。

2021 年 11 月 12 日，撤销意见提出人第三次提交了集成电路布图设计撤销程序意见陈述书，并提交了以下证据（编号续前）：

证据 10：苏州市中级人民法院（2021）苏 05 民初 63 号庭审笔录；

证据 11：苏州市中级人民法院调取的 GMM674 芯片的加工记录。

撤销意见提出人在上述第三次意见陈述书中认为：

参见证据 11，在 2015 年 10 月 24 日之前，和舰公司受专有权人委托，总共生产了 25 批次产品并交付给专有权人。根据芯片的合理研发过程，这些批次中前 7 批（Lot - No 为 N953K 和 N953L）应该属于试验批次，用于量产前测试芯片参数及功能。其余 17 批次（其中 NC3TY 和 NC3TY. 02 是一批），属于用于正式销售的量产产品，每批次包含 25 片晶圆。参见证据 10，专有权人自认每片晶圆上至少有 7000 颗集成电路，17 批产品至少有 17 批 ×25 片 ×7000 颗 =297 万颗芯片，即专有权人在 2015 年 10 月 24 日前已经拥有至少 297 万颗芯片实物可用于销售，可随时销售给有需求的客户。参见证据 4，即（2021）苏锡江南证字第 1304 号公证书，专有权人在 2014 年 12 月正式推出 GPM8F3132C 马达控制 IC（即使用本图设计制造的芯片）。根据证据 11，专有权人最后一批试验批次 N953K. 02 的出货时间为 2014 年 12 月 17 日，证明专有权在 2014 年 12 月已经彻底完成本布图设计、生产、测试等研发工作，集成电路产品已正式研发成功。所以，专有权人才会在 2014 年 12 月对外宣称推出 GPM8F3132C 的马达控制 IC，此时任何不特定的消费者获知该信息后，便可以从专有权人处通过购买等方式取得集成电路实物。参见证据 7 和证据 9，其中批号为 NACKC 的一颗集成电路是撤销意见提出人随机购买后，随机选择解析的芯片，其封装日期在 2015 年 3 月 22—28 日。而在证据 11 中，和舰公司将该批产品发货给专有权人的时间为 2015 年 3 月 6 日，与后续封装的时间吻合，而且该批次已经投入商业利用。综上所述，本布图设计在 2014 年已经开始进行试生产、测试等研发工作，2014 年 12 月试验完成并对外公开可提供集成电路产品，2015 年 3 月完成第一批量产产品 NACKC 的制造，并且该产品也正式投入商业利用。充分证明本布图设计的申请日 2017 年 10 月 24 日距离首次商业利用已经超过 2 年，不符合《条例》第 17 条的规定，应当予以撤销。

2021 年 11 月 19 日，合议组向专有权人发出转送文件通知书，将撤销意见提出人 2021 年 11 月 12 日提交的上述意见陈述书及证据副本转送给专有权人。

口头审理于 2021 年 11 月 24 日如期举行，双方当事人均委托代理人出席了本次口头审理。在口头审理过程中，双方当事人明确如下事项：

（1）双方当事人对对方出庭人员的身份和资格没有异议，对合议组成员没有异议，对合议组成员和书记员没有回避请求。

（2）本次口头审理的审查基础为本布图设计专有权登记公告的布图设计。

（3）撤销意见提出人表示：2021 年 11 月 12 日提交的意见陈述书和附件在口头审理前已经通过电子邮件的方式转给了专有权人，专有权人当庭确定已经收到。

（4）专有权人对撤销意见提出人提交的证据 1 ~ 6、8、10、11 的真实性无异议，对证据 7、9 的真实性不认可；

（5）撤销意见提出人对专有权人提出的反证 1 ~ 5 的真实性有异议，认为其为内部邮件，并未进行公证，也无法确认其公开日期；

（6）撤销意见提出人表示证据 1 ~ 4、7 ~ 11 构成证据链，用于证明本布图设计的商业利用日早于 2015 年 10 月 24 日，本布图设计不符合《条例》第 17 条的规定；证据 5、6 用来证明本布图设计不符合《条例》第 2 条第（二）项的规定。

（7）专有权人表示庭后将补充证据来证明反证 1 ~ 5 的真实性；对此，合议组表示，专有权人应当在口头审理结束后一个月内提交补充证据和理由。

（8）合议组当庭表示，撤销意见提出人未对封存的样品进行反向工程并与本布图设计的分层图进行逐层比对，因此，对于本布图设计是否符合《条例》第 17 条的规定的判断无法进行；合议组建议，双方当事人可以协商确定鉴定机构，并请该鉴定机构对封存的产品现场拆封，委托鉴定机构对现场拆封的芯片进行反向工程，再将通过反向工程所得到的图样与本布图设计的分层图逐一进行对比。双方当事人均表示认可。

（9）针对撤销意见提出人提交的撤销理由，双方当事人均充分发表了各自的意见。

2021 年 12 月 23 日，专有权人提交意见陈述书，其中认为：①撤销意见提出人的公证材料不具备证据资格，属于非适格证据；②撤销意见提出人提交的理由属于主观推论，不是商业利用行为的证明。

2022 年 1 月 17 日，合议组向撤销意见提出人发出转文通知书，将专有权人 2021 年 12 月 23 日提交的上述意见陈述书转送给撤销意见提出人。

2022 年 1 月 20 日，专有权人提交了意见陈述书和如下反证：

反证 6：（2021）苏宁钟山证字第 18367 号公证书；

反证 7：（2022）苏公协核字第 99 号证明书；

反证 8：（2022）苏公协核字第 98 号证明书；

反证 9：（2021）苏宁钟山证字第 19090 号公证书。

专有权人在上述意见陈述书中认为：GMM674B 版芯片不具备商业利用的技术条

件，也无法投入商业利用，理由如下：①专有权人直至2016年4月（申请日2017年10月24日两年以内）尚在解决GMM674核心技术问题；该反证6与专有权人的研发设计计划相印证，证明GMM674B版的研发测试版本，专有权人从未计划将GMM674B版芯片推向市场。反证6亦与其后反证8和反证9所示的专有权人关于GMM674B版销毁的相关记录相印证，证明撤销意见提出人2021年取得的GMM674B版废旧芯片未进行商业利用。②关于撤销意见提出人自述的源自废品市场的GMM674B版废旧芯片，其Mark为NACKC，该批次号总计25片晶元于2015年3月从制造厂全部回到专有权人处，并不是流向市场。③GMM674B版晶圆于2019年10月向我国台湾地区税务机构申请报废的官方记录。④第三方公司为专有权人处理废旧芯片的证据。综上，专有权人的反证6~9已经形成了完整的证据链，证明GMM674B版芯片未进行商业利用。从专有权人的研发计划、晶圆制造并回到专有权人控制之中，到研发测试过程中的核心技术问题的解决，最终到问题芯片的报废等全过程，这些证据形成了完整及合理的证据链证明：撤销意见提出人自述于2021年从废旧市场取得的GMM674B版芯片，不能作为专有权人市场利用的证据。

2022年2月14日，合议组向撤销意见提出人发出转文通知书，将专有权人2022年1月20日提交的上述意见陈述书和证据转送给撤销意见提出人。

2022年2月23日，撤销意见提出人第四次提交了意见陈述书，其中认为：①专有权人陈述的本布图设计的完成日期，存在严重的自相矛盾。②专有权人陈述其在2016年4月仍然在解决GMM674核心技术问题，无法投入商业利用，该陈述是完全错误的。③如果按照专有权人的解释，本布图设计在2016年4月仍然没有设计完成，那么根据证据11，仅仅在2015年10月24日之前，专有权人已经委托和舰公司加工了17批次GMM674芯片产品（扣除前期用于研发的N953K和N953L晶圆），这些产品包含300万颗芯片，价值高达数百万元人民币，专有权人的行为不符合正常的研发过程。④专有权人根据反证7，认为NACKC已经返还到专有权人，进而认为没有投入商业利用，该理由也是错误的，且不符合正常逻辑。专有权人根据反证8和反证9，意图证明NACKC已经被销毁，没有投入商业利用，该观点和结论也是完全错误的。本案中，专有权人自己宣布2014年12月已将产品推向市场，和舰公司在2015年10月之前为专有权人加工完成数百片产品，而且撤销意见提出人已经公证购买到相关芯片产品，这些事实组合在一起，已经充分证明本布图设计的商业利用日早于2015年10月24日。

2022年8月24日，合议组向双方当事人发出口头审理通知书，定于2022年9月13日在江苏省南京市知识产权保护中心举行第二次远程在线口头审理。

由于此案证据复杂，合议组于2022年9月7日向双方当事人均发出电子邮件，将撤销意见提出人和专有权人所有的意见陈述书和证据均进行了汇总，将撤销意见提出人提交的所有意见陈述书和证据的电子版通过电子邮件转给了专有权人，将专有权人提交的所有意见陈述书和证据的电子版通过电子邮件转送给撤销意见提出人。

第二次远程在线口头审理如期举行，双方当事人均委托代理人出席了本次口头审理。在口头审理过程中，双方当事人明确如下事项：

（1）专有权人表示，其于2021年12月23日提交的反证6已经全部包括了2021年7月1日提交的反证1～5。撤销意见提出人对专有权人提交的反证6的形式真实性没有异议，但是对其内容的真实性不认可；对于反证7～9的真实性予以认可，但是对其证明的目的不予以认可。

（2）专有权人对撤销意见提出人提交的证据1～11的真实性予以认可，但是不认可其证明目的；

（3）撤销意见提出人表示本次口头审理结束后将去找鉴定机构对购买的芯片进行反向工程，并与本布图设计专利的分层图进行比对。专有权人对此表示反对，理由是购买的废旧芯片来源不明。

（4）针对撤销意见提出人提交的撤销理由，双方当事人均充分发表了各自的意见。

2023年2月9日，撤销意见提出人第五次提交了意见陈述书，并提交了如下证据（编号续前）：

证据12：（2022）苏锡江南证字第7606号公证书；

证据13：（2022）苏锡江南证字第7608号公证书；

证据14：编号为首知鉴定〔2022〕知鉴字第32号的首都知识产权服务业协会知识产权鉴定意见书。

撤销意见提出人在第五次提交的意见陈述书中认为：自2022年9月13日口头审理之后，撤销意见提出人为进一步证明撤销意见提出人证据7中公证购买的专有权人的芯片与本布图设计技术方案一致，参见证据12和证据13，撤销意见提出人从证据7的19个板卡中选取了三个，邮寄给首都知识产权服务业协会用于鉴定。同时，证据12可证明专有权人在2015年10月24日前多个批次的产品已投入市场中。参见证据11，在2015年10月24日前，苏州和舰公司一共为专有权人生产了17批次产品，每片晶圆有7000颗芯片，17批次至少有至少297万颗芯片。在证据7的购买公证书中，撤销意见提出人一共从市场上随机购买了20个含有专有权人芯片的板卡，扣除撤销意见提出人自己用于解析对比的一颗芯片外，撤销意见提出人在证据12的公证书中，对每一个板卡上的芯片进行了确认。经一一对比，19个板卡使用的芯片至少涵盖了批号为NACKC、NAGF1、NAGF2、NAJ95、NAQRJ、NAYSC的产品。而且这些芯片的生产日期均早于申请日2年前（即早于2015年10月24日），充分证明以下产品均已投入市场中，属于典型的商业利用行为。参见证据12和证据13，撤销意见提出人选取了批号为NACKC的3个板卡邮寄给鉴定机构用于鉴定，其中三个芯片的封装日期分别为1512、1513、1514，即2015年第12周至第14周，证明这些芯片在2015年3月已完成封装，封装后即代表芯片制造全部完成，随时可以销售给客户。参见证据14，鉴定机构收到上述3个板卡后，对其中一颗NACKC芯片进行了解析鉴定，具体结论参见鉴定报告第17页（证据总第57页）：委托人提供的电动车驱动板卡上主芯片的相应图层形貌结构与委托人提供的“布图设计结构、技术、功能简要说明：MCU产品（GMM674）”文件中的图1~图23中图层形貌结构相同或实质相同。因此，鉴定报告的结论可证明撤销意见提出人随机购买的芯片与本布图设计的形貌相同。故本布图设计对应的芯片产品在2015年10月24日前已经完成生产并投入商业利用中，充分证明本布图设计的申请日2017年10月24日距离首次商业利用已经超过2年，不符合《条例》第17条的规定，应当予以撤销。

2022年2月27日，合议组向专有权人发出转文通知书，将撤销意见提出人于2023年2月9日提交的上述意见陈述书和证据副本转送给专有权人。

2023年3月20日，专有权人提交了意见陈述书，并提交如下反证（编号续前）：

反证10：华盛顿条约实体规则第2条，第7条（中英文）；

反证11：《TRIPs协定》第二部分第六节第35条（中英文）；

反证12：《中国知识产权保护的新视点：〈集成电路布图设计保护条例〉立法简介》，国务院法制办张耀明，《科技与法律》，2001年第2期；

反证13：MCU产品（GMM674）布图设计结构、技术、功能简要说明；

反证14：结合布图图样，对布图设计中有源元件和线路三维配置的具体说明；

反证15：《我国集成电路布图设计专门法保护中的基本问题：以布图设计保护范围的确定为中心》，雷艳珍，《法律适用》，2023年第2期；

反证16：（2019）最高法知民终490号民事判决书；

反证17：（2022）最高法知民终136号民事判决书；

反证18：（2017）京73民初第444号民事判决书；

反证19：（2019）豫16行终31号行政判决书；

反证20：（2016）京73民初615号民事判决书。

专有权人在上述意见陈述书中认为：①专有权人的GMM674芯片的集成电路布图设计，完全符合《条例》第2条关于集成电路布图设计的规定。按照《华盛顿条约》、美国和欧盟主要法域，GMM674芯片的集成电路布图设计，属于集成电路的布图设计。根据《华盛顿条约》第7条第2款（a）项“申请人在其提交的材料足以认定该布图设计时，可免交副本或图样中与该集成电路的制造方式有关的部分”，本案中专有权人提交的文件已经足以确认布图设计，可免交相关制造方式部分的布图设计。故专有权人在布图图样中没有有源元件内部结构的图样，符合我国承诺遵守的国际条约实体规则。②撤销意见提出人提供的样品（废旧板卡）不具有客观真实性，样品来源不清，无法证实商业利用撤销事由成立；根据相关法律及类案裁判，依法应当不予采纳。GMM674芯片布图设计依法当然是集成电路布图设计，撤销意见提出人关于商业利用的撤销理由显然不能成立。

2023年9月20日，合议组向撤销意见提出人发出转文通知书，将专有权人2023

年 3 月 20 日提交的上述意见陈述书和附件副本转送给撤销意见提出人。

2023 年 9 月 20 日，合议组向双方当事人发出口头审理通知书，定于 2023 年 11 月 9 日举行第三次口头审理。

第三次口头审理如期举行，双方当事人均委托代理人出席了本次口头审理。在口头审理过程中，双方当事人明确如下事项：

（1）本次口头审理为本案的最后一次口头审理，本次口头审理之后，合议组将不再接受双方当事人的任何书面意见和证据。

（2）撤销意见提出人自 2022 年 9 月 7 日举行的第二次口头审理后，提交了证据 12 ~ 14。专有权人自 2022 年 9 月 7 日举行的第二次口头审理后，提交了反证 10 ~ 20，合议组在本次口审之前已经把双方提交的证据和附件均转给了对方当事人，双方当事人均表示已经收到。

（3）专利权人对撤销意见提出人提交的证据 12 ~ 14 的形式真实性予以认可，但是对其内容的真实性不予认可，对其合法性和关联性不予认可。撤销意见提出人对专有权人提交的反证 10 ~ 15 的真实性、合法性和关联性不予认可，对反证 16 ~ 20 的真实性和合法性予以认可，对其关联性不予认可。

（4）撤销意见提出人表示：参见证据 12 和证据 13，撤销意见提出人从证据 7 的 19 个板卡中选取了三个，邮寄给首都知识产权服务业协会用于鉴定。同时，证据 12 可证明专有权人在 2015 年 10 月 24 日前多个批次的产品已投入市场中。参见证据 12 和证据 13，撤销意见提出人选取了批号为 NACKC 的 3 个板卡邮寄给鉴定机构用于鉴定，其中三个芯片的封装日期分别为 1512、1513、1514，即 2015 年第 12 周至第 14 周，证明这些芯片在 2015 年 3 月已完成封装，封装后即代表芯片制造全部完成，随时可以销售给客户。参见证据 14，鉴定机构收到上述 3 个板卡后，对其中一颗 NACKC 芯片进行了解析鉴定，具体结论参见鉴定报告第 17 页（证据总第 57 页）：委托人提供的电动车驱动板卡上主芯片的相应图层形貌结构与委托人提供的“布图设计结构、技术、功能简要说明：MCU 产品（GMM674）”文件中的图 1 ~ 图 23 中图层形貌结构相同或实质相同。因此，鉴定报告的结论可证明撤销意见提出人随机购买的芯片与本布图设计的形貌相同。故本布图设计对应的芯片产品在 2015 年 10 月 24 日前已经完成生产并投入商业利用中，充分证明本布图设计的申请日 2017 年 10 月 24 日距离首次商业利用已经超过 2 年，不符合《条例》第 17 条的规定。

（5）合议组当庭表示：做出证据 14 的鉴定意见的鉴定人员并没有出庭接受质询。对此，撤销意见提出人表示并未联系鉴定人员出庭接受质询，如果需要，庭后可以联系。

（6）专有权人认为：撤销意见提出人对商业利用的定义存在问题，专有权人在自己的官网上进行宣传、委托和舰公司进行芯片代工生产、和舰公司出货并不算是商业利用行为。撤销意见提出人所谓的证据并不成立，专有权人研发的产品具有 A、B、C、D、E 共 5 个版本。撤销意见提出人采购了废旧的芯片，是通过非正常的渠道获得的，因此，其获得的废旧芯片的源头是有问题的，在被鉴定材料的真实性无法确定的情况下做出的鉴定报告，是不能作为证据使用的。

（7）针对撤销意见提出人提出的撤销理由，双方当事人均充分发表了各自的意见。

在上述程序的基础上，合议组认为本案事实已经清楚，可以依法作出审查决定。

二、决定理由

1. 关于审查基础

本决定针对的审查基础为本布图设计专有权登记公告的布图设计。

2. 关于证据

关于撤销意见提出人提交的证据10、11，专有权人认为：对证据10、11的真实性予以认可，但是对其证明目的不认可。关于专有权人提交的反证6~9，撤销意见提出人对于反证6~9的真实性予以认可，但是对其证明目的不认可。

对此，合议组认为：证据10为苏州市中级人民法院（2021）苏05民初63号庭审笔录；证据11为苏州市中级人民法院调取的GMM674芯片的加工记录。合议组经审查，没有发现影响证据10、11真实性的明显瑕疵，对其真实性予以认可。证据10涉及专有权人关于委托代工芯片数量的意见陈述，证据11涉及GMM674芯片的加工记录，以上证据均与判断本布图设计是否进行了商业利用相关，因此证据10、11与评述本布图设计是否符合《条例》第17条具有关联性，合议组对证据10、11的关联性予以认可。综上所述，证据10、11可以作为评价本布图设计是否符合《条例》第17条的证据。

反证6为（2021）苏宁钟山证字第18367号公证书；反证7为（2022）苏公协核字第99号证明书；反证8为（2022）苏公协核字第98号证明书；反证9为（2021）苏宁钟山证字第19090号公证书。撤销意见提出人对上述反证6~9的真实性无异议，但是对反证6~9的证明目的有异议。合议组经审查，没有发现影响反证6~9真实性的明显瑕疵，对反证6~9的真实性予以认可。

专有权人利用反证6证明未计划将GMM674B版芯片推向市场进行商业利用，利用反证7证明撤销意见提出人2021年从废旧市场取得的GMM674B版废旧芯片对应的NACKC批次全部25片晶圆全部返回到了专有权人，未流向市场。专有权人声称反证8为我国台湾地区税务机构报废GMM674B版的记录，反证9为第三方废旧公司为专有权人报废芯片的记录。针对撤销意见提出人利用证据10、11证明本布图设计在登记日2年前已经进行商业利用的观点，专有权人利用以上反证6~9来进行反驳，因此以上反证6~9均涉及本布图设计是否进行商业利用的判断，与评述本布图设计是否符合《条例》第17条具有关联性，合议组对反证6~9的关联性予以认可。

3. 关于《条例》第17条

《条例》第17条规定，布图设计自其在世界任何地方首次商业利用之日起2年内，未向国务院知识产权行政部门提出登记申请的，国务院知识产权行政部门不再予以登记。

根据上述规定可知，布图设计专有权经登记才能产生并获得保护，且《条例》规定了明确的登记时限要求，布图设计自其首次商业利用之日起2年内未向国务院知识产权行政部门提出登记申请的，则不能获得登记和保护。

集成电路布图设计完成需要通过流片以检查和验证性能，但因单次流片成本极高，通常情况下流片次数不会太频繁，单次流片的晶圆数量不可能过多。如果专有权人在较短一段时间内持续委托芯片代工厂制造了大量含有权利布图设计的芯片，从委托次数和芯片数量上看已经明显超出了测试流片所需，则应当认定这种委托芯片代工厂制造大量含有布图设计芯片的行为属于商业利用行为，应当认定该权利布图设计已投入商业利用。

具体到本案，基于证据10可以确认如下事实：专有权人在侵权程序中陈述每片晶圆上至少有7000颗集成电路；基于证据11可以确认如下事实：在2015年10月24日之前，和舰公司受专有权人委托，总共生产了25批次产品并交付给专有权人。

撤销意见提出人认为：根据芯片的合理研发过程，上述25个批次中前7批（Lot-No为N953K和N953L）应该属于实验批次，用于量产前测试芯片参数及功能。其余17批次（其中NC3TY和NC3TY.02是一批），属于用于正式销售的量产产品，每批次包含25片晶圆。参见证据10，专有权人自认每片晶圆上至少有7000颗集成电路，17批产品至少有17批×25片×7000颗=297万颗芯片，即专有权人在2015年10月24日前已经拥有至少297万颗芯片实物可用于销售。而且这些芯片的生产日期均早于申请日两年前（即早于2015年10月24日），充分证明以下产品均已投入市场中，属于典型的商业利用行为。

专有权人认为：GMM674B版芯片不具备商业利用的技术条件，也无法投入商业利用。①专有权人直至2016年4月（申请日2017年10月24日两年以内）尚在解决GMM674核心技术问题；反证6与专有权人的研发设计计划相印证，证明GMM674B版的研发测试版本，专有权人从未计划将GMM674B版芯片推向市场。反证6亦与其后专有权人GMM674B版销毁的相关记录（反证8和反证9）相印证，证明撤销意见提出人2021年取得的GMM674B版废旧芯片未进行商业利用。②关于撤销意见提出人自述的源自废品市场的GMM674B版废旧芯片，其Mark为NACKC，该批次号总计25片晶元于2015年3月从制造厂全部回到专有权人处，并不是流向市场。③GMM674B版晶圆于2019年10月向我国台湾地区税务机构申请报废的官方记录。④第三方公司为专有权人处理废旧芯片的证据。综上，专有权人的反证6~9已经形成了完整的证据链，证明GMM674B版芯片未进行商业利用。从专有权人的研发计划、晶圆制造并回到专有权人控制之中，到研发测试过程中的核心技术问题的解决，最终到问题芯片的报废等全过程，这些证据形成了完整及合理的证据链证明：撤销意见提出人自述于2021年从废旧市场取得的GMM674B版芯片，不能作为专有权人市场利用的证据。

对此，合议组认为：专有权人在申请日 2 年内是否进行了“商业利用”是本案的争议焦点，因此首先必须明确“商业利用”的具体含义。《条例》第 2 条第（五）项规定：商业利用，是指为商业目的进口、销售或者以其他方式提供受保护的布图设计、含有该布图设计的集成电路或者含有该集成电路的物品的行为。

合议组查明，根据证据 11，在 2015 年 10 月 24 日之前，和舰公司受专有权人委托，总共生产了 25 批次产品并交付给专有权人。根据芯片的合理研发过程，这些批次中前 7 批（Lot - No 为 N953K 和 N953L）应该属于试验批次，用于量产前测试芯片参数及功能。其余 17 批次（其中 NC3TY 和 NC3TY. 02 是一批），属于用于正式销售的量产产品，每批次包含 25 片晶圆。即和舰公司受专有权人委托加工 GMM674 芯片，在 2014 年 3 月 24 日至 2015 年 10 月 13 日期间，共向专有权人交付了 GMM674 芯片晶圆 25 批次，对应 120000979、110088894、110089739、110090279、110091245、120001088、110092153、110093072、110093930 共 9 个订单号。即便去除流片阶段所需的批次，其他批次以行业惯例单次 25 片晶圆，每片晶圆 7000 颗芯片计算，总计芯片数量应在 300 万颗左右。并且可以参见撤销意见提出人提交的证据 10，专有权人自认每片晶圆上至少有 7000 颗集成电路，17 批产品至少有 17 批 ×25 片 ×7000 颗 =297 万颗芯片，即专有权人在 2015 年 10 月 24 日前已经拥有至少 297 万颗芯片实物可用于销售，可随时销售给有需求的客户。即 2014 年 3 月 24 日至 2015 年 10 月 13 日，和舰公司先后向凌通公司交付了涉及 9 个订单号的 25 个批次的 GMM674 芯片晶圆，总计芯片数量达数百万颗。集成电路布图设计完成以后确需通过流片以检查和验证性能，但因单次流片成本极高，通常情况下流片次数不会太频繁，单次流片的晶圆数量不可能过多。专有权人在 19 个月左右的时间内持续委托和舰公司制造含有权利布图设计的芯片，从委托次数和芯片数量上看明显超出了测试流片所需，故应当认定本布图设计于 2015 年 10 月 24 日前已投入商业利用。

对于专有权人的上述意见，合议组认为：尽管专有权人在意见陈述书以及证据中确认，其在 2016 年 4 月仍然在解决问题，按照专有权人自己的思路，本布图设计在 2016 年 4 月仍未完成，仍然在修改中。但是，在本布图设计登记的信息中，其创作完成日期却是 2016 年 3 月 17 日，早于 2016 年 4 月，专利权人的陈述存在矛盾之处。专有权人陈述其在 2016 年 4 月仍然在解决 GMM674 核心技术问题，无法投入商业利用，合议组认为上述陈述的理由是不成立的，理由如下：首先，一款芯片研发成功投入市场后，仍然可能会出现一些问题，并非一款芯片投入市场后就不会有任何问题发生。因此，即使专有权人在 2016 年 4 月之前仍然在确认一些问题，也与芯片是否可以投入生产，进行商业利用没有唯一相关性。其次，根据专有权人提交的证据内容，很多问题都是在测试中设定不合适导致的，没有任何证据提及这些需要解决的问题与布图设计有关系，需要进一步修改布图设计。所以，专有权人提交的反证 6，与布图设计是否投入商业利用没有直接相关性。

专有权人认为，反证7可以证明NACKC已经返还到专有权人，进而认为没有投入商业利用。对此，合议组认为：专有权人提交的反证7，只能证明和舰公司将NACKC加工完成后，将NACKC产品发货给专有权人。至于专有权人取得该批次产品后，如何封装、测试、销售或者使用，反证7完全无法证明，因此反证7无法证明专有权人是否将NACKC投入商业利用，两者之间并没有逻辑关系。

专有权人主张，反证8和反证9可以证明NACKC已经被销毁，没有投入商业利用。对此，合议组认为：首先，反证8和反证9仅能证明专有权人在2019年12月一共销毁了37片晶圆，但是无法证明被销毁的37片晶圆的批号，也无法证明这37片晶圆中是否包含NACKC，因此无法证明NACKC的真实去向以及没有投入商业利用。其次，根据证据11，在2015年10月24日之前，和舰公司受专有权人委托，总共生产了25批次（包含NACKC）产品并交付给专有权人，这25批产品有几百片晶圆，可是专有权人只提供了销毁37片的证据，专有权人无法说明其余几百片晶圆的去向。因此，专有权人仅根据反证8、9无法证明NACKC已经被销毁，更无法证明在2015年10月24日之前由和舰公司代加工的数百片晶圆的去向。专有权人作为这数百片晶圆的拥有者，这数百片晶圆对应的芯片产品不论是被销毁了还是投入商业利用了，相关证据材料都应当完整地掌握在专有权人手中，如果已经全部被销毁，专有权人完全有能力提供相关证据来证明，但是专有权人并未提供任何相关证据证明这一点。因此，根据反证6～9，无法证明2015年10月之前在和舰公司加工的数百片晶圆产品的去向，因此不能依据反证6～9明确排除本布图设计于2015年10月24日前已投入商业利用的事实。

综上所述，专有权人陈述的上述理由不成立。

鉴于本布图设计在2017年10月24日申请登记时距其首次商业利用已超过2年，本布图设计自其首次商业利用之日起2年内未向国务院知识产权行政部门提出登记申请，因此不能获得登记和保护。综上所述，本布图设计的首次商业利用日超过了其专有权登记申请日2年以上，因此，本布图设计不符合《条例》第17条的规定，应当予以撤销。

据此，合议组作出如下决定。

三、决定

撤销BS.175535280号集成电路布图设计专有权。

合议组组长：樊晓东
主　审　员：熊　洁
参　审　员：项晓娟

第六章　专有权侵权纠纷行政裁决案例

案例6-1 “WS3080”专有权侵权纠纷行政裁决案[1]

一、基本案情

2017年9月，无锡新某微电子有限公司（以下简称新某公司）向国家知识产权局提出请求称，南京日某科技有限公司（以下简称日某公司）生产、销售的ECH485芯片侵犯了其登记号为BS.155508385，名称为WS3080的集成电路布图设计专有权，请求国家知识产权局认定日某公司侵权行为成立，责令停止侵权行为，销毁掩膜和侵权产品，赔偿侵权损失。国家知识产权局行政执法委员会经审理作出侵权成立的决定。

本案是国家知识产权局受理的首起集成电路布图设计侵权纠纷案。收到侵权纠纷处理请求后，行政执法委员会依法立案，成立合议组并赴被请求人公司抽样取证涉嫌侵权的芯片。随后请求人提交了关于涉案布图设计独创性的说明。在第一次口头审理中，双方当事人对相关证据材料进行了质证，并同意委托司法鉴定机构进行技术鉴定。在本案审理过程中，被请求人向人民法院提出权属纠纷诉讼，并以此为由提出中止本案审理的请求。委员会认为被请求人的中止理由不影响本案的继续审理，决定不予中止。在第二次口头审理中，合议组组织双方当事人就鉴定意见进行质证。被请求人明确表示对收到的鉴定机构的鉴定意见没有异议。

合议组经审理认定：日某公司侵犯新某公司集成电路布图设计专有权成立，作出责令停止侵权、没收、销毁相关专用设备及产品的处理决定。本案主要涉及专有权载体的确定、个案中独创性的认定、是否执行中止程序等问题。

---

[1] 国家知识产权局集成电路布图设计行政执法委员会集侵字〔2017〕001号行政处理决定书。

二、案例评析

1. 关于专有权载体的确定

登记时提交的布图设计的复制件或图样（纸件或电子版）是确定布图设计专有权的载体；对于登记时已经投入商业利用的布图设计，提交的集成电路样品可以作为确定布图设计专有权的辅助参考。

根据《条例》第16条的规定，申请布图设计登记，必须提交布图设计的复制件或者图样（载体一）。因此，复制件或者图样是专有权的当然载体。该条还规定，对于登记时已经投入商业利用的布图设计，其登记文件除了布图设计的复制件或者图样，还存在包含该布图设计的集成电路样品（载体二）。因此，对于登记时提交了集成电路样品的布图设计，该样品也应当是该布图设计专有权的载体。复制件或者图样的法律地位高于样品，没有在复制件或者图样中体现的布图设计信息，不应该作为请求保护的内容。此外，载体二作为包含布图设计的集成电路样品，可以通过技术手段精确还原出其所包含的布图设计的详细信息。因此，如果基于客观原因，载体一中的确存在某些无法识别的布图设计细节，可以参考载体二进行确定。

本案中，请求人在登记时提交了布图设计的电子版图样，共18张，其中总图1张，各分层图17张；提交了型号为WS3080的集成电路样品4片。经鉴定可知，请求人以电子版图样进行的独创性说明，与WS3080样品进行技术鉴定后提取的布图设计吻合。因此，WS3080样品所包含的布图设计，可以作为本案布图设计的电子版图样的补充，用来确定涉案布图设计的保护范围。

2. 关于个案中独创性部分的认定

已登记取得专有权的布图设计，在其专有权存续期间，应当推定其具有独创性。布图设计中任何具备独创性的部分都应该得到保护。请求人在具体案件中所指明的具备独创性的区域，及其对各区域独创性所在进行的说明，应当视为当事人在具体案件中的具体主张，应当确定为布图设计专有权在具体案件中的保护范围。

布图设计专有权的客体是元件和线路的三维配置，不延及思想、处理过程、操作方法或者数学概念等，如果具体说明中包含了电路要实现的效果等内容，其属于设计思想，不能作为确定其保护范围的依据。

本案中，请求人在独创性说明中，从图样中划分出11个区域，并对各个区域的功能、元件/线路的三维配置情况进行了具体说明。独创性区域1～11均为涉案布图设计在本案中的保护范围，可以与被控侵权产品布图设计的相对应区域进行比对。请求人对各独创性区域进行的具体说明中涉及功能的描述，不予考虑；对元件/线路的三维配置情况进行的具体说明，作为涉案布图设计在本案中的保护范围，可以与被控侵权产品布图设计的相对应区域的三维配置情况进行比对。

3. 关于是否中止侵权程序的审理

《实施细则》第33条第1款规定，当事人因布图设计申请权或者布图设计专有权的归属发生纠纷，已经向人民法院起诉的，可以请求国家知识产权局中止有关程序。侵权纠纷审理程序中出现专有权权属纠纷时，是否要中止侵权纠纷审理程序，等待专有权权属纠纷的处理结果，主要考虑权属纠纷是否影响侵权纠纷案件的继续审理。

本案中，被请求人向苏州市中级人民法院（以下简称苏州中院）提起权属纠纷诉讼，请求确认涉案布图设计专有权为被请求人和请求人共有。2017年11月29日，苏州中院就上述权属纠纷发出立案通知。2017年12月12日，被请求人以权属纠纷诉讼为由向委员会提出中止本案审理的请求。委员会根据双方当事人提交的在权属纠纷案件中的理由和证据，认定权属纠纷不影响本案审理。而且，为体现行政执法更有效率、更加便捷的特点，不中止相关程序更有利于加快解决纠纷，及时化解矛盾。即使权属争议成立，委员会也可以以请求人资格不适格而驳回侵权纠纷处理的请求。因此，2018年1月23日，委员会认为被请求人的中止理由不影响本案的继续审理，决定不予中止，并向双方送达了不予中止处理通知书。

三、小　结

1. 登记时提交的布图设计的复制件或图样（纸件或电子版）是确定布图设计专有权的载体；对于登记时已经投入商业利用的布图设计，提交的集成电路样品可以作为确定布图设计专有权的辅助参考。

2. 请求人在具体案件中所指明的具备独创性的区域，及其对各区域独创性所在进行的说明，应当视为当事人在具体案件中的具体主张，应当确定为布图设计专有权在具体案件中的保护范围。如果具体说明中包含了电路要实现的效果等内容，其属于设计思想，不能作为确定其保护范围的依据。

3. 侵权纠纷审理程序中出现专有权权属纠纷时，是否要中止侵权纠纷审理程序，要等待专有权权属纠纷的处理结果，主要考虑权属纠纷是否影响侵权纠纷案件的继续审理。

（孙学锋）

附件6-1：集侵字〔2017〕001号行政处理决定书

请求人无锡新某微电子有限公司（以下简称请求人）向国家知识产权局集成电路布图设计行政执法委员会（以下简称委员会）请求处理南京日某科技有限公司（以下简称被请求人）侵犯其集成电路布图设计专有权一案，委员会于2017年9月12日受理后，成立合议组对本案进行审理。本案现已审理终结。

请求人认为，其拥有的布图设计专有权对应的产品型号为 WS3080，该项布图设计申请日为 2015 年 10 月 22 日，首次商业利用日为 2015 年 6 月 10 日，布图设计登记号为 BS. 155508385，2016 年 1 月 20 日获得布图设计登记证书。自 2017 年 3 月开始，请求人发现被请求人未经允许，在市场上销售高度类似的产品，产品型号为 ECH485（芯片代号 C16F01），该产品侵犯了 BS. 155508385 号集成电路布图设计（以下简称涉案布图设计）的专有权，故向委员会提出纠纷处理请求，请求：①认定被请求人的侵权行为成立；②责令被请求人永久终止侵权行为，销毁掩膜和全部侵权产品。

被请求人辩称：①涉案布图设计的权利基础不明确，请求人的 WS3080 芯片不是涉案布图设计的合法载体；②请求人需要证明被请求人 ECH485 芯片所使用的布图设计与涉案布图设计全部或部分相同，证明与涉案布图设计相同的部分具有独创性；③被请求人的 ECH485 和请求人 WS3080 系列芯片是双方共同技术合作的结果，因此涉案布图设计的专有权归属存在争议。

经审理查明：请求人于 2015 年 1 月 15 日完成了名称为 WS3080 的布图设计创作，首次商业利用日为 2015 年 6 月 10 日。请求人于 2015 年 10 月 22 日向国家知识产权局提出布图设计登记申请，2016 年 1 月 20 日获得集成电路布图设计登记证书，登记号为 BS. 155508385。请求人在登记时提交了布图设计的电子版图样共 18 页，以及型号为 WS3080 的芯片 4 片。

2017 年 9 月 25 日，委员会向请求人发出立案通知书（案号：集侵字〔2017〕001 号）。2017 年 9 月 28 日，合议组赴被请求人处现场送达了集成电路布图设计侵权纠纷处理请求书、答辩通知书、取证决定等，并抽样取证 10 颗涉嫌侵权的芯片，型号为 ECH485。被请求人述称 ECH485 由其公司自行设计委托加工并销售。2017 年 10 月 12 日，被请求人以无法获得涉案布图设计登记文件为由，向委员会提交答辩状，并请求延长答辩期限。经合议组同意后，被请求人于 10 月 25 日再次提交答辩状。2017 年 10 月 27 日，请求人提交关于涉案布图设计独创性的说明。合议组于 2017 年 11 月 13 日对本案进行了第一次口头审理，请求人的委托代理人范建林、朱波参加，被请求人的委托代理人张浩参加。口头审理中，合议组组织双方当事人对相关证据材料进行质证，并经双方当事人同意，委托北京紫图知识产权司法鉴定中心（以下简称紫图鉴定中心）进行技术鉴定。2017 年 11 月 17 日，委员会收到请求人关于样品的确认说明，同意将 2017 年 9 月 28 日从被请求人现场取证的 ECH485（芯片代号 C16F01）芯片作为鉴定物。

2017 年 11 月 22 日，被请求人向苏州中院提起权属纠纷诉讼，请求确认涉案布图设计专有权为被请求人和请求人共有。2017 年 11 月 29 日，苏州中院就上述权属纠纷发出立案通知。2017 年 12 月 12 日，被请求人以权属纠纷诉讼为由向委员会提出中止本案审理的请求。2018 年 1 月 23 日，委员会认为被请求人的中止理由不影响本案的继续审理，决定不予中止，并向双方寄送了不予中止处理通知书。

2018 年 2 月 5 日，委员会委托紫图鉴定中心对从被请求人处抽样取证的 ECH485 芯片的布图设计与涉案布图设计是否相同进行鉴定。紫图鉴定中心委托北京芯某景软件技术有限公司对委员会抽样取证的 ECH485 芯片和请求人登记时提交的 WS3080 芯片分别进行剖析，并按要求进行了分析比对。

请求人主张其登记号为 BS. 155508385 集成电路布图设计中具有独创性的共有 11 个部分，分别是：

独创性区域 1：POR：实现上电复位功能。布图设计采用了控制电路放在中间，电容、电阻放置在两边的形式。

独创性区域 2：DELAY 模块，实现内部计时功能。布图设计中，将电源引线从左边接入，地线从右边接入，内部器件的摆放包括接触孔以及引线的连接均由我司独立设计。

独创性区域 3：LOGIC 模块，实现逻辑控制。布图设计中将控制电路放在上面，电容放置在下面，并且根据实际需要，电容采用了不同的尺寸组合。

独创性区域 4：OSC 模块，产生内部时钟信号。布图设计中将控制电路放在上面，电容放置在下面，并且根据实际需要，电容采用了不同的尺寸组合。

独创性区域 5：Bandgap 模块，产生内部基准电压、偏置电流等。布图设计中外围增加了一圈隔离环，并且将 BJT 器件放置在中间区域，上面摆放了电容，在 BJT 的下方放置了大面积的电阻。最下端位置摆放了模块的控制电路部分。

独创性区域 6：Receiver 模块，实现 RS485 通信时的接收功能。布图设计中在上面区域放置了电容。中间是电阻以及几个 NMOS 管。再往下的 Q5、Q6（PNP 管）采用了共质心差分结构，右边的 Q4、Q7（NPN 管）也采用差分结构，保证比较器输入管的对称性。最下边放置了控制电路。

独创性区域 7：TRIM 模块，可以实现阈值的上下调节。布图设计中最上边摆放的电阻用来保护内部的 NMOS 器件。控制电路部分 NMOS 摆放在上端，PMOS 管摆放在下端，右下端放置了电容等。

独创性区域 8/9：DRIVER 模块，实现 RS485 通信的发送功能。由于 RS485 发送时需要分别输出两个反向的信号，所以独创性区域 8、独创性区域 9 两块的版图设计有很大的相似性，并且独创性区域 8、独创性区域 9 两块在整体版图中的布局也基本遵循了对称性原则。具体细节针对独创性区域 8 来阐述，输出端口增加了限流电阻，金属走线也有特殊的设计，输出驱动管的总尺寸以及单根长度以及并联根数，都是结合实现的功能以及版图的整体布局进行了优化设计。驱动电路的控制电路部分采用了很多隔离器件，考虑到走线顺畅以及抗干扰等设计，摆放位置等均有专门考虑。

独创性区域 10/11：通信端口的 ESD 保护单元，采用了 SCR 的架构，并且采用了 finger 状的设计，有利于调节。

经鉴定专家的技术对比和判断，2018 年 7 月 20 日，紫图鉴定中心向委员会出具编号为北京紫图〔2018〕知鉴字第09号鉴定意见书（以下简称鉴定意见书），其鉴定结论为：

“ECH485型芯片的布图设计与请求人登记的布图设计中主张的独创区域：

1. 基于权利人登记的电子版，两者独创性区域1、3、4、5、7、10/11分别相同；独创性区域2、8/9整体布局一致，细节需用权利人登记时提交的芯片辅助参考；独创区域6整体布局基本一致，细节需用权利人登记时提交的芯片辅助参考，两个PNP器件和两个NPN器件是否为‘差分结构’从当前布图中无法确认。

2. 基于权利人登记时提交的芯片，两者独创性区域1、3、4、5、6、7、10/11分别相同；独创区域2、8/9分别实质相同。”

2018年7月20日，委员会向当事双方寄送鉴定意见书。

2018年7月31日，合议组对该案进行了第二次口头审理。请求人的委托代理人朱波、邱奎霖参加，被请求人的委托代理人丁圣雨参加。被请求人在口头审理中明确表示对鉴定意见没有异议。

上述事实，有涉案布图设计登记证书及其申请备案文档，被控侵权的ECH485芯片，鉴定意见书以及第一次、第二次口头审理记录，双方当事人的陈述等予以佐证，本委员会予以确认。

本委员会认为，本案存在如下焦点问题：①布图设计专有权载体的确定；②已登记布图设计的独创性认定；③具体案件中布图设计专有权保护范围的确定；④被控侵权产品与涉案布图设计的比对；⑤被控侵权产品是否侵犯涉案布图设计专有权。

1. 布图设计专有权载体的确定

集成电路布图设计专有权作为一种知识产权，具有无形性，因此，其必然需要一客观存在的载体，以能够为公众所识别的方式将布图设计呈现，公众才能确定其权利的存在以及权利的范围。对此，《条例》第16条规定，“申请布图设计登记，应当提交：（一）布图设计登记申请表；（二）布图设计的复制件或者图样；（三）布图设计已投入商业利用的，提交含有该布图设计的集成电路样品；（四）国务院知识产权行政部门规定的其他材料。”

本条款第（二）、（三）项，即为对集成电路布图设计载体的明确规定。

根据该条款第（二）项规定，任一已登记取得专有权的布图设计，其必然存在布图设计的复制件或者图样。根据《实施细则》第14条的规定，申请人可以提供复制件或者图样的电子版本。因此，登记时提交的布图设计的复制件或者图样（纸件或者电子版），是布图设计专有权的当然载体（以下简称载体一）。

根据《条例》第16条第（三）项规定，对于登记时已经投入商业利用的布图设计，其登记文件除了布图设计的复制件或者图样，还存在包含该布图设计的集成电路样品。因此，对于登记时提交了集成电路样品的布图设计，该样品（以下简称载体二）也应当是该布图设计专有权的载体。

委员会认为，应当依据以下原则确定请求保护的布图设计：

（1）载体一作为每一获得登记的布图设计必须提交的文件，其法律地位显然高于载体二，没有在载体一中体现的图样或者图层等布图设计信息，不应作为布图设计请求保护的内容。

（2）载体二作为包含布图设计的集成电路样品，可以通过技术手段精确还原出其所包含的布图设计的详细信息。因此，如果基于客观原因，载体一中的确存在某些无法识别的布图设计细节，可以参考载体二进行确定。

需要强调的是，上述两个原则，体现了以复制件和图样为基础，以集成电路样品为补充的思想。这一思想既源于《条例》的相关规定，也是尊重当前布图设计专有权的登记和保护现状的结果，具备合法性和合理性，兼顾了法规、规章的规定和行政、司法实践的成果。此外，基于当事人意思自治原则，请求人仅主张使用载体一作为其权利载体，而不把载体二作为参考的，该主张亦应当允许。

本案中，请求人在登记时提交了布图设计的电子版图样共 18 张，其中总图 1 张，各分层图 17 张；提交了型号为 WS3080 的集成电路样品 4 片。根据鉴定意见书的鉴定意见，请求人以电子版图样而进行的独创性说明，与 WS3080 样品进行技术鉴定后提取的布图设计之间吻合。因此，WS3080 样品所包含的布图设计，可以作为本案布图设计的电子版图样的补充，用来确定涉案布图设计的保护范围。

2. 已登记布图设计的独创性

《条例》第 8 条规定，布图设计专有权经国务院知识产权行政部门登记产生。第 4 条规定，受保护的布图设计应当具有独创性，即该布图设计是创作者自己的智力劳动成果，并且在其创作时该布图设计在布图设计创作者和集成电路制造者中不是公认的常规设计。

由上述规定可知，已登记取得专有权的布图设计，在其专有权存续期间，应当推定其具有独创性。

本案中，涉案布图设计已经由国家知识产权局登记，且并未经历集成电路布图设计专有权撤销程序被撤销，涉案布图设计具备独创性。

3. 具体案件中布图设计专有权保护范围的确定

根据《条例》第 7 条、第 30 条第 1 款第（一）项的规定，布图设计权利人对布图设计享有复制权和商业利用的权利，复制受保护的布图设计的全部或者任何具有独创性部分的，行为人必须立即停止侵权行为，并承担赔偿责任。

由此可知，布图设计权利人可以以布图设计的全部主张其专有权，也可以以其中任何具有独创性的部分主张其专有权，这属于当事人意思自治的范畴。因此，在具体案件中，确定布图设计的保护范围，应当包含两个层次的问题：首先应当确定布图设计专有权的客观载体；然后根据客观载体载明的布图设计，结合当事人的主张，确定在具体案件是使用布图设计的全部还是使用具有独创性的部分，作为其权利主张的基础，此即在具体案件中其权利的保护范围。

在本案中，第一个问题已在前述“布图设计专有权的载体确定”部分进行论述。

第二个问题，在本案中，请求人结合登记时提交的布图设计图样，指明了布图设计具备独创性的区域，并对各区域的独创性所在进行了具体说明。

委员会认为：《条例》和《实施细则》都没有要求布图设计在登记时应指明其独创性；而且，根据《条例》第30条的规定，布图设计中任何具备独创性的部分都应该得到保护。因此，一方面，请求人在具体案件中所指明的具备独创性的区域，及其对各区域独创性所在进行的说明，应当视为当事人在具体案件中的具体主张，应当确定为布图设计专有权在具体案件中的保护范围。另一方面，因为布图设计专有权的客体是元件和线路的三维配置，不延及思想、处理过程、操作方法或者数学概念等，所以，如果具体说明中包含了电路要实现的效果等内容，其属于设计思想，不能作为确定其保护范围的依据。

在本案中，请求人在独创性说明中，从图样中划分出11个区域，并对各个区域的功能、元件/线路的三维配置情况进行了具体说明。委员会认为，请求人划分的独创性区域1～11均为涉案布图设计在本案中的保护范围，可以与被控侵权产品布图设计的相对应区域进行比对。请求人对各独创性区域进行的具体说明中涉及功能的描述，本委员会不予考虑；对元件/线路的三维配置情况进行的具体说明，作为涉案布图设计在本案中的保护范围，可以与被控侵权产品布图设计的相对应区域的三维配置情况进行比对。被请求人认为本布图设计的保护范围不明确的主张不成立。

4. 被控侵权产品与涉案布图设计的比对

本委员会对ECH485芯片的布图设计的相应区域与涉案布图设计的独创性区域的比对结果认定如下：

（1）独创性区域1、3、4、5、7、10/11

根据鉴定意见书的认定，将请求人登记时提交的布图设计的电子版图样，与ECH485芯片的布图设计相比，其独创性区域1、3、4、5、7、10/11相同。将请求人登记时提交的芯片样品，与ECH485芯片的布图设计相比，其独创性区域1、3、4、5、7、10/11亦相同，二者可以相互印证。因此，本委员会认定：ECH485芯片的布图设计的相应区域，与涉案布图设计的独创性区域1、3、4、5、7、10/11相同。

（2）独创性区域2、8/9

鉴定意见书认定，将请求人登记时提交的布图设计的电子版图样，与ECH485芯片的布图设计相比，其独创性区域2、8/9整体布局一致，细节需用请求人登记时提交的芯片辅助参考；基于请求人登记时提交的芯片，二者的独创性区域2、8/9分别实质相同。

委员会认为，鉴于当前《条例》和《实施细则》仅对布图设计登记时提交的复制件或图样的放大倍数有下限的规定，并未从可视性或可识别性方面进行规定，基于此，实际的布图设计登记中存在图样细节不清晰的情形。因而，在该布图设计存在集成电路样品的前提下，可以将芯片样品中与图样对应部分的布图设计作为图样所载的布图设计细节的参考。在本案中，鉴定意见书认定，请求人基于电子版图样确定的各独创性部分与其登记的芯片样品的布图设计之间均吻合，因此，涉案布图设计的图样的模糊之处，可以使用芯片样品的布图设计作为参考，以确定图样的细节。鉴定意见书认定，对于独创性区域2、8/9，ECH485 芯片的整体布局与涉案布图设计的电子版图样一致，细节部分通过登记的芯片样品与 ECH485 芯片比较后，认定独创性区域2、8/9 分别实质相同。因此，本委员会认定：ECH485 芯片的布图设计的相应区域，与涉案布图设计的独创性区域2、8/9 实质相同。

（3）独创性区域6

鉴定意见书认定，将请求人登记时提交的布图设计的电子版图样，与 ECH485 芯片的布图设计相比，独创性区域6 整体布局基本一致，细节需用权利人登记时提交的芯片辅助参考，两个 PNP 器件和两个 NPN 器件是否为“差分结构”从当前布图中无法确认。基于请求人登记时提交的芯片样品，两者独创性区域6 相同。

对此，本委员会认为，请求人对独创性区域6 的独创性说明中使用了“差分结构”的描述，该描述属于对布图设计中信号处理具有“差分”效果的表述，属于一种设计思想，其不属于三维配置的范畴。因此，本委员会在进行布图设计比对时，对专有权人对独创性区域6 中“差分结构”这样的效果性描述不予考虑。基于此，根据鉴定意见书的认定，布图设计的电子版图样与 ECH485 芯片的布图设计相比，独创性区域6 整体布局基本一致，细节需用登记芯片样品辅助参考；细节部分通过登记的芯片样品与 ECH485 芯片比较后，认定独创性区域6 相同。因此，本委员会认定：ECH485 芯片的布图设计的相应区域，与涉案布图设计的独创性区域6 相同。

综上，ECH485 芯片的布图设计与涉案布图设计相比，在独创性区域1、3～7、10/11 部分，均分别相同；在独创性区域2、8/9 部分，均分别实质相同。

5. 被控侵权产品是否侵犯涉案布图设计专有权

《条例》第7 条规定：“布图设计权利人享有下列专有权：（一）对受保护的布图设计的全部或者其中任何具有独创性的部分进行复制；（二）将受保护的布图设计、含有该布图设计的集成电路或者含有该集成电路的物品投入商业利用。”

《条例》第30 条规定：“除本条例另有规定的外，未经布图设计权利人许可，有下列行为之一的，行为人必须立即停止侵权行为，并承担赔偿责任：（一）复制受保护的布图设计的全部或者其中任何具有独创性的部分的；（二）为商业目的进口、销售或者以其他方式提供受保护的布图设计、含有该布图设计的集成电路或者含有该集成电路的物品的。”

由上述规定可知，布图设计权利人对布图设计的全部或者任何具备独创性的部分，均享有复制权及商业利用的权利。亦即，除《条例》另有规定外，未经权利人许可，对布图设计的全部或者任何具备独创性的部分进行复制或者商业利用，均侵犯权利人享有的布图设计专有权。

本案中，ECH485 芯片中包含涉案布图设计独创性区域 1～11。因此，ECH485 芯片构成对涉案布图设计独创性部分的复制。此外，被请求人述称，ECH485 芯片是其设计并委托加工销售，因此，被请求人对包含涉案布图设计独创性部分的该芯片的销售构成了对布图设计的商业利用。

综上，被请求人未经请求人允许，对涉案布图设计的独创性部分进行了复制和商业利用，构成对请求人涉案布图设计专有权的侵犯。

6. 关于涉案布图设计专有权归属的争议

被请求人主张，ECH485 和 WS3080 系列芯片是双方共同技术合作的结果，因此涉案布图设计的专有权的归属存在争议。对此，本委员会认为，目前我国关于集成电路布图设计专有权的法规、规章并未授权本委员会对布图设计专有权的归属进行处理，因此，本决定对被请求人的该项主张不予审查。

据此，依照《条例》第 2 条、第 3 条第 1 款、第 4 条、第 5 条、第 7 条、第 30 条、第 31 条的规定，决定如下：

一、被请求人立即停止侵害请求人享有的 WS3080（登记号为 BS. 155508385）集成电路布图设计专有权；

二、没收、销毁被请求人与涉案布图设计有关的图样、掩膜、专用设备以及含有涉案布图设计的集成电路。

合议组组长：沈　丽
主　审　员：孙学锋
参　审　员：王志超、蒋煜婧、纪登波
书　记　员：赵力平

案例 6－2　“集成控制器与开关管的单芯片负极保护的锂电池保护芯片”专有权侵权纠纷行政裁决案[1]

一、基本案情

2019 年 7 月，苏州赛某电子科技有限公司（以下简称赛某公司）向国家知识产权

[1] 国家知识产权局集成电路布图设计行政执法委员会集侵字〔2019〕001 号行政处理决定书。

局提出请求称，成都蕊某半导体科技有限公司（以下简称蕊某公司）生产、销售的型号为 RY2203 的芯片布图设计侵犯了登记号为 BS. 12500520. 2，名称为“集成控制器与开关管的单芯片负极保护的锂电池保护芯片”的集成电路布图设计专有权，请求国家知识产权局认定蕊某公司侵权行为成立。国家知识产权局行政执法委员会经审理作出侵权不成立的决定。

二、案例评析

本案主要涉及独创性部分的指明要求。

对于独创性的指明方式，请求人在独创性说明中，从布图设计的总图中划分出 A、B 区域。其中 A 区域主要包括单开关 NMOS 管 Mo、衬底切换 MOS 管 Mf、Mc 及其之间的连线等。该区域可实现本集成电路的主要功能，即仅以单开关 MOS 管实现对锂电池的过流、过充等保护。B 区域主要包括过温保护电路以及其他周围电路元件和连线，可实现电路的过温保护等功能。由此可见，请求人划分的 A、B 区域均可以相对独立地执行相应的功能认可以 A、B 区域作为独创性部分与涉案芯片的相应部分进行比对。

此外，请求人的独创性说明在 A 区域中指出了创新设计点 1~5，在 B 区域中指明了创新设计点 6。这些创新设计点，区域 A 作为一个整体，可以实现以单开关 MOS 管对锂电池的过流、过充等保护的功能；而 A 区域中的任何一个子区域都不可能实现该功能，因此不能在 A 区域以下再划定更小的区域。创新设计点 5、6 仅是描写的电路连接关系，并不涉及电路及其器件之间的三维配置，因此不应作为布图设计保护的对象。

三、小　　结

对独创性区域进行的文字说明，应当仅限于对该区域中元件和线路三维配置的具体表达，对于其中涉及的设计思想、技术方案等内容，不应予以考虑。

（孙学锋）

附件 6-2：集侵字〔2019〕001 号行政处理决定书

苏州赛某电子科技有限公司（以下简称请求人）向国家知识产权局集成电路布图设计行政执法委员会（以下简称本委员会）请求处理成都蕊某半导体科技有限公司（以下简称被请求人）侵犯其集成电路布图设计专有权一案，本委员会于 2019 年 7 月 17 日受理后，成立合议组对本案进行审理。本案现已审理终结。

请求人认为，其拥有登记号为 BS. 12500520. 2（以下简称本布图设计）、名称为“集成控制器与开关管的单芯片负极保护的锂电池保护芯片”的布图设计专有权，其具有 6 个独创点。被请求人生产销售的型号为 RY2203 芯片产品的版图与独创点 1 高度相似，侵犯其布图设计专有权，故向本委员会提出纠纷处理请求，请求责令被请求人立即停止复制、销售、许诺销售等侵权行为，销毁全部侵权产品，并赔偿请求人损失。

被请求人辩称：①请求人所声称的独创点属于常规技术；②请求人声称的独创点不属于具有独创性的部分；③请求人所主张的独创点不属于布图设计的保护范围。因此，被控侵权产品未侵犯上述布图设计专有权。

经审理查明：请求人于 2011 年 8 月 1 日完成了名称为“集成控制器与开关管的单芯片负极保护的锂电池保护芯片”的布图设计创作，首次商业利用日为 2011 年 12 月 20 日。请求人于 2012 年 4 月 22 日向国家知识产权局提出布图设计登记申请，2012 年 6 月 8 日获得集成电路布图设计登记证书，登记号为 BS. 12500520. 2。请求人在登记时提交了布图设计的图样 17 页，以及型号为 XB5351 的芯片 5 颗。

2019 年 7 月 17 日，本委员会向请求人发出立案通知书（案号：集侵字〔2019〕001 号），并于 2019 年 7 月 22 日向被请求人发出答辩通知书、请求书及其附件副本。2019 年 7 月 24 日，本委员会赴被请求人处现场抽样取证 40 颗涉嫌侵权的芯片，型号为 RY2203（以下简称涉案芯片）。被请求人述称，涉案芯片由其公司生产并销售。2019 年 8 月 7 日、8 日，被请求人两次提交意见陈述书。2019 年 8 月 9 日、13 日，本委员会分别向请求人转送了调查取证得到的 3 颗涉案芯片、被请求人两次提交的意见陈述书。本委员会于 2019 年 8 月 26 日对本案进行了第一次口头审理，请求人的法人代表 TAN JIAN，委托代理人丁建春参加，被请求人的委托代理人袁小云、韩雪、徐静参加。口头审理中，本委员会组织双方当事人对相关证据材料进行质证，并经双方当事人同意，委托北京紫图知识产权司法鉴定中心（以下简称紫图鉴定中心）进行技术鉴定。双方当事人在口头审理当庭确认：侵权比对的基础为本布图设计登记公告的图样和涉案芯片；同意引入本委员会依法从深圳市中级人民法院调取的对本布图设计登记芯片 XB5351 的剖片结果，即编号为“北京紫图〔2017〕知鉴字第 28 号”的司法鉴定意见书（以下简称在先鉴定意见书）。

2019 年 8 月 29 日，本委员会委托紫图鉴定中心对涉案芯片的布图设计与本布图设计是否相同进行鉴定。紫图鉴定中心委托北京芯某景软件技术有限公司对涉案芯片进行剖析，并按要求分别与本布图设计图样、请求人登记时提交的 XB5351 芯片的布图设计进行了分析比对。

在鉴定过程中，请求人根据要求提交了本布图设计的独创性说明及侵权比对分析，其中独创性说明的主要内容如下：

“1. 以下创新设计点在独创性区域 A 中

独创性区域 A 为单开关 NMOS 管 Mo 与衬底切换 NMOS 管 Mf、Mc 所在的区域，Mo 与 Mf、Mc 的链接关系与图 d 等效电路图一致，所以独创性区域 A 即实现图 d 中电路元器件的区域。

创新设计点 1：衬底切换 NMOS 管 Mf、Mc 与单开关 NMOS 管 Mo 布图于同一晶圆衬底上的布图结构。

创新设计点2：独创性区域A中的衬底切换NMOS管Mf和Mc镶嵌在单开关NMOS管Mo中的电路布图结构。

创新设计点3：独创性区域A中的衬底切换NMOS管Mf、Mc均匀镶嵌到单开关NMOS管Mo内的电路布图结构。

创新设计点4：独创性区域A中的衬底切换NMOS管Mf、Mc与单开关NMOS管Mo大小比例Mc：Mo：Mf在1：4：1至1：12：1之间。

创新设计点5：独创性区域A中的单开关NMOS管的源极与GND连接、漏极与VM连接、栅极与控制电路中栅极控制电路的输出端连接的电路布图结构。

2. 以下创新设计点在独创性区域B中

创新设计点6：在锂电池保护领域，过温保护电路与单开关NMOS管布图于同一晶圆衬底上。"

请求人分别依据上述创新设计点1~6，进行了侵权比对分析，其主要内容如下：①涉案芯片的A区域同样包含衬底切换NMOS管Mf、Mc和单开关NMOS管Mo单个元器件，虽然这三个NMOS管的大小与PAD放置位置与本布图设计不完全一样，但属于常规设计的范畴，不影响二者构成实质相同的判断。②涉案芯片的衬底切换NMOS管Mf和Mc都是镶嵌在单NMOS管Mo中，与本布图设计一致。③涉案芯片的衬底切换NMOS管Mf和Mc都是均匀镶嵌在单NMOS管Mo中，且镶嵌比例为1：8：1，与本布图设计一致。④涉案芯片剖片图显示其Mf：Mo：Mc比例为1：8：1，与本布图设计一致。⑤涉案芯片A区域中单开关NMOS管的源、漏、栅极的连接方式与本布图设计A区域中的设计实质相同；因为控制电路区域的位置略为不同，PAD的位置略为不同，连线位置必然不同，但连接方式和连线走向是相同的，且该些位置的调整并没有改变电路的功能，属于常规设计，因此侵权本布图设计。⑥涉案芯片的过温保护电路在B区域中，尽管其过温保护电路和版图与本布图设计不完全一致，但只是实现过温保护电路的常规设计，因此侵权本布图设计。

针对上述独创性说明和侵权比对分析，被请求人提交了补充意见陈述，主要内容如下：①鉴定内容应该仅局限于创新设计点1；②创新设计点1非集成电路布图设计的保护客体；③创新设计点1属于常规技术；④请求人对创新设计点1的侵权比对分析结论是基于原理和设计思想的对比，不属于集成电路布图设计应该保护的客体；⑤创新设计点2~6明显属于常规设计，且请求人亦承认涉案芯片与本布图设计的三维配置不同，是基于电路布图原理的对比，不符合《条例》和《实施细则》的规定。

2019年11月26日，紫图鉴定中心向本委员会出具编号为北京紫图〔2019〕知鉴字第14号鉴定意见书（以下简称本案鉴定意见书），其鉴定意见为：

"1. 被控侵权芯片的布图设计与权利人登记的布图设计图样中权利人主张的具有独创性的部分，两者各对应部分不相同也不实质相同。

2. 被控侵权芯片的布图设计与权利人登记时提交的集成电路样品的布图设计中权利人主张的具有独创性的部分，两者各对应部分不相同也不实质相同。”

2019 年 11 月 27 日，本委员会向双方当事人寄送鉴定意见书并发送了电子件。

2019 年 12 月 3 日，本委员会举行第二次口头审理。请求人的法人代表 TAN JIAN，委托代理人丁建春、张馨参加；被请求人的委托代理人袁小云、韩雪参加。

在口头审理过程中，双方当事人对本案鉴定意见书的鉴定意见的真实性、合法性、关联性没有异议。

请求人认为：鉴定意见对本布图设计创新点和独创点的理解有误会。本布图设计的创新设计点主要体现在：一是将衬底切换 NMOS 管 Mf、Mc 与单开关 NMOS 管 Mo 设置于同一晶圆上形成同一个芯片，而不是传统的控制电路芯片和双开关 NMOS 芯片作为两个芯片存在；二是将加上衬底切换电路后的两个开关管变为一个，实现单开关管完成双开关 MOS 管的功能；三是将过温保护电路集成在一起，可以随时检测电路温度。

进一步地，请求人认为：应当将区域 A 中的创新设计点 1 ~4 分别一一进行比对确认是否相同，而不应该将其放在一起进行论证；创新设计点 1 ~4 是从几个角度进行的描述，体现在布图设计上的确属于同一区域。独创性区域是 A、B 两个区域，其都包含两部分因素，一是独创性部分，二是常规设计。如果把本布图设计中独创性部分划定在在先鉴定意见书中所述的 Cell1 和 Cell2 单元的组合上，那么本布图设计和涉案芯片都是以该组合为基础重复排布所形成的布图设计，二者没有区别。

请求人不认可鉴定意见的结论，认为鉴定意见是对两个芯片的某些区域进行的比对，没有按照请求人的独创性说明中的创新设计点进行比对。虽然二者布图设计的形状、晶体管的数量、连线等的确不相同，但不相同并不意味着实质不同。

被请求人认可本案鉴定意见书的结论。被请求人认为：不能接受请求人第二次口头审理当庭将独创性部分改为 Cell1 和 Cell2 单元的组合，请求人在鉴定过程中提交的独创性说明中并没有该内容。另外，独创性说明中的创新设计点属于电路设计的范畴，并非布图设计保护的三维配置；而且，这些电路设计也是已知的。

上述事实，有本布图设计登记证书及其申请备案文档，被控侵权的 RY2203 芯片，在先鉴定意见书，本案鉴定意见书以及第一次、第二次口头审理记录，双方当事人的陈述等予以佐证，本委员会予以确认。

本委员会认为，本案存在如下焦点问题：①明确独创性的时机；②鉴定意见书的采信；③独创性部分的指明方式及其要求；④涉案芯片的布图设计是否侵犯了本布图设计专有权。

1. 明确独创性的时机

《条例》第 4 条规定，受保护的布图设计应当具有独创性。第 7 条规定，布图设计权利人享有下列专有权：对受保护的布图设计的全部或者其中任何独创性的部分进行复制。第30条规定，除本条例另有规定的外，未经布图设计权利人许可，有下列行为之一的，行为人必须立即停止侵权行为，并承担赔偿责任：复制受保护的布图设计的全部或者其中任何具有独创性的部分的。

由上述规定可知，受保护的布图设计必须具备独创性，该独创性可以体现在登记的布图设计的全部内容中，也可以体现在登记的布图设计的部分内容中。因此，为了明确布图设计的保护范围，在侵权纠纷案件中首先要求请求人明确其布图设计的独创性所在是必要的。即请求人应当在案件中明确其权利的范围：该布图设计的独创性是体现在布图设计的全部内容中，还是体现在布图设计的部分内容中；如果是体现在部分内容中，应当指明其独创性所在的区域，并在必要时对其独创性进行说明。

本案中，请求人三次陈述本布图设计的独创性：第一次是在提出请求时；第二次是在技术鉴定过程中，请求人应鉴定机构要求提交了独创性说明；第三次是在第二次口头审理过程中，请求人主张将Cell1 + Cell2组成的单元作为独创性部分将其与涉案芯片的布图设计进行比对。被请求人认为，不应采纳请求人在鉴定程序中提交的独创性说明及其在第二次口头审理中提出的独创性主张，而仅应当采纳请求人在提出请求时提出的独创性说明。

对此，本委员会认为，一般而言，独创性说明是布图设计侵权案件中进行侵权判断的基础。鉴于我国布图设计专有权保护的法律体系中没有要求布图设计申请人在登记阶段提交独创性说明，因此，应当允许布图设计权利人在案件的处理过程中对其独创性做出说明。权利人在案件处理过程中进行独创性说明，以及对该说明进行调整和修改，是其行使其布图设计专有权这一实体权利的自然延伸，应当允许。但是，为了保证案件的正常审理，并基于对方当事人对权利基础的信赖利益的保护，显然不能给予权利人过度灵活调整独创性主张的空间。基于此，本委员会认为，权利人应当在侵权与否的实体比对实质性进行之前明确其独创性主张并加以确定。

在本案中，请求人在提出请求时明确提出本布图设计具有6个创新设计点，并认为涉案芯片产品的版图与创新设计点1高度相似，侵犯其布图设计专有权。在鉴定过程中，请求人根据鉴定机构的要求对上述6个创新设计点进行了进一步说明，并进行了是否侵权的比对。鉴定机构根据请求人进一步明确后的独创性说明进行了技术鉴定，并给出了鉴定意见。请求书和鉴定过程中的独创性说明，本委员会分别在第一次和第二次口头审理之前转送给被请求人，且被请求人也都进行了针对性的意见陈述。因此，本委员会采纳请求人在鉴定程序中提交的独创性说明作为本布图设计的权利基础。至于请求人在第二次口头审理中提出的以Cell1 + Cell2单元组合作为其独创性的主张，本委员会认为，该主张并未在第二次口头审理之前提及，第二次口头审理是在鉴定意见做出后举行的，在此时提出新的独创性主张是不合理的，其超出了本委员会和对方当事人的合理预期，既对对方当事人形成了突然袭击，也令基于请求人自身的在先主张作出的鉴定意见丧失了意义，不具有合理性。请求人在第二次口头审理当庭主张的在庭审辩论结束前都可以修改其独创性说明的主张不具备合法性和合理性，本委员会不予认可。本布图设计在本案中的保护范围以请求人于2019年10月28日应紫图鉴定中心的要求提交的独创性说明为准。

2. 鉴定意见书的采信

本委员会认为，本案鉴定程序合法有效，鉴定机构和鉴定人员的选择符合相关规定，双方当事人对鉴定意见书本身没有异议。因此，本委员会对本案鉴定意见书予以采信。请求人对鉴定意见书的鉴定意见和结论有异议，本委员会在本决定中一并论述。

3. 独创性部分的指明方式及其要求

根据《条例》第7条、第30条第1款第（一）项的规定，布图设计权利人可以以布图设计的全部主张其专有权，也可以以其中任何具有独创性的部分主张其专有权。

在本案中，请求人将本布图设计划分为A、B区域，并对6个“创新设计点”进行了文字描述。其中创新设计点1~5位于区域A中，创新设计点6位于区域B中。请求人以该6个创新设计点为基础，将其与涉案芯片的布图设计进行了比对，并认为涉案芯片具备该6个创新设计点，侵犯了本布图设计专有权。

对此，本委员会认为：第一，如上所述，我国布图设计专有权保护的法律体系中没有要求布图设计在登记时指明其独创性；根据《条例》第30条的规定，布图设计中任何具备独创性的部分都应该得到保护。因此，请求人在具体案件中所指明的具备独创性的区域，及其对各区域的独创性所进行的文字说明，应当视为当事人在具体案件中对其保护范围的具体主张。第二，根据《条例》第2条第（二）项的规定，布图设计的客体是元件和线路的三维配置。因此，对独创性区域进行的文字说明，应当仅限于对该区域中元件和线路三维配置的具体表达的说明。该具体表达既不应当包括思想、处理过程、操作方法或者数学概念等，也不应当包括超出三维配置的具体表达而进行的概括。第三，根据《条例》第2条第（一）项的规定，集成电路是可以执行某种电子功能的产品。因此，如果以整个布图设计中的某部分作为具有独创性的部分，那么该部分也应当能够相对独立地执行与整个集成电路的功能密切相关的电子功能。

首先，关于独创性区域的划分。本布图设计涉及的集成电路所要实现的功能是由单开关NMOS来实现锂电池的保护功能。请求人在独创性说明中，从布图设计的总图中划分出A、B区域。其中A区域主要包括单开关NMOS管Mo、衬底切换MOS管Mf、Mc及其之间的连线等。该区域可实现本集成电路的主要功能，即仅以单开关MOS管实现对锂电池的过流、过充等保护。B区域主要包括过温保护电路以及其他周围电路元件和连线，可实现电路的过温保护等功能。由此可见，请求人划分的A、B区域均可以相对独立地执行相应的功能，因此，本委员会认可以A、B区域作为独创性部分与涉案芯片的相应部分进行比对。

其次，关于独创性说明。请求人的独创性说明在A区域中指出了创新设计点1~5，在B区域中指明了创新设计点6。对此，本委员会认为，如上所述，对独创性区域进行的独创性说明应当根据已划定的独创性区域中的元件和线路的具体三维配置来进行。因此，一方面，创新设计点 1 ~4 涉及的均是 A 区域中的单开关 NMOS 管和衬底切换 NMOS 管 Mf、Mc 的三维配置关系，其都属于请求人划定的独创性区域 A 中的内容，应当将 A 区域整体作为最小比较单元，与涉案芯片的相应区域进行比对。如果将创新设计点 1 ~4 描述的内容分别单独与涉案芯片进行比对，相当于创造出了比区域 A 更小的独创性区域，则使得独创性区域 A 的划分失去了意义。而且如上所述，区域 A 作为一个整体，可以实现以单开关 MOS 管对锂电池的过流、过充等保护的功能；而 A 区域中的任何一个子区域都不可能实现该功能，因此不能在 A 区域以下再划定更小的区域。例如创新设计点 1 仅描述了 Mf、Mc 和 Mo 布设于同一衬底上，创新设计点 2 ~4 仅描述了 Mf 和 Mc 均匀镶嵌到 Mo 内及其数量比例范围，但都并没有描述 A 区域整体上 Mf、Mc 和 Mo 的分布、数量及其位置关系；而且将创新设计点 1 ~4 中的每一点单独来看都不能实现任何有意义的功能。另一方面，创新设计点 1 ~4 都属于设计思想，是对区域 A 的三维配置从不同角度进行的概括或者抽象，并不是以区域 A 作为最小比较单元，对其元件和线路的三维配置进行的具体描述。因此，不能将创新设计点 1 ~4 分别单独考虑作为独创性比对的基础。

对于创新设计点 5，其仅是对单开关 NMOS 管的各电极与其他器件之间的电路连接关系，并不涉及元件和线路的三维配置，其内容不应当作为布图设计保护的对象。

请求人主张的创新设计点 6 位于 B 区域，但其描述内容为过温保护电路与 A 区域中的 NMOS 的电路关系，并没有具体描述 B 区域中的电路和元件的三维配置关系，其内容也不应当作为布图设计保护的对象。

综上，请求人的上述主张均不能成立。

4. 涉案芯片的布图设计是否侵犯了本布图设计专有权

基于上述分析，本委员会将本布图设计的独创性区域 A、B 作为基础，与 RY2203 芯片的布图设计的相应区域进行比对，结果认定如下：

（1）独创性区域 A

根据本案鉴定意见书的认定，将本布图设计的图样以及登记芯片样品 XB5351 的布图设计的 A 区域，与涉案芯片的布图设计的相应区域相比，在涉及请求人主张的创新设计点 1 ~4 的部分区域中：涉案芯片和本案布图设计形状不同，行和列的排布和数量均不同；Cell1 和 Cell2 的个数不同，两者总个数也不同；衬底切换 NMOS 管 Mf、Mc 与单开关 NMOS Mo 大小比例 Mc：Mo：Mf 也不相同。集成电路布图设计应体现出的布局、互连、元件数量均不一样。

涉及请求人主张的创新设计点 5 的部分区域中，其除了 A 区域中的单开关 NMOS 管各个电极的电连接线，还涉及分布于 B 区域的栅极控制电路。根据本案鉴定意见书的认定，Mo 的并联个数不同；栅极控制电路部分形状、元件的数量、位置、连线均不相同。

因此，本委员会认定：涉案芯片的布图设计的相应区域，与本布图设计的独创性区域 A 不相同。

请求人认为，由于常规布图导致的例如 PAD 分布、回避以及边缘裁剪的不同，应当认定为实质相同。对此，本委员会认为，如上所述，布图设计所保护的是独创性区域中元件和线路的具体的三维配置，本案在区域 A 中的布图设计所体现的晶体管以及线路的数量、分布以及布局都不相同，认定为实质相同并无依据。

（2）独创性区域 B

根据本案鉴定意见书的认定，将本布图设计的图样以及登记芯片样品 XB5351 的 B 区域的布图设计，与涉案芯片的布图设计的相应区域相比，涉案芯片和本布图设计所对应的部分形状不相同，元件的数量、位置、连线均不相同。

因此，本委员会认定：涉案芯片的布图设计的相应区域与本布图设计的独创性区域 B 不相同。

据此，依照《条例》第 2 条、第 3 条第 1 款、第 4 条、第 5 条、第 7 条、第 30 条、第 31 条的规定，决定如下：

被请求人生产、销售的 RY2203 芯片不侵犯请求人所拥有的 BS. 12500520. 2 号集成电路布图设计的专有权。

合议组组长：沈　丽
主　审　员：孙学锋
参　审　员：王志超、邵源渊、蒋煜婧
书　记　员：赵力平

第七章　专有权侵权纠纷司法裁判案例

案例7－1　“TM1637”专有权侵权纠纷案[1]

一、基本案情

宁波市健某电子有限公司（原宁波市天某电子有限公司，以下简称天某公司）曾经向国家知识产权局申请了名称为TM1637的布图设计，该布图设计的创作完成日为2008年8月6日，首次商业利用日为2009年1月5日，早于涉案名称为TM1635的布图设计的创作完成日2009年1月22日。

无锡中某电子有限公司（以下简称中某公司）通过购买天某公司的TM1637芯片，并与涉案布图设计TM1635对应的芯片进行解析对比，发现两款芯片的STAIN、POLY、M1三个关键层次布图设计完全相同。根据以上对比分析，在TM1635布图设计之前，已经有完全相同的TM1637芯片公开了涉案TM1635布图设计。涉案TM1635集成电路布图设计不符合《条例》第4条的规定，不具有独创性。

本案原审诉讼中，针对涉案布图设计，中某公司向国家知识产权局提出撤销申请。2021年2月18日，国家知识产权局作出集成电路布图设计撤销程序审查决定书，撤销登记号为BS.095006249的集成电路布图设计专有权。

一审法院经审理认为，对集成电路布图设计专有权的保护，应以集成电路布图设计专有权的有效存在为前提和基础。《条例》第8条规定，布图设计专有权经国务院知识产权行政部门登记产生。《实施细则》第29条规定，布图设计登记公告后，发现登记的布图设计专有权不符合《条例》第2条第（一）、（二）项，第3条，第4条，第5条，第12条或者第17条规定的，由专利复审委员会撤销该布图设计专有权。《实施细则》第30条规定，被撤销的布图设计专有权视为自始即不存在。因本案请求保护的

[1]（2019）粤03民初4778号民事判决书，（2021）最高法知民终1313号民事裁定书。

登记号为 BS. 095006249 的集成电路布图设计专有权已被国家知识产权局撤销，天某公司丧失了提起本案诉讼的权利基础，其起诉应予以驳回。

天某公司上诉请求：撤销原审裁定，改为裁定本案中止诉讼。其主要事实和理由：①虽然国家知识产权局已就登记号为 BS. 09500624. 9 的集成电路布图设计专有权作出了撤销决定，但天某公司已在规定期限内提起行政诉讼，国家知识产权局所作行政决定并非终局性，涉案集成电路布图设计专有权是否应当撤销尚未得到司法机关的确认。②虽然《最高人民法院关于审理侵犯专利权纠纷案件应用法律若干问题的解释（二）》规定权利人在专利侵权诉讼中主张的权利要求被宣告无效的，审理侵犯专利纠纷案件的人民法院可以裁定驳回权利人基于该无效权利要求的起诉，但该规定仅限于专利纠纷领域，集成电路布图设计专有权纠纷并没有任何法律法规及司法解释作出类似规定，因此应根据《中华人民共和国民事诉讼法》的相关规定中止诉讼。

二审法院认为，本案为侵害集成电路布图设计专有权纠纷。根据当事人的诉辩情况及本案案情，本案二审阶段的争议焦点为：原审法院裁定驳回天某公司的起诉是否正确。对此，二审法院分析如下：

首先，天某公司以其享有的登记号为 BS. 095006249 的集成电路布图设计专有权向人民法院提起诉讼，但本案一审审理期间，该集成电路布图设计专有权已被国家知识产权局撤销。尽管天某公司在法律规定期限内就国家知识产权局的行政决定提起诉讼，但其权利基础仍处不确定状态，如该行政决定最终未被生效裁判撤销，则涉案集成电路布图设计专有权将被视为自始不存在，从而丧失起诉的权利基础。

其次，天某公司起诉深圳市鑫某科技有限公司（以下简称鑫某公司）、中某公司侵害其集成电路布图设计专有权，在权利基础状态不确定的情况下，若中止侵权诉讼，该案可能长期处于悬而未决的状态。

最后，侵害集成电路布图设计专有权纠纷亦属知识产权纠纷范畴，在涉案集成电路布图设计专有权被撤销的情况下，可参照专利侵权诉讼中专利权被宣告无效后的处理方式，裁定驳回天某公司的起诉。如果撤销涉案集成电路布图设计专有权的行政决定随后被生效的行政判决撤销，涉案集成电路布图设计专有权的权利状态明确稳定，则天某公司可以另行起诉，并不会对天某公司的合法权利造成严重损害。但是，本案中天某公司的起诉属于可以裁定驳回起诉的情形，类似案件中是否先行裁定驳回起诉，应根据具体案情确定，一审法院认为因本案请求保护的集成电路布图设计专有权已被撤销，其起诉应予以驳回，有所不当，但不影响本案裁判结果。

二、案例评析

根据以上案情可以看出，本案涉及布图设计民事诉讼程序与行政确权程序的衔接，亦即，布图设计专有权被撤销后，民事侵权程序如何处理的问题。

要了解此案二审法院裁定的法理依据，我们必须简单回顾“驳回起诉”的来由：

首先，《民事诉讼法》对原告不具有请求权基础而“驳回起诉”具有明确的规定。《民事诉讼法》对不符合起诉条件的案件规定了受理后人民法院可以驳回起诉的情形；同时，该法第122条对具体的起诉条件做出了4项规定，即“原告与本案具有直接利害关系”“具有明确的被告”“有具体的诉讼请求、事实和理由”“人民法院具有管辖权”。其中，起诉条件之一的“原告与本案具有直接利害关系”在侵权的诉讼中可以理解为原告针对具体受到侵害的权利有请求权。

其次，《条例》第20条规定，布图设计获准登记后，国务院知识产权行政部门发现该登记不符合本条例规定的，应当予以撤销，通知布图设计权利人，并予以公告。《实施细则》第30条规定，被撤销的布图设计专有权视为自始即不存在。由此可见，布图设计专有权一旦被撤销，其侵犯布图设计专有权的权利基础将不复存在，原告与本案则不具有直接利害关系。

另外，参照《最高人民法院关于审理侵犯专利权纠纷案件应用法律若干问题的解释（二）》，此处具有两个核心点，一个是“布图设计专有权被撤销可以作为驳回起诉的理由”，另一个是“驳回起诉的时间点在行政机关作出布图设计撤销专有权的行政决定之后”。这两个核心点表明，行政机关撤销布图设计专有权是其法定职能，其行政决定具有法律后果，即布图设计专有权被撤销，也就表明侵权损害的前提将不存在，侵权程序中的原告与本案没有直接利害关系。如果涉案布图设计的专有权被撤销的，审理侵权案件的人民法院可以裁定驳回起诉。如果有证据证明上述行政决定被生效的行政判决撤销的，则权利人可以另行起诉。上述制度设计在缩短法院审理专利侵权诉讼周期的同时，也使当事人在布图设计专有权撤销决定被推翻之后可以另行起诉，平衡了双方当事人的权益。

三、小　结

与专利侵权案件类似，在集成电路布图设计侵权案件中，作为案件被告，往往会针对涉案布图设计向国家知识产权局提出撤销意见，而且撤销意见提出人可以多次提起撤销意见，如果集成电路布图设计侵权案件等待所有撤销案件的程序终结，则可能要经过较长的等待时间，易造成程序空转或者循环诉讼，明显拉长侵权案件的审理周期。集成电路布图设计侵权程序参考专利侵权程序的“先行裁驳、另行起诉”的制度，大大缩短了审理周期，即在行政机关作出撤销集成电路布图设计专有权的决定后，审理布图设计侵权纠纷案件的法院可以裁定“驳回起诉”，无须等待行政诉讼的最终结果，并通过“另行起诉”给权利人以司法救济途径，不会导致其权利受损。

案例 7－2 “ME6206” 专有权侵权纠纷案[1]

一、基本案情

2006 年 6 月 5 日，南京微某电子有限公司（以下简称微某公司）完成了 ME6206 芯片的布图设计创作，于 2006 年 6 月 5 日首次投入商业利用，2007 年 3 月 26 日获得国家知识产权局颁发的《集成电路布图设计登记证书》，登记号为 BS. 07500011. 3。

微某公司向深圳市中级人民法院提起诉讼请求，指控泉某电子技术（深圳）有限公司（以下简称泉某公司）销售的 QX6206 芯片侵犯了其 ME6206 集成电路布图设计专有权。微某公司从南京钟山公证处申请将公证保全的 QX6206L33T 抽样 10 个芯片，委托北京芯某景软件技术有限公司对 QX6206L33T 进行芯片评估，微某公司根据芯片评估单与其设计的 ME6206 版图布局设计进行对比，认为 ME6206 与 QX6206 版图布局设计是相同的。

泉某公司抗辩 QX6206 芯片来源于京某公司，提交了案外人京某公司 2012 年 1 月、2 月、4 月、5 月、6 月、8 月的对账单、送货单、增值税专用发票，主张其与京某公司有交易产品，型号为 JZ6206，泉某公司将 JZ6206 购买后，更改标贴为“QX6206”进行销售。

双方当事人一审庭审后向法院提出鉴定申请，一审法院向国家知识产权局调取了 ME6206 集成电路样品芯片 1 只，并就：“1. 泉某公司生产的经南京钟山公证处公证后封存的 QX6206 芯片布图设计与微某公司在国家知识产权局备案芯片的集成电路布图设计是否相同；2. 泉某公司生产的经南京钟山公证处公证后封存的 QX6206 芯片布图设计与泉某公司从京某公司公证购买的随机抽取的 JZ6206A33XG 芯片集成电路布图设计是否相同”等鉴定事项，依法委托北京芯某景软件技术有限公司进行技术鉴定。北京芯某景软件技术有限公司出具“QX6206L33T 与 ME6206”集成电路布图设计相似度验证报告，认为芯片 QX6206L33T 和芯片 ME6206 版图相似度为 89. 04%；芯片 QX6206L33T 和芯片 JZ6206A33XG 版图相似度为 96. 91%。

一审法院认为：微某公司主张涉案 ME6206 芯片是微某公司使用常规设计并通过不同的组合方式，从而构成集成电路布图的整体设计，泉某公司亦未对涉案 ME6206 芯片的布图设计独创性提出抗辩，据此，原审法院认定涉案 ME6206 芯片的布图设计整体布局具有独创性。微某公司依法获得了布图设计专有权，即对涉案 ME6206 布图设计享有

---

[1] （2014）粤高法民三终字第 1231 号民事判决书，（2016）最高法民申 1491 号民事裁定书。

复制权和投入商业利用的权利，该权利应当受到法律保护。

微某公司在将涉案 ME6206 布图设计申请保护时提交了布图设计图样和集成电路样品，并以此获得授权，故该图样或样品均可用来确定涉案布图设计专有权的保护范围。

微某公司指控泉某公司销售含有该布图设计集成电路布图的行为侵犯了其布图设计专有权。原审法院依法向国家知识产权局调取了 ME6206 集成电路样品芯片样品，经双方当事人确认，以该芯片样品作为侵权比对对象。经鉴定，被控侵权芯片 QX6206L33T 和微某公司芯片 ME6206 版图相似度为 89.04%，两者仅在芯片特征尺寸大小、顶层模块位置、芯片模块内部位置存在细微偏差，双方当事人对此鉴定结果均无异议，据此，原审法院认为，被控侵权芯片 QX6206L33T 和微某公司芯片 ME6206 两者的制造工艺、顶层模块布局以及各模块内布局基本相同，两芯片的集成电路布图设计相同，可以认定两芯片属相同的产品，即泉某公司销售的芯片 QX6206L33T 含有的集成电路布图设计与微某公司享有专有权的涉案布图设计相同。

泉某公司抗辩其销售的被控侵权芯片 QX6206L33T 来源于京某公司，根据泉某公司的申请，原审法院依法委托北京芯某景软件技术有限公司，对泉某公司公证购买的 JZ6206A33XG 芯片与被控侵权芯片 QX6206L33T 进行集成电路布图设计相似度鉴定。经鉴定，芯片 QX6206L33T 和芯片 JZ6206A33XG 版图相似度为 96.91%。原审法院认为，虽然泉某公司主张其销售的 QX6206L33T 就是京某公司的 JZ6206A33XG，但其提交的对账单、送货单、增值税专用发票等证据，无法证明 QX6206L33T 与 JZ6206A33XG 相同，且根据鉴定报告，两芯片的版图也有所区别，不是完全相同，因此，泉某公司的合法来源抗辩不能成立。

综上，泉某公司未经微某公司许可，为商业目的销售含有微某公司享有布图设计专有权的集成电路芯片，构成侵权，微某公司要求泉某公司停止侵权、赔偿损失有事实和法律依据，原审法院予以支持。综合考虑泉某公司销售侵权行为、泉某公司销售侵权产品价格等因素，酌情确定泉某公司赔偿微某公司经济损失人民币 30 万元及合理费用人民币 10 万元。微某公司其他诉讼请求缺乏事实及法律依据，原审法院予以驳回。

泉某公司不服一审判决，向广东省高级人民法院提起上诉称：

(1) 原审判决认定泉某公司生产 QX6206，属于事实不清，证据不足。

(2) 原审判决对鉴定结果的认定自相矛盾。对于同一批次的同一产品，依常理不可能出现 100% 的相似度，故鉴定报告认定两者相似度为 96.91%，已可证明 QX6206 与 JZ6206 属于同一产品，可以确认泉某公司销售的 QX6206 是从京某公司购买了 JZ6206 并改标而成。

(3) 原审法院在证据认定上出现明显错误。微某公司在庭审过程中已经变更起诉称泉某公司销售 QX6206 侵权，而泉某公司也在一审中提供了与京某公司之间的对账单、送货单、发票、证人证言，并公证购买JZ6206，足以认定泉某公司的QX6206就是购买自京某公司的JZ6206。

(4) 泉某公司对微某公司的ME6206产品的独创性不予认可。微某公司提供的登记证书并不能完全证明其产品的独创性。原审法院在审理泉某公司诉微某公司的另一宗案件中，要求泉某公司必须提交证据证明涉案集成电路布图设计的独创性，故泉某公司认为微某公司在本案中亦应当提交独创性鉴定。

(5) 泉某公司从京某公司处购买QX6206产品，若销售该产品构成侵权，也应该是京某公司侵权。

二审法院审理后，认为：本案中，微某公司已经提交国家知识产权局颁发的第BS.07500011.3号《集成电路布图设计登记证书》、《南京微某电子有限公司ME6206布图设计登记申请之结构、技术、功能简要说明》及图样，证明自己享有涉案名称为"ME6206"的布图设计专有权。微某公司并在一审期间阐述了涉案集成电路布图设计的独创性主要在于其布图设计整体，泉某公司对此未表异议。故微某公司已经就其有权提起诉讼、涉案集成电路布图设计应受保护等问题完成初步举证责任。泉某公司如主张涉案集成电路布图设计不具有独创性，理应提供相应证据。但是，泉某公司既不否认该集成电路布图设计属于微某公司的智力劳动成果，也不能提供任何证据证明在微某公司创作时该布图设计在布图设计创作者和集成电路制造者中属于公认的常规设计，且泉某公司也承认其并未向相关部门申请启动撤销微某公司的涉案集成电路布图设计专用权的相关程序，故泉某公司仅以涉案集成电路布图设计未经鉴定无法证明其独创性为由，上诉主张涉案布图设计不应受到法律保护、微某公司无权提起诉讼，缺乏事实依据与法律依据，二审法院不予支持。

关于泉某公司的侵权行为，首先，本案并无证据证明泉某公司存在复制行为，虽然微某公司在提起本案诉讼时主张泉某公司生产了被诉产品，但未提交任何证据，其在原审庭审中亦明确其指控泉某公司的侵权行为性质为销售行为，原审法院因此只认定泉某公司存在销售行为，微某公司并未提起上诉，可见其对该认定不持异议。其次，二审期间，微某公司亦明确承认其并无证据证明泉某公司存在生产复制行为，故本案仅可认定泉某公司存在销售行为，故宜把重点集中于审查泉某公司销售的被诉产品来源如何，泉某公司在获得该产品时，是否不知道也没有合理理由应当知道其中含有非法复制的布图设计。泉某公司为证明被诉产品来源于京某公司，提供了（2012）深南证字第16543号公证书、2012年1—8月的多张泉某公司与京某公司之间的对账单、送货单、增值税专用发票等。一审法院并将被诉侵权产品与泉某公司向京某公司公证购买的芯片产品进行了鉴定，本案的证据足以证明被诉产品合法来源于京某公司。一审法院委托的北京芯某景软件技术有限公司出具的验证报告记载："芯片QX6206L33和芯片ZJ6206A33XG版图相似度：芯片工艺相似度100%，顶层模块布局相似度94.32%，各模块内布局相似度96.55%，综上，芯片版图相似度96.91%"，且北京芯某景软件技术有限公司在二审中就芯片相似度问题再次说明，实际鉴定中，由于多环节存在的误差，即使是同一个厂家使用同一集成电路布图设计文件所生产出来的芯片，版图相似度亦不可能达到100%，相关合理误差参考均值为4.2%。该意见均为双方当事人所认可。故根据芯片版图相似度高达96.91%的鉴定结论，且该相似度仍在合理误差参考均值范围之内，可以推定QX6206与JZ6206使用的是同一布图设计。最后，本案并无证据证明泉某公司知道或者有合理理由应当知道被诉产品中含有非法复制的布图设计。本案中，泉某公司已在一审期间提交了大量对货单、送货单、增值税发票等证据，证明被诉产品经正常、合法的商业交易渠道，从京某公司处购买获得。在泉某公司主张其在获得被诉产品时不知道也无合理理由应当知道其中含有非法复制的布图设计的情况下，微某公司应提供证据证明泉某公司存在知道或者应当知道的主观状态。但是，微某公司未能就此提供任何证据，其在二审期间也确认京某公司的真实存在，并承认微某公司也曾经销售过含有涉案“ME6206”布图设计的集成电路产品给京某公司。因此，在微某公司并无证据证明京某公司销售的JZ6206产品中的布图设计属于非法复制，更没有证据证明泉某公司知道或者应当知道其从京某公司购买获取的被诉产品中含有非法复制的布图设计的情况下，泉某公司将该被诉产品重新贴标并销售，属于正常的商业利用，依法不视为侵权。

最终，二审法院认为一审法院相关事实认定有误，并因此判令泉某公司赔偿微某公司经济损失人民币30万元与合理维权费用人民币10万元不当。

二、案例评析

根据本案的案情可以看出，其争议的焦点在于：所涉布图设计的独创性、侵权行为及其法律责任。

1. 关于独创性

关于独创性，一审法院和二审法院均认为，在权利人主张布图设计的整体具有独创性，被控经营者提不出相反证据且也不向国家知识产权局提出撤销意见的情况下，推定该布图设计具有独创性。笔者认为，该认定并无任何问题。

首先，布图设计的独创性是集成电路布图设计受该法律保护的核心要件。从《条例》第4条的规定可以看出，现有法律条文对独创性的定义包含了两个方面的内涵：独立创作性和创作有一定的高度，即不是公认的常规设计，或由常规设计组成的布图设计，其组合作为整体也应当不是公认的常规设计。基于此规定，对布图设计权利人而言，只要其主张专有权的内容在其受保护的布图设计权利边界内，则其既可以选择全部具有独创性的部分作为专有权的权利基础，亦可以选择其中任何具有独创性的部分作为权利基础。在本案中，微某公司主张涉案ME6206芯片的布图设计是采用常规设计并通过不同的组合方式，达到一定的优化功能即“ME6206是具有过流和短路保护的

CMOS降压型电压稳压器”，因此权利人微某公司选择全部布图设计的整体作为专有权的权利基础，并无不可。

其次，布图设计专有权的产生与著作权不同，著作权无须登记申请即可产生，而布图设计专有权只能通过登记申请取得。一项布图设计创作以后，只有创作者向国家知识产权局登记申请，国家知识产权局经过初步审查，登记材料齐全且满足相关规定，才可能获得专有权。在此情况下，权利人取得布图设计登记证书，而国家知识产权局则会留存登记申请的相关文件及材料，包括登记申请的布图设计的图样及其相关说明，必要时还有该布图设计的电子文件即商业利用的样品。

最后，在布图设计侵权程序中，一般要求权利人提交布图设计登记证书、登记申请的布图设计的图样及其相关说明，有时也要求权利人提交对其布图设计的独创性说明及举证，必要时还会向国家知识产权局调取封存的样品进行反向剖析，在此基础上，权利人已经完成了初步的举证责任。对独创性的举证责任分配应充分考虑集成电路布图设计的特点、目前我国集成电路布图设计的登记现状、双方的举证能力等因素，以权利人提出的独创性部分为依据，先要求权利人对其主张的独创性部分进行充分说明或初步证明，再由被诉侵权人就不具有独创性提出相反证据，如果被诉侵权人对其独创性质疑，应提供反证支持其主张，而不是仅口头质疑。再有，布图设计获准登记后，国务院知识产权行政部门发现该登记不符合本条例规定的，应当予以撤销。尽管撤销程序是依职权启动的程序，但是任何人均可以提交相关证据并说明理由，向国务院知识产权行政部门提出撤销意见，通常国务院知识产权行政部门在符合《条例》的规定下均会启动撤销程序。总之，如果被诉侵权人认为权利人的布图设计不具有独创性，其有相应的手段和措施寻求救济，但仅仅提出疑问而无相反证据支持其主张，将承担举证不利的后果。

2. 关于侵权行为及其法律责任

侵犯布图设计权的行为是指行为人由于过错侵害他人的布图设计，依法应当承担法律责任的行为。具体来说，就是指未经布图设计权利人许可，又无法律依据，出于商业目的擅自对受到法律保护的布图设计进行复制或者商业利用，并依法应当承担法律责任的行为。由此可知，布图设计侵权认定应当具备四个要件，即行为人侵犯了他人受保护的布图设计权、行为人的行为不合法、行为人以营利为目的而实施侵权、行为人主观上有过错。

而《条例》第33条规定，在获得含有受保护的布图设计的集成电路或者含有该集成电路的物品时，不知道也没有合理理由应当知道其中含有非法复制的布图设计，而将其投入商业利用的，不视为侵权。此次通过行为人“不知道也没有合理理由应当知道”的情况，否定行为人有主观上有过错，因此，不视为侵权行为。但是，如果行为人获知其中含有非法复制的布图设计的明确通知后，继续将现有的存货或者此前的订货投入商业利用的，应当向布图设计权利人支付合理的报酬。

通过对本案进行分析可以看出，在一审程序中，一审法院对两组布图设计的鉴定报告的认定标准不一致：第一组，被控侵权芯片 QX6206L33T 和微某公司芯片 ME6206 版图相似度为 89.04%，认定两芯片的集成电路布图设计相同，可以认定两芯片属相同的产品；第二组，芯片 QX6206L33T 和芯片 JZ6206A33XG 版图相似度为 96.91%，认为两芯片的版图也有所区别，不是完全相同，据此认定泉某公司的合法来源抗辩不能成立。

二审法院认为芯片 QX6206L33 和芯片 ZJ6206A33XG 版图相似度 96.91%，且实际鉴定中，由于多环节存在的误差，即使是同一个厂家使用同一集成电路布图设计文件所生产出来的芯片，版图相似度亦不可能达到 100%，相关合理误差参考均值为 4.2%。故根据芯片版图相似度高达 96.91% 的鉴定结论，且该相似度仍在合理误差参考均值范围之内，可以推定 QX6206 与 JZ6206 使用的是同一布图设计。

《条例》第 18 条规定，布图设计登记申请经初步审查，未发现驳回理由的，由国务院知识产权行政部门予以登记，发给登记证明文件，并予以公告。但公告内容通常仅包括专有权的相关著录项目信息，而不包括布图设计的具体内容，公众若希望了解具体内容，仍需要办理查阅手续。在权利人微某公司没有证据证明泉某公司知道或者应当知道其从京某公司购买获取的被诉产品中含有非法复制的布图设计的情况下，二审法院认为，泉某公司并未侵害微某公司的集成电路布图设计专有权，泉某公司不承担任何赔偿责任。

三、小　结

对布图设计权利人而言，只要其主张专有权的内容在其受保护的布图设计权利边界内，则其既可以选择全部具有独创性的部分作为专有权的权利基础，亦可以选择其中任何具有独创性的部分作为权利基础。

对于经营者而言，从正常商业渠道获得含有受保护的布图设计的集成电路的产品时，不知道也没有合理理由应当知道其中含有非法复制的布图设计，而将其投入商业利用的，不构成侵权。

案例7-3　“ATT7021AU”专有权侵权纠纷案[1]

一、基本案情

钜某科技（上海）股份有限公司（以下简称钜某公司）于2008年7月2日获得国家知识产权局颁发的《集成电路布图设计登记证书》，登记号为BS. 08500145. 7。根据该登记证书记载，ATT7021AU芯片的布图设计创作完成日为2008年3月1日，申请日为2008年5月9日。

钜某公司诉深圳市锐某科技有限公司（以下简称锐某公司）、上海雅某电子零件有限公司（以下简称雅某公司）侵害其布图设计专有权一案中，其主张锐某公司生产销售的型号为RN8209、RN8209G的集成电路芯片产品系对其已登记的布图设计的复制，雅某公司销售含有该布图设计的集成电路，二者均侵犯其布图设计专有权。

一审法院认为：(1) 钜某公司对涉案集成电路布图设计享有专有权。(2) 紫图鉴定中心根据委托对涉案RN8209、RN8209G芯片的布图设计与钜某公司ATT7021AU集成电路布图设计是否相同或者实质性相似进行鉴定，通过技术比对，认定涉案芯片的布图设计与涉案布图设计中的“数字地轨与模拟地轨衔接的布图”和“模拟数字转换电路的布图中第二区段独立升压器电路的布图”相同，一审法院同意鉴定专家的意见，认为二者相同。(3) 涉案布图设计中“数字地轨与模拟地轨衔接的布图”和“独立升压器电路布图”不属于常规设计。(4) 被告锐某公司个别员工原先在原告处从事研发工作，有接触原告集成电路布图设计的可能和机会。被告锐某公司的行为侵犯了原告钜某公司的布图设计专有权。被告雅某公司销售的涉案芯片系被告锐某公司制造，在原告未能举证两被告系共同侵权的前提下，被告雅某公司不知道也没有合理理由应当知道涉案芯片中含有非法复制的布图设计，故其行为不应视为侵权。

一审判决后，锐某公司提起上诉，其上诉主要理由为：(1) 锐某公司与钜某公司布图设计中的“数字地轨与模拟地轨衔接的布图”“独立升压器电路布图”存在明显不同，一审判决认定两者相同不符合事实。(2) 一审判决关于钜某公司布图设计中“数字地轨与模拟地轨衔接的布图”和“独立升压器电路布图”具有独创性的认定错误，该两点布图设计是常规设计，不具有独创性。(3) 一审判决适用法律错误。首先，锐某公司接触了涉案布图设计，在评价、分析、研究了包括该布图设计在内的多个同类型芯片的基础上，自行创作出新的布图设计，主要性能和使用功能上均优于涉案布

[1] (2010) 沪一中民五（知）初字第51号民事判决书，(2014) 沪高民三（知）终字第12号民事判决书。

图设计。其次，“数字地轨与模拟地轨衔接的布图”和“独立升压器电路布图”这两部分占整体涉案布图设计的比例不足1%。因此，即使锐某公司的相应布图设计与钜某公司的上述布图设计相同，亦不构成对其专有权的侵犯。

二审法院经审理认为：

(1) 由于集成电路布图设计的创新空间有限，因此在布图设计侵权判定中对于两个布图设计构成相同或者实质性相似的认定应当采用较为严格的标准。本案中，即使按照较为严格的判定标准，锐某公司涉案芯片的相应布图设计也与钜某公司涉案布图设计中的“数字地轨与模拟地轨衔接的布图”和“独立升压器电路布图”构成实质性相似。

(2) 根据《条例》第4条的规定，布图设计具有独创性是指，该布图设计是创作者自己的智力劳动成果，并且在其创作时该布图设计在布图设计创作者和集成电路制造者中不是公认的常规设计。钜某公司应当对其主张保护的集成电路布图设计具有独创性承担举证责任，但其并无必要也不可能穷尽所有的相关常规布图设计来证明其主张保护的布图设计属于非常规设计。只要钜某公司提供的证据以及所作的说明可以证明其主张保护的布图设计不属于常规设计，则应当认为已经完成了初步的举证责任。在此情况下，锐某公司主张相关布图设计是常规设计的，只要能够提供一份相同或者实质性相似的常规布图设计，即足以推翻钜某公司关于非常规设计的主张。但是其提交的证据材料尚不足以证明上述独创点是常规设计。

(3) 锐某公司认可其接触了钜某公司的涉案布图设计。受保护的布图设计中任何具有独创性的部分均受法律保护，而不论其在整个布图设计中的大小或者所起的作用。现锐某公司未经钜某公司许可，在其生产、销售的涉案芯片中包含了钜某公司涉案布图设计中具有独创性的“数字地轨与模拟地轨衔接的布图”和“独立升压器电路布图”，其行为已经侵犯了涉案布图设计专有权，应当承担相应的民事责任。

二、案例评析

本案的争议焦点在于侵权是否成立的判定，具体涉及根据“接触＋实质性相似”标准来判断是否侵犯布图设计专有权。

1. 接触

关于接触，并不要求实际接触，只要求存在接触的可能性即可。如果被控侵权产品的制造者或者其关联主体与涉案集成电路布图设计的权利人之间存在投稿、合作洽谈、雇佣、参与研发等情况，可以根据在案证据推定被告接触过涉案布图设计。

本案中，一审判决认为，锐某公司的个别员工原先在原告处从事研发等工作，有接触原告集成电路布图设计的可能和机会，从而认定其符合“接触”这一判定条件。

二审期间，锐某公司主张其接触了原告的涉案布图设计，但自行创作出多项创新设计的新一代布图设计。二审判决认为，锐某公司认可其接触了涉案布图设计，从而认定其符合“接触”这一判定条件。

2. 实质性相似

《条例》第7条规定：“布图设计权利人享有下列专有权：（一）对受保护的布图设计的全部或者其中任何具有独创性的部分进行复制。”第30条第1款规定：“除本条例另有规定的外，未经布图设计权利人许可，有下列行为之一的，行为人必须立即停止侵权行为，并承担赔偿责任：（一）复制受保护的布图设计的全部或者其中任何具有独创性的部分的。”从上述条款来看，布图设计专有权不仅保护布图设计的全部，也保护任何具有独创性的部分。

任何具有独创性的部分受到法律保护，意味着即使该部分占整个布图设计比例低或者并非核心部分也应受法律保护。这是因为从现有法律条文来看并没有比例或者所起作用的要求，而且，对于该部分进行保护，有利于鼓励对布图设计非核心部分进行创新。实质性相似的判定依据应为全部或者任何“具有独创性的部分”，在司法实践中，往往是布图设计专有权人主张其具有独创性的部分，由法院委托专业鉴定机构对被控侵权产品的布图设计与涉案布图设计进行技术比对，对于存在相同或者实质性相似的部分是否具有独创性进行鉴定。

本案中，钜某公司主张ATT7021AU布图设计中有十个具有独创性的部分，经法院委托专业机构鉴定均予以成立。将RN8209、RN8209G芯片的集成电路布图设计与ATT7021AU布图设计是否相同或者实质性相似进行鉴定，经比对，两版图中“数字地轨与模拟地轨衔接的布图”和“模拟数字转换电路的布图中第二区段独立升压器电路的布图”这两个部分相同。锐某公司主张二者相同部分占整体涉案布图设计的比例不足1%，二者不构成实质性相似。

两审裁判文书均认可鉴定结论，认为即使按照较为严格的判定标准，锐某公司涉案RN8209、RN8209G芯片的相应布图设计也与钜某公司ATT7021AU集成电路布图设计中的“数字地轨与模拟地轨衔接的布图”和“独立升压器电路布图”构成实质性相似，并在此基础上认定锐某公司侵犯了原告ATT7021AU集成电路布图设计专有权。

三、小　　结

根据“接触+实质性相似”标准来判断是否侵犯布图设计专有权时，关于接触，权利人应举证证明被控侵权人在侵权行为前，具有接触涉案保护的布图设计的可能性，并不要求实际接触。关于实质性相似，应当以具有独创性的部分为判定依据，涉案布图设计中任何具有独创性的部分均受法律保护，而不论其占整体布图设计的比例大小或者所起的作用。复制涉案保护的布图设计中任何具有独创性的部分都可构成实质性相似，进而构成侵权。

案例7-4 “OB2262”专有权侵权纠纷案[1]

一、基本案情

昂某电子（上海）有限公司（以下简称昂某公司）于2005年8月17日获得国家知识产权局颁发的《集成电路布图设计登记证书》，登记号为BS. 05500119. X。根据该登记证书记载，该布图设计在登记时已投入商业利用，昂某公司在申请登记时提交了集成电路样品OB2262芯片，该布图设计创作完成日为2005年4月27日，首次投入商业利用日为2005年6月10日，申请日为2005年7月8日。昂某公司在登记申请时提交的布图设计图样共有两层，该两层均为金属层图样。

昂某公司诉南京智某电子科技有限公司（以下简称智某公司）等生产、销售的型号为CL2263的集成电路芯片产品系对其已登记的布图设计的复制，侵害其布图设计专有权。在侵权判定时，关于布图设计专有权的保护范围，昂某公司主张以布图设计登记申请时提交的集成电路样品来确定，而一审、二审法院均认为，应当以登记申请时提交的布图设计复制件或者图样所确定的内容为准。昂某公司提交的布图设计图样，只有两层金属层图样，并未涉及有源元件，因此布图设计的内容无法确定，因而也无法确定该布图设计专有权的保护范围。

昂某公司申请再审称，随着集成电路技术不断发展，器件尺寸不断缩小，布图设计日益精密，通过纸质复制件或图样已经难以清晰表示布图设计。如果仅以复制件或图样确定登记保护的布图设计，难以适应集成电路产业发展现状。《条例》中特别规定布图设计投入商业利用的，需要提交含有该布图设计的集成电路样品。所以样品至少与复制件或图样处于同等法律地位，应当作为布图设计保护的依据。实际上，样品更全面准确地固定了登记保护的布图设计，应当具有优于复制件或图样的地位和作用。因此，昂某公司主张以登记提交的样品为依据确定涉案布图设计的保护内容，具有充分的事实和法律依据。《条例》规定登记制度的目的是固定布图设计以便作为主张权利的证据，而非以公开布图设计来换取法律保护。

再审法院审理认为：

---

[1] （2013）宁知民初字第42号民事判决书，（2013）苏知民终字第0181号民事判决书，（2015）民申字第784号民事裁定书。

第一，《条例》和《实施细则》对布图设计登记所需提交复制件、图样等资料的有关要求作了非常细致的规定。在提交复制件或图样的问题上，无论布图设计是否投入商业利用均要求相同，没有作出区别对待。因此，如果人民法院在相关诉讼程序中忽略复制件或图样的法律地位，直接依据样品确定布图设计保护内容，极有可能引发轻视复制件或图样法律地位的错误倾向，使现行法律关于申请资料的相关要求无法落实，引发登记行为失范，产生不良导向作用。

第二，在制度设计层面，布图设计保护制度是否存在类似专利制度的"公开换保护"机制至今仍存较大争议，但毋庸置疑的是，如果无视登记制度中关于纸质复制件或图样的要求，必然会使公众通过查阅方式获知布图设计内容的相关规定，形同虚设。

第三，在现有技术条件下，即便属于相对复杂的布图设计，只要通过适当努力，完全可以按照前述规定的要求提交申请材料。况且本案所涉布图设计并非属于极端复杂的情形。因此，昂某公司所称布图设计发展日趋精密复杂，纸质复制件或图样不仅客观上难以制作，而且无法准确表示布图设计的保护内容，应以登记时提交的样品确定保护内容的相关主张，缺乏充分的事实和法律依据。

第四，依法登记是保护布图设计获得保护的先决条件。如果布图设计登记申请时未提交布图设计的复制件或者图样，国家知识产权局不予受理。因此，未按法定要求进行登记的，不应享有专有权。就本案而言，昂某公司申请登记时提交的布图设计图样只有两层金属层图样，无法确定其保护范围，昂某公司没有按照相关规定提交完整齐备的复制件或图样，属于履行登记手续不符合法律规定的情形，应自行承担相应法律后果。据此，原审法院对于昂某公司依据样品确定涉案布图设计保护内容的相关主张未予支持，并判决驳回昂某公司诉讼请求的意见，符合法律规定。

二、案例评析

本案的争议焦点是，布图设计的保护范围是依据登记时提交的样品还是布图设计的复制件或者图样来确定。

《条例》第16条规定："申请布图设计登记，应当提交：（一）布图设计登记申请表；（二）布图设计的复制件或者图样；（三）布图设计已投入商业利用的，提交含有该布图设计的集成电路样品；（四）国务院知识产权行政部门规定的其他材料。"从该条款可见，对于尚未投入商业利用的布图设计进行登记，并无提交样品的要求。无论是否投入商业利用的布图设计，通过提交布图设计复制件或图样完成登记，属于法定要求。《条例》第8条规定，布图设计专有权经国务院知识产权行政部门登记产生；未经登记的布图设计不受本条例保护。可见，依法登记是布图设计获得保护的必要条件。根据《实施细则》第17条的规定，如果布图设计登记申请时未提交布图设计的复制件或者图样，国家知识产权局不予受理。由此可见，布图设计的复制件或者图样的法律地位，应以其为保护范围确定的依据。

《条例》第2条第（二）项规定，集成电路布图设计，是指集成电路中至少有一个是有源元件的两个以上元件和部分或者全部互连线路的三维配置，或者为制造集成电路而准备的上述三维配置。从该款项可以看出，布图设计保护对象应包含有源元件及其他元件，元件部分或者全部实现了电路互连，该互连线路形成三维配置。《实施细则》第14条规定，按照《条例》第16条规定提交的布图设计的复制件或者图样应当符合下列要求："（一）复制件或者图样的纸件应当至少放大到用该布图设计生产的集成电路的20倍以上；申请人可以同时提供该复制件或者图样的电子版本；提交电子版本的复制件或者图样的，应当包含该布图设计的全部信息，并注明文件的数据格式；……"按照该条款规定，在登记申请时提交的布图设计的复制件或者图样应包含布图设计保护对象的完整信息。如若不能提供完整齐备的复制件或者图样，应自行承担相应法律后果。

本案中，三审法院裁判文书均认为，布图设计的内容应当以登记申请时提交的布图设计复制件或者图样确定，布图设计专有权的保护范围也应当以此确定。昂某公司提交的布图设计图样，只有两层金属层图样，并未涉及除金属连线之外的半导体元件及有源元件，依据该两金属层图样无法明确其布图设计中具体的有源元件及其数量以及位置关系等信息，因而无法确定包含有源元件在内的各种元件与互连线路的具体内容。在布图设计的内容无法确定的前提下，主张权利的布图设计并不能确定，因而也无法确定该布图设计专有权的保护范围。

三、小　　结

布图设计专有权的保护范围应当以登记申请时提交的布图设计的复制件或者图样确定。如果未按规定提交完整信息的布图设计复制件或者图样，应自行承担相应法律后果。在集成电路样品与复制件或者图样所确定的布图设计一致时，样品可以用来辅助确定布图设计的内容。对于复制件或者图样中没有显示的图层，不能通过样品将其纳入保护范围。